John MacArthur

2 PIERRE ET JUDE

230, RUE LUPIEN
TROIS-RIVIÈRES (QUÉBEC) G8T 6W4
CANADA

Édition originale en anglais :
The MacArthur New Testament Commentary — 2 Peter & Jude
© 2005 by   The Moody Bible Institute of Chicago
            820 N. La Salle Boulevard
            Chicago, Illinois
            60610-3284, USA

Traduction par Marie-Andrée Gagnon

Traduit et publié avec permission

© 2008 :   Publications chrétiennes inc.
           230, rue Lupien
           Trois-Rivières (Québec) G8T 6W4
           CANADA

Tous droits réservés

Dépôt légal – 1er trimestre 2008

ISBN : 978-2-89082-108-8

Dépôt légal :   Bibliothèque nationale du Québec
                Bibliothèque nationale du Canada

À moins d'indications contraires, toutes les citations bibliques sont tirées de la version revue 1979 Louis Segond de La Société Biblique de Genève.

À Rick Holland –
mon collègue pasteur de Grace Community Church, qui m'encourage toujours par son amitié loyale, son service fidèle, son leadership zélé et sa prédication expositive exceptionnelle.

Table des matières

Chapitre	Page
Avant-propos	7
Introduction à 2 Pierre	9
1. La foi précieuse des croyants – Première partie : sa source, sa substance, et sa pleine efficacité	31
2. La foi précieuse des croyants – Deuxième partie : sa certitude	53
3. Une affirmation que Pierre laisse en héritage	71
4. La Parole certaine	81
5. Un portrait des faux enseignants	97
6. Le jugement divin contre les faux enseignants	115
7. Des créatures nées pour être tuées	133
8. La certitude de la seconde venue	153
9. Vivre dans l'attente du retour de Christ	175
Introduction à l'épître de Jude	191
10. Exhortés à combattre	203
11. Gare aux apostats !	217
12. Portrait des apostats	231
13. Le jugement à venir contre les apostats	249
14. Stratégie de survie pour les temps d'apostasie	261
15. La garantie des saints	279
Bibliographie	291
Index des mots grecs	293
Index des références bibliques	295
Index des sujets	329

Avant-propos

Exposer le texte du Nouveau Testament continue d'être pour moi une occasion de communier avec Dieu. Je vise toujours à avoir premièrement la communion avec lui dans la compréhension de sa Parole, et c'est dans cette expérience que je puise ce que j'offre ensuite à son peuple comme explication d'un passage. Pour que les croyants entendent vraiment Dieu parler, et qu'ainsi ils puissent lui répondre, je cherche à faire, comme les Lévites dont parle Néhémie, qui «donnaient le sens pour faire comprendre» (Né 8.8).

Il est évident qu'il faut que les enfants de Dieu le comprennent; et que pour le comprendre, ils doivent connaître la Vérité qu'il a énoncée (2 Ti 2.15), et permettre à celle-ci de demeurer en eux dans toute sa richesse (Col 3.16). Le but principal de mon ministère est donc de faire vivre la parole de Dieu dans le cœur de ses enfants. C'est là une préoccupation passionnante.

Cette série de commentaires sur le Nouveau Testament reflète donc mon effort pour expliquer et appliquer les Écritures. Certains commentaires sont principalement linguistiques; d'autres sont plutôt théologiques; et d'autres encore sont surtout homilétiques. Cette série cherche surtout à expliquer ou à exposer le texte biblique. Elle n'est pas technique en matière de linguistique, mais elle touche ce domaine lorsqu'il semble permettre une meilleure interprétation du texte. Elle n'est pas poussée en matière théologique, mais elle fait ressortir les grandes doctrines qui sont présentées dans chaque texte, et montre leur relation avec l'ensemble des Écritures. Elle n'est pas premièrement homilétique, bien que chaque groupe de pensées reliées dans le texte soit traité comme un chapitre, avec une esquisse claire et un développement logique. La plupart des vérités sont illustrées, et appliquées avec d'autres textes de l'Écriture. Après avoir établi le contexte d'un passage, je me suis efforcé de bien suivre le développement et le raisonnement de l'auteur.

Je demande à Dieu que chacun de mes lecteurs comprenne ce que le Saint-Esprit affirme dans cette portion de sa Parole, afin que sa révélation puisse habiter l'esprit des croyants et produire plus d'obéissance et de fidélité — à la gloire de notre grand Dieu.

Introduction à 2 Pierre

Certains perçoivent la seconde épître de Pierre (ainsi que celle de Jude) comme le « recoin sombre » du Nouveau Testament. Par conséquent, cette épître ne fait pas souvent l'objet de prédications, d'études, de discussions et de citations. On néglige même souvent ce livre dans les cercles d'érudits, où les critiques le rejettent en prétextant qu'il ne s'agit que d'une lettre pseudonyme (forgée), n'étant donc pas digne d'une étude sérieuse.

Pourtant, en faisant fi de cette épître, l'Église de Jésus-Christ se met elle-même en péril. Après tout, Pierre l'a écrite afin d'aider les croyants à faire face à un monde dans lequel abondent les leurres spirituels subtils. Sachant sa mort imminente (1.14), l'apôtre a voulu rappeler à ses lecteurs les vérités qu'il leur avait déjà enseignées, afin que ces vérités continuent de les préserver après son départ (v. 15).

Pierre savait également que la funeste menace des faux enseignants pointait clairement à l'horizon ; il souhaitait donc exposer les apostats au grand jour, afin d'éradiquer leurs doctrines démoniaques dans l'Église.

La mise en garde de Pierre n'a d'ailleurs jamais été plus opportune qu'à notre époque. La progression rapide des médias, jointe au manque de discernement que connaît l'Église actuelle, a permis à l'erreur doctrinale de se répandre comme une traînée de poudre. Les faux enseignants propagent leurs hérésies au moyen de la télévision, de la radio, de l'Internet, de livres, de revues et de séminaires, en faisant tout leur possible pour se donner de l'importance. Chemin faisant, en les trompant, ils convainquent des multitudes de troquer la vérité contre des mensonges éhontés (voir 1 Ti 1.19 ; 2 Ti 2.16-18). Pour empirer les choses, il y a dans l'Église actuelle des gens qui, poussés par une peur lâche du rejet ou par une notion faussée de l'amour, hésitent à exposer au grand jour les apostats de notre époque. Au lieu de s'opposer à l'erreur, ils s'y abandonnent ou ils ferment les yeux sur elle au nom de la tolérance.

L'apôtre Pierre n'avait toutefois pas le moindre scrupule à dénoncer les imposteurs qui menaçaient son troupeau bien-aimé. Il les reconnaissait pour ce qu'ils étaient : des loups en vêtements de brebis (Mt 7.15 ; Ac 20.29) qui cherchaient à dévorer l'ignorant en le séduisant par leurs mensonges. Pierre savait que les faux enseignants étaient les émissaires de l'enfer et les pions de Satan, et qu'ils étaient motivés par l'amour de l'argent, du pouvoir, du prestige et de la prééminence. Étant donné qu'ils sont passés maîtres dans l'art de tromper, ils réussissent à propager des doctrines de démons à des âmes sans méfiance, les attirant vers une ruine éternelle en leur faisant passer celle-ci pour la vie éternelle.

La seule vraie défense dont nous disposions contre leurs tactiques se trouve dans la vérité de la Parole de Dieu. Pierre le savait, bien entendu, ce qui explique d'ailleurs qu'il ait écrit l'épître à l'étude. En tant que véritable homme de Dieu, il tenait à tout prix à protéger ceux sur qui il devait veiller spirituellement.

L'AUTEUR

On reconnaissait Pierre comme étant le chef et le porte-parole des apôtres ; voilà pourquoi son nom apparaît en premier sur chacune des quatre listes des apôtres qui se trouvent dans le Nouveau Testament (Mt 10.2-4 ; Mc 3.16-19 ; Lu 6.13-16 ; Ac 1.13). Avec

Introduction à 2 Pierre

son frère André (qui l'a présenté à Jésus [Jn 1.40-42]), il exploitait une entreprise de pêche sur la mer de Galilée (Mt 4.18 ; Lu 5.1-3). Les deux frères étaient originaires de la petite ville de Bethsaïda (Jn 1.44), mais avaient déménagé par la suite dans la ville voisine plus grande de Capernaüm (Mc 1.21,29). Leur entreprise était florissante, comme l'indique la maison spacieuse qu'ils possédaient à Capernaüm (Mc 1.29,32,33 ; Lu 4.38). Nous savons que Pierre était marié, puisque Jésus a guéri sa belle-mère (Lu 4.38) et que sa femme l'accompagnait dans ses voyages missionnaires (1 Co 9.5).

Le nom intégral de Pierre était Simon Barjonas (Mt 16.17 dans la *Darby*), qui signifie littéralement « Simon, fils de Jonas » (ou Jean ; voir aussi Jn 1.42 dans la *Français courant*). Au Ier siècle, en Palestine, Simon était un nom courant. (Huit autres Simon sont mentionnés dans le Nouveau Testament : Simon le Cananite [Mt 10.4] ; Simon le demi-frère de Jésus [Mt 13.55] ; Simon le lépreux [Mt 26.6] ; Simon de Cyrène, qu'on a forcé à porter la croix de Jésus [Mt 27.32] ; Simon le pharisien, chez qui Jésus a pris un repas [Lu 7.36-50] ; Simon le père de Judas Iscariot [Jn 6.71] ; Simon le magicien [Ac 8.9-24] ; et Simon le corroyeur, chez qui Pierre a séjourné à Joppé [Ac 9.43].) Lors de leur première rencontre, Jésus l'a nommé Céphas (Jn 1.42 ; voir aussi 1 Co 1.12 ; 3.22 ; 9.5 ; 15.5 ; Ga 1.18 ; 2.9,11,14), qui signifie « pierre » en araméen ; « Pierre » est son équivalent grec (Jn 1.42).

Il arrive à l'occasion que Pierre soit appelé « Simon » dans un contexte séculier ou neutre (par ex. : lorsqu'on fait allusion à sa maison [Mc 1.29 ; Lu 4.38], à sa belle-mère [Mc 1.30 ; Lu 4.38] ou à son entreprise [Lu 5.3,10]). Dans de tels contextes, l'emploi du nom n'a aucune implication spirituelle. Cependant, on le désigne le plus souvent par le nom de « Simon » afin de souligner les faiblesses marquées de sa vie, ces moments où il a agi conformément à son ancienne nature non régénérée.

Par exemple, dans Matthieu 17.24,25, Pierre a assuré avec présomption aux collecteurs d'impôts que Jésus paierait les deux drachmes qu'ils percevaient pour la maintenance du Temple. Pour lui rappeler que, étant donné qu'il était le Fils de Dieu, il n'était pas tenu de payer le tribut, Jésus s'est adressé à Pierre par le nom de « Simon » (v. 25). À une autre occasion, sur la mer de Galilée,

Jésus a dit à Pierre : « Avance en pleine eau, et jetez vos filets pour pêcher » (Lu 5.4). Pierre s'est alors montré sceptique et hésitant quant à la pertinence du conseil du Seigneur ; après tout, Jésus avait été charpentier et rabbin, et non pêcheur. Étant, sans doute, quelque peu exaspéré, « Simon lui répondit : Maître, nous avons travaillé toute la nuit sans rien prendre ; mais sur ta parole, je jetterai le filet » (v. 5). Le nombre incroyable de poissons qui ont été pêchés grâce à son obéissance (v. 6,7) a eu pour effet d'ouvrir les yeux de Simon sur la réalité de l'identité de Jésus, ce qui fait que Luc, sous l'inspiration de l'Esprit, l'a appelé par son nouveau nom : « Quand il vit cela, Simon Pierre tomba aux genoux de Jésus, et dit : Seigneur, retire-toi de moi, parce que je suis un homme pécheur » (v. 8).

À la suite de l'une des disputes récurrentes des douze apôtres pour découvrir qui parmi eux était le plus grand, Jésus a averti le Pierre orgueilleux et suffisant de sa trahison imminente : « Simon, Simon, Satan vous a réclamés, pour vous cribler comme le froment » (Lu 22.31). En fait, le soir même de cette trahison, Pierre s'est fait appeler Simon de nouveau, cette fois-ci parce qu'il ne parvenait pas à rester éveillé dans le jardin de Gethsémané (Mc 14.37).

Après la résurrection, Jésus a appelé Pierre « Simon » pour la dernière fois. Las d'attendre que le Seigneur lui apparaisse (Mt 28.7), Pierre a annoncé impulsivement : « Je vais pêcher » (Jn 21.3). Se faisant un devoir de suivre leur chef, les autres disciples lui ont dit : « Nous allons aussi avec toi. » Ceux que le Seigneur a appelés à devenir des pêcheurs d'hommes (Mt 4.19), il n'a toutefois pas permis qu'ils redeviennent des pêcheurs de poissons : « cette nuit-là, ils ne prirent rien ». Le lendemain matin, rentrant bredouille, l'équipe a rencontré Jésus sur la berge, où celui-ci lui préparait le petit déjeuner. Après cela, il a posé trois fois la même question à Pierre : « Simon, fils de Jonas, m'aimes-tu ? » (Jn 21.15-17), et les trois fois l'apôtre a exprimé son amour pour le Seigneur.

Quelques semaines plus tard, le Saint-Esprit est descendu sur Pierre et le reste des apôtres, et depuis lors « Pierre » a vécu à la hauteur de son nom. Il s'est chargé de trouver un remplaçant pour Judas Iscariot (Ac 1.15-26), il a courageusement prêché l'Évangile (Ac 2.14-40 ; 3.12-26), il a bravement confronté les autorités juives (Ac 4.8-20), il a repris sans la moindre hésitation les membres de

Introduction à 2 Pierre

l'Église qui vivaient dans le péché (Ac 5.1-11) et il a dénoncé avec zèle les faux enseignants (Ac 8.20). De plus, c'est par le ministère de Pierre que les portes de l'Église se sont ouvertes aux non-Juifs (Ac 10.1 – 11.18). Après s'être présenté au Concile de Jérusalem (Ac 15.7-12), Pierre a pour ainsi dire disparu du récit historique du Nouveau Testament jusqu'à ce qu'il écrive ses épîtres. Paul a fait allusion aux voyages missionnaires de Pierre dans 1 Corinthiens 9.5, mais nous ignorons l'étendue de ces voyages. L'Écriture indique néanmoins qu'il a séjourné à Antioche (voir Ga 2.11-21), qu'il s'est probablement rendu à Corinthe (voir 1 Co 1.12) et qu'il est allé en Asie Mineure (voir 1 Pi 1.1). Selon la tradition, Pierre a perdu la vie à Rome, comme cela a été le cas de Paul, durant la persécution sous Néron (voir mes autres remarques à ce sujet, sous le titre « La date et le lieu de rédaction de l'épître, et ses destinataires »).

LA PATERNITÉ DE L'ÉPÎTRE CONTESTÉE

Bien que normalement il ne vaille pas la peine de répondre aux sceptiques, dans le cas de l'épître qui nous intéresse ici, il s'avère utile de voir en quoi l'intégrité de cette épître divinement inspirée s'impose d'elle-même face aux assauts contre sa légitimité.

La paternité de 2 Pierre a fait l'objet de plus de débats et de débats plus mordants que celle de tout autre livre du Nouveau Testament. Pourtant, l'épître indique en toutes lettres qu'elle est de la main de « Simon Pierre, serviteur et apôtre de Jésus-Christ » (1.1). Dans le texte grec, on lit en fait « Siméon Pierre », car on y emploie la forme hébraïque du nom de Pierre tel qu'il est nommé ailleurs uniquement dans Actes 15.14 (*Darby*). Ce fait ne peut qu'appuyer la thèse selon laquelle Pierre est l'auteur de l'épître, puisqu'il est peu probable qu'un plagiaire aurait employé une forme obscure du nom de Pierre. Dans 1.14, l'auteur a fait allusion à la prédiction que Christ avait faite au sujet de sa propre mort (voir Jn 21.18) ; dans 1.16-18, il a déclaré avoir été un témoin oculaire (qui n'ont été que trois en tout ; Mt 17.1) de la Transfiguration ; dans 3.1, il a fait allusion à une lettre antérieure (1 Pierre) qu'il a adressée à ses lecteurs ; et dans 3.15, il a fait allusion à Paul comme étant son « bien-aimé frère », se faisant ainsi le pair spirituel du grand apôtre. Ces allusions personnelles viennent renforcer le fait que l'épître a bel et bien été écrite par Pierre, fait qui devrait être reçu comme tel à moins d'une preuve irréfutable du contraire. Or, comme nous le verrons sous peu, une telle preuve n'existe pas.

Paradoxalement, plusieurs critiques perçoivent les allusions personnelles comme étant l'œuvre d'un plagiaire cherchant à se faire passer pour Pierre. Fait ironique, beaucoup de ces critiques prétendent que 1 Pierre n'a pas été écrit par Pierre non plus, précisément parce qu'il *manque* à 1 Pierre suffisamment d'allusions personnelles. Comme Daniel B. Wallace le fait remarquer : « Au fil de ses lectures, on ne peut s'empêcher de remarquer un élément de caprice et de deux poids deux mesures, qui montre bien que certains érudits se sont déjà formé une opinion qu'ils défendront en dépit des preuves » (« Second Peter : Introduction, Argument, and Outline » [Biblical Studies Press : www.bible.org, 2000]).

En plus des allusions personnelles dans l'épître à des événements s'étant produits durant la vie de Pierre, il existe des similarités entre le langage de 2 Pierre et les discours de Pierre rapportés dans le livre des Actes. Le verbe qui est rendu par « ont reçu » (1.1) est employé seulement trois autres fois dans le Nouveau Testament, dont une dans Actes 1.17 ; le mot « piété » est employé quatre fois dans 2 Pierre (1.3,6,7 ; 3.11), mais ailleurs (hors des épîtres pastorales) il n'est employé que par Pierre dans Actes 3.12 ; le « jour du Seigneur » (3.10) apparaît dans Actes 2.20, et dans le reste du Nouveau Testament uniquement dans 1 Thessaloniciens 5.2 et 2 Thessaloniciens 2.2. L'emploi de ces paroles peu communes laisse entendre encore une fois que l'apôtre Pierre est l'auteur de l'épître à l'étude.

Beaucoup d'érudits refusent toutefois d'accepter tout bonnement que l'épître dit vrai en se déclarant elle-même être de la main de Pierre. Au lieu de cela, ils insistent pour dire qu'elle a été écrite des décennies après la mort de l'apôtre par quelqu'un qui s'est fait passer pour Pierre. Pour appuyer leur refus de reconnaître l'authenticité de l'épître, les critiques soulèvent plusieurs arguments.

D'abord, ils font remarquer que l'Église primitive a mis du temps à accepter 2 Pierre comme faisant partie du canon scripturaire. C'est

Introduction à 2 Pierre

Origène qui, au début du IIIe siècle, a été la première personne à affirmer explicitement que Pierre l'avait écrite. Les critiques prétendent qu'il n'y a aucune trace de l'existence de l'épître avant cette époque. De plus, bien qu'Origène l'ait acceptée comme étant un écrit authentique de Pierre, il a fait remarquer que d'autres entretenaient des doutes quant à son authenticité. Au IVe siècle, l'historien ecclésiastique Eusèbe de Césarée a également exprimé des doutes par rapport à 2 Pierre. Il ne l'a pas rejetée, mais l'a comptée au nombre des livres néotestamentaires dont l'authenticité était contestée. On interprète le silence des Pères de l'Église avant l'époque d'Origène comme étant une négation tacite de l'authenticité de 2 Pierre.

Les critiques évoquent également plusieurs soi-disant problèmes d'ordre historique qui, selon eux, indiquent que l'épître n'a pu être écrite du temps de Pierre. Premièrement, ils soutiennent que l'allusion aux lettres de Paul (3.15,16) reflète une époque à laquelle ces lettres avaient déjà été colligées et reconnues comme faisant partie de l'Écriture. Et cela, à leur avis, ne s'est produit que bien longtemps après la mort de Pierre. Deuxièmement, ils croient que les faux enseignants dont il est question dans l'épître à l'étude sont des gnostiques du IIe siècle. Troisièmement, l'auteur fait allusion à « vos apôtres » (3.2) et dit que les « Pères » (que l'on présume avoir appartenu à la première génération de chrétiens) étaient déjà morts (3.4). D'un point de vue critique, cela laisse entendre que la seconde épître de Pierre aurait été écrite par quelqu'un faisant partie ni des apôtres, ni des croyants de la première génération. Pour terminer, les critiques prétendent que l'allusion à la prédiction par Christ de la mort de Pierre (1.14) provient de Jean 21.18. L'Évangile selon Jean n'a cependant pas été écrit durant la vie de Pierre.

Beaucoup de critiques entretiennent dans leur esprit un argument convaincant selon lequel ils prétendent que la seconde épître de Pierre dépend littérairement de celle de Jude. Étant donné qu'ils croient que l'épître de Jude a été écrite à une époque ultérieure à la vie de Pierre, il s'ensuit qu'à leur avis Pierre n'aurait pas pu écrire 2 Pierre. De plus, ils insistent pour dire qu'un apôtre n'emprunterait pas autant à une source non apostolique.

Des critiques acharnés soulignent également des soi-disant différences de style, de vocabulaire et de doctrine entre les deux épîtres de Pierre. Le grec de la première épître, disent-ils, est d'un langage châtié et soutenu, alors que celui de la seconde est d'un langage commun et guindé, plein d'expressions grandioses et de constructions difficiles. Les critiques prétendent que le vocabulaire des deux épîtres est également très différent l'un de l'autre, et que 2 Pierre démontre une connaissance de la culture et de la philosophie grecques étant tout à fait inaccessibles à un simple pêcheur de Galilée. Pour terminer, d'après eux, beaucoup de thèmes doctrinaux qui se trouvent dans 1 Pierre ne se trouvent pas dans 2 Pierre. Tous ces facteurs ont poussé beaucoup de sceptiques à souligner avec force que les deux épîtres ne peuvent provenir du même auteur.

En y regardant de plus près, aucun des arguments cités précédemment ne parvient cependant à disqualifier Pierre à titre d'auteur de l'épître à l'étude.

Il est vrai que l'attestation extérieure de 2 Pierre dans les écrits des Pères de l'Église est moins étendue que celle de la plupart des autres livres du Nouveau Testament. Elle est toutefois beaucoup plus complète que l'attestation donnée pour tout autre livre exclu du canon scripturaire. En fait, 2 Pierre n'a jamais été rejetée comme étant une épître apocryphe (même par les Pères qui s'interrogeaient sur son authenticité, comme Eusèbe), de même qu'elle n'a jamais été attribuée à qui que ce soit d'autre qu'à Pierre.

Bien qu'Origène ait été le premier à attribuer à Pierre la paternité de 2 Pierre, d'autres avant lui connaissaient cette épître. Origène était un critique littéraire intelligent, et ne se serait probablement pas fait duper par une contrefaçon récente. Par ailleurs, il citait sans cesse l'épître en tant que livre scripturaire, laissant clairement entendre par là que l'épître de 2 Pierre était déjà connue et acceptée à titre de livre canonique bien longtemps avant son époque. L'inclusion de l'épître dans le papyrus Bodmer P^{72} indique également que l'épître à l'étude était considérée à l'époque comme faisant partie du canon. (Les manuscrits volumineux du IVe siècle Codex Sinaïticus et Codex Vaticanus, ainsi que le manuscrit du Ve siècle Codex Alexandrinus, comprennent aussi 2 Pierre.)

Le professeur d'Origène, Clément d'Alexandrie, a écrit un commentaire portant sur les épîtres catholiques (générales), y compris sur 2 Pierre (Eusèbe, *Histoire ecclésiastique*, VI.XIV.1).

Introduction à 2 Pierre

Dans son commentaire portant sur l'épître à l'étude, Clément indique qu'il considérait 2 Pierre comme faisant partie de l'Écriture (et donc comme étant authentique). Par ailleurs, le témoignage de Clément fournit une preuve solide du fait que, durant la première moitié du IIe siècle, l'Église acceptait en général la canonicité de l'épître.

Une preuve supplémentaire de l'existence et de l'acceptation de l'épître de 2 Pierre à cette époque nous vient de Justin le martyr (vers 100-165). Dans son *Dialogue avec Tryphon*, Justin écrit : « Et de même qu'à côté des saints prophètes qui furent chez vous [*les Juifs*], il y avait des faux prophètes, chez nous aussi maintenant il y a beaucoup de faux docteurs dont notre Seigneur nous a dit à l'avance de nous garder » (82.1). Ce passage ressemble de manière frappante à 2 Pierre 2.1 : « Il y a eu parmi le peuple de faux prophètes, et il y aura de même parmi vous de faux docteurs, qui introduiront sournoisement des sectes pernicieuses, et qui, reniant le maître qui les a rachetés, attireront sur eux une ruine soudaine. » Le fait que le terme grec traduit ici par « faux prophètes » (*pseudodidaskaloi*) apparaît avant l'époque de Justin uniquement dans 2 Pierre 2.1 laisse entendre également que Justin empruntait à l'épître de 2 Pierre.

Le livre apocryphe *Apocalypse de Pierre*, qui date de la première moitié du IIe siècle, prouve clairement que son auteur a emprunté à l'épître de 2 Pierre. Au début du IIe siècle, l'*Épître de Barnabé* (5.4) déclare que « périt l'homme qui, tout en ayant connaissance de la voie de la justice, se porte cependant plus volontiers vers la voie des ténèbres », passage qui rappelle 2 Pierre 2.21 : « Car mieux valait pour eux n'avoir pas connu la voie de la justice, que de l'avoir connue et de se détourner du saint commandement qui leur avait été donné. » De même, le passage de l'*Épître de Barnabé* (15.4), « [...] le Seigneur amènera l'univers à son terme en six mille ans. Car un jour pour lui signifie mille ans. Il me l'atteste lui-même quand il dit : "Voici, un jour du Seigneur sera comme mille ans." », semble avoir été tiré de 2 Pierre 3.8 : « Mais il est une chose, bien-aimés, que vous ne devez pas ignorer, c'est que, devant le Seigneur, un jour est comme mille ans, et mille ans sont comme un jour. »

Le Pasteur d'Hermas, qui date lui aussi des premières années du IIe siècle, dit : « Retire-toi, et dis à tous de faire pénitence et ils vivront pour Dieu. En effet, le Seigneur a eu pitié et m'a envoyé pour offrir à tous la pénitence (2 Pi 3.9), encore que certains n'en soient pas dignes, vu leurs œuvres. Mais le Seigneur est patient et il veut que soit sauvé l'appel qui vient de son Fils » (*Les écrits des Pères apostoliques*, [Paris : Les Éditions du Cerf, 1963], p. 403-404). La similitude entre ce passage et 2 Pierre 3.9, « Le Seigneur ne tarde pas dans l'accomplissement de la promesse, comme quelques-uns le croient ; mais il use de patience envers vous, ne voulant pas qu'aucun périsse, mais voulant que tous arrivent à la repentance », est remarquable.

Le fait que l'épître de 2 Pierre ait été connue au IIe siècle transparaît également dans deux ouvrages gnostiques, *L'Évangile de vérité* et l'*Apocryphe de Jean*, qui font probablement allusion à cette épître.

Vers la même époque où l'apôtre Jean a écrit le livre de l'Apocalypse (quelques années avant la fin du Ier siècle), Clément de Rome a écrit : « Que s'éloigne de nous la parole de l'Écriture où il est dit : "Malheur à ceux qui ont l'âme partagée, ceux qui doutent en leur cœur et qui disent : Nous avons déjà entendu dire cela, au temps de nos pères ; et voilà : nous avons vieilli, rien de cela ne nous est arrivé. [...]" » (*I Clément* 3.3). Clément semble faire écho à 2 Pierre 3.4 : « Où est la promesse de son avènement ? Car, depuis que les Pères sont morts, tout demeure comme dès le commencement de la création. » Ces deux passages reflètent le scepticisme des faux enseignants, et les deux poursuivent en faisant une mise en garde concernant le jugement à venir (*I Clément* 23.5 ; 2 Pi 3.10).

Dans deux autres passages de *I Clément* sont employées des expressions qui se trouvent dans le Nouveau Testament uniquement dans l'épître de 2 Pierre et dans aucun autre écrit extrabiblique de l'époque. Dans les deux se retrouve l'expression rendue par « de sa grandeur et de sa gloire » (rendue par le même mot grec « magnifique ») en référence à Dieu (*I Clément* 9.2 ; 2 Pi 1.17) ; les deux décrivent également la foi chrétienne comme étant « le chemin de la vérité » (*I Clément* 35.5 ; 2 Pi 2.2).

Pour terminer, si la seconde épître de Pierre avait été écrite avant celle de Jude, c'est donc dire que cette dernière est le premier document à la citer (voir plus loin, dans la partie intitulée « Introduction à Jude », mes remarques au sujet de la relation qui existe entre Jude et 2 Pierre).

Introduction à 2 Pierre

Les critiques s'appuient sur deux hypothèses pour prétendre que le fait que 2 Pierre dépende littérairement de Jude prouve que 2 Pierre aurait été écrite après l'époque de Pierre. Premièrement, l'auteur de 2 Pierre a dû emprunter à l'épître de Jude. Deuxièmement, Jude a dû être écrite après l'époque de Pierre. Toutefois, aucune de ces hypothèses ne peut être prouvée.

La preuve interne indique que la seconde épître de Pierre a été écrite en premier, étant donné que Pierre a employé le futur dans sa description des faux enseignants apostats (2.1-3 ; 3.3). Par contre, dans le passage de Jude qui trouve son parallèle dans 2 Pierre, on emploie des temps de verbe qui indiquent que ceux qui reçoivent les prophéties sont déjà là (Jud 4). On n'y emploie jamais le futur par rapport aux apostats.

Les citations extrabibliques qui précèdent incitent fortement à croire qu'on connaissait déjà la seconde épître de Pierre dans l'Église au Ier siècle. Il est vrai qu'aucun des Pères de l'Église qui ont fait allusion à 2 Pierre avant l'époque d'Origène n'a cité 2 Pierre comme source. Toutefois, cela n'a rien d'inhabituel ; les Pères apostoliques citent 1 Pierre vingt-neuf fois sans même nommer Pierre, et l'épître aux Romains trente et une fois sans nommer Paul (voir Robert E. Picirilli, « Allusions to 2 Peter in the Apostolic Fathers », *Journal for the Study of the New Testament*, n° 33 [1988], p. 74). (Pour obtenir un résumé des allusions qui sont faites à 2 Pierre dans les écrits des Pères de l'Église avant l'époque d'Origène, voir aussi Michael J. Kruger, « The Authenticity of 2 Peter », *Journal of the Evangelical Theological Society*, n° 42/4 [1999], p. 649-656 ; B. B. Warfield, « The Canonicity of Second Peter », dans John E. Meeter, éd., *Selected Shorter Writings of Benjamin B. Warfield*, vol. 2 [Phillipsburg, New Jersey : Presbyterian and Reformed, 1973], p. 49-68.)

Les allusions des Pères de l'Église à la seconde épître de Pierre ne prouvent pas que Pierre ait écrit la seconde lettre qui porte son nom, mais elles réfutent l'objection selon laquelle la soi-disant absence d'attestation extérieure rend impossible que l'épître ait pu être écrite du vivant de Pierre. Elles expliquent également pourquoi l'Église a fini par accepter l'épître en tant que livre canonique ; il ne s'agissait pas d'une contrefaçon du IIe siècle, comme beaucoup de critiques d'aujourd'hui le prétendent, mais d'une épître enracinée dans les temps apostoliques. Kruger fait remarquer ce que signifie le fait que l'Église ait fini par accepter 2 Pierre dans le canon scripturaire.

Dans notre quête pour déterminer l'authenticité de 2 Pierre, nous ne pouvons fermer les yeux sur le fait que cette épître, en dépit des réserves de certains, a fini par être pleinement acceptée par l'Église dans le canon scripturaire à tous égards. Le fait que la seconde épître de Pierre se soit heurtée à une telle résistance, résistance à laquelle s'est ajoutée la concurrence incessante de documents ayant soi-disant été écrits par Pierre, et qu'elle ait *encore* eu cours à l'époque prouve que nous aurions raison d'y prêter sérieusement attention. Est-ce si facile d'écarter les conclusions d'Origène, de Cyrille de Jérusalem, de Grégoire de Nazianze, d'Éphiphane [sic], d'Athanase, d'Augustin, de Rufin, de Jérôme, ainsi que des conciles de l'Église à Laodicée, à Hippone et à Carthage ? Ainsi donc, si l'épître de 2 Pierre a été aussi fermement ancrée dans le canon du IVe siècle, il se peut alors que le fardeau de la preuve devrait reposer sur ceux qui suggèrent qu'elle ne devrait pas en faire partie (« Authenticity », p. 651, italiques dans l'original.)

Il est injustifié que les critiques d'aujourd'hui présument que ces érudits de l'Antiquité aient été crédules et simplistes. Au contraire, les conciles mêmes qui ont accepté 2 Pierre en tant que livre canonique ont également rejeté d'autres œuvres dont Pierre était le présumé auteur (comme l'*Évangile de Pierre*, la *Prédication de Pierre*, l'*Enseignement de Pierre*, l'*Apocalypse de Pierre*, les *Actes de Pierre et des Douze Apôtres*, l'*Épître de Pierre à Philippe* et la *Lettre de Pierre à Jacques*). Ils ont reconnu que la seconde épître de Pierre se distinguait clairement de ces contrefaçons en ce sens qu'elle s'imposait comme faisant partie de l'Écriture divinement inspirée.

Les soi-disant difficultés d'ordre historique que les critiques soulèvent ne prouvent pas que la seconde épître de Pierre n'a pas pu être écrite durant la vie de Pierre. Il va de soi que la référence aux lettres de Paul (3.15,16) ne désigne pas forcément *tout* ce que Paul a écrit ; elle parle simplement des épîtres dont Pierre connaissait

Introduction à 2 Pierre

l'existence lorsqu'il a écrit 2 Pierre. Rien dans le texte ne parle d'un recueil de lettres pauliniennes d'inspiration divine, ni ne laisse entendre que soit Pierre soit ses lecteurs les aient toutes connues. D'après Colossiens 4.16, il est clair que les lettres de Paul circulaient déjà parmi les Églises à l'époque de Pierre.

Contrairement à ce que certains prétendent, ce n'est pas non plus un anachronisme pour Pierre de faire allusion aux lettres inspirées de Paul comme faisant partie de l'Écriture (3.16). Les apôtres savaient que ce qu'ils écrivaient sous l'inspiration du Saint-Esprit (Jn 14.26) était tout aussi scripturaire que l'Ancien Testament. Paul a déclaré à maintes reprises qu'il écrivait les paroles même de Dieu. Dans 1 Corinthiens 2.13, il a déclaré : « Et nous en parlons, non avec des discours qu'enseigne la sagesse humaine, mais avec ceux qu'enseigne l'Esprit, employant un langage spirituel pour les choses spirituelles », et dans 14.37 il a ajouté : « Si quelqu'un croit être prophète ou spirituel, qu'il reconnaisse que ce que je vous écris est un commandement du Seigneur. » Il a fait l'éloge des croyants de Thessalonique pour la raison suivante : « en recevant la parole de Dieu, que nous vous avons fait entendre, vous l'avez reçue, non comme la parole des hommes, mais ainsi qu'elle l'est véritablement, comme la parole de Dieu » (1 Th 2.13 ; voir aussi 2 Co 13.3 ; 1 Pi 4.11).

Rien ne prouve non plus que les faux enseignants dont il est question dans 2 Pierre soient des gnostiques du IIe siècle. Les éléments de leur enseignement hérétique étaient monnaie courante au Ier siècle, alors que les enseignements caractéristiques du gnosticisme du IIe siècle (par ex. : le dualisme cosmologique, un démiurge méchant qui aurait créé le monde physique méchant, le salut au moyen d'une connaissance secrète) ne se trouvent nulle part dans l'épître de 2 Pierre. Charles Bigg a d'ailleurs écrit :

> Tout ce qui décrit les faux enseignants et les moqueurs nous ramène à l'époque apostolique. S'ils avaient « les yeux pleins d'adultère », il y avait ceux à Corinthe qui défendaient l'inceste. S'ils ne craignaient pas « d'injurier les gloires », il y avait ceux qui parlaient en mal de saint Paul. Ils profanaient les agapes [les repas d'amour ou services de communion], comme le faisaient les Corinthiens. Ils se

moquaient de la Parousie [le retour de Christ], et certains Corinthiens niaient qu'une résurrection ait eu lieu (*A Critical and Exegetical Commentary on the Epistles of St. Peter and St. Jude*, The International Critical Commentary [Édimbourg, T. & T. Clark, 1902], p. 239).

La seconde épître de Pierre n'aborde pas non plus les questions clés du IIe siècle (par ex. : le rôle des évêques dans le gouvernement ecclésiastique, un gnosticisme pleinement développé et le montanisme). Le fait qu'aucune mention ne soit faite de questions propres au IIe siècle se remarque plus particulièrement dans 3.8 : « Mais il est une chose, bien-aimés, que vous ne devez pas ignorer, c'est que, devant le Seigneur, un jour est comme mille ans, et mille ans sont comme un jour. » Au nombre des croyances principales du IIe siècle se trouvait le chiliasme, une des premières formes du prémillénarisme. Si la seconde épître de Pierre a été écrite durant le IIe siècle, il est peu probable que son auteur ait négligé de faire allusion au chiliasme en rapport avec 3.8.

L'auteur s'était déjà présenté en tant qu'apôtre (1.1), ce qui fait que sa référence à « vos apôtres » (3.2) ne pouvait pas signifier qu'il s'excluait de leur nombre. Étant donné que les apôtres ont été donnés par Dieu à l'Église (voir 1 Co 12.28 ; Ép 2.20 ; 4.11,12), il était normal que Pierre les désigne (y compris lui-même) par l'expression « vos apôtres ». Les « pères » dont il est question dans 2 Pierre 3.4 ne correspondent pas à la première génération de chrétiens, mais aux patriarches de l'Ancien Testament. Le contexte (le déluge ; v. 5,6) et l'emploi de l'expression « les pères » appuient tous les deux cette interprétation. Dans le Nouveau Testament (Jn 6.58 ; 7.22 ; Ac 13.32 ; Ro 9.5 ; 11.28 ; 15.8 ; Hé 1.1) et dans les écrits des pères apostoliques, l'expression désigne non pas la première génération des chrétiens, mais les patriarches de l'Ancien Testament.

La mention de la mort imminente de Pierre (1.14) ne provient pas nécessairement non plus de Jean 21.18. De toute évidence, Pierre était là quand Jésus a fait cette prédiction, qu'il a entendue de ses propres oreilles.

Les différences de style entre les deux épîtres de Pierre ont fait couler beaucoup d'encre. Toutefois, ces différences ne sont pas aussi

Introduction à 2 Pierre

significatives que ne l'affirment certains avec beaucoup d'assurance.

Le commentateur Joseph Mayor, qui a nié que Pierre était l'auteur de 2 Pierre, a néanmoins reconnu ceci : « Il n'existe aucune divergence entre [1 et 2 Pierre], contrairement à ce que certains voudraient faire croire » (cité dans D. Edmond Hiebert, *Second Peter and Jude : An Expositional Commentary* [Greenville, Caroline du Sud : Unusual Publications, 1989], p. 12). Les deux courtes épîtres que Pierre a écrites ne fournissent pas non plus suffisamment de matière pour établir définitivement son style.

Certains soutiennent que le vocabulaire des deux épîtres est si différent l'un de l'autre qu'il est impossible que le même auteur ait écrit les deux livres. Cependant, le pourcentage de mots communs à 1 et 2 Pierre est plus ou moins le même que le pourcentage qui est commun à 1 Timothée et Tite, qui ont toutes les deux été écrites par Paul et qui ont un contenu similaire. Ce pourcentage est également semblable à la quantité de mots communs à 1 et 2 Corinthiens (Kruger, « Authenticity », p. 656-657).

La différence de vocabulaire et de style entre 1 et 2 Pierre peut s'expliquer en partie par leurs différents thèmes : 1 Pierre a été écrit dans le but de consoler ceux qui étaient persécutés, 2 Pierre dans le but de mettre les croyants en garde contre les faux enseignants. Bien que cela n'ajoute rien à l'argument, les différences de style peuvent refléter le fait que Silvain (Silas) a servi de copiste dans le cas de 1 Pierre (1 Pi 5.12), pratique courante à l'époque de Pierre. Il se peut que, sous la direction de l'apôtre, Silvain ait modifié sa grammaire et sa syntaxe. Toutefois, comme Pierre se trouvait probablement en prison lorsqu'il a écrit 2 Pierre (voir « La date et le lieu de rédaction de l'épître, et ses destinataires » à la page 27), il se peut qu'il n'ait pas eu accès aux services d'un copiste et qu'il ait donc écrit l'épître de sa propre main.

L'accusation selon laquelle la seconde épître de Pierre reflète une maîtrise de la philosophie helléniste excédant la connaissance qu'on aurait pu s'attendre à ce que Pierre possède nous amène non seulement à présumer idiotement que nous savons ce que Pierre savait en réalité, mais encore à fermer les yeux sur l'influence que le milieu de Pierre exerçait sur lui. Il est né et a grandi en Galilée, que l'on connaissait même à l'époque d'Ésaïe comme étant « la Galilée des païens » (És 9.1). À proximité se trouvait la région non-juive connue sous le nom de Décapole (Mt 4.25 ; Mc 5.20 ; 7.31). Par ailleurs, on sait maintenant que beaucoup des termes hellénistes que Pierre a employés étaient d'usage courant à l'époque. L'apôtre s'est servi de termes que ses lecteurs connaissaient bien, sans leur donner les nuances sémantiques que leur donnaient les philosophes grecs.

En dépit des soi-disant différences de style entre 1 et 2 Pierre, il existe des similarités remarquables entre ces deux livres. La manière dont les salutations des deux épîtres sont formulées, « Que la grâce et la paix vous soient multipliées ! » (1 Pi 1.2) et « Que la grâce et la paix vous soient multipliées » (2 Pi 1.2), est identique dans le grec, et cette expression ne se trouve nulle part ailleurs dans le Nouveau Testament. Parmi les autres mots qui sont communs aux deux épîtres mais qui sont rares dans le reste du Nouveau Testament se trouvent *aretê* (« vertus », « vertu » ; 1 Pi 2.9 ; 2 Pi 1.3,5), *apothesis* (« purification », « quitterai » ; 1 Pi 3.21 ; 2 Pi 1.14), *philadelphia* (« amour fraternel », « amitié fraternelle » ; 1 Pi 1.22 ; 2 Pi 1.7), *anastrophê* (« conduite », « manière de vivre » ; 1 Pi 1.15,18 ; 2.12 ; 3.1,2,16 ; 2 Pi 2.7 ; 3.11) et *aselgeia* (« dérèglement », « dérèglements » ; 1 Pi 4.3 ; 2 Pi 2.2,7,18). De plus, 2 Pierre, comme c'est le cas de 1 Pierre, contient des expressions sémitiques qui sont conformes aux antécédents juifs de Pierre.

Bien que les différents thèmes de chaque épître aient exigé que Pierre aborde différentes questions doctrinales, il existe néanmoins des éléments communs aux enseignements donnés dans les deux. En effet, les deux épîtres parlent de la parole prophétique de Dieu qui est révélée dans l'Ancien Testament (1 Pi 1.10-12 ; 2 Pi 1.19-21), la nouvelle naissance (1 Pi 1.23 ; 2 Pi 1.4), l'élection souveraine des croyants par Dieu (1 Pi 1.2 ; 2 Pi 1.10), la nécessité de vivre dans la sainteté (1 Pi 2.11,12 ; 2 Pi 1.5-7), le jugement par Dieu de l'immoralité (1 Pi 4.2-5 ; 2 Pi 2.10-22), la seconde venue de Christ (1 Pi 4.7,13 ; 2 Pi 3.4), le jugement des impies (1 Pi 4.5,17 ; 2 Pi 3.7) et la seigneurie de Christ (1 Pi 1.3 ; 3.15 ; 2 Pi 1.8,11,14,16 ; 2.20 ; 3.18).

Il existe seulement deux possibilités concernant la paternité de la seconde épître de Pierre. Ou bien elle a été écrite par Pierre, comme elle le dit, ou encore elle a été écrite sous un pseudonyme et provient

Introduction à 2 Pierre

d'un plagiaire qui s'est fait passer pour Pierre. Si cette dernière hypothèse est juste, l'auteur de cette épître serait un hypocrite doublé d'un menteur, c'est-à-dire un imposteur s'employant à condamner les faux enseignants parce qu'ils étaient ce qu'il était lui-même et à faire des mises en garde graves au sujet du jugement divin à venir.

De plus, si le livre avait été écrit par un plagiaire, il est difficile de voir pour quel motif il aurait agi de la sorte. Les auteurs d'œuvres sous un pseudonyme signent généralement leurs écrits du nom d'une personne influente, afin de donner de la crédibilité à leur faux enseignement, mais 2 Pierre ne contient aucun enseignement qui contredise le reste du Nouveau Testament. Étant donné qu'elle est entièrement orthodoxe, l'épître aurait tout à fait pu paraître sous le nom même de son auteur. L'auteur fait même remarquer que les faux enseignants (qu'il condamne) ont rejeté l'autorité apostolique de Paul (3.16). En fait, ils méprisaient toutes les autorités, quelles qu'elles soient (2.1,10). Ainsi donc, un appel simulé à se soumettre à l'autorité apostolique n'aurait pas ajouté grand-chose à l'argument de l'auteur (surtout qu'en agissant de la sorte il se serait rendu coupable de l'hypocrisie même qu'il dénonçait).

Si l'on a parfois écrit des œuvres sous un pseudonyme, c'est aussi parce que des gens ont absolument voulu en savoir plus sur les personnages influents de l'Église primitive. Cependant, 2 Pierre ne fournit aucun nouveau renseignement au sujet de Pierre.

L'opinion selon laquelle la seconde épître de Pierre aurait été écrite sous un pseudonyme pose de nombreuses autres difficultés. Par exemple, la différence de style entre les deux épîtres est difficile à expliquer, étant donné que la plupart des auteurs se servant de pseudonymes se sont efforcés de copier le style de la personne pour qui ils se faisaient passer. Par ailleurs, un plagiaire n'aurait pas confessé son incapacité de comprendre les écrits de Paul (3.15,16) ; les auteurs qui écrivent sous un pseudonyme tentaient de glorifier leurs héros (les « auteurs » déclarés) et d'exagérer leurs capacités. Un auteur anonyme n'aurait pas non plus fait allusion à Paul en l'appelant « notre bien-aimé frère » (3.15). Les écrits de l'Église primitive ne parlent pas de l'apôtre en termes aussi familiers. Par exemple, Polycarpe a fait allusion à lui comme étant le « bienheureux et glorieux Paul » (*Épître aux Philippiens*, 3.1), Clément l'a appelé le « bienheureux apôtre Paul » (*1 Clément*, 47.1) et Ignace l'a décrit ainsi : « Paul, saint » (*Épître aux Éphésiens*, 12.2).

Certains sont d'avis que la rédaction de livres écrits sous un pseudonyme (de soi-disant pieuses contrefaçons) était pratique courante. Étant donné que tout le monde savait que quelqu'un d'autre avait écrit le livre au nom de l'auteur qui était censé l'avoir écrit, on n'y voyait aucune imposture. Toutefois, la question qui s'impose est la suivante : Pour quelle raison écrirait-on un document sous un pseudonyme si tout le monde savait qu'il était pseudonyme ? Dans le cas de la seconde épître de Pierre, pourquoi un auteur écrivant sous un nom d'emprunt y aurait-il inclus toutes les allusions personnelles à Pierre si ses lecteurs savaient que Pierre ne l'avait pas écrite ?

En dépit des affirmations de certains érudits, rien ne prouve que l'Église primitive ait accepté la pratique de l'emploi d'un pseudonyme. Au contraire, « *[personne]* ne semble jamais avoir accepté comme étant consacré par l'usage sur les plans religieux et philosophique un document que l'on reconnaissait comme ayant été contrefait. Je n'en connais pas un seul exemple. [...] Nous sommes obligés de reconnaître que dans les cercles chrétiens l'emploi d'un pseudonyme était considéré comme un moyen malhonnête et, si découvert, le document était rejeté et l'auteur, si connu, se faisait chapitrer » (L. R. Donelson, *Pseudepigraphy and Ethical Argument in the Pastoral Epistles* [cité dans Thomas R. Schreiner, *1,2 Peter, Jude*, The New American Commentary (Nashville : Broadman & Holman, 2003), p. 272]).

Depuis le début, l'Église a rejeté des documents contrefaits. Paul a fait une mise en garde aux croyants de Thessalonique : « nous vous prions, frères, de ne pas vous laisser facilement ébranler dans votre bon sens, et de ne pas vous laisser troubler, soit par quelque inspiration, soit par une parole, ou par une lettre qui semblerait venir de nous, comme si le jour du Seigneur était déjà là » (2 Th 2.1,2). Même au début de l'histoire de l'Église, des plagiaires faisaient circuler des lettres qu'ils tentaient de faire passer comme provenant de Paul, afin de parvenir plus facilement à propager de fausses doctrines. C'est d'ailleurs ce qui explique que l'apôtre ait averti ses lecteurs de ne pas se laisser berner, et qu'il ait pris les mesures nécessaires pour authentifier les lettres qui venaient véritablement de lui (2 Th 3.17 ;

Introduction à 2 Pierre

voir aussi 1 Co 16.21 ; Ga 6.11 ; Col 4.18). L'évêque qui a écrit sous un pseudonyme l'œuvre intitulée *Actes de Paul et Thècle* s'est fait déchoir de ses fonctions, même s'il a protesté en disant qu'il l'avait écrit par amour pour Paul et avec l'intention de l'honorer (« Tertullien sur le baptême », chap. XVII, *The Ante-Nicene Fathers*, vol. 3, réimpr. [Grand Rapids : Eerdmans, 1973], p. 677). Le Canon muratorien, liste des livres du Nouveau Testament datant du IIe siècle, a rejeté deux lettres contrefaites qu'on voulait faire passer comme ayant été écrites par Paul, en disant qu'« il ne convient pas de mélanger le poison et le miel » (cité dans F. F. Bruce, *The Canon of Scripture* [Downers Grove, Illinois : InterVarsity, 1988], p. 160). Vers la même époque, l'évêque d'Antioche du nom de Sérapion a donné l'explication suivante pour justifier le rejet du fallacieux *Évangile de Pierre* : « Frères, nous recevons en effet, et Pierre et le reste des apôtres comme le Christ, mais les écrits mensongers mis sous leurs noms, nous sommes assez avisés pour les répudier, sachant que nous n'avons rien reçu de tel » (cité dans Eusèbe, *Histoire ecclésiastique*, VI.XII.3).

Le Nouveau Testament a accordé la plus grande importance à la véracité (voir Jn 19.35 ; Ro 3.7 ; 1 Co 13.6 ; 2 Co 4.2 ; 7.14 ; 13.8 ; Ép 4.15,25 ; 5.9 ; Col 3.9 ; 1 Ti 2.7 ; 3.15). Le Saint-Esprit, « l'Esprit de vérité » (Jn 14.17 ; 15.26 ; 16.13 ; voir aussi 1 Jn 5.6), ne pourrait jamais inspirer une contrefaçon. Voilà pourquoi l'Église primitive a rejeté à juste titre toutes les œuvres de cet acabit. Si la seconde épître de Pierre avait été une contrefaçon, elle l'aurait rejetée également.

Ainsi donc, en dépit du scepticisme et des doutes des critiques d'aujourd'hui, la meilleure réponse à la question de la paternité de 2 Pierre est « Simon Pierre, serviteur et apôtre de Jésus-Christ » (1.1).

LA DATE ET LE LIEU DE RÉDACTION DE L'ÉPÎTRE, ET SES DESTINATAIRES

Selon la tradition, Pierre est mort en martyr vers la fin de la persécution sous Néron. Étant donné que Néron est mort en l'an 68, la mort de Pierre doit avoir eu lieu avant ce temps-là. La seconde épître de Pierre semble avoir été écrite peu avant la mort de l'apôtre (1.14), peut-être en 67 ou en 68. Pierre ne dit pas où il se trouvait lorsqu'il a écrit cette épître, mais étant donné que sa mort était alors imminente, et qu'il est mort en martyr à Rome, il l'a probablement écrite tandis qu'il y était emprisonné. Contrairement à sa première épître, Pierre ne nomme pas ses destinataires dans sa seconde épître. Toutefois, étant donné qu'il s'agit de la seconde lettre que Pierre leur a écrite (3.1), les destinataires sont probablement les mêmes dans les deux cas (ou du moins certains d'entre eux), à savoir des croyants qui vivaient dans « le Pont, la Galatie, la Cappadoce, l'Asie et la Bithynie » (1 Pi 1.1), provinces situées en Asie Mineure (la Turquie d'aujourd'hui).

L'OCCASION

Pierre a écrit sa première épître dans le but de consoler et d'instruire les croyants qui faisaient face à la menace extérieure de la persécution. Dans son épître, Pierre aborde la menace encore plus redoutable des faux enseignants qui allaient s'infiltrer dans l'Église. L'apôtre a averti les croyants de rester vigilants, afin de pouvoir discerner leurs mensonges. Sa description frappante et pénétrante des hérétiques et des apostats ne peut se comparer qu'à celle de Jude.

Pierre n'a précisé aucune hérésie. Tel que mentionné précédemment sous le titre « L'auteur », l'épître ne porte pas la marque du gnosticisme du IIe siècle. Quels qu'aient pu être ces hérétiques, ils étaient comme beaucoup d'autres qui ont renié Christ (2.1) ; qui ont tordu le sens de l'Écriture, y compris les écrits de Paul (3.15,16) ; qui ont préféré donner foi à des « fables habilement conçues » (1.16) favorisant les « sectes pernicieuses » (2.1) ; qui se sont moqués de la seconde venue de Christ (3.4) et du jugement à venir (3.5-7) ; qui se sont livrés à la débauche (2.2,13,14,19) ; qui ont méprisé l'autorité (2.10) ; qui ont fait preuve d'arrogance et de vanité (2.18) ; et qui se sont montrés cupides (2.3,14). La seconde épître de Pierre sert non seulement de réprimande bien méritée à l'endroit des faux enseignants de l'époque de Pierre, mais encore à exposer les traits de caractère que les faux enseignants ont en commun quelle que soit l'époque. Étant donné que l'iniquité est issue d'une doctrine hérétique, Pierre a insisté davantage sur leur conduite impie que sur les enseignements précis qu'ils propageaient. Pour reprendre les paroles du Seigneur Jésus-Christ :

Introduction à 2 Pierre

Vous les reconnaîtrez à leurs fruits. Cueille-t-on des raisins sur des épines, ou des figues sur des chardons ? Tout bon arbre porte de bons fruits, mais le mauvais arbre porte de mauvais fruits. Un bon arbre ne peut porter de mauvais fruits, ou un mauvais arbre porter de bons fruits. Tout arbre qui ne porte pas de bons fruits est coupé et jeté au feu. C'est donc à leurs fruits que vous les reconnaîtrez (Mt 7.16-20).

LE PLAN DE L'ÉPÎTRE

Les salutations (1.1,2)

I. Échapper aux faux enseignements par une bonne compréhension du salut (1.3-11)
   A. Il repose sur la puissance de Dieu (1.3,4)
   B. Il est confirmé par les grâces chrétiennes (1.5-7)
   C. Il donne lieu à de riches récompenses (1.8-11)

II. Échapper aux faux enseignements par une bonne compréhension de l'Écriture (1.12-21)
   A. Elle est confirmée par le témoignage des apôtres (1.12-18)
   B. Elle est inspirée par le Saint-Esprit (1.19-21)

III. Échapper aux faux enseignements par une bonne compréhension des faux enseignants (2.1-22)
   A. Leur infiltration (2.1-3)
   B. Leur jugement (2.4-10*a*)
   C. Leur impudence (2.10*b*-13*a*)
   D. Leur impureté (2.13*b*-17)
   E. Leur incidence (2.18-22)

IV. Échapper aux faux enseignements par une bonne compréhension de l'avenir (3.1-18)
   A. La certitude du jour du Seigneur (3.1-10)
   B. Les incidences pratiques du jour du Seigneur (3.11-18)

La foi précieuse des croyants – Première partie : sa source, sa substance et sa pleine efficacité

Simon Pierre, serviteur et apôtre de Jésus-Christ, à ceux qui ont reçu en partage une foi du même prix que la nôtre, par la justice de notre Dieu et du Sauveur Jésus-Christ : Que la grâce et la paix vous soient multipliées par la connaissance de Dieu et de Jésus notre Seigneur ! Sa divine puissance nous a donné tout ce qui contribue à la vie et à la piété, au moyen de la connaissance de celui qui nous a appelés par sa propre gloire et par sa vertu ; celles-ci nous assurent de sa part les plus grandes et les plus précieuses promesses, afin que par elles vous deveniez participants de la nature divine, en fuyant la corruption qui existe dans le monde par la convoitise. (1.1-4)

John Murray, un des plus grands théologiens réformés du xxe siècle, a écrit ce qui suit au sujet de la signification profonde et primordiale de l'expiation :

Le Père n'a pas épargné son propre Fils. Il n'a rien épargné de ce qu'exigent les préceptes d'une rectitude incessante. Et c'est l'acquiescement en douceur du Fils que nous entendons lorsqu'il dit : « Toutefois, que ma volonté ne se fasse pas, mais la tienne » (Lu 22.42). Mais pourquoi ? C'était pour que l'amour éternel et invincible puisse accomplir, à grand prix et avec puissance, pleinement et avec empressement, sa destinée par la rédemption. Le Calvaire a pour esprit l'amour éternel et pour fondement la justice éternelle. Il s'agit du même amour qui est manifesté par le mystère de l'agonie à Gethsémané et de l'arbre maudit au Calvaire qui enveloppe le peuple de Dieu dans une sécurité éternelle. « Lui qui n'a point épargné son propre Fils, mais qui l'a livré pour nous tous, comment ne nous donnera-t-il pas aussi toutes choses avec lui ? » (Ro 8.32.) « Qui nous séparera de l'amour de Christ ? Sera-ce la tribulation, ou l'angoisse, ou la persécution, ou la faim, ou la nudité, ou le péril, ou l'épée ? » (Ro 8.35.) « Car j'ai l'assurance que ni la mort ni la vie, ni les anges ni les dominations, ni les choses présentes ni les choses à venir, ni les puissances, ni la hauteur ni la profondeur, ni aucune autre créature ne pourra nous séparer de l'amour de Dieu manifesté en Jésus-Christ notre Seigneur » (Ro 8.38,39). Voilà la sécurité qu'une expiation parfaite nous assure, et c'est la perfection de l'expiation qui nous l'assure (*Redemption – Accomplished and Applied* [Grand Rapids : Eerdmans, 1955], p. 78).

Il ne fait aucun doute que la rédemption des pécheurs par Dieu en vue de la vie éternelle par le moyen de l'œuvre expiatoire de son Fils Jésus-Christ est, pour tous ceux qui croient, le don le plus précieux de Dieu. Avec la certitude du salut en vue, Pierre commence sa seconde épître en communiquant à ses lecteurs trois grandes vérités enrichissantes la concernant : sa source, sa substance et sa pleine efficacité.

La foi précieuse des croyants — Première partie 1.1

LA SOURCE DU SALUT

Simon Pierre, serviteur et apôtre de Jésus-Christ, à ceux qui ont reçu en partage une foi du même prix que la nôtre, par la justice de notre Dieu et du Sauveur Jésus-Christ : (1.1)

Selon les coutumes de son époque, l'apôtre commence son épître par une salutation courante, s'identifiant correctement comme étant l'auteur de l'épître. **Simon**, forme grecque du nom hébreu « Siméon », père d'une des douze tribus d'Israël, était un nom courant parmi les Juifs (voir Mt 13.55 ; 26.6 ; 27.32 ; Ac 1.13 ; 8.9 ; 9.43). Le nom **Pierre** provient d'un mot grec signifiant « pierre » (Céphas est son équivalent araméen ; voir Jn 1.42 ; 1 Co 1.12 ; 3.22 ; 9.5 ; 15.5 ; Ga 1.18 ; 2.9,11,14). L'apôtre s'est servi des deux noms afin de veiller à ce que les destinataires de sa lettre sachent précisément qui en était l'auteur.

Se présentant comme un **serviteur**, Pierre se place lui-même avec humilité et gratitude en position de soumission, de devoir et d'obéissance. Certains des plus grands leaders de l'histoire de la rédemption ont porté le titre de *serviteur* (par ex. : *Moïse*, De 34.5 ; Ps 105.26 ; Ma 4.4 ; *Josué*, Jos 24.29 ; *David*, 2 S 3.18 ; Ps 78.70 ; *tous les prophètes*, Jé 44.4 ; Am 3.7 ; *Paul*, Ro 1.1 ; Ph 1.1 ; Tit 1.1 ; *Jacques*, Ja 1.1 ; *Jude*, Jud 1), qui est devenu par la suite un titre convenant à tous les croyants (voir 1 Co 7.22 [Le mot grec utilisé dans les deux passages est *doulos*, qui signifie « esclave » et qui décrit donc le service le plus inférieur et le plus dépourvu de liberté] ; Ép 6.6 ; Col 4.12 ; 2 Ti 2.24). À l'époque de Pierre, le fait de s'appeler volontairement soi-même **serviteur** (*doulos*, « esclave ») revenait à s'abaisser servilement dans une culture où on considérait les esclaves comme des bêtes, sans plus. Toutefois, bien que cette pratique ait été dégradante sur le plan social, elle était honorable sur le plan spirituel. En agissant de la sorte, une personne reconnaissait qu'elle avait le devoir d'obéir à son maître, quel qu'en soit le prix. Pour expliquer que cette réalité s'applique à tous les chrétiens, William Barclay a d'ailleurs dit :

(i) Appeler le chrétien *doulos* de Dieu signifie qu'il appartient irrévocablement à Dieu. Dans l'Antiquité, un maître possédait ses esclaves de la même manière qu'il possédait ses outils. Un serviteur peut changer de maître, mais cela est impossible à l'esclave. Le chrétien appartient irrévocablement à Dieu.

(ii) Appeler le chrétien *doulos* de Dieu signifie qu'il est, sans restriction, à la disposition de Dieu. Dans l'Antiquité, le maître pouvait faire ce qu'il voulait de son esclave. Il avait autant de pouvoir sur son esclave qu'il en avait sur ses biens inanimés. Il avait le pouvoir de vie et de mort sur son esclave. Le chrétien appartient à Dieu, si bien que Dieu peut l'envoyer là où il veut et faire de lui ce qu'il veut. Le chrétien est la personne qui n'a aucun droit en propre, car tous ses droits ont été cédés à Dieu.

(iii) Appeler le chrétien *doulos* de Dieu signifie que le chrétien doit à Dieu une obéissance inconditionnelle. Dans l'Antiquité, la loi était telle que l'ordre de son maître était pour l'esclave la seule loi qui existait. Même si l'esclave recevait l'ordre de faire quelque chose de contraire à la loi, il ne pouvait pas protester, car, pour sa part, l'ordre de son maître avait force de loi. En toute situation, le chrétien n'a qu'une seule question à poser : « Seigneur, que veux-*tu* que je fasse ? » Le commandement de Dieu est la seule loi du chrétien.

(iv) Appeler le chrétien *doulos* de Dieu signifie qu'il doit se tenir constamment au service de Dieu. Dans l'Antiquité, l'esclave n'avait littéralement aucun temps à lui, aucun congé, aucun instant de repos, aucun horaire de travail établi au moyen d'une entente, aucuns loisirs. Tout son temps appartenait au maître (*The Letters of James and Peter*, éd. rév. [Philadelphie : Westminster, 1976], p. 345-346 ; italiques dans l'original).

Bien que Pierre se considère humblement comme un serviteur, il se présente également avec noblesse en tant qu'**apôtre de Jésus-Christ,** quelqu'un que Christ envoie lui-même officiellement

La foi précieuse des croyants — Première partie 1.1

en tant que témoin divinement mandaté par le Seigneur ressuscité, et ayant donc l'autorité nécessaire pour proclamer sa vérité (Mt 10.1 ; Mc 3.13 ; 16.20 ; Lu 6.13 ; Ac 1.2-9,22 ; 1 Co 9.1 ; 1 Jn 1.1 ; voir aussi Mt 28.19,20 ; Jn 14.26 ; 16.13). Pierre, en se présentant comme il le fait ici, établit un exemple à suivre pour tous ceux qui sont en position de leadership spirituel : l'anonymat soumis et sacrificiel de l'esclave, combiné à la dignité, à l'importance et à l'autorité de l'apôtre.

L'apôtre a envoyé l'épître à l'étude **à ceux**-là même qui ont reçu sa première. Ces destinataires croyants comptent au nombre des élus de Dieu qui sont alors dispersés dans diverses régions païennes : « le Pont, la Galatie, la Cappadoce, l'Asie et la Bithynie » (1 Pi 1.1). Ces croyants sont principalement d'origine païenne, mais il ne fait aucun doute que des chrétiens juifs comptent également au nombre des destinataires de l'épître, que Pierre a très probablement écrite en 67 ou 68, à savoir environ un an après avoir écrit sa première épître (pour obtenir des détails à ce sujet, voir l'Introduction du présent volume).

La description que Pierre fait de ses lecteurs est théologiquement riche, bien que courte, et attire l'attention sur la source divine du salut. L'expression **qui ont reçu en partage** laisse entendre que le salut des croyants est un don. Le verbe (*lagchanô*) signifie « obtenir par volonté divine » ou « donné par tirage » (ce qui rappelle la coutume des temps bibliques selon laquelle on tirait au sort pour connaître la volonté de Dieu ; voir Lé 16.8-10 ; Jos 7.14 ; 1 S 14.38-43 ; 1 Ch 25.8-31 ; Pr 16.33 ; 18.18 ; Jon 1.7 ; Ac 1.16-26). Il désigne clairement quelque chose qui ne peut s'obtenir par des efforts humains ou par mérite personnel, mais qui est accordé selon les desseins souverains de Dieu. Les lecteurs de Pierre ont reçu la **foi** parce que Dieu a résolu dans sa grâce de la leur accorder (voir Ac 11.15-17 ; Ga 3.14 ; Ép 1.13 ; Ph 1.29).

Ici, **une foi** pourrait désigner *la* foi objective, comme dans les doctrines de la foi chrétienne, ou elle pourrait faire allusion à une croyance subjective. Toutefois, il vaut mieux la comprendre dans le contexte d'ici sans article défini (contrairement à Jude 3) comme désignant une foi subjective, le pouvoir qu'a le chrétien de croire à l'Évangile pour obtenir le salut. Bien que tous soient tenus

35

de croire à l'Évangile, de sorte que tous sont responsables de leur obéissance ou de leur désobéissance – et en ce sens il s'agit du côté humain du salut –, Dieu doit tout de même accorder aux pécheurs de manière surnaturelle la capacité et le pouvoir de croire à salut (Ép 2.8,9 ; voir aussi 6.23 ; Ro 12.3 ; 1 Co 2.5). Pierre a commencé sa première épître en écrivant au sujet du rôle de l'élection divine dans le salut, alors qu'ici il fait allusion à la réponse humaine de la foi. La souveraineté de Dieu et la responsabilité de l'homme forment les éléments essentiels du salut. Ce n'est que lorsque le Saint-Esprit réveille l'âme morte d'une personne en réponse à l'écoute ou à la lecture de l'Évangile que la foi salvatrice est mise en œuvre de sorte que le pécheur puisse vivre la rédemption (voir Ac 11.21 ; 16.14).

On peut tirer une autre preuve de ce qu'ici la foi est subjective du fait que Pierre décrit la foi de ses lecteurs comme étant **du même prix que la nôtre**. Le mot rendu par **du même prix** (*isotimon*) signifie « de valeur égale » ou « d'un privilège égal ». Il désigne quelque chose de même rang, position, honneur, statut, prix ou valeur. S'il désignait la pure vérité de l'Évangile, cela n'aurait aucun sens, puisque cette vérité est sans pareille. Chaque croyant a reçu la foi en tant que don personnel, une foi qui est la même de par sa nature, le précieux don de Dieu, qui accorde à tous ceux qui le reçoivent des privilèges spirituels égaux au moyen du salut (voir Jn 17.20 ; Ac 11.15-17 ; 13.39). Parmi les fidèles, Dieu ne fait aucune distinction entre les chrétiens ; comme Paul l'a écrit : « Il n'y a plus ni Juif ni Grec, il n'y a plus ni esclave ni libre, il n'y a plus ni homme ni femme ; car tous vous êtes un en Jésus-Christ » (Ga 3.28 ; voir aussi v. 26 ; Ro 10.12,13).

Tous les élus ont reçu, à titre de don, la foi qui sauve. À ce sujet, l'épître aux Éphésiens dit : « Car c'est par la grâce que vous êtes sauvés, par le moyen de la foi. Et cela ne vient pas de vous, c'est le don de Dieu. Ce n'est point par les œuvres, afin que personne ne se glorifie » (Ép 2.8,9). Ces versets ont une signification profonde et sont d'une application très étendue.

> Notre part dans notre salut est d'avoir la foi. Mais même cette foi ne vient pas de *[nous]*, elle est le don de Dieu. Nous n'avons pas la foi de nous-mêmes et ne l'exprimons pas par notre propre force. Premièrement, nous n'avons pas en nous-

mêmes ce qui est nécessaire. De plus, même si nous l'avions, Dieu ne voudrait pas que nous l'utilisions. Sinon, le salut dépendrait en partie de nos œuvres, et nous aurions certaines raisons de nous en glorifier. Paul insiste ici sur le fait que même la foi ne vient pas de nous si Dieu ne nous la donne d'abord.

Certains s'opposent à cette interprétation et disent que le terme **foi** (*pistis*) est féminin alors que **cela** (*touto*) est neutre. Cela ne pose pas de problème, pour autant qu'on comprenne que **cela** ne renvoie pas précisément à la foi, mais à l'acte de croire. De plus, cette interprétation est celle qui donne le meilleur sens au texte, puisque si **cela** renvoie à **c'est par la grâce que vous êtes sauvés, par le moyen de la foi** (donc la phrase complète), l'addition de **cela ne vient pas de vous, c'est le don de Dieu** est superflue, puisque la grâce est par définition un don immérité de Dieu. Si le salut est par grâce, il faut qu'il soit un don immérité de Dieu. La foi est présentée comme un don dans 2 Pierre 1.1, Philippiens 1.29 et Actes 3.16. […]

Lorsque nous acceptons l'œuvre complète de Christ pour nous, nous agissons par **la foi** que nous a donnée **la grâce** de Dieu. C'est là l'acte suprême de foi humain, l'acte qui, bien qu'il soit fait par nous, vient premièrement de Dieu – c'est **le don** qu'il nous fait par sa **grâce**. Lorsque quelqu'un s'étouffe ou se noie et arrête de respirer, il n'y a rien qu'il puisse faire. S'il se remet jamais à respirer, ce sera parce que quelqu'un a réactivé sa respiration. Celui qui est spirituellement mort ne peut même pas prendre une décision par la foi à moins que Dieu n'introduise d'abord en lui le souffle de la vie spirituelle. Avoir **la foi**, c'est tout simplement exhaler le souffle que procure **la grâce** de Dieu. Pourtant, ce qui est paradoxal, c'est que nous devons avoir cette foi ou être jugés coupables de ne pas l'avoir (voir Jn 5.40). (John MacArthur, *Éphésiens*, [Trois-Rivières, Québec : Éditions IMPACT, 1999], p. 91-92.)

1.1

L'emploi que Pierre fait du pronom **nôtre** fait probablement allusion au conflit qui divise alors les Juifs et les non-Juifs au sein de l'Église. Le livre des Actes nous indique qu'il est intervenu intensivement dans cette situation à la naissance de l'Église. Pierre a d'ailleurs expliqué à des frères juifs séparatistes la rencontre qu'il avait faite avec les gens de la maison de Corneille le païen :

Pierre se mit à leur exposer d'une manière suivie ce qui s'était passé. Il dit : J'étais dans la ville de Joppé, et, pendant que je priais, je tombai en extase et j'eus une vision : un objet, semblable à une grande nappe attachée par les quatre coins, descendait du ciel et vint jusqu'à moi. Les regards fixés sur cette nappe, j'examinai, et je vis les quadrupèdes de la terre, les bêtes sauvages, les reptiles, et les oiseaux du ciel. Et j'entendis une voix qui me disait : Lève-toi, Pierre, tue et mange. Mais je dis : Non, Seigneur, car jamais rien de souillé ni d'impur n'est entré dans ma bouche. Et pour la seconde fois la voix se fit entendre du ciel : Ce que Dieu a déclaré pur, ne le regarde pas comme souillé. Cela arriva jusqu'à trois fois ; puis tout fut retiré dans le ciel. Et voici, aussitôt trois hommes envoyés de Césarée vers moi se présentèrent devant la porte de la maison où j'étais. L'Esprit me dit de partir avec eux sans hésiter. Les six hommes que voici m'accompagnèrent, et nous entrâmes dans la maison de Corneille. Cet homme nous raconta comment il avait vu dans sa maison l'ange se présentant à lui et disant : Envoie quelqu'un à Joppé, et fais venir Simon, surnommé Pierre, qui te dira des choses par lesquelles tu seras sauvé, toi et toute ta maison. Lorsque je me fus mis à parler, le Saint-Esprit descendit sur eux, comme sur nous au commencement. Et je me souvins de cette parole du Seigneur : Jean a baptisé d'eau, mais vous, vous serez baptisés du Saint-Esprit. Or, puisque Dieu leur a accordé le même don qu'à nous qui avons cru au Seigneur Jésus-Christ, pouvais-je, moi, m'opposer à Dieu ? (Ac 11.4-17 ; voir aussi 10.1-48.)

La foi précieuse des croyants — Première partie   1.1

Au Concile de Jérusalem, Pierre a répété la vérité selon laquelle Dieu ne fait aucun favoritisme en matière de salut et de privilèges spirituels entre Juifs et non-Juifs :

> Alors quelques-uns du parti des pharisiens qui avaient cru, se levèrent, en disant qu'il fallait circoncire les païens et exiger l'observation de la loi de Moïse. Les apôtres et les anciens se réunirent pour examiner cette affaire. Une grande discussion s'étant engagée, Pierre se leva, et leur dit : Hommes frères, vous savez que dès longtemps Dieu a fait un choix parmi vous, afin que, par ma bouche, les païens entendent la parole de l'Évangile et qu'ils croient. Et Dieu, qui connaît les cœurs, leur a rendu témoignage, en leur donnant le Saint-Esprit comme à nous ; il n'a fait aucune différence entre nous et eux, ayant purifié leur cœur par la foi. Maintenant donc, pourquoi tentez-vous Dieu, en mettant sur le cou des disciples un joug que ni nos pères ni nous n'avons pu porter ; mais c'est par la grâce du Seigneur Jésus que nous croyons être sauvés, de la même manière qu'eux (Ac 15.5-11).

Nous ne devrions donc pas nous étonner de ce que Pierre fasse allusion ici à la même vérité. Parmi ses élus, Dieu ne favorise personne en fonction de son appartenance à un groupe ethnique, car il accorde à tous les chrétiens la même foi salvatrice avec tous ses privilèges (voir Ép 2.11-18 ; 4.5).

Les croyants peuvent avoir accès à la foi qui sauve en raison de **la justice de Jésus-Christ**. Les pécheurs reçoivent la vie éternelle parce que le Sauveur leur impute sa **justice** parfaite (2 Co 5.21 ; Ph 3.8,9 ; 1 Pi 2.24), en couvrant leurs péchés et en rendant ces pécheurs acceptables à ses yeux. L'épître aux Romains dit d'ailleurs :

> Or, à celui qui fait une œuvre, le salaire est imputé, non comme une grâce, mais comme une chose due ; et à celui qui ne fait point d'œuvre, mais qui croit en celui qui justifie l'impie, sa foi lui est imputée à justice. De même David exprime le bonheur de l'homme à qui Dieu impute la justice sans les œuvres : Heureux ceux dont les iniquités sont pardonnées,

et dont les péchés sont couverts ! Heureux l'homme à qui le Seigneur n'impute pas son péché ! (Ro 4.4-8 ; voir aussi Ac 13.38,39.)

Cette doctrine de première importance, celle d'une justice imputée, est au cœur même de l'Évangile chrétien. Le salut est un don de Dieu en tout point. La foi pour croire et la justice pour satisfaire à la sainteté de Dieu viennent toutes les deux de lui. Sur la croix, Christ a porté la pleine colère de Dieu contre tous les péchés de ceux qui allaient croire (2 Co 5.18,19). Ces péchés ont été imputés à Christ de sorte que Dieu puisse imputer aux croyants toute la justice qui était sienne. Sa justice couvre pleinement les rachetés, comme le prophète Ésaïe l'exprime merveilleusement bien : « Je me réjouirai en l'Éternel, mon âme sera ravie d'allégresse en mon Dieu ; car il m'a revêtu des vêtements du salut, il m'a couvert du manteau de la délivrance, comme le fiancé s'orne d'un diadème, comme la fiancée se pare de ses joyaux » (És 61.10).

Il est à remarquer que Pierre ne fait pas allusion ici à Dieu **notre** Père, mais à **notre Dieu et [...] Sauveur Jésus-Christ**. Ici, la justice vient du Père, mais elle s'étend à tous les croyants par l'intermédiaire du Fils, Jésus-Christ (voir Ga 3.8-11 ; Ph 3.8,9). La construction grecque ne place qu'un seul article avant l'expression **de notre Dieu et du Sauveur**, ce qui signifie que les deux termes désignent la même personne. Ainsi donc, Pierre identifie Jésus non pas uniquement en tant que Sauveur, mais également en tant que Dieu (voir 1.11 ; 2.20 ; 3.2,18 ; És 43.3,11 ; 45.15,21 ; 60.16 ; Ro 9.5 ; Col 2.9 ; Tit 2.13 ; Hé 1.8), auteur et agent du salut. L'apôtre a clairement exposé la même relation dans son sermon de la Pentecôte, dans lequel il a pris la vérité de l'Ancien Testament au sujet de Dieu et l'a appliquée à Jésus (Ac 2.21-36 ; voir aussi Mt 1.21 ; Ac 4.12 ; 5.31).

LA SUBSTANCE DU SALUT

Que la grâce et la paix vous soient multipliées par la connaissance de Dieu et de Jésus notre Seigneur ! (1.2)

La foi précieuse des croyants — Première partie 1.2

Dans cette version de ses salutations courantes, Pierre rappelle à ses lecteurs que les saints véritables vivent dans le royaume de **la grâce** et de **la paix**, comme l'apôtre Paul a enseigné aux chrétiens de Rome : « Étant donc justifiés par la foi, nous avons la paix avec Dieu par notre Seigneur Jésus-Christ, à qui nous devons d'avoir eu par la foi accès à cette grâce, dans laquelle nous demeurons fermes, et nous nous glorifions dans l'espérance de la gloire de Dieu » (Ro 5.1,2). Dieu souhaite que **la grâce et la paix**, la substance du salut, **soient multipliées**, qu'elles soient déversées sur ses enfants en torrents incessants. Les épîtres sont remplies de déclarations comparables (par ex. : 1 Co 1.3 ; 2 Co 1.2 ; Ga 1.3 ; Ép 1.2). La **grâce** (*charis*) est la faveur imméritée que Dieu fait aux pécheurs, qui accorde à ceux qui croient à l'Évangile le pardon complet par l'intermédiaire du Seigneur Jésus-Christ (Ro 3.24 ; Ép 1.7 ; Tit 3.7). La **paix** (*eirênê*) avec Dieu et qui vient de lui dans toutes les situations de la vie est l'effet de la grâce (Ép 2.14,15 ; Col 1.20), qui découle du pardon que Dieu a accordé à tous les élus (voir Ps 85.8 ; És 26.12 ; 2 Th 3.16). L'expression « grâce sur grâce » (Jn 1.16) définit l'effusion libre de la faveur divine, tandis que la paix est déversée avec une telle plénitude qu'elle est divine et qu'elle échappe à l'entendement humain (Jn 14.27 ; Ph 4.7). Les croyants reçoivent une **grâce** sans pareille pour chaque péché commis (Ps 84.12 ; Ac 4.33 ; 2 Co 9.8 ; 12.9 ; Hé 4.16) et une **paix** abondante pour chaque épreuve subie (Jn 14.27 ; 16.33).

Toute cette grâce et toute cette paix nous viennent **par la connaissance de Dieu et de Jésus notre Seigneur !** Ceux qui ne connaissent pas et qui n'embrassent pas de tout cœur l'Évangile n'y ont pas accès. Le mot **connaissance** (*epignôsis* ; voir 1.8 ; 2.20) est ici une forme plus forte du mot fondamental grec que l'on rend par « connaissance » (*gnôsis* ; voir 1.5,6 ; 3.18). Il rend l'idée d'une connaissance pleine, riche et exhaustive qui implique un degré de compréhension intime d'un sujet précis (voir Ro 3.20 ; 10.2 ; Ép 1.17). La substance du salut d'une personne constitue ce type de connaissance rationnelle et objective de Dieu qui s'acquiert au moyen de sa Parole (voir Jn 8.32 ; 14.6 ; 17.17 ; 2 Jn 2). Ce concept fondamental de la connaissance a vu le jour dans l'Ancien Testament (voir Ex 5.2 ; Jg 2.10 ; 1 S 2.12 ; Pr 2.5 ; Os 2.22 ; 5.4).

41

Paul s'est souvent servi du même mot par rapport à la vérité divine (Ép 1.17 ; 4.13 ; Ph 1.9 ; Col 1.9,10 ; 2.2 ; 3.10 ; 1 Ti 2.4 ; 2 Ti 2.25 ; 3.7 ; Tit 1.1). La connaissance qui procure le salut ne provient pas des sentiments, de l'intuition, des émotions ou d'une expérience personnelle, mais uniquement de la vérité révélée, selon l'Évangile qui est prêché dans et par la Parole : « Ainsi la foi vient de ce qu'on entend, et ce qu'on entend vient de la parole de Christ » (Ro 10.17 ; voir v. 14). Le salut requiert une connaissance véritable de la personne et de l'œuvre de Jésus-Christ (voir Ga 2.20 ; Ph 3.10). Il n'exige pas simplement que l'on connaisse la vérité *au sujet de* Christ, mais en fait qu'on le *connaisse*, lui, au moyen de la vérité de sa Parole (voir Jn 20.30,31 ; 21.24 ; 2 Ti 3.15-17 ; 1 Jn 5.11-13). Par conséquent, Pierre a terminé l'épître à l'étude en exhortant ses lecteurs croyants, qui possèdent déjà cette **connaissance** salvatrice, à « *[croître]* dans la grâce et dans la connaissance de notre Seigneur et Sauveur Jésus-Christ » (3.18). C'est en croyant à salut que l'on commence à connaître le Seigneur. Le reste de la vie du croyant constitue la quête d'une plus grande connaissance de la gloire du Seigneur et de sa grâce. Paul a d'ailleurs dit qu'il s'agissait là de sa quête passionnée : « Ainsi je connaîtrai Christ, et la puissance de sa résurrection, et la communion de ses souffrances, en devenant conforme à lui dans sa mort » (Ph 3.10). Il a aussi indiqué clairement que la gloire de son Seigneur le dévorait, si bien que le Saint-Esprit pouvait le transformer à la ressemblance de Christ (2 Co 3.18).

LA PLEINE EFFICACITÉ DU SALUT

Sa divine puissance nous a donné tout ce qui contribue à la vie et à la piété, au moyen de la connaissance de celui qui nous a appelés par sa propre gloire et par sa vertu ; celles-ci nous assurent de sa part les plus grandes et les plus précieuses promesses, afin que par elles vous deveniez participants de la nature divine, en fuyant la corruption qui existe dans le monde par la convoitise. (1.3,4)

Dans la seconde épître aux Corinthiens, l'apôtre Paul a fait une remarque étonnante en indiquant que le salut qui vient de Dieu suffit amplement et généreusement : « Mais Dieu est puissant pour faire abonder toute grâce envers vous, afin qu'ayant toujours en toutes choses tout ce qui suffit, vous abondiez pour toute bonne œuvre. » (2 Co 9.8 ; *Darby*). « Tout ce qui suffit » (*autarkeia*) signifie le fait d'avoir tout ce qui nous est nécessaire. Il signifie également le fait de ne pas dépendre des circonstances extérieures et de ce que des sources extérieures peuvent fournir. Les ressources spirituelles des croyants, généreusement fournies par grâce divine, suffisent à répondre aux besoins de la vie (Ph 4.19 ; voir 2 Ch 31.10).

Toutefois, en dépit de la révélation que Dieu a faite au sujet de son incroyable générosité (voir 1 Ch 29.10-14), les chrétiens pensent souvent que c'est avec parcimonie qu'il dispense sa grâce. Qu'il leur a peut-être accordé suffisamment de grâce pour les justifier (Ro 3.24), mais pas suffisamment pour les sanctifier. Ou encore, on a enseigné à certains croyants qu'ils avaient reçu suffisamment de grâce pour leur justification et leur sanctification, mais pas suffisamment pour leur glorification ; ils craignent donc de perdre leur salut. Même s'ils croient que Dieu accorde suffisamment de grâce pour les glorifier au bout du compte, beaucoup de chrétiens ont encore le sentiment qu'il n'en accorde pas suffisamment pour leur permettre de surmonter les problèmes et les épreuves de la vie. Cependant, il n'y a aucune raison pour qu'un croyant doute de la pleine efficacité de la grâce de Dieu ou cherche ailleurs où se ressourcer spirituellement (voir Ex 34.6 ; Ps 42.9 ; 84.12 ; 103.11 ; 107.8 ; 121.1-8 ; La 3.22,23 ; Jn 1.16 ; 10.10 ; Ro 5.15,20,21 ; 8.16,17,32 ; 1 Co 2.9 ; 3.21-23 ; Ép 1.3-8 ; 2.4-7 ; 3.17-19 ; 1 Pi 5.7). Par ailleurs, Paul a exhorté les croyants de Colosses comme suit :

> Prenez garde que personne ne fasse de vous sa proie par la philosophie et par une vaine tromperie, s'appuyant sur la tradition des hommes, sur les principes élémentaires du monde, et non sur Christ. Car en lui habite corporellement toute la plénitude de la divinité. Vous avez tout pleinement en lui, qui est le chef de toute domination et de toute autorité (Col 2.8-10).

Jésus a comparé le salut à un festin nuptial : « Le royaume des cieux est semblable à un roi qui fit des noces pour son fils. [...] Voici, j'ai préparé mon festin ; mes bœufs et mes bêtes grasses sont tués, tout est prêt, venez aux noces » (Mt 22.2,4 ; voir aussi Lu 15.17-24 ; Ap 19.6-9). Il s'est servi de cette analogie parce que, dans la culture juive du Ier siècle, le festin nuptial était synonyme d'une célébration empreinte de générosité. De façon comparable, en rachetant les siens, Dieu a généreusement accordé aux croyants par la présence du Saint-Esprit en eux toute la grâce et toutes les ressources spirituelles (Ro 12.5-8 ; 1 Co 12.8-10 ; Ép 3.20,21) dont ils puissent jamais avoir besoin. Quatre composants essentiels ont rappelé aux lecteurs de Pierre la réalité de leur salut qui suffit : la puissance divine, le don divin, la plénitude divine et les promesses divines.

LA PUISSANCE DIVINE

Sa divine puissance nous a donné (1.3*a*)

Tout ce qui suffit spirituellement aux croyants, ils ne le possèdent pas en raison d'une puissance qui leur est propre (voir Mt 19.26 ; Ro 9.20,21 ; Ép 1.19 ; Ph 3.7-11 ; 1 Ti 1.12-16 ; Tit 3.5), mais leur est accordé par *[sa]* **divine puissance**. Cette réalité, Paul l'a exprimée comme ceci : « Or, à celui qui peut faire, par la puissance qui agit en nous, infiniment au-delà de tout ce que nous demandons ou pensons » (Ép 3.20). La **puissance** qui s'opère chez les croyants est de la même nature divine que celle qui a ressuscité Christ (voir Ro 1.4 ; 1 Co 6.14 ; 15.16,17 ; 2 Co 13.4 ; Col 2.12). Cette puissance permet aux saints d'accomplir des œuvres qui plaisent à Dieu et qui le glorifient (voir 1 Co 3.6-8 ; Ép 3.7), et d'accomplir des choses spirituelles qu'ils ne peuvent pas même imaginer (voir de nouveau Ép 3.20).

Sa nous ramène au Seigneur Jésus. Si le pronom personnel modifiait Dieu, Pierre n'aurait probablement pas employé le descriptif **divine**, étant donné que la divinité est inhérente au nom de Dieu. En employant le mot **divine** en rapport au Fils, l'apôtre insiste sur le fait que Jésus est véritablement Dieu (voir Jn 10.30 ; 12.45 ; Ph 2.6 ; Col 1.16 ; 2.9 ; Hé 1.3) et réfute aussi tout doute que certains lecteurs

La foi précieuse des croyants — Première partie　　　　　*1.3b*

pourraient encore avoir entretenu concernant cette réalité (voir 1 Jn 5.20). Pierre a lui-même été le témoin oculaire de la puissance divine de Christ (1.16 ; voir aussi Mc 5.30 ; Lu 4.14 ; 5.17). La puissance spirituelle que Dieu accorde aux croyants ne s'épuise jamais. Il se peut que ces derniers se distancent de cette source divine en péchant, ou négligent de transmettre et d'employer ce qu'ils ont à leur disposition, mais dès l'instant où ils ont fait l'expérience de la foi en Jésus-Christ, Dieu leur **a donné** sa puissance. L'expression **a donné** (*dedôrêmenês*) est un participe passif parfait qui signifie que par le passé, avec des résultats qui se poursuivent dans le présent, Dieu a accordé sa puissance aux croyants de manière permanente.

LE DON DIVIN

tout ce qui contribue à la vie et à la piété, (1.3*b*)

À cause de leurs péchés et de leurs échecs constants, beaucoup de chrétiens ont du mal à croire que même après le salut rien ne manque au processus de sanctification. Cette idée fausse pousse d'ailleurs les croyants à rechercher une « deuxième bénédiction », un « baptême de l'Esprit », des langues, des expériences mystiques, un discernement psychologique spécial, des révélations privées, une « auto-crucifixion », la « vie plus profonde », des transports extatiques, des liens démoniaques et des combinaisons de divers éléments parmi les précédents dans une tentative pour obtenir ce qui est censé manquer dans leurs ressources spirituelles. Toutes sortes de formes d'ignorance et de déformation de l'Écriture accompagnent ces quêtes folles, qui ont à leurs racines corrompues une compréhension inexacte de ce que Pierre dit ici. Les chrétiens ont **tout** reçu sous la forme de la puissance divine qui leur est nécessaire pour les rendre aptes à la sanctification, rien n'y manque. À la lumière de cette réalité, le Seigneur tient tous les croyants pour responsables d'obéir à tous les commandements de l'Écriture. Les chrétiens ne peuvent prétendre que leurs péchés et leurs échecs résultent du don limité de Dieu. S'ils puisent dans les ressources divines pour les vaincre, aucune tentation et aucune attaque provenant de Satan et de ses démons ne pourra leur résister (1 Co 10.13 ; 12.13 ; 1 Pi 5.10). Afin de souligner la puissance divine qui est accordée à chaque croyant, Pierre fait ici une affirmation étonnante selon laquelle les saints ont reçu de Dieu **tout ce qui contribue à la vie et à la piété**. Sur le plan de la syntaxe, le terme **tout** se trouve dans une position emphatique, car le Saint-Esprit insiste par Pierre sur le fait que les croyants ont en eux-mêmes tout ce dont ils ont besoin.

La grande puissance qui a donné la vie spirituelle aux chrétiens soutiendra cette **vie** dans toute sa plénitude. Ils n'ont pas à demander davantage, car ils ont déjà toutes les ressources spirituelles dont ils peuvent avoir besoin pour persévérer dans une vie sainte. Par ailleurs, **la vie** et **la piété** définissent la sphère de la sanctification, le fait de vivre la vie chrétienne sur la terre à la gloire de Dieu, du salut initial jusqu'à la glorification finale. Avec le don de la vie nouvelle en Christ (Jn 3.15,16 ; 5.24 ; 6.47 ; Tit 3.7 ; 1 Jn 2.25) est venu tout ce qui est lié au soutien de cette **vie**, jusqu'à la glorification. Voilà pourquoi les croyants sont éternellement en sécurité (Jn 6.35-40 ; 10.28,29 ; 2 Co 5.1 ; 1 Jn 5.13 ; Jud 1,24,25) et peuvent avoir l'assurance que Dieu leur donnera le pouvoir de persévérer jusqu'à la fin (Mt 24.13 ; Jn 8.31 ; Hé 3.6,14 ; Ap 2.10), en dépit de tout, à savoir les tentations, les péchés, les échecs, les vicissitudes, les luttes et les épreuves de la vie.

Le mot traduit par **piété** (*eusebeia*) comprend à la fois une révérence véritable dans l'adoration et l'obéissance qui lui fait pendant. Les saints ne devraient jamais mettre en doute le fait que Dieu accorde tout pleinement, car sa grâce qui a tout pouvoir pour sauver a également tout pouvoir pour les soutenir et leur permettre de marcher dans la justice (Ro 8.29,30 ; Ph 1.6).

LA PLÉNITUDE DIVINE

au moyen de la connaissance de celui qui nous a appelés par sa propre gloire et par sa vertu ; (1.3c)

À la lumière de la puissance divine et du don divin auxquels les chrétiens ont accès, la question qui s'impose est la suivante : « Comment peut-on les vivre pleinement ? » L'apôtre indique que cela est possible **au moyen de la connaissance de *[Christ]***. La **connaissance** (*epignôsis*) fait allusion à une connaissance profonde et authentique. Le mot est parfois utilisé de manière interchangeable avec le mot plus courant *gnôsis*, qui désigne simplement la connaissance. Toutefois, Pierre fait allusion à plus qu'une connaissance superficielle de la vie, de la mort et de la résurrection de Jésus. Christ a lui-même prévenu les gens du danger de mal le connaître, même dans le cas de ceux qui œuvrent en son nom :

> Ceux qui me disent : Seigneur, Seigneur ! n'entreront pas tous dans le royaume des cieux, mais seulement celui qui fait la volonté de mon Père qui est dans les cieux. Plusieurs me diront en ce jour-là : Seigneur, Seigneur, n'avons-nous pas prophétisé par ton nom ? n'avons-nous pas chassé des démons par ton nom ? et n'avons-nous pas fait beaucoup de miracles par ton nom ? Alors je leur dirai ouvertement : Je ne vous ai jamais connus, retirez-vous de moi, vous qui commettez l'iniquité (Mt 7.21-23 ; voir aussi Lu 6.46).

Faire personnellement la connaissance du Seigneur par le salut constitue manifestement le point de départ des croyants, et comme c'est le cas pour tout dans la vie chrétienne, cela est rendu possible par **celui qui nous a appelés** (Jn 3.27 ; Ro 2.4 ; 1 Co 4.7 ; voir aussi Jon 2.9). Sur le plan théologique, l'appel de Dieu englobe deux aspects : l'appel général et l'appel effectif. Le théologien Charles M. Horne définit succinctement ces deux aspects comme suit :

> L'appel général est un appel qui nous est fait au moyen de la proclamation de l'Évangile : c'est un appel qui incite les pécheurs à accepter le salut. « Le dernier jour, le grand jour de la fête, Jésus, se tenant debout, s'écria : Si quelqu'un a soif, qu'il vienne à moi, et qu'il boive » (Jn 7.37, Williams ; voir aussi Mt 11.28 ; És 45.22 ; etc.).
> Ce message (*kerygma*), qui doit être proclamé avec autorité − et non débattu de manière facultative −, contient trois éléments essentiels : (1) C'est une histoire d'événements

historiques – une proclamation historique : Christ est mort, a été enseveli et est ressuscité (1 Co 15.3,4). (2) C'est une interprétation digne de foi de ces événements – une évaluation théologique. Christ est mort pour nos péchés. (3) C'est une offre de salut faite à quiconque la recevra – une sommation éthique. Repentez-vous ! Croyez !

L'appel général doit être offert gratuitement et universellement. « Jésus, s'étant approché, leur parla ainsi : Tout pouvoir m'a été donné dans le ciel et sur la terre. Allez, faites de toutes les nations des disciples » (Mt 28.18,19, Williams).

L'appel effectif est efficace ; c'est-à-dire qu'il aboutit toujours au salut. Il s'agit d'un appel *créatif* qui accompagne la proclamation extérieure de l'Évangile ; il est investi du pouvoir de libérer quelqu'un de manière à lui permettre d'atteindre la destinée que Dieu lui a réservée. « Il est frappant de remarquer que dans le Nouveau Testament les termes utilisés pour désigner l'appel, lorsqu'ils sont employés précisément par rapport au salut, sont appliqués presque uniformément non à l'appel universel de l'Évangile, mais à l'appel qui permet aux hommes d'intégrer l'état du salut, et est donc effectif » [John Murray, *Redemption – Accomplished and Applied* (Grand Rapids : Eerdmans, 1955), p. 88].

Le passage classique portant sur l'appel effectif se trouve peut-être dans l'épître aux Romains : « Et ceux qu'il a prédestinés, il les a aussi appelés » (Ro 8.30). Voici certaines autres références pertinentes : Romains 1.6,7 ; 1 Corinthiens 1.9,26 ; 2 Pierre 1.10.

L'appel effectif est immuable, assurant par le fait même notre persévérance. « Car les dons et l'appel de Dieu sont irrévocables » (Ro 11.29). *Salvation* [Chicago : Moody, 1971], p. 47-48 ; italiques dans l'original. Voir aussi ces autres références dans le Nouveau Testament : Jn 1.12,13 ; 3.3-8 ; 6.37,44,45,64,65 ; Ac 16.14 ; Ép 2.1,5,10 ; Col 2.13 ; 1 Th 1.4,5 ; 2 Ti 1.9 ; Tit 3.5).

La foi précieuse des croyants — Première partie 1.4

Comme c'est le cas de toutes les mentions de cet appel dans les épîtres, l'emploi que Pierre fait ici du mot **appelés** désigne clairement l'appel effectif et irrésistible au salut.

Dieu rend effectif son appel au salut par le moyen de la majesté révélée de son propre Fils. Les pécheurs sont attirés à Dieu **par la gloire et la vertu** de Jésus-Christ. Dans l'Écriture, la **gloire** appartient toujours à Dieu seul (voir Ex 15.11 ; De 28.58 ; Ps 8.2 ; 19.2 ; 57.6 ; 93.1 ; 104.1 ; 138.5 ; 145.5 ; És 6.3 ; 42.8,12 ; 48.11 ; 59.19 ; Hé 1.3 ; Ap 21.11,23). Ainsi donc, lorsque les pécheurs voient la gloire de Christ, ils sont les témoins de sa divinité (voir Lu 9.27-36 ; Jn 1.3-5,14). Ce n'est que par la prédication de l'Évangile (Ro 10.14-17) qu'ils peuvent prendre conscience de l'identité de Christ (le glorieux Fils de Dieu, qui est Sauveur ; voir Jn 20.30,31 ; 2 Pi 1.16-18) et comprendre leur besoin de repentance, afin de venir à lui par la foi, implorer le salut, sans quoi les pécheurs ne peuvent échapper à l'enfer et entrer au ciel.

Ainsi donc, lorsque Dieu attire les pécheurs à lui-même, ils voient non seulement la gloire de Christ en tant que Dieu, mais encore sa **vertu** en tant qu'homme. Cela fait allusion à sa vie moralement vertueuse et à son humanité parfaite (voir Mt 20.28 ; Lu 2.52 ; 22.27 ; 2 Co 8.9 ; Ph 2.7 ; Hé 2.17 ; 4.15 ; 7.26 ; 1 Pi 2.21-23 ; 1 Jn 3.3). Les bénédictions, la puissance et le don du salut ne sont accordés dans leur totalité qu'à ceux qui voient et qui croient les paroles et les gestes du Dieu-Homme sans péché (voir Jn 14.7-10 ; Ac 2.22 ; 1 Co 15.47 ; 1 Jn 1.1,2 ; 5.20).

LES PROMESSES DIVINES

celles-ci nous assurent de sa part les plus grandes et les plus précieuses promesses, afin que par elles vous deveniez participants de la nature divine, en fuyant la corruption qui existe dans le monde par la convoitise. (1.4)

La gloire de Christ en tant que Dieu et sa vertu en tant qu'Homme parfait incitent les gens à entrer en relation salvatrice avec lui. Par **celles-ci**, ces attributs de gloire et de vertu, il a accompli tout ce que requérait le salut des croyants, leur *[assurant]* **de sa part les plus**

grandes et les plus précieuses promesses. Le terme qui est rendu par **assurent** provient du même verbe (*dôreomai*) qui apparaît dans le verset 3, une fois encore au temps parfait, où il décrit une action passée comportant des effets qui se poursuivent.

Pierre décrit toutes les promesses du salut en Christ comme étant **les plus grandes** (*megistos*) **et les plus précieuses** (*timios*). Ces mots englobent toutes les **promesses** divines que Dieu fait à ses propres enfants dans l'Ancien et le Nouveau Testament (voir 2 Co 7.1), comme : la vie spirituelle (Ro 8.9-13), la vie de la résurrection (Jn 11.25 ; 1 Co 15.21-23), le Saint-Esprit (Ac 2.33 ; Ép 1.13), une grâce abondante (Jn 10.10 ; Ro 5.15,20 ; Ép 1.7), la joie (Ps 132.16 ; Ga 5.22), la force (Ps 18.33 ; És 40.31), la direction (Jn 16.13), une aide (És 41.10,13,14), l'instruction (Ps 32.8 ; Jn 14.26), la sagesse (Pr 2.6-8 ; Ép 1.17,18 ; Ja 1.5 ; 3.17), le ciel (Jn 14.1-3 ; 2 Pi 3.13), des récompenses éternelles (1 Ti 4.8 ; Ja 1.12).

Le Seigneur les accorde toutes **afin que par elles** les croyants *[deviennent]* **participants** à part entière **de la nature divine**. D'abord, le verbe **deveniez** n'est pas destiné à présenter simplement une possibilité future, mais plutôt une certitude présente. Ce verbe consolide tout ce que Pierre a écrit. L'apôtre a dit que par le salut les saints sont effectivement appelés par Dieu au moyen de la vraie connaissance de la gloire et de la vertu de Christ, et qu'ils reçoivent par le fait même tout ce qui a trait à la vie et à la piété, ainsi que des promesses spirituelles sans prix. C'est en raison de tout cela que les croyants peuvent *[devenir]*, ici et maintenant, ceux à qui appartiennent la propre vie éternelle de Dieu (voir Jn 1.12 ; Ro 8.9 ; Ga 2.20 ; Col 1.27). Le mot **participants** (*koinônos*) est souvent rendu par « communion », et signifie « ceux qui ont en partage » ou « partenaires ». Ici-bas, les croyants sont partenaires dans la vie même qui appartient à Dieu (Col 3.3 ; 1 Jn 5.11 ; voir aussi Jn 6.48-51).

Ici, Pierre délaisse ce à quoi les croyants participent pour passer à ce à quoi ils ne participent pas, à savoir **la corruption qui existe dans le monde par la convoitise.** Ceux qui ont part à la vie éternelle de Dieu et de Christ y échappent complètement **en fuyant** les effets du péché (Ph 3.20,21 ; 1 Jn 3.2,3 ; voir aussi Tit 1.2 ; Ja 1.12 ; 1 Jn 2.25 ; Ap 2.10*b*,11). Le mot **corruption** (*phthora*) dénote un organisme en décomposition ou en pourrissement, et la puanteur qui l'accompagne.

La décomposition morale du monde s'opère par la **convoitise** (*epithumia*) inique, à savoir « les mauvais désirs » (1 Jn 2.16 (*Semeur*) ; voir aussi Ép 2.3 ; 4.22). L'expression **en fuyant** indique qu'on a échappé avec succès au danger, dans ce cas-ci aux effets de sa propre nature déchue, de l'iniquité du monde en décomposition et de sa destruction finale (voir Ph 3.20,21 ; 1 Th 5.4,9,10 ; Ap 20.6). Lors de leur glorification, les croyants seront entièrement rachetés, de telle sorte qu'ils posséderont la vie éternelle, d'une sainteté parfaite, dans de nouveaux cieux et sur une nouvelle terre où le péché et la corruption n'existeront plus (voir Ap 21.1-4 ; 22.1-5).

Il convient de noter que Pierre emprunte des termes d'une religion mystique et panthéiste qui appelait ses adeptes à reconnaître la nature divine qu'ils avaient en eux-mêmes et à se perdre dans l'essence des dieux. Les faux enseignants de l'Antiquité (les gnostiques) et des temps plus récents (des mystiques orientaux et des gourous du Nouvel Âge de tout acabit) ont souvent mis en évidence l'importance d'acquérir soi-même une connaissance transcendante. L'apôtre Pierre a cependant amené ses lecteurs à s'attarder sur la nécessité de reconnaître que ce n'est qu'en naissant spirituellement de nouveau (Jn 3.3 ; Ja 1.18 ; 1 Pi 1.23) que quelqu'un peut acquérir la vraie connaissance divine, vivre vertueusement en tant qu'enfants de Dieu (Ro 8.11-15 ; Ga 2.20), et donc prendre part à la nature de Dieu (voir 2 Co 5.17). Les faux prophètes du temps de Pierre croyaient que la connaissance transcendante élevait les gens au-dessus de toute nécessité de suivre des préceptes moraux. Toutefois, Pierre s'est érigé contre cette notion en affirmant que la connaissance véritable de Dieu en la personne de Christ procure aux croyants tout ce dont ils ont besoin pour vivre une vie de piété (voir 2 Ti 3.16,17).

La foi précieuse des croyants – Deuxième partie : sa certitude

2

À cause de cela même, faites tous vos efforts pour joindre à votre foi la vertu, à la vertu la connaissance, à la connaissance la maîtrise se soi, à la maîtrise de soi la patience, à la patience la piété, à la piété l'amitié fraternelle, à l'amitié fraternelle l'amour. Car si ces choses sont en vous, et y sont avec abondance, elles ne vous laisseront point oisifs ni stériles pour la connaissance de notre Seigneur Jésus-Christ. Mais celui en qui ces choses ne sont point est aveugle, il ne voit pas de loin, et il a mis en oubli la purification de ses anciens péchés. C'est pourquoi, frères, appliquez-vous d'autant plus à affermir votre vocation et votre élection ; car, en faisant cela, vous ne broncherez jamais. C'est ainsi, en effet, que l'entrée dans le royaume éternel de notre Seigneur et Sauveur Jésus-Christ vous sera largement accordée. (1.5-11)

La doctrine de la sécurité éternelle, ou préservation, ou persévérance, des saints est le fait objectif et révélé par l'Esprit selon lequel le salut est éternel, tandis que l'assurance des saints est la confiance subjective et donnée par l'Esprit qu'ils possèdent véritablement ce salut éternel. Bien que l'Ancien et le Nouveau Testament en disent long au sujet de l'assurance (par ex. : Job 19.25 ; És 32.17 ; Col 2.2 ; 1 Th 1.4,5 ; Hé 6.11 ; 10.22), beaucoup de gens qui professent Jésus-Christ luttent pour en faire l'expérience. Voilà qui soulève d'ailleurs la question évidente à savoir pourquoi certains chrétiens manquent d'assurance. Il semble y avoir différentes raisons qui amènent les croyants à douter de leur salut. Bien que, dans un sens, cette division soit artificielle, étant donné qu'il y a chevauchement de ces raisons, il s'avère tout de même utile d'y voir plus clair.

Premièrement, il y en a qui manquent d'assurance parce qu'ils sont assujettis à une prédication exigeante, combative et condamnatoire de la Loi qui impose aux gens une justice de haute qualité, les force à reconnaître leur état pécheur et à bien sentir le poids de leur péché et du mécontentement de Dieu. Il arrive qu'une telle prédication dérange considérablement ceux qui l'écoutent et les amène à vaciller spirituellement. La prédication axée sur la confrontation n'équilibre pas toujours la prédication axée sur la consolation de ceux étant sous la grâce, qui produit une assurance sincère.

Deuxièmement, il y a des gens qui ont le sentiment d'être de trop grands pécheurs pour être sauvés, ce qui fait qu'ils ont du mal à accepter le pardon. Il peut y avoir deux causes fondamentales à cela. La première : il arrive que la conscience humaine soit implacable chez certaines âmes sensibles, et qu'elle leur donne naturellement peu accès au pardon, à la grâce et à la miséricorde qui leur permettraient de surmonter la condamnation et la culpabilité (voir Ps 58.4 ; Pr 20.9). La seconde : la sainteté, la loi de Dieu et la justice divine parlent avec force contre le péché (voir És 35.8 ; 52.11 ; Ro 6.13,19) ; la loi en tant que telle ne contient aucun pardon (De 27.26 ; Ga 3.21 ; Hé 10.28 ; Ja 2.10 ; voir aussi Jé 9.13-16 ; Ac 13.39).

Troisièmement, il y a des gens qui manquent d'assurance parce qu'ils ne comprennent pas bien l'Évangile. Ils entretiennent une notion erronée (arminienne) selon laquelle la préservation de leur salut dépend de leurs propres efforts, ainsi que de ceux de Dieu.

À leur avis, le salut est assuré aussi longtemps que le croyant continue de croire et évite de se comporter avec iniquité. Toutefois, l'assurance du salut éternel peut s'avérer insaisissable pour la personne qui croit qu'il dépend en partie de sa propre coopération avec Dieu par « le libre arbitre ». Les gens dont c'est le cas ont besoin d'acquérir une véritable compréhension de l'Évangile, entre autres choses du fait que le salut constitue une opération divine parfaitement souveraine dans laquelle la rédemption des pécheurs (de la justification à la glorification) dépend uniquement de Dieu (Jn 6.37,44,45,64,65 ; 15.16 ; Ro 8.31-39 ; Ph 1.6 ; 1 Th 1.4,5 ; 2 Th 2.13,14 ; 2 Ti 1.9 ; Jud 24,25).

Certains croient que Dieu ne pardonne que les péchés qui ont été commis avant le salut et que les transgressions commises après le salut ne sont pas expiées à moins qu'elles soient confessées, ce qui signifie qu'une personne doit sans cesse s'imposer de confesser consciemment ses péchés tout au long de sa vie chrétienne si elle veut continuer de recevoir le pardon. Contrairement à une telle pensée, l'Écriture enseigne toutefois que Dieu a envoyé son Fils dans le monde afin de payer en totalité le prix de tous les péchés – passés, présents et futurs – de tous ceux qui croient en lui (És 43.25 ; 44.22 ; 53.5,8,11 ; 61.10 ; Jn 1.29 ; Ro 3.25 ; 5.8-11 ; Ép 1.7 ; 1 Jn 1.7 ; 2.2 ; 4.10 ; voir aussi És 1.18). De plus, la résurrection de Christ a confirmé que Dieu a accepté ce paiement entier (Ro 4.25 ; 8.34 ; 1 Co 15.17). L'assurance des croyants repose sur une compréhension exacte de la plénitude du pardon.

Quatrièmement, certaines personnes manquent d'assurance parce qu'elles n'arrivent pas à se rappeler le moment exact de leur salut. L'évangélisme et le fondamentalisme ont eu tort de mettre trop l'accent sur un événement dramatique, la soi-disant décision en faveur de Christ. Ils ont tant insisté sur la nécessité de faire une certaine prière, de lever la main, de marcher dans une allée ou de signer une carte que, lorsque les gens ne parviennent pas à se rappeler un tel événement, ils risquent de se demander si leur salut est véritable. Le seul fondement légitime pour l'assurance n'a rien à voir avec un événement passé, lors duquel on a « pris une décision », mais repose plutôt sur la réalité d'une confiance actuelle en l'œuvre expiatoire de Christ, dont la preuve est la marche dans la foi, l'obéissance, la justice et l'amour envers le Seigneur que la personne manifeste actuellement (voir 1 Jn 1.6,7 ; 2.6).

Cinquièmement, certains croyants ressentent encore la forte influence de leur chair ou humanité non rachetée, et se demandent donc s'ils sont réellement de nouvelles créations en Christ (2 Co 5.17). Un jour, tous les saints seront complètement délivrés de la chair, lorsqu'ils entreront dans le ciel (Ro 8.23 ; 1 Jn 3.2 ; voir 1 Co 15.52-57). Toutefois, tant qu'ils sentiront le pouvoir de la chair leur faire la guerre (Ro 7.14-25 ; Ga 5.17), il se peut qu'ils doutent d'appartenir réellement à Christ.

Cependant, nous devons lire Romains 7.14-25 de manière équilibrée. Ce passage explique effectivement la réalité et le pouvoir de la chair, mais il parle également du désir qu'a le croyant de faire le bien (v. 15,19,21), de sa haine du péché (v. 23,24) et du plaisir qu'il prend à la loi de Dieu (v. 22). Le combat dont Paul fait mention en dit long sur l'esprit régénéré qui combat contre la chair (voir Ro 8.5,6), et devrait donc convaincre les saints qu'ils ont l'assurance d'avoir reçu une vie nouvelle en Christ. Les non-croyants ne vivent pas ce type de combat (Ro 3.10-20) et n'ont aucune confiance en Christ.

Sixièmement, il arrive que d'autres chrétiens manquent d'assurance parce qu'ils ne voient pas la main de Dieu dans toutes leurs épreuves. La preuve la plus solide d'une assurance bien investie, c'est-à-dire d'une foi éprouvée, leur échappe donc. À ce sujet, Paul a indiqué ceci aux croyants de Rome :

> Étant donc justifiés par la foi, nous avons la paix avec Dieu par notre Seigneur Jésus-Christ, à qui nous devons d'avoir eu par la foi accès à cette grâce, dans laquelle nous demeurons fermes, et nous nous glorifions dans l'espérance de la gloire de Dieu. Bien plus, nous nous glorifions même des afflictions, sachant que l'affliction produit la persévérance, la persévérance la victoire dans l'épreuve, et cette victoire l'espérance. Or, l'espérance ne trompe point, parce que l'amour de Dieu est répandu dans nos cœurs par le Saint-Esprit qui nous a été donné (Ro 5.1-5 ; voir aussi Hé 6.10-12 ; Ja 1.2-4).

La foi précieuse des croyants — Deuxième partie 1.5-11

Précédemment, Pierre a écrit :

> C'est là ce qui fait votre joie, quoique maintenant, puisqu'il le faut, vous soyez attristés pour un peu de temps par diverses épreuves, afin que l'épreuve de votre foi, plus précieuse que l'or périssable (qui cependant est éprouvé par le feu), ait pour résultat la louange, la gloire et l'honneur, lorsque Jésus-Christ apparaîtra (1 Pi 1.6,7).

L'adversité met à l'épreuve la foi des croyants, non pour le bien de Dieu mais pour le leur. Il sait si leur foi est véritablement salvatrice puisque c'est lui qui la leur a donnée (Ép 2.8,9) ; toutefois, ils en viennent à savoir que leur foi est réelle parce qu'elle les fait triompher de leurs épreuves. Dans sa providence souveraine, Dieu a fait en sorte que les épreuves et les difficultés auxquelles les croyants se heurtent constituent le creuset d'où jaillit l'assurance (voir Job 23.10 ; Ro 8.35-39).

Septièmement, d'autres manquent d'assurance parce qu'ils ne connaissent pas la Parole et n'y obéissent pas, ce qui les empêche de marcher dans l'Esprit, dont le ministère consiste en premier lieu à donner de l'assurance aux chrétiens obéissants (Ro 8.14-17). Il s'y prend d'abord en expliquant l'Écriture pour eux (1 Co 2.9,10). Le processus même de l'explication signifie que le Saint-Esprit confirme auprès des croyants qu'ils sont enfants de Dieu. En deuxième lieu, l'Esprit témoigne au moyen même du salut, en révélant aux saints que Jésus-Christ est réellement leur Sauveur (1 Jn 4.13,14). L'œuvre que l'Esprit accomplit dans le cœur des élus les pousse à aimer Christ et à demeurer dans l'amour de Dieu (Ga 4.6). En troisième lieu, le témoignage de l'Esprit attire les croyants dans la communion avec Dieu, comme l'indique l'expression « Abba ! Père ! » dans Romains 8.15 et Galates 4.6. Ce terme d'intimité exprime une louange et une adoration que l'Esprit pousse à offrir au Père.

Pour terminer, et peut-être que cette raison se confond avec toutes les autres, certains croyants manquent d'assurance parce qu'ils pèchent à dessein. Il est clair que celui qui marche dans la chair et qui accomplit ses désirs (Ga 5.16-21) ne connaîtra pas la bénédiction du fruit spirituel ou de la joie que procure l'assurance (v. 22,23). La pureté et l'assurance vont de pair, comme l'épître aux Hébreux le fait remarquer : « approchons-nous donc avec un cœur sincère, dans la plénitude de la foi, les cœurs purifiés d'une mauvaise conscience, et le corps lavé d'une eau pure » (Hé 10.22). Lorsque les croyants tombent dans le péché, il se peut qu'ils deviennent la proie de doutes, comme cela est arrivé à diverses occasions, même au psalmiste (par ex. : Ps 31.23 ; 32.3,4 ; 77.1-4,7). Quelles que soient les causes du manque ou de la perte d'assurance, le meilleur remède consiste à marcher dans l'Esprit et donc à obéir aux commandements de Dieu (Éz 36.27 ; Jn 14.26 ; 16.13 ; 1 Co 2.12,13).

L'assurance de son propre état de grâce devant Dieu n'est pas peu de chose, mais constitue en fait la bénédiction suprême de l'expérience du chrétien (Ro 5.1 ; 8.38,39 ; voir aussi Ps 3.9 ; És 12.2). Cela est vrai, car celui qui doute se prive de la jouissance de toutes les autres bénédictions que procure la vie en Christ (voir Ép 1.3-14). En premier lieu, l'assurance amène le cœur à vivre dans les plus hautes sphères de la joie. Au sujet de la raison d'être de sa première épître, l'apôtre Jean dira à ses lecteurs : « Et nous écrivons ces choses [*évaluation de l'authenticité du salut*], afin que notre joie soit parfaite » (1 Jn 1.4).

En deuxième lieu, la bénédiction de l'assurance élève l'âme, l'amenant ainsi à rechercher l'accomplissement des desseins de Dieu par-dessus tout. Les paroles d'introduction bien connues de la prière du Seigneur suggèrent d'ailleurs ceci : « Notre Père qui es aux cieux ! Que ton nom soit sanctifié ; que ton règne vienne ; que ta volonté soit faite sur la terre comme au ciel » (Mt 6.9,10 ; voir aussi v. 33).

En troisième lieu, l'assurance remplit également le cœur de gratitude et de louange. Le psalmiste a démontré ceci : « Et moi, j'espérerai toujours, je te louerai de plus en plus. Ma bouche publiera ta justice, ton salut, chaque jour, car j'ignore quelles en sont les bornes » (Ps 71.14,15 ; voir aussi 103.1-5).

En quatrième lieu, la bénédiction de l'assurance consiste à rendre l'âme plus résistante aux tentations et aux épreuves. Paul a d'ailleurs exhorté les croyants d'Éphèse comme ceci :

> C'est pourquoi, prenez toutes les armes de Dieu, afin de pouvoir résister dans le mauvais jour, et tenir ferme après avoir tout surmonté. [...] prenez par-dessus tout cela le

bouclier de la foi, avec lequel vous pourrez éteindre tous les traits enflammés du malin ; prenez aussi le casque du salut, et l'épée de l'Esprit, qui est la parole de Dieu (Ép 6.13,16,17).

Le casque se comprend le mieux non comme le salut en tant que tel mais comme ce que Paul dit qu'il est dans la première épître aux Thessaloniciens : « l'espérance du salut » (1 Th 5.8). Lorsque les épreuves et les tentations assaillent les croyants, Dieu empêche que ces derniers perdent espoir.

En cinquième lieu, l'assurance pousse également les chrétiens à aimer obéir. Rappelons-nous que le psalmiste a dit : « J'espère en ton salut, ô Éternel ! et je pratique tes commandements » (Ps 119.166). Par contre, l'insécurité que procure le fait de ne pas savoir si leur salut est certain peut amener des gens à s'enfoncer toujours plus dans le péché de la peur et du doute, qui conduit à d'autres transgressions.

En sixième lieu, la bénédiction de l'assurance calme l'âme au moyen d'une paix et d'un repos parfaits au sein même des tempêtes de la vie. En dépit des situations qui secouent les croyants, il existe une ancre divine de sécurité pour eux (Hé 6.19).

En septième lieu, l'assurance permet aux croyants d'attendre patiemment le temps parfait de Dieu pour obtenir la miséricorde dont ils ont besoin. Si leur espérance est solidement ancrée dans la certitude de leur salut, alors les croyants peuvent persévérer en attendant que cette espérance se concrétise (Ro 8.25 ; voir aussi Ps 130).

En dernier lieu, la bénédiction de l'assurance a pour effet de purifier le cœur. Jean a écrit : « mais nous savons que, lorsqu'il paraîtra, nous serons semblables à lui, parce que nous le verrons tel qu'il est. Quiconque a cette espérance en lui se purifie, comme lui-même est pur » (1 Jn 3.2*b*,3). Si les croyants savent qu'ils passeront l'éternité avec le Seigneur, à jouir de la récompense que leur vaudra le fait qu'ils ont servi Dieu ici-bas, cela changera leur mode de vie (voir 2 Co 5.9,10).

Les promesses de la Parole de Dieu, qui sont dignes de confiance et qui suffisent à tout, fournissent une assise solide à une assurance du salut qui soit ferme. La Confession de foi baptiste de 1689 (connue également comme la Confession de foi de Westminster) résume bien la doctrine de l'assurance :

1. Les hypocrites et les autres irrégénérés peuvent vainement s'imaginer, par de faux espoirs et des présomptions charnelles, qu'ils ont trouvé grâce aux yeux de Dieu et sont sauvés (Job 8.13,14; Mi 3.11; De 29.19; Jn 8.41); leurs espoirs seront déçus (Mt 7.22,23). Par contre, ceux qui croient vraiment en Jésus le Seigneur, l'aiment sincèrement et s'efforcent de marcher devant lui en toute bonne conscience peuvent, dès cette vie, être sûrs et certains qu'ils sont en état de grâce (1 Jn 2.3; 3.14,18,19,21,24; 5.13) et se réjouir dans l'espérance de la gloire de Dieu; leur espérance ne les rendra jamais confus (Ro 5.2,5).

2. Cette assurance n'est pas une simple conjecture ou une opinion probable établie sur un espoir douteux (Hé 6.11,19), mais une infaillible certitude de foi établie sur la divine vérité des promesses de salut (Hé 6.17,18), l'évidence des grâces promises (2 P 1.4,5,10,11; 1 Jn 2.3; 3.14; 2 Co 1.12) et le témoignage de l'Esprit d'adoption attestant à notre esprit que nous sommes enfants de Dieu (Rm 8.15,16); cet Esprit, par lequel nous sommes scellés pour le jour de la rédemption, est le gage de notre héritage (Ep 1.13,14; 4.30; 2 Co 1.21,22).

(Confession de foi de Westminster, www.erq.qc.ca, paragraphe 18 intitulé « L'assurance de la Grâce et du Salut »).

Tout cet exposé nous conduit au passage ici à l'étude, dans lequel Pierre (1.5-11) termine ses remarques d'introduction portant sur la sotériologie par un examen détaillé de la question du salut. Le don divin de la vie éternelle s'accompagne de la possibilité et de l'intention que ses destinataires jouissent de tous les avantages d'une assurance véritable (Jn 10.10 ; Ro 8.16 ; Col 2.2 ; Hé 6.11 ; 10.22 ; 1 Jn 3.19 ; voir aussi Ps 3.9 ; És 12.2). Les croyants qui entretiennent des doutes ou de la confusion au sujet de leur salut, qui succombent à la peur et qui ne font pas l'expérience de l'anticipation des promesses de Dieu ou de tous les avantages d'une foi vivante, sont hors de la volonté de

Dieu. Une étude portant sur l'assurance nous révèle également que les chrétiens qui la possèdent ne deviennent pas facilement la cible des faux enseignants (contrairement aux hérétiques dont l'apôtre parle dans le chapitre 2 de l'épître à l'étude), et sont prêts à résister aux impostures et aux erreurs de ces derniers (voir Ép 6.10,11 ; Jud 20-23). Pierre a analysé les bénédictions de l'assurance selon quatre aspects : les efforts prescrits, les vertus recherchées, les options présentées et les avantages promis.

LES EFFORTS PRESCRITS

À cause de cela même, faites tous vos efforts pour joindre à votre foi (1.5a)

En raison de toutes « les plus grandes et les plus précieuses promesses » (v.4) que Dieu a faites aux croyants et parce qu'ils ont reçu « tout ce qui contribue à la vie et à la piété » (v. 3), *[à] cause de cela même* ils doivent répondre en s'efforçant le mieux possible de vivre pour Christ. Cette prescription fait écho à l'exhortation que Paul a adressée aux Philippiens :

> Ainsi, mes bien-aimés, comme vous avez toujours obéi, mettez en œuvre votre salut avec crainte et tremblement, non seulement comme en ma présence, mais bien plus encore maintenant que je suis absent ; car c'est Dieu qui produit en vous le vouloir et le faire, selon son bon plaisir (Ph 2.12,13).

En la personne de Christ, Dieu a accordé aux croyants un salut parfait et complet (voir Ép 1.7 ; 3.17-21 ; Col 2.10 ; Tit 2.14 ; 1 Pi 2.9) ; pourtant, de manière paradoxale, il exige d'eux qu'ils travaillent à leur salut *[en faisant] tous [leurs] efforts* pour y parvenir (voir Col 1.28,29). Le verbe **faites** (*pareispherô*) signifie « apporter à » ou « procurer en plus » et implique que l'on fournisse un grand effort pour procurer le nécessaire. À la lumière de l'apport par Dieu du salut et parallèlement à cet apport, les croyants sont incités à puiser dans toutes leurs facultés régénérées pour vivre une vie de piété

(3.14 ; voir aussi Ro 6.22 ; Ga 6.9 ; Ép 5.7-9 ; Hé 6.10-12). Les croyants sont donc tenus de faire **tous** *[ces]* **efforts** (*spoudê*, « zèle et empressement ») en étant animés d'un sentiment d'urgence (voir 2 Co 8.7). La **foi** qui sauve est le sol dans lequel pousse le fruit de la sanctification chrétienne (voir Ro 15.13 ; Ga 5.22,23 ; Ép 2.10 ; 5.9 ; 2 Th 2.13-15 ; Hé 6.11,12,19,20 ; 1 Jn 5.13). Toutefois, cette foi combat la chair et ne produira une assurance ferme que si les saints recherchent la sanctification (voir Ph 3.12-16). Le mot grec rendu par **joindre** (*epichorêgeô*) provient d'un terme qui signifie « maître de chapelle ». Dans les chorales de l'Antiquité, le maître de chapelle était responsable de fournir à son groupe tout le nécessaire, ce qui explique que le terme utilisé pour désigner le maître de chapelle en est venu à désigner un fournisseur. À ce sujet, William Barclay donne ces renseignements supplémentaires :

[Ce verbe grec] provient du substantif *choregôs*, qui signifie littéralement *le chef d'une chorale*. Il se peut que le plus grand don que la Grèce, et plus particulièrement Athènes, ait fait au monde, ce soient les grandes œuvres d'hommes comme Échyle, Sophocle et Euripide, qui comptent encore au nombre de ses biens les plus appréciés. Toutes ces pièces de théâtre nécessitaient de grandes chorales et étaient donc très onéreuses à produire.

À l'époque de la grandeur d'Athènes, il y avait des gens attachés à leur devoir de citoyen qui se chargeaient volontiers, à leurs propres frais, de rassembler, d'entretenir, de former et d'équiper de telles chorales. Ces pièces se jouaient dans le cadre des grands festivals religieux. Par exemple, dans la ville de Dionysos, on a présenté trois tragédies, cinq comédies et cinq dithyrambes. Il fallait trouver des hommes capables de chanter dans les chorales de toutes ces pièces. [...] Les hommes qui assumaient ces responsabilités de leur propre poche et par amour pour leur ville portaient le nom de *chorêgoi*. [...]

Le mot comporte une certaine prodigalité. Il ne signifie jamais qu'on équipe des gens de manière radine et miséreuse ;

il signifie plutôt qu'on pourvoit généreusement tout le nécessaire à une noble performance. Le mot *epichorêgein* s'est répandu dans le monde et en est venu à signifier non seulement le fait d'équiper une chorale, mais encore d'assumer la responsabilité de toute sorte d'équipement. Il peut signifier le fait d'équiper une armée en lui fournissant toutes les provisions nécessaires ; il peut signifier le fait d'équiper l'âme en lui fournissant toutes les vertus nécessaires à la vie (*The Letters of James and Peter*, éd. rév. [Philadelphie : Westminster, 1976], p. 298-299).

Les croyants doivent **joindre** (« donner avec prodigalité ou générosité ») − conjointement avec tout ce que Christ leur a procuré − toutes les vertus qui sont nécessaires pour garder l'assurance du salut (voir Lu 10.20 ; Ro 5.11 ; 14.17).

Les vertus recherchées

la vertu, à la vertu la connaissance, à la connaissance la maîtrise de soi, à la maîtrise de soi la patience, à la patience la piété, à la piété l'amitié fraternelle, à l'amitié fraternelle l'amour. (1.5*b*-7)

La première vertu citée est celle-là même de **la vertu** au sens d'« excellence morale » (*aretê*), mot distinctif employé dans le grec classique pour désigner la vertu. Il s'agissait d'un mot si noble qu'on l'employait pour désigner un héroïsme moral, que l'on considérait comme la capacité divinement reçue de poser des gestes de bravoure. Il en est venu à englober la qualité la plus exceptionnelle que l'on puisse acquérir au cours d'une vie, ou encore le juste ou excellent accomplissement d'une tâche ou d'un devoir (voir Ph 4.8). Le mot grec *aretê* n'a jamais désigné une vertu propre à la vie monacale, mais plutôt une vertu qui se manifeste dans le cours normal d'une vie. L'apôtre Paul a donné l'exemple quand il s'est agi de rechercher un tel héroïsme spirituel : « je cours vers le but, pour remporter le prix de la vocation céleste de Dieu en Jésus-Christ » (Ph 3.14 ; voir aussi 2 Co 5.9 ; 1 Th 4.1,10).

Au cœur même de la vertu se trouve **la connaissance**. Le mot **connaissance** désigne la vérité divine sur laquelle repose la sagesse et le discernement spirituels (Ro 15.14 ; 2 Co 10.5 ; Col 1.9 ; voir aussi Pr 2.5,6 ; 9.10), la vérité correctement comprise et mise en œuvre (voir Col 1.10 ; Phm 6). Cette vertu est reliée à l'illumination (voir 2 Co 4.6), qui consiste pour un esprit à être éclairé avec justesse par rapport à la vérité de l'Écriture (Col 3.10 ; Tit 1.1 ; 2 Pi 1.3 ; 3.18), et qui implique une étude et une méditation assidues de l'Écriture (Jn 5.39 ; Ac 17.11 ; 2 Ti 2.15 ; voir aussi De 11.18 ; Job 23.12 ; Ps 119.97,105), de manière à acquérir « la pensée de Christ » (1 Co 2.16).

Une troisième vertu, **la maîtrise de soi** (*egkrateia*), qui découle de la connaissance, signifie littéralement « se garder intérieurement » (voir Ga 5.22). Elle s'employait au sujet des athlètes qui cherchaient à se discipliner et à réfréner leurs élans, allant même jusqu'à maltraiter leur corps pour l'assujettir (voir 1 Co 9.27). Ils se privaient également d'aliments riches, de vin et d'activités sexuelles, afin de concentrer toute leur force et toute leur attention sur leur entraînement. Une fausse théologie (comme celle que les hérétiques propageaient à l'époque de Pierre, et qui seront abordées dans les chapitres 2 et 3 du présent volume) crée inévitablement un schisme entre la foi et la conduite, car elle ne peut délivrer l'âme des effets néfastes du péché et force ceux qui y adhèrent à se battre pour arriver à se maîtriser eux-mêmes et à triompher de leurs propres convoitises (voir 1 Ti 6.3-5 ; 2 Ti 2.14,16-19 ; 1 Jn 4.1-6 ; Jud 16-19).

Une quatrième vertu qu'il est essentiel de rechercher est **la patience**, qui implique qu'on use de persévérance et d'endurance en faisant le bien (Lu 8.15 ; Ro 2.7 ; 8.25 ; 15.4,5 ; 2 Co 12.12 ; 1 Ti 6.11 ; 2 Ti 3.10 ; Tit 2.2 ; Ap 2.19), c'est-à-dire qu'on résiste aux tentations et qu'on persévère malgré les épreuves et les difficultés.

Le mot **patience** (*hupomonê*) est difficile à exprimer par un seul mot français. Ce mot peu courant dans le grec classique, le Nouveau Testament l'emploie fréquemment pour désigner le fait de rester fort en dépit d'un labeur et d'afflictions pénibles (voir Ro 5.3,4 ; 12.12 ; 2 Co 1.6 ; 2 Th 1.4 ; Ja 1.12 ; 1 Pi 2.20 ; Ap 2.2,3), du genre de ceux qui peuvent rendre la vie extrêmement difficile, pénible, grave et atroce, même jusqu'au point d'en mourir (voir Ap 1.9 ; 3.10 ;

13.10 ; 14.12). À ce sujet, Barclay nous offre une fois de plus des renseignements utiles :

[*Hupomonê*] est habituellement rendu par « patience », mais ce mot est trop passif. Cicéron définit *patientia*, son équivalent latin, comme ceci : « Le fait de subir volontairement et quotidiennement des choses pénibles et difficiles, au nom de l'honneur et de l'utilité. » Didyme d'Alexandrie écrit ceci au sujet du caractère de Job : « Ce n'est pas que le juste doive n'éprouver aucun sentiment, bien qu'il doive supporter patiemment les choses qui l'affligent ; mais il se montre véritablement vertueux lorsqu'il ressent profondément les choses avec lesquelles il se débat, tout en méprisant ses chagrins par amour pour Dieu. »
Hupomonê ne fait pas qu'accepter et endurer ; il y a toujours en elle un regard tourné vers l'avenir. On dit de Jésus [...] qu'en échange de la joie qui lui était réservée, il a souffert la croix, méprisé l'ignominie (Hé 12.2). Voilà ce qu'est l'*hupomonê*, l'endurance du chrétien. Il s'agit de l'acceptation courageuse de tout ce que la vie peut nous faire subir et la transmutation même du pire événement en un autre pas à franchir vers le haut (*Letters of James and Peter*, p. 303).

Au cœur même de la quête spirituelle se trouve la cinquième vertu, **la piété**, qui provient d'un terme (*eusebeia*) signifiant « révérence envers Dieu » (1.3 ; 3.11 ; 1 Ti 2.2 ; 6.6 ; voir aussi 1 Co 10.31). Ce terme pourrait tout aussi bien se traduire par « vraie religion » ou « adoration véritable » et véhiculer l'idée selon laquelle celui qui la possède honore et adore Dieu correctement (1 Ti 3.16 ; Tit 1.1 ; voir aussi Jn 4.24 ; Ph 3.3). Dans la pensée grecque, *eusebeia* englobe tous les rituels associés à l'adoration et à la loyauté rendues aux dieux païens, le respect envers tout ce qui est divin. Les chrétiens primitifs ont sanctifié les définitions grecques du mot et les ont axées sur le seul vrai Dieu et Père du Seigneur Jésus-Christ. L'apôtre Paul a indiqué à Timothée qu'une telle révérence envers Dieu constitue la plus grande priorité en raison de sa valeur éternelle : « la piété est utile à tout : elle a la promesse de la vie présente et de celle qui est à venir » (1 Ti 4.8 ; voir aussi Ac 2.25,28).

De la révérence verticale envers Dieu dans toutes les dimensions de la vie découle la vertu de **l'amitié fraternelle**. Le pendant de l'affection pour Dieu est l'affection pour les autres (voir Ro 13.8-10 ; Ga 5.14 ; 1 Th 1.3 ; Hé 6.10 ; Ja 2.8). Pierre se rappelle indubitablement ici que Jésus a dit aux chefs religieux :

[Et] l'un d'eux, docteur de la loi, lui posa cette question, pour l'éprouver : Maître, quel est le plus grand commandement de la loi ? Jésus lui répondit : Tu aimeras le Seigneur, ton Dieu, de tout ton cœur, de toute ton âme, et de toute ta pensée. C'est le premier et le plus grand commandement. Et voici le second, qui lui est semblable : Tu aimeras ton prochain comme toi-même. De ces deux commandements dépendent toute la loi et les prophètes (Mt 22.35-40 ; voir aussi 1 Jn 4.20,21).

Chez les saints, la quête du dévouement les uns aux autres découle de la plus grande des vertus : **l'amour**. Pour les croyants, **l'amour** envers autrui (surtout les frères et les sœurs dans la foi) a toujours été inséparable de l'amour envers Dieu (Jn 13.34 ; 15.12 ; 1 Th 4.9 ; 1 Jn 3.23 ; 4.7,21). Il s'agit ici de l'*agapê* que nous connaissons bien, l'amour sacrificiel et altruiste qui se manifeste volontairement (Mt 5.43,44 ; 19.19 ; Mc 10.21 ; Lu 6.35 ; Jn 14.21,23 ; 15.12,13 ; Ro 12.9 ; 1 Co 8.1 ; 16.14 ; 2 Co 8.8 ; Ga 5.13,14 ; Ép 1.15 ; Ph 1.9 ; 2.2 ; Col 1.4 ; 1 Th 3.6 ; Hé 10.24 ; 1 Jn 2.5 ; 4.7-12). (Pour en savoir plus au sujet du concept biblique de l'amour, voir le chapitre 7 de John MacArthur, *1 Pierre*, [Trois-Rivières, Québec : Éditions IMPACT, 2008].)

LES OPTIONS PRÉSENTÉES

Car si ces choses sont en vous, et y sont avec abondance, elles ne vous laisseront point oisifs ni stériles pour la connaissance de notre Seigneur Jésus-Christ. Mais celui en qui ces choses ne sont point est aveugle, il ne voit pas de loin, et il a mis en oubli la purification de ses anciens péchés. (1.8,9)

Dieu ne souhaite certainement pas que ses enfants soient misérables et doutent de son don du salut ; il souhaite et aime plutôt les voir vivre dans la joie et la confiance (voir Ps 5.12 ; 16.11 ; 33.1 ; 90.14 ; 105.43 ; Jn 15.11 ; Ac 13.52 ; Ro 15.13). Pour que les chrétiens jouissent pleinement de leur assurance comme Dieu le souhaite pour eux, ils doivent considérer les deux options que Pierre présente dans le passage à l'étude et choisir la positive plutôt que la négative.

De manière positive, Pierre incite ici les croyants à rechercher **ces choses** (à savoir la liste des vertus qui viennent d'être énumérées) et indique ce qui en résultera. L'expression rendue par **sont en vous, et y sont avec abondance,** en est une forte qui est tirée de deux participes présents (*huparchonta* et *pleonazonta*). Le premier désigne le fait de posséder une propriété dans le sens d'y résider, et le second désigne celui de posséder quelque chose en plus grande quantité qu'il n'en faut, voire trop. Si les vertus abondent dans la vie des croyants et vont croissant, en fait, **elles ne *[les]* laisseront point oisifs ni stériles** spirituellement.

Dans le Nouveau Testament, l'adjectif **oisifs** (*argos*) signifie « inactifs » ou « inutiles », et décrit toujours quelque chose d'inopérant ou qui est hors d'état de fonctionner (voir Mt 12.36 ; 20.3,6 ; 1 Ti 5.13 ; Tit 1.12 ; Ja 2.20). L'adjectif **stériles** (*akarpos*) ou « infructueux » s'emploie parfois en relation avec l'incrédulité ou l'apostasie. Par exemple, Paul a mis ses lecteurs en garde contre « *[les]* œuvres infructueuses des ténèbres » (Ép 5.11). Jude décrira les apostats comme « des arbres d'automne sans fruits, deux fois morts, déracinés » (Jud 12). Dans Matthieu 13.22 et Marc 4.19, on s'est servi du même adjectif dans la description que Jésus a faite des croyants superficiels de la parabole des sols. Il peut même s'appliquer aux vrais croyants qui sont improductifs pendant un certain temps (Tit 3.14 ; voir aussi 1 Co 14.14). Si les chrétiens recherchent les vertus que Pierre souligne ici, leur vie sera de plus en plus productive sur le plan spirituel, mais si ces qualités n'y sont pas présentes, les croyants risqueront de ne pas se distinguer de ceux qui professent Jésus seulement en apparence et qu'il a décrits dans sa parabole.

L'emploi de l'expression **pour la connaissance de notre Seigneur Jésus-Christ** démontre que Pierre s'adresse ici à des chrétiens véritables. Les vrais croyants à qui Dieu a accordé **la connaissance** à salut (1.3 ; Lu 1.77 ; 2 Co 2.14 ; 4.6 ; 8.7 ; Col 2.2,3 ; 3.10 ; voir aussi Pr 1.7 ; 2.5,6 ; 9.10 ; És 33.6) ont donc la capacité de rechercher et de mettre fructueusement en œuvre les vertus mentionnées. Si ces vertus sont présentes dans la vie d'une personne, cela signifie que cette dernière est en possession et jouit de cette véritable **connaissance**.

Par contre, Pierre présente une option négative que ses lecteurs doivent éviter de choisir. Si quelqu'un dit avoir la foi en Christ, mais néglige de rechercher les vertus et l'utilité, et que **ces choses ne sont point** en lui, **il ne voit pas de loin,** c'est-à-dire qu'il ne discerne pas son véritable état spirituel (voir És 59.10 ; Ap 3.17).

Le croyant qui ne voit pas ces vertus se multiplier dans sa vie perdra son assurance parce qu'**il a mis en oubli la purification de ses anciens péchés.** Ici, cette expression signifie littéralement « recevoir [*lambanô*] l'oubli [*lêthê*] ». Le mot **purification** rend *katharismos*, duquel provient le mot français *catharsis* (« nettoyage »). Un tel péché chez un croyant le rend incapable d'être certain d'avoir été purifié et sauvé de son ancienne vie (Ép 2.4-7 ; 5.8,26 ; Tit 3.5,6 ; Ja 1.18 ; 1 Pi 1.23 ; 1 Jn 1.7). Il ne peut être certain d'avoir réellement été sauvé parce qu'il ne se voit pas devenir plus vertueux et porter plus de fruit. Aveuglés avant leur salut, puis ayant reçu la vue, ces saints peuvent vivre de nouveau un type d'aveuglement spirituel.

Ce type d'oubli spirituel conduit les chrétiens dont c'est le cas à répéter d'anciens péchés, leur dérobant ainsi leur assurance. L'assurance du salut est directement reliée à l'obéissance et au service spirituels actuels, et non uniquement à un événement salvateur passé dont le souvenir s'est partiellement effacé dans la mémoire du croyant désobéissant.

LES AVANTAGES PROMIS

C'est pourquoi, frères, appliquez-vous d'autant plus à affirmer votre vocation et votre élection ; car, en faisant cela, vous ne broncherez jamais. C'est ainsi, en effet, que l'entrée dans le royaume éternel de notre Seigneur et Sauveur Jésus-Christ vous sera largement accordée. (1.10,11)

Pierre exhorte les croyants à choisir l'option positive déjà citée dans le verset 8. En rappelant ici le verset 5 (« faites tous vos efforts »), l'apôtre demande aux croyants de *[s'appliquer]* **d'autant plus** spirituellement, de manière à ce qu'ils vivent et jouissent de la réalité de leur salut éternel. L'expression **appliquez-vous** (*spoudasate*) est la forme verbale du substantif *spoudê* (« diligence ») employé dans le verset 5, et véhicule ici encore un sentiment d'urgence et un empressement. Afin d'accentuer le droit que les croyants ont de jouir de leur assurance, l'apôtre ne parle pas de leur foi, mais du choix souverain de Dieu. Les croyants sont capables d'**affermir** – dans Hébreux 9.17, le même équivalent grec est rendu par « valable » [*bebaios*], qui est employé au sens de validité ou confirmation juridique – *[leur]* **vocation et** *[leur]* **élection** par Dieu. Ici, le verbe grec pour **affermir** (*poieisthai*) est réfléchi, ce qui indique que les croyants doivent s'affermir eux-mêmes. La **vocation** et l'**élection** sont des réalités inséparables qui indiquent que l'appel effectif des croyants (Ro 11.29 ; 2 Th 2.14 ; 2 Ti 1.9 ; voir aussi Mt 4.17 ; Ac 2.38 ; 3.19 ; 17.30) repose sur l'élection souveraine de ces mêmes croyants de toute éternité passée (Ro 8.29 ; Ép 1.4,11 ; Tit 1.2 ; 1 Pi 2.9). Pierre se soucie de voir les croyants avoir confiance et posséder l'assurance qu'ils comptent au nombre des élus. Dieu connaît ses élus (voir 2 Ti 1.9 ; et les remarques portant sur 1 Pierre 1.1-5 dans John MacArthur, *1 Pierre*, [Trois-Rivières, Québec : Éditions IMPACT, 2008], p. 27-47), et les élus devraient savourer le fait de savoir qu'ils lui appartiennent.

Par ailleurs, **en faisant cela** – en cherchant toujours plus à acquérir les vertus morales essentielles à une vie sainte –, les chrétiens se prouvent à eux-mêmes et jouissent de l'assurance que Dieu leur a accordé la vie éternelle (voir Hé 6.11). L'expression **en faisant cela** témoigne d'une pratique ou d'une conduite quotidienne (voir Ro 12.9-13 ; Ga 5.22-25 ; Ép 5.15 ; Col 3.12-17). S'ils cherchent constamment à acquérir les vertus morales que Pierre a décrites, les croyants **ne** *[broncheront]* **jamais**, c'est-à-dire qu'ils ne seront jamais en proie au doute, au désespoir ou à la peur, ce qui leur permettra de jouir avec assurance d'une vie spirituelle abondante et productive (voir Ps 16.11 ; Jn 10.10 ; Ép 1.18 ; 2.7 ; 1 Ti 6.17).

Donc, **en faisant cela,** ce qui désigne de nouveau une quête constante de sainteté, les croyants obtiennent les bénédictions dont s'accompagnent l'assurance et la persévérance. Résultat : **l'entrée dans le royaume éternel de notre Seigneur et Sauveur Jésus-Christ *[leur]* sera largement accordée.** En pratiquant ce que Pierre a énuméré, le chrétien a donc l'assurance d'être entré dans **le royaume éternel.** Voilà qui est très encourageant pour les lecteurs de l'apôtre qui sont las. Aucun croyant n'a à vivre dans le doute en ce qui concerne son salut, car l'assurance peut lui *[être]* **largement accordée** dès aujourd'hui. Il peut recevoir également une riche récompense céleste dans l'avenir (voir 2 Ti 4.8 ; Hé 4.9 ; 12.28 ; 1 Pi 5.4 ; Ap 2.10 ; 22.12).

Le Seigneur récompensera ses enfants en fonction de leur recherche fidèle de la justice (voir encore 1 Co 3.11-14 ; 2 Co 5.10). L'assurance ici-bas et les richesses là-haut sont les avantages que nous procurent notre productivité et notre zèle spirituels.

Une affirmation que Pierre laisse en héritage 3

Voilà pourquoi je prendrai soin de vous rappeler ces choses, bien que vous les sachiez et que vous soyez affermis dans la vérité présente. Et je regarde comme un devoir, aussi longtemps que je suis dans cette tente, de vous tenir en éveil par des avertissements, car je sais que je la quitterai subitement, ainsi que notre Seigneur Jésus-Christ me l'a fait connaître. Mais j'aurai soin qu'après mon départ vous puissiez toujours vous souvenir de ces choses. (1.12-15)

Tout bon enseignant connaît la valeur de la répétition. Des recherches ont démontré qu'une heure après avoir entendu un message exprimé verbalement, les gens ont déjà oublié jusqu'à quatre-vingt-dix pour cent de son contenu. Cela, Dieu le savait certainement lorsqu'il a dit à Israël :

Écoute, Israël ! L'Éternel, notre Dieu, est le seul Éternel. Tu aimeras l'Éternel, ton Dieu, de tout ton cœur, de toute ton âme et de toute ta force. Et ces commandements, que je te donne aujourd'hui, seront dans ton cœur. Tu les inculqueras à tes enfants, et tu en parleras quand tu seras dans ta maison, quand tu iras en voyage, quand tu te coucheras et quand tu te lèveras. Tu les lieras comme un signe sur tes mains, et ils seront comme des fronteaux entre tes yeux. Tu les écriras sur les poteaux de ta maison et sur tes portes (De 6.4-9 ; voir aussi v. 12 ; 7.18 ; 8.2,18-20 ; 9.7 ; 2 R 17.38 ; 1 Ch 16.12 ; Ps 78.7,11,42 ; 103.2 ; 106.7,13 ; 119.16,153 ; És 51.13-15 ; Mc 12.29,30,32,33).

En dépit de tous les avertissements et de tous les rappels que le peuple d'Israël a reçus au fil des siècles, il a fait preuve d'une bonne mémoire pour se rappeler les mauvaises choses mais d'une mauvaise mémoire pour se rappeler la vérité de Dieu, comme en témoigne l'accusation qu'Ésaïe a portée contre lui : « Car tu as oublié le Dieu de ton salut, tu ne t'es pas souvenu du rocher de ton refuge » (És 17.10*a* ; voir aussi 51.13*a* ; Os 8.7-14). De même, Dieu lui a donné la Pâque en guise de rappel annuel de sa rédemption, de sa grâce et de sa miséricorde, de son jugement et de sa justice, ainsi que de son alliance (Ex 13.3-10). Cependant, aujourd'hui, lorsque les Juifs observent la Pâque, ils se rappellent leur sortie d'Égypte, tout en rejetant le Dieu qui les a délivrés (voir Ro 2.28,29 ; 10.2-4).

Même les croyants ont tendance à se rappeler ce qu'il vaudrait mieux oublier et à oublier celles qu'il vaudrait mieux se rappeler (voir Ro 7.15,18,19 ; Hé 12.5). Ainsi donc, Pierre écrit ce qu'il écrit ici et dira plus tard à ses lecteurs : « Voici déjà, bien-aimés, la seconde lettre que je vous écris. Dans l'une et dans l'autre, je cherche à éveiller par des avertissements votre saine intelligence » (3.1). Et peu de temps après que Pierre aura écrit cela, Jude adressera l'exhortation suivante à ses lecteurs : « Mais vous, bien-aimés, souvenez-vous des choses annoncées d'avance par les apôtres de notre Seigneur Jésus-Christ » (Jud 17 ; voir aussi Ac 20.35 ; 2 Ti 2.8 ; Ja 1.25). Étant donné que l'épître de Jude est tellement semblable à celle de 2 Pierre, il s'est probablement remémoré cette dernière. Les apôtres suivaient l'exemple du Seigneur lorsque celui-ci les a exhortés ainsi : « Souvenez-vous de la parole que je vous ai dite » (Jn 15.20).

Une affirmation que Pierre laisse en héritage 1.12a

Dans le passage à l'étude, Pierre délaisse le sujet du salut pour affirmer quelque chose au sujet de l'importance de rappeler aux gens des vérités primordiales. Christ a appelé Pierre à paître son troupeau (Jn 21.15-19), et ses paroles révèlent sa passion pastorale par quatre motivations : l'urgence, la bienveillance, la fidélité et la brièveté.

L'URGENCE

Voilà pourquoi je prendrai soin de vous rappeler ces choses, (1.12*a*)

Voilà pourquoi nous ramène au sujet de la grandeur du salut (1.1-4) et de la bénédiction du salut (1.5-11), deux thèmes d'une telle importance qu'ils ne doivent jamais être oubliés. Pierre ne souhaite pas que ses lecteurs oublient qu'ils sont sauvés (v. 9), pas plus qu'ils n'oublient les bénédictions dont s'accompagne leur salut (v. 3). En employant le futur, **prendrai soin**, Pierre démontre en premier lieu qu'il est déterminé à **rappeler** la vérité à ses lecteurs chaque fois qu'il en aura l'occasion, y compris donc en écrivant l'épître à l'étude, qui est inspirée par l'Esprit. Il envisage toutefois également tous ceux qui, dans les temps à venir, liront sa lettre et se rappelleront **ces** grandes **choses**, que Dieu lui a donné de dire.

L'apôtre Paul, à l'instar de Pierre, connaît la nécessité de répéter la vérité : « Au reste, mes frères, réjouissez-vous dans le Seigneur. Je ne me lasse point de vous écrire les mêmes choses, et pour vous cela est salutaire » (Ph 3.1 ; voir aussi Ro 15.15 ; 2 Th 2.5). Jude cherchera également à rappeler à ses lecteurs ce qu'ils ont déjà su (v. 5).

Contrairement à ce que certains croient, il n'y a pas de vérité spirituelle toute nouvelle, mais uniquement une compréhension plus claire des vérités éternelles (És 40.8 ; 1 Pi 1.23-25 ; voir aussi Mt 5.18) énoncées dans la Parole de Dieu. Les gens ne connaissent pas toujours les vérités scripturaires, pas plus qu'ils n'entendent toujours des interprétations vraies et justes de ces vérités. Par conséquent, il se peut qu'il y en ait parmi eux qui croient que certaines vérités sont nouvelles, et elles le sont pour eux. Toutefois, il n'existe aucune nouvelle vérité qui vienne de Dieu (voir Jud 3). Tous ceux qui prêchent et qui enseignent l'Écriture rappellent aux gens ce que Dieu a dit dans sa Parole avec une telle constance que sa répétition et la leur permettent à la vérité de s'ancrer dans l'esprit des gens. Le deuxième chapitre de 2 Pierre et l'épître de Jude illustrent certainement de manière frappante le principe de la répétition des vérités divines dans l'Écriture. Les épîtres néotestamentaires traitent du même Évangile dans toute sa richesse en le révélant au moyen d'analogies et de termes différents. Les Évangiles synoptiques racontent d'ailleurs la même histoire de trois façons différentes. Jésus répétait son message dans des sermons, des paraboles et des leçons d'objet partout où il allait, exposant encore et toujours ses disciples à la vérité. Cette méthode s'est d'ailleurs avérée primordiale dans la formation des douze.

Les messages des prophètes de l'Ancien Testament sont d'ailleurs essentiellement les mêmes lorsqu'ils prêchent la Loi, le jugement et le pardon. Les Psaumes répètent les attributs et les œuvres de Dieu. Les livres des Chroniques évoquent des notions exposées dans 1 et 2 Samuel et dans 1 et 2 Rois. Deutéronome 5.1-22 redit la Loi qui a été donnée au mont Sinaï (Ex 20), la rappelant ainsi au peuple et le préparant ainsi à entrer dans la Terre promise.

La bienveillance

bien que vous les sachiez et que vous soyez affermis dans la vérité présente. (1.12*b*)

Pierre est un bon berger, qui comprend son troupeau et qui se montre sensible à ses besoins. L'Écriture prône la bonté (voir 2 Co 10.1 ; Ga 5.22 ; 6.1 ; 1 Th 2.7 ; 2 Ti 2.25), la douceur (voir Mt 5.5 ; 1 Ti 6.11 ; Ja 3.13) et la tendresse (voir Ép 4.32), tous des traits de caractère que Pierre manifeste en reconnaissant de manière sous-entendue par l'expression **bien que vous les sachiez** que ses lecteurs possèdent déjà des vertus inhérentes à la piété. Il les encourage ainsi, plutôt que de faire preuve de condescendance ou d'indifférence, à persévérer dans leur consécration à Dieu (voir 1 Pi 5.2,3).

Une affirmation que Pierre laisse en héritage 1.13

Il ne fait aucun doute que les destinataires de la lettre à l'étude ont déjà entendu d'autres lettres néotestamentaires d'inspiration divine leur être lues et prêchées (voir 3.15,16), ce qui fait qu'ils connaissent et croient **la vérité**, dans laquelle ils peuvent donc être déjà **affermis**. Le verbe rendu ici par **affermis** (*stêrizô*) signifie « établir fermement » ou « fortifier », est un participe passé parfait qui indique un état stable. Ils ont prouvé par leur fidélité que le véritable Évangile est fortement **présent** en eux. Pierre déclare ces croyants comme étant indubitablement authentiques et mûrs. Il aurait pu faire écho aux paroles que Paul a adressées aux croyants de Colosses : « et que la parole de la vérité, la parole de l'Évangile vous a précédemment fait connaître. Il est au milieu de vous, et dans le monde entier ; il porte des fruits, et il s'accroît, comme c'est aussi le cas parmi vous, depuis le jour où vous avez entendu et connu la grâce de Dieu conformément à la vérité » (Col 1.5*b*-6 ; voir aussi 1 Th 2.13 ; 1 Jn 2.27 ; 2 Jn 2). Lorsque quelqu'un vient à la connaissance de Christ, la vérité habite en lui (2 Pi 1.12 ; 1 Jn 2.14,27 ; 2 Jn 2 ; voir aussi Jn 17.19 ; 2 Co 11.10 ; Ép 4.24 ; 6.14). Quand on songe au danger qu'ils courent de se faire infiltrer par les faux enseignants auquel ils font alors face (chapitre 2 de l'épître à l'étude), il reste impératif que les lecteurs de Pierre reçoivent ce rappel.

La fidélité

Et je regarde comme un devoir, aussi longtemps que je suis dans cette tente, de vous tenir en éveil par des avertissements, (1.13)

Étant donné qu'il a fait partie des confidents et des intimes de Jésus en tant que chef des douze, l'apôtre Pierre a vécu plus intimement avec la vérité divine et l'a côtoyée de manière plus constante que tout autre homme. Cependant, ses frères apôtres et lui ne comprenaient et n'appréciaient toutefois pas pleinement cette vérité, même vers la fin du ministère terrestre de Christ, comme l'indique la réplique qu'il leur a servie : « Il y a si longtemps que je suis avec vous, et tu ne m'as pas connu, Philippe ! » (Jn 14.9.)

Pierre a gravement fait défaut à son Maître pendant quelque temps, en dépit de la mise en garde de Jésus (voir Lu 22.31-34,54-62).

L'apôtre sait donc pertinemment qu'un croyant a beau être fermement ancré dans la vérité, il a constamment besoin de soins pastoraux afin de l'empêcher de tomber dans le péché. Le berger conforme à la Bible fait preuve de fidélité dans l'enseignement qu'il dispense aux brebis que Dieu lui a confiées.

Ce n'est pas simplement qu'une telle instruction loyale soit bénéfique, utile et fortifiante, bien que ce soit certainement le cas. Au-delà des avantages, Pierre **regarde** cela **comme un devoir**, c'est-à-dire « juste » (*dikaios*). Sa consécration à titre de berger le rend fidèle à son peuple, parce qu'il est fidèle à son Seigneur en accomplissant son **devoir, aussi longtemps *[qu'il est]* dans cette tente**, c'est-à-dire son corps terrestre. L'équivalent grec rendu ici par **tente** (*skênôma*) s'inspire d'une image provenant des nomades du Moyen-Orient qui vivaient dans des tentes portables. Pierre se trouve alors lui aussi dans une demeure temporaire et sait qu'un jour Dieu repliera sa tente afin d'en libérer son âme éternelle en vue de son entrée dans le ciel.

Aussi longtemps que Dieu lui prêtera vie ici-bas, Pierre fera fidèlement le nécessaire pour **tenir en éveil par des avertissements** ceux que le Seigneur a placés dans sa vie. L'expression **de vous tenir en éveil** constitue une forme composée du verbe *diegeirô*, qui signifie « éveiller complètement » ou « bien réveiller » en tirant de la léthargie, de la somnolence ou du sommeil. Rien de moins que la vigilance spirituelle ne saurait satisfaire ce fidèle pasteur. Il arrive que les croyants tombent dans la léthargie (voir Mc 13.35-37 ; Ro 13.11 ; 1 Th 5.6 ; Hé 6.12), en négligeant de demeurer alertes et vifs d'esprit concernant les questions spirituelles ou d'autres responsabilités qui leur sont échues (voir Pr 13.4 ; 24.30,31). Il se peut que cette parole ait rappelé à Pierre sa propre incapacité de rester éveillé dans le jardin de Gethsémané la nuit ayant précédé la mort de Jésus (Mt 26.36-46).

Le berger selon Dieu stimule donc son troupeau surtout **par des avertissements**. Il continue sans cesse et inlassablement d'enseigner et d'examiner tous les principaux thèmes, doctrines et commandements de l'Écriture. Peu importe dans quelle mesure les croyants ont entendu la vérité divine et quel est leur degré de maturité spirituelle, il leur faut encore se la faire rappeler s'ils veulent mettre cette vérité en application (voir Ro 12.1 – 13.10 ; 1 Co 3.5-23 ; Ga 5.1-6 ;

Ép 4.11-16). Souhaitant qu'ils se la remémorent, le vrai berger sert constamment à son troupeau une nourriture spirituelle entièrement nappée de l'Écriture. Réalisant que la familiarité risque de faire naître du mépris, il emploie tous les passages qui abordent tous les thèmes scripturaires, afin que la fraîcheur supplante la familiarité.

LA BRIÈVETÉ

car je sais que je la quitterai subitement, ainsi que notre Seigneur Jésus-Christ me l'a fait connaître. Mais j'aurai soin qu'après mon départ vous puissiez toujours vous souvenir de ces choses. (1.14,15)

Pour terminer, la passion et la motivation de Pierre par rapport au ministère englobent une compréhension claire de la brièveté de sa propre vie (voir Job 7.6,7 ; 9.25,26 ; 14.1,2 ; Ps 39.5 ; 89.48*a* ; 90.5,6,10 ; Ja 4.13-17). Voilà pourquoi il dit ici : **car je sais que je la quitterai subitement**. De toute évidence, Pierre croit sa mort proche. Il décrit cette mort en se servant de l'analogie relative au fait de *[quitter]* sa tente, soit la même image dont Paul s'est servi dans sa seconde épître aux Corinthiens :

Nous savons, en effet, que si cette tente où nous habitons sur la terre est détruite, nous avons dans le ciel un édifice qui est l'ouvrage de Dieu, une demeure éternelle qui n'a pas été faite de main d'homme. Aussi gémissons-nous dans cette tente, désirant revêtir notre domicile céleste (2 Co 5.1,2).

Le terme **subitement** renferme une double signification, en ce sens qu'il peut désigner un départ « imminent » ou « rapide ». Il se peut d'ailleurs qu'ici il s'agisse des deux. Lorsqu'il écrit ces mots, Pierre a dans les soixante-dix ans ; il est donc raisonnable qu'il s'attende à ce que sa mort ne soit plus très loin. Il sait également que sa mort sera imminente et rapide, **ainsi que notre Seigneur Jésus-Christ *[le lui a]* fait connaître**. Rappelons-nous qu'environ quarante ans plus tôt, durant le rétablissement et le rappel au ministère de Pierre, qui ont eu lieu entre la résurrection et l'ascension du Seigneur, le Seigneur

Jésus a clairement indiqué à l'apôtre que la mort de ce dernier allait être plutôt soudaine :

> En vérité, en vérité, je te le dis, quand tu étais plus jeune, tu te ceignais toi-même, et tu allais où tu voulais ; mais quand tu seras vieux, tu étendras tes mains, et un autre te ceindra, et te mènera où tu ne voudras pas. Il dit cela pour indiquer par quelle mort Pierre glorifierait Dieu. Et ayant ainsi parlé, il lui dit : Suis-moi (Jn 21.18,19).

Par ces paroles, Jésus a prédit le martyre de Pierre. Qu'il ait prédit que Pierre mourrait exécuté, plus précisément par crucifixion, se voit clairement dans l'emploi de l'expression « tu étendras tes mains ». Ainsi donc, Pierre a vécu au moins quatre décennies de plus, fidèle à son mandat de nourrir les brebis du Seigneur, sachant que sa vie pourrait se terminer subitement à tout instant. (Selon la tradition – aux dires d'Eusèbe [*Histoire ecclésiastique*, III.I] –, il aurait été crucifié, la tête en bas comme il l'aurait demandé parce qu'il se sentait indigne de mourir exactement comme Christ était mort.)

À la lumière de la brièveté de sa vie et de son ministère, Pierre *[a]* inlassablement **soin** de rappeler la vérité aux croyants, de sorte qu'**après *[son]* départ *[ils puissent]* toujours *[se]* souvenir de ces choses**. Il n'y a aucune raison de restreindre ces paroles, **ces choses**, à ce qu'il vient d'écrire (v. 1-11), comme certains le font néanmoins. Tout ce qui fait partie de l'épître à l'étude s'inscrit dans le cadre d'une doctrine essentielle, et doit donc s'ancrer de manière inoubliable dans l'esprit des croyants.

L'apôtre se sert du terme **départ** (*exodos*) pour désigner sa mort, car ce terme désigne le fait de quitter un lieu (la terre) pour se rendre dans un autre (le ciel), vivant ainsi l'exode qui plaira à tout croyant (1 Co 15.50-57 ; Hé 4.9,10). Pour Pierre, comme c'était le cas de Paul (Ac 20.24), il importe peu que ses lecteurs se souviennent de lui ou de sa mort, mais il tient à ce qu'ils se rappellent la vérité qu'il leur a enseignée.

Le fait que Pierre saisisse véritablement l'urgence, la bienveillance, la fidélité et la brièveté relatives à son ministère transparaît clairement dans l'épître à l'étude, surtout comme le résume si bien l'affirmation

Une affirmation que Pierre laisse en héritage 1.14,15

que Pierre laisse en héritage dans le passage qui nous intéresse ici. Le chef des douze souhaite que les croyants échappent aux dangers de la négligence spirituelle ; par conséquent, il travaille avec zèle en prêchant et en écrivant afin de rappeler les questions importantes. Il souhaite laisser derrière lui un dernier testament qui servira à rappeler aux saints la grandeur du salut et la bénédiction de l'assurance, et à veiller à ce que la fausse doctrine ne leur dérobe pas leur riche héritage spirituel.

La Parole certaine

4

Ce n'est pas, en effet, en suivant des fables habilement conçues, que nous vous avons fait connaître la puissance et l'avènement de notre Seigneur Jésus-Christ, mais c'est comme ayant vu sa majesté de nos propres yeux. Car il a reçu de Dieu le Père honneur et gloire, quand la gloire magnifique lui fit entendre une voix qui disait : Celui-ci est mon Fils bien-aimé, en qui j'ai mis toute mon affection. Et nous avons entendu cette voix venant du ciel, lorsque nous étions avec lui sur la sainte montagne. Et nous tenons pour d'autant plus certaine la parole prophétique, à laquelle vous faites bien de prêter attention, comme à une lampe qui brille dans un lieu obscur, jusqu'à ce que le jour vienne à paraître et que l'étoile du matin se lève dans vos cœurs ; sachez tout d'abord vous-mêmes qu'aucune prophétie de l'Écriture ne peut être un objet d'interprétation particulière, car ce n'est pas par une volonté d'homme qu'une prophétie a jamais été apportée, mais c'est poussés par le Saint-Esprit que des hommes ont parlé de la part de Dieu. (1.16-21)

Au fil des siècles, la Bible a été la cible d'un grand nombre de critiques et de détracteurs hors du commun. Au Siècle des lumières, les attaques contre sa véracité ont indubitablement atteint leur paroxysme. Voici comment Hayden V. White a décrit le climat de cette époque :

> L'état d'esprit typique du Siècle des lumières était complexe et varié intérieurement, mais il se caractérisait en gros par une consécration de la raison humaine, de la science et de l'éducation comme étant les meilleurs moyens de bâtir une société stable pour les hommes libres vivant sur la terre. Cela signifie que durant le Siècle des lumières on était par inhérence soupçonneux envers la religion, hostiles à la tradition et pleins de ressentiment envers toute autorité fondée uniquement sur les coutumes ou la foi. En fin de compte, le Siècle des lumières était entièrement séculier dans son orientation ; il a offert le premier programme dans l'histoire de l'humanité destiné à bâtir une collectivité humaine sans se servir uniquement de matériaux naturels (« Editor's Introduction » dans Robert Anchor, *The Enlightenment Tradition* [New York : Harper & Row, 1967], ix ; cité dans Norman L. Geisler et William E. Nix, *A General Introduction to the Bible*, révisé et étendu [Chicago : Moody, 1968, 1986], p. 139).

Par leurs écrits et leur promotion d'idées séculières, des philo‑ sophes comme Thomas Hobbes (1588-1679 ; le matérialisme), Baruch de Spinoza (1632-1677 ; le panthéisme et le naturalisme rationalistes), David Hume (1711-1776 ; le scepticisme et l'antisurnaturalisme), Emmanuel Kant (1724-1804 ; l'agnosticisme philosophique), Friedrich Schleiermacher (1768-1834 ; le romantisme et la théologie positive) et Georg W. F. Hegel (1770-1831 ; l'idéalisme philosophique et le processus dialectique [thèse, antithèse et synthèse]) ont beaucoup contribué à miner et à détruire la confiance dans l'infaillibilité de l'Écriture et dans une compréhension biblique de la nature de la vérité. Ces philosophies du Siècle des lumières ont également pavé la voie au libéralisme théologique (Albrecht Ritschl, 1822-1899 ; Adolf von Harnack, 1851-1930), à l'existentialisme actuel et au relativisme postmoderne (Soren Kierkegaard, 1813-1855 ; Friedrich W. Nietzsche, 1844-1900 ; Rudolf Bultmann, 1884-1976 ; Martin Heidegger, 1889-1976) et au criticisme supérieur (Ferdinand C. Baur, 1792-1860 ; Julius Wellhausen, 1844-1918). Toutefois, les érudits conservateurs, orthodoxes et évangéliques comme François Turretin (1623-1687), Jonathan Edwards (1703-1758), Charles Hodge (1797-1878), Benjamin B. Warfield (1851-1921) et J. Gresham Machen (1881-1937) n'ont cessé de défendre inlassablement l'Écriture comme suffisante et digne de confiance. Ces hommes, ainsi que d'autres enseignants qui honorent Dieu, ont soutenu fermement le point de vue de la Réforme sur la suprématie de la Parole de Dieu, que Bush et Nettles ont bien résumé :

> Les réformateurs croyaient que l'Écriture était la Parole écrite de Dieu. On lui faisait confiance, plutôt que de la mettre en doute. On l'étudiait, plutôt que d'en faire fi. On la considérait comme étant l'autorité finale concernant les questions sur lesquelles elle se prononce ou fait des affirmations. Dieu ne nous avait pas tout révélé. La Bible ne contenait pas expressément toute la vérité qu'il était possible de connaître. Toutefois, ce que la Bible enseignait était considéré comme étant entièrement digne de confiance. La vérité dans tout autre domaine ne contredirait pas la vérité biblique. En puisant dans l'Écriture, on pouvait découvrir la véritable connaissance de la réalité (L. Russ Bush et Tom J. Nettles, *Baptists and the Bible* [Chicago : Moody, 1980], p. 175).

Ce que l'apôtre Pierre a écrit dans 2 Pierre 1.16-21 est le fondement même sur lequel repose la compréhension que les réformateurs avaient de l'Écriture et déclare clairement que dans la Bible les croyants ont par écrit une révélation juste de la vérité de Dieu. Ici, Pierre fait écho à la déclaration du psalmiste : « Le témoignage de l'Éternel est véritable, il rend sage l'ignorant » (Ps 19.8*b* ; voir aussi 93.5 ; 111.7). Par la bouche du prophète Ésaïe, Dieu a d'ailleurs dit ce qui suit au sujet tant de la fiabilité que de l'incidence de sa Parole :

Comme la pluie et la neige descendent des cieux, et n'y retournent pas sans avoir arrosé, fécondé la terre, et fait germer les plantes, sans avoir donné de la semence au semeur et du pain à celui qui mange, ainsi en est-il de ma parole, qui sort de ma bouche : Elle ne retourne point à moi sans effet, sans avoir exécuté ma volonté et accompli mes desseins (És 55.10,11 ; voir aussi 40.8 ; Ps 119.89 ; Mt 5.18 ; 24.35 ; Jn 10.35*b* ; 2 Ti 2.19*a*).

Dans sa seconde épître, Pierre écrit aux croyants qui font face à de faux enseignements visant à miner la confiance dans l'Écriture et à détruire ainsi la foi chrétienne. Dans le chapitre 2, il décrira en termes frappants les adeptes de telles erreurs afin de permettre à ses lecteurs de comprendre et de mieux reconnaître le danger auquel ils sont exposés. Toutefois, il ne suffit pas d'être simplement conscient qu'il existe de faux enseignants, mais encore les croyants doivent savoir comment se défendre contre leurs erreurs. L'arme à employer dans cette défense, c'est la Parole certaine de Dieu (voir 2 Co 10.3-5). Dans le passage à l'étude, l'apôtre fait allusion aux deux, à sa propre expérience de la révélation en tant que témoin oculaire et à la révélation surnaturelle que Dieu a faite par écrit.

L'EXPÉRIENCE DE PIERRE EN TANT QUE TÉMOIN OCULAIRE

Ce n'est pas, en effet, en suivant des fables habilement conçues, que nous vous avons fait connaître la puissance et l'avènement de notre Seigneur Jésus-Christ, mais c'est comme ayant vu sa majesté de nos propres yeux. Car il a reçu de Dieu le Père honneur et gloire, quand la gloire magnifique lui fit entendre une voix qui disait : Celui-ci est mon Fils bien-aimé, en qui j'ai mis toute mon affection. Et nous avons entendu cette voix venant du ciel, lorsque nous étions avec lui sur la sainte montagne. (1.16-18)

Le terme de causalité **en effet** fait le lien entre le passage à l'étude et le passage précédent, et explique pourquoi Pierre rappelle ici la vérité à ses lecteurs. Il est entièrement convaincu de la vérité qu'il enseigne, car il en a fait lui-même l'expérience. Il parle également de la part

La Parole certaine   1.16-18

des autres apôtres et des auteurs du Nouveau Testament en affirmant : **Ce n'est pas [...] en suivant des fables habilement conçues.** Ils ont tous reçu une révélation surnaturelle (Jn 1.51 ; 1 Jn 1.1-3), qui atteste que ce qui leur a été enseigné et qu'ils prêchent par la suite est la vérité (Mt 13.11,16,17 ; voir aussi Mt 11.25,26 ; 1 Co 2.10).

L'affirmation introductive de Pierre réfute l'accusation de ses critiques selon laquelle il enseigne des mensonges qu'il aurait soigneusement échafaudés dans le seul but de gagner des adeptes crédules et de faire de l'argent sur leur dos. À l'époque, il n'est pas rare que de faux enseignants religieux recherchent le pouvoir et la popularité afin d'obtenir non seulement de l'argent (voir Mi 3.11), mais encore des faveurs sexuelles (voir Jé 23.14). Pierre réfute donc ses accusateurs en déclarant que *[ce]* **n'est pas, en effet, en suivant** le mauvais exemple de faux enseignants que ses frères apôtres et lui-même exercent leur ministère.

L'expression **habilement conçues** provient de *sophizô* (« rendre sages ») et désigne des idées complexes ayant été subtilement concoctées. Cette expression désigne également tout ce qui est clandestin et trompeur. Cherchant à dévorer les brebis, les faux enseignants déguisent leurs mensonges (voir 2.1) afin de les faire passer pour la vérité divine (Jé 6.14 ; 14.14 ; 23.16,21,26 ; voir aussi Mt 7.15).

Le mot **fables** (*muthos*, duquel provient l'équivalent français « mythes ») désigne des légendes au sujet de dieux et de personnages héroïques ayant participé à des événements miraculeux et ayant accompli des exploits extraordinaires. La mythologie païenne et sa vision du monde se caractérisaient par ces fables. Paul a d'ailleurs employé le mot *muthos*, qui a toujours une connotation négative dans le Nouveau Testament, de manière très comparable à celle de Pierre, pour désigner les mensonges, les contrefaçons et les impostures de tous les faux enseignants (1 Ti 1.4 ; 4.7 ; 2 Ti 4.4 ; Tit 1.14). Pierre nie carrément avoir eu recours à de tels récits fictifs lorsqu'il *[a]* **fait connaître** son enseignement. Il ne fait aucun doute que de faux enseignants ont dit à ses lecteurs que la foi et la doctrine chrétiennes ne sont rien de plus qu'un autre ensemble de mythes et de fables.

L'expression **avons fait connaître** (*gnôrizô*) est souvent employée dans le Nouveau Testament pour parler du don d'une nouvelle révélation (Jn 17.26 ; Ro 16.26 ; Ép 1.9 ; 3.3,5,10 ; voir aussi Lu 2.15 ; Jn 15.15 ; Ac 2.28 ; Ro 9.22,23 ; 2 Co 8.1 ; Col 1.27 ; 4.7,9). Dans ce cas-ci, la révélation concerne **la puissance et l'avènement** du **Seigneur Jésus-Christ**, à savoir sa seconde venue dans la gloire et son règne (Mt 25.31 ; Lu 12.40 ; Ac 1.10,11 ; Tit 2.13 ; 1 Pi 1.13 ; Ap 1.7). Il semblerait que les faux enseignants ne fassent pas alors que saper l'enseignement de Pierre en général, mais qu'ils nient aussi précisément ce qu'il dit du retour de Christ. Que Pierre revienne sur cette ligne d'offensive plus loin dans son épître (3.3,4) confirme d'ailleurs ce fait.

Étant donné que Pierre fait un lien entre l'expression **la puissance et l'avènement**, d'une part, et l'apparition du **Seigneur Jésus-Christ**, d'autre part, cela indique clairement qu'il fait allusion à son retour (voir Mt 24.30 ; 25.31 ; Ap 19.11-16). Cette description ne correspond certainement pas à sa première venue, qui s'est produite dans l'humilité (voir Lu 2.11,12 ; Ro 1.3 ; 2 Co 8.9 ; Ph 2.6,7).

L'équivalent français **avènement** rend le terme *parousia*, qui est couramment employé dans le Nouveau Testament et qui signifie « apparition » ou « arrivée ». Ce terme, lorsqu'il est employé dans le Nouveau Testament en rapport avec Jésus-Christ, désigne toujours son retour. W. E. Vine a d'ailleurs élaboré sur cette acceptation du terme à l'étude, en disant ceci :

> Lorsqu'il est employé par rapport au retour de Christ [...] il désigne non seulement sa venue temporaire au profit de ses saints, mais encore sa présence auprès d'eux à compter de cet instant jusqu'à ce qu'il se révèle et se manifeste au monde. Dans certains passages, ce terme met l'accent sur le début de cette période, disant que le cours de cette période est implicite, 1 Co 15.23 ; 1 Th 4.15 ; 5.23 ; 2 Th 2.1 ; Ja 5.7,8 ; 2 Pi 3.4. Dans d'autres, le cours de cette période est mis en lumière, Mt 24.3,37 ; 1 Th 3.13 ; 1 Jn 2.28 ; dans d'autres encore c'est sur la conclusion de cette période qu'on insiste, Mt 24.27 ; 2 Th 2.8 (*An Expository Dictionary of New Testament Words*, 4 vol. [Londres : Oliphants, 1940 ; réimpr. Chicago : Moody, 1985], vol. 1, p. 209).

La Parole certaine *1.16-18*

Dans sa première épître, Pierre a déclaré la vérité au sujet de la seconde venue de Christ (1 Pi 1.7,13 ; 4.13 ; 5.4). Toutefois, ici, il insiste sur le fait que les autres apôtres et lui-même ont été les témoins oculaires de la majesté même que Christ manifestera pleinement lors de son retour. Il est certain que tous les apôtres ont déjà vu la majesté de Christ dans sa vie et son ministère terrestres (Jn 2.11 ; 17.6-8), de même que dans sa mort (Jn 19.25-30), sa résurrection (Lu 24.33-43) et son ascension (Ac 1.9-11), ce qui fait que ceux qui ont servi d'auteurs dans l'écriture du Nouveau Testament (par ex. : Matthieu, Jean, Pierre) ont été les témoins oculaires d'une grande partie des choses au sujet desquelles ils ont écrit. Ce que Pierre veut dire ici, c'est que les faux enseignants nient ce qu'il déclare au sujet de Jésus, mais contrairement à lui, ils n'ont pas été les témoins oculaires de sa vie et de son ministère terrestres.

Le mot grec *epoptai* (**ayant vu [...] de nos propres yeux**) désignait à l'origine les « observateurs en général » ou des « spectateurs », mais au fil des ans sa signification a évolué. À ce sujet, Barclay explique ceci :

> Dans la culture grecque de l'époque de Pierre, ce terme était technique. Nous avons déjà parlé des religions à mystère. Ces religions à mystère étaient toutes de la nature des pièces de théâtre de la passion, dans lesquelles on présentait l'histoire d'un dieu qui avait vécu, avait souffert, était mort et était ressuscité, pour ne plus jamais mourir. Ce n'est qu'au terme de longs préparatifs visant à l'instruire que l'adorateur finissait par être autorisé à assister à cette pièce de théâtre, et à avoir l'occasion de faire l'expérience de devenir un avec le Dieu qui allait mourir et ressusciter. Lorsqu'il atteignait le point où on lui permettait d'assister à la pièce de théâtre en tant que telle, il devenait un initié, et on se servait alors du mot technique *epoptês* pour le décrire ; il était ainsi devenu un témoin oculaire préparé et privilégié des expériences de Dieu (*The Letters of James and Peter*, éd. rév. [Philadelphie : Westminster, 1976], p. 367).

Ayant cet usage présent à l'esprit, il est clair que Pierre se considère lui-même et ses frères apôtres comme étant des spectateurs hautement privilégiés qui ont atteint le degré véritablement le plus élevé de l'expérience spirituelle de la compagnie de Christ. Or, Pierre a à l'esprit un événement en particulier qui lui a fait entrevoir de manière frappante la **majesté** dont s'accompagnera la seconde venue de Christ.

Le mot **majesté** (*megaleiotês*), qui a également pour synonymes « splendeur », « beauté » et « magnificence », est employé ailleurs dans le Nouveau Testament pour désigner « la grandeur de Dieu » (Lu 9.43). Jésus avait prédit que certains des apôtres verraient la manifestation de sa grandeur divine : « Je vous le dis en vérité, quelques-uns de ceux qui sont ici ne mourront point, qu'ils n'aient vu le Fils de l'homme venir dans son règne » (Mt 16.28 ; voir aussi Lu 9.27). Dieu le Père était présent lors de cet événement spécial, lors duquel Christ **a reçu [...] honneur** (*timê*, « statut exalté ») **et gloire** (*doxa*, « splendeur radieuse ») **de** lui. Le premier terme rend à Jésus le plus grand respect et la plus grande reconnaissance (Jn 5.23 ; 1 Ti 1.17 ; Hé 2.9 ; Ap 4.9,11 ; 5.12,13), et le second lui accorde un éclat divin sans pareil (Mt 24.30 ; Lu 9.32 ; voir aussi Jn 1.14 ; 17.22 ; 2 Th 1.9).

Lors de cet événement extraordinaire, **Dieu le Père**, qui porte également le nom de **gloire magnifique** (un splendide nom de remplacement pour désigner Dieu ; voir De 33.26 ; *la Septante*), **fit entendre une voix** (une annonce audible) à Christ. Cette voix du Père a déclaré : **Celui-ci est mon Fils bien-aimé, en qui j'ai mis toute mon affection**, ce qui peut désigner l'une ou l'autre des deux occasions suivantes : le baptême du Seigneur ou sa transfiguration (Mt 3.17 ; 17.5). La suite de la description que l'apôtre Pierre fait ici de l'épisode en question nous indique précisément qu'il fait allusion à la Transfiguration, puisqu'il dit : **Et nous avons entendu cette voix venant du ciel, lorsque nous étions avec lui sur la sainte montagne.** Il s'agit fort probablement de la montagne de l'Hermon, soit la plus haute à proximité de Césarée de Philippe (voir Mc 8.27), où Pierre, Jacques et Jean ont vu la nuée de la gloire divine les entourer, eux et Jésus, et ont entendu la voix de Dieu (Mt 17.5 ; Mc 9.7 ; Lu 9.35).

En disant : **Celui-ci est mon Fils bien-aimé, en qui j'ai mis toute mon affection**, le Père affirme que le Fils a la même nature et la même essence que lui (voir Jn 5.17-20 ; Ro 1.1-4 ; Ga 1.3 ; Col 1.3 ; 2.9) et que ce dernier est parfaitement juste (voir 2 Co 5.21 ; Hé 7.26). Ainsi donc, par une seule affirmation concise, Dieu a déclaré être en relation tant de nature divine que d'amour divin avec Christ – le lien parfait de l'amour et de la sainteté au sein de la Trinité –, et qu'il est pleinement satisfait de tout ce que Jésus a dit et fait. Par cette déclaration, le Père confirme clairement aussi que Christ est autorisé à revenir, au temps convenu, pour recevoir les siens et entrer en possession du royaume qui lui revient de droit. Ce fait, le livre de l'Apocalypse l'affirme :

> Et ils chantaient un cantique nouveau, en disant : Tu es digne de prendre le livre, et d'en ouvrir les sceaux ; car tu as été immolé, et tu as racheté pour Dieu par ton sang des hommes de toute tribu, de toute langue, de tout peuple, et de toute nation ; tu as fait d'eux un royaume et des sacrificateurs pour notre Dieu, et ils régneront sur la terre. Je regardai et j'entendis la voix de beaucoup d'anges autour du trône, des êtres vivants et des vieillards, et leur nombre était des myriades de myriades et des milliers de milliers. Ils disaient d'une voix forte : L'Agneau qui a été immolé est digne de recevoir la puissance, la richesse, la sagesse, la force, l'honneur, la gloire, et la louange. Et toutes les créatures qui sont dans le ciel, sur la terre, sous la terre, sur la mer, et tout ce qui s'y trouve, je les entendis qui disaient : À celui qui est assis sur le trône, et à l'Agneau, soient la louange, l'honneur, la gloire, et la force, aux siècles des siècles ! (Ap 5.9-13.)

(Pour obtenir des remarques exhaustives au sujet de la Transfiguration et de Matthieu 17.1-3, voir John MacArthur, *Matthew 16-23*, [Chicago : Moody, 1988], p. 61-72.)

Il n'y a aucune raison pour que les lecteurs de Pierre d'alors et d'aujourd'hui croient les faux enseignants qui nient le futur retour glorieux de Jésus-Christ. Ces hérétiques n'étaient pas présents sur la montagne de la Transfiguration, mais Pierre a été le témoin oculaire de la majesté de la seconde venue de Christ. Jacques, Jean et lui-même ont vu Moïse et Élie parler à Christ (Lu 9.30-32) et, par-dessus tout, les apôtres ont entendu Dieu honorer lui-même son Fils.

LA RÉVÉLATION SURNATURELLE QUE DIEU A FAITE PAR ÉCRIT

Et nous tenons pour d'autant plus certaine la parole prophétique, à laquelle vous faites bien de prêter attention, comme à une lampe qui brille dans un lieu obscur, jusqu'à ce que le jour vienne à paraître et que l'étoile du matin se lève dans vos cœurs ; sachez tout d'abord vous-mêmes qu'aucune prophétie de l'Écriture ne peut être un objet d'interprétation particulière, car ce n'est pas par une volonté d'homme qu'une prophétie a jamais été apportée, mais c'est poussés par le Saint-Esprit que des hommes ont parlé de la part de Dieu. (1.19-21)

Aussi justes qu'ont pu être les récits oraux des apôtres en tant que témoins oculaires, Dieu ne s'est pas fié uniquement à eux pour déclarer la vérité. Par l'intermédiaire du Saint-Esprit, il a supervisé la mise par écrit des expériences et des pensées relatées dans la révélation inspirée de l'Écriture (2 Ti 3.16). En réponse à ceux qui sont tentés de mettre en doute la validité de ses expériences, Pierre affirme que les croyants ont même une source meilleure : **la parole prophétique** qu'ils tiennent **pour d'autant plus certaine**, à savoir la Parole de Dieu. Certains commentateurs prétendent que l'expression à l'étude indique que les expériences des apôtres ont validé l'Écriture, que l'aperçu de la gloire du royaume de Jésus sur la montagne de la Transfiguration a confirmé, en quelque sorte, les prédictions des prophètes concernant sa seconde venue. Cette interprétation est plausible, mais le sens littéral dans lequel cette expression est rendue, « nous tenons pour d'autant plus certaine la parole prophétique », recommande une autre interprétation. Ainsi donc, aussi fiable et aussi utile qu'ait été l'expérience de Pierre, **la parole prophétique** de l'Écriture est **plus certaine** encore. Tout au long de l'histoire de la rédemption, Dieu a lui-même répété avec insistance que sa Parole inspirée est inhérente, infaillible et la source pleinement suffisante de la vérité, qui n'exige aucune confirmation humaine (Ps 19.7 ;

119.160 ; Jn 17.17 ; 1 Co 2.10-14 ; 1 Th 2.13 ; voir aussi Pr 6.23 ; Da 10.21). Le **nous** du verset 19 n'est pas un pronom emphatique, comme c'est le cas dans le verset 18, où il désigne Pierre, Jacques et Jean. Ce second emploi désigne plutôt de manière générique tous les croyants. En tant que groupe, ils possèdent la Parole, source de la vérité de Dieu qui est beaucoup plus fiable que ne l'est leur expérience collective, même à titre d'apôtres. La seconde épître aux Corinthiens est un exemple utile des limites de l'expérience humaine en tant que source de vérité : « Il faut se glorifier... Cela n'est pas bon. J'en viendrai néanmoins à des visions et à des révélations du Seigneur » (2 Co 12.1). L'apôtre Paul souhaite défendre son apostolat, mais il semble admettre que les visions et les expériences personnelles, même celles du ciel, ne sont ni utiles ni substantielles pour se porter à la défense de la vérité de Dieu. Cela s'explique par le fait qu'elles sont non vérifiables, inexprimables et incompréhensibles (v. 2-4). Paul a préféré, en fait, défendre son apostolat par ses souffrances plutôt que par ses visions surnaturelles (v. 5-10). Lorsque les auteurs du Nouveau Testament ont écrit au sujet de Christ et de sa promesse de revenir, ils ont confirmé la vérité de l'Écriture de l'Ancien Testament (voir Mt 4.12-16 ; 12.19,20 ; 21.1-5 ; Lu 4.16-21 ; Ro 15.3 ; Hé 5.5,6 ; 1 Pi 2.6,7,22 ; Ap 19.10). Ce n'est donc pas l'expérience des apôtres, mais le récit inspiré et scripturaire de la vie et des paroles de Christ, que des auteurs ont couchés par écrit sous l'inspiration de l'Esprit et qui est contenu dans le Nouveau Testament, qui est venu valider l'Ancien Testament. Cette validation est conforme aux croyances des Juifs pour ce qui est de la suprématie de la révélation écrite, comme Michael Green l'explique :

> Les Juifs ont toujours préféré la prophétie à la voix venant du ciel. En effet, ils considéraient cette dernière, le *bath qôl*, « fille de la voix », comme un substitut inférieur pour la révélation, étant donné que les jours de la prophétie avaient pris fin. Et pour ce qui est des apôtres, il serait difficile de trop insister sur la considération qu'ils portaient à l'Ancien Testament. Un de leurs plus puissants arguments en faveur de la vérité du christianisme était celui provenant de la

prophétie (voir les discours rapportés dans le livre des Actes, Romains 15, 1 Pierre 2, toute l'épître aux Hébreux ou le livre de l'Apocalypse). Dans la Parole écrite de Dieu, ils puisaient toute leur assurance, comme leur Maître le faisait, au sujet de laquelle « il est écrit » qu'elle suffit à réfuter tous les arguments. [...] [Pierre] dit ici : Si vous ne me croyez pas, allez voir dans l'Écriture. Selon Calvin, la question n'est pas de savoir si les prophètes sont plus dignes de confiance que l'Évangile. C'est simplement que, étant donné que les Juifs ne doutaient aucunement du fait que tout ce que les prophètes avaient enseigné venait de Dieu il n'y a rien d'étonnant au fait que Pierre dise que leur parole est d'autant plus certaine (*The Second General Epistle of Peter and the Epistle of Jude* [Grand Rapids : Eerdmans, 1968], p. 87).

À l'époque de Pierre, l'expression **la parole prophétique** embrasse la totalité de l'Ancien Testament. Cette expression dépasse le cadre des passages de la prophétie pour englober toute la Parole inspirée, qui faisait généralement anticiper la venue du Messie, comme Paul l'a indiqué clairement en écrivant :

> À celui qui peut vous affermir selon mon Évangile et la prédication de Jésus-Christ, conformément à la révélation du mystère caché pendant des siècles, mais manifesté maintenant par les écrits des prophètes, d'après l'ordre du Dieu éternel, et porté à la connaissance de toutes les nations, afin qu'elles obéissent à la foi, à Dieu, seul sage, soit la gloire aux siècles des siècles, par Jésus-Christ ! Amen ! (Ro 16.25-27.)

Cette réalité, Jésus l'a d'ailleurs lui-même affirmée, en disant : « Vous sondez les Écritures, parce que vous pensez avoir en elles la vie éternelle : ce sont elles qui rendent témoignage de moi » (Jn 5.39 ; voir aussi Lu 24.27,44,45). Bien que le Seigneur ait désigné principalement les Écritures de l'Ancien Testament, ses paroles ne s'y limitent pas. L'Écriture est l'Écriture, et ce qui est vrai de l'Ancien Testament est donc également vrai du Nouveau Testament

La Parole certaine   *1.19-21*

(voir 2 Pi 3.15,16, dans lequel Pierre dit que les écrits de Paul sont scripturaires). Pierre affirme que ses lecteurs *[feraient]* **bien de prêter attention à la parole prophétique.** S'ils doivent être exposés aux erreurs subtiles des faux enseignants, il est impératif qu'ils connaissent l'Écriture et y prêtent attention afin qu'ils puissent rejeter les faux enseignements (Ps 17.4 ; Ac 18.28 ; Ép 6.11,17 ; voir aussi Mt 4.4 ; 22.29 ; 1 Co 10.11 ; Ap 22.19). Afin de s'exprimer de manière encore plus explicite, Pierre offre ici une simple métaphore, dans laquelle il compare la Parole de Dieu **à une lampe qui brille dans un lieu obscur.** Cette figure de rhétorique rappelle d'ailleurs les paroles bien connues du psalmiste : « Ta parole est une lampe à mes pieds, et une lumière sur mon sentier » (Ps 119.105 ; voir aussi v. 130 ; 43.3 ; Pr 6.23). La signification du mot **obscur** (*auchmêros*) tire sa source de l'idée de quelque chose de « sec » ou de « desséché », puis de quelque chose de « sale » ou de « trouble ». L'expression **lieu obscur** englobe la noirceur trouble du monde déchu qui empêche les gens de voir la vérité jusqu'à ce que la **lampe** de la révélation divine se mette à briller.

Ainsi donc, Pierre fait un rapprochement entre l'Écriture et une lanterne qui dispense sa lumière à un monde obscur et pécheur. Le calendrier de l'histoire de la rédemption progresse vers un **jour** que Dieu a destiné à l'événement glorieux lors duquel Jésus-Christ reviendra dans toute sa splendeur et toute sa majesté éclatantes (Mt 24.30 ; 25.31 ; Tit 2.13 ; Ap 1.7 ; voir Col 3.4). Lorsque ce **jour** *[viendra]* **à paraître,** Christ mettra fin à la nuit temporaire du péché et des ténèbres spirituelles sur la terre, en y revenant dans sa gloire afin d'y établir son royaume. Ce fait, l'apôtre Jean le décrit dans le livre de l'Apocalypse :

> Puis je vis le ciel ouvert, et voici, parut un cheval blanc. Celui qui le montait s'appelle Fidèle et Véritable, et il juge et combat avec justice. Ses yeux étaient comme une flamme de feu ; sur sa tête étaient plusieurs diadèmes ; il avait un nom écrit, que personne ne connaît, si ce n'est lui-même ; et il était revêtu d'un vêtement teint de sang. Son nom est la Parole de Dieu. Les armées qui sont dans le ciel le suivaient

sur des chevaux blancs, revêtues d'un fin lin, blanc, pur. De sa bouche sortait une épée aiguë, pour frapper les nations ; il les paîtra avec une verge de fer ; et il foulera la cuve du vin de l'ardente colère du Dieu tout-puissant. Il avait sur son vêtement et sur sa cuisse un nom écrit : Roi des rois et Seigneur des seigneurs (Ap 19.11-16).

L'événement aigre-doux marque l'apogée du plan du salut par Dieu et de son jugement contre les impies (voir És 2.12 ; 13.6 ; So 1.14 ; 1 Co 1.8 ; 3.13 ; 4.5 ; Ép 4.30 ; 1 Th 3.13 ; 2 Th 1.7 ; 2 Ti 4.1 ; 1 Pi 2.12).

L'**étoile du matin** (*phôsphoros*), qui signifie littéralement « porteur de lumière », était le nom de la planète Vénus, dont l'apparition le matin précède celle du soleil dans le ciel, et est employé ici pour désigner Christ, dont la venue inaugure le règne millénaire promis et l'établissement du royaume de Dieu. Dans plusieurs passages, l'Écriture compare Christ à une étoile (No 24.17 ; Ap 2.28 ; 22.16 ; voir aussi Mt 2.2). Pierre ajoute ici le fait que l'étoile **se lève dans** les **cœurs** qui ont la foi. Christ reviendra dans un éclat de lumière physique qui sera visible, qui englobera tout, qui bénira ou maudira chacun, et qui transformera la terre du millénaire (3.10-13), finissant par détruire l'univers et par le remplacer par de nouveaux cieux et une nouvelle terre (Ap 20.11 ; 21.1). L'allusion aux **cœurs** indique que le retour de Christ transformera aussi les croyants en reflets parfaits de la vérité et de la justice de Christ, semblables à l'image de sa gloire (Ro 8.29 ; Ph 3.20,21 ; 1 Jn 3.1,2). Lors de sa seconde venue, Christ remplacera la révélation temporaire parfaite de l'Écriture par la révélation éternelle parfaite de sa personne. Il accomplira la Parole écrite et l'écrira pour toujours dans le cœur des saints glorifiés.

Après avoir porté son regard sur la fin de l'Écriture, lorsqu'elle régnera pleinement sur le cœur rendu parfait des croyants, Pierre retourne ici au début de l'Écriture, à son inspiration divine. Comme Paul l'a écrit : « Toute Écriture est inspirée de Dieu » (2 Ti 3.16) ; par conséquent, **aucune prophétie de l'Écriture ne peut être un objet d'interprétation particulière**. L'expression **être un objet *[de]*** rend *ginetai*, qui signifie plus exactement « entrer en existence », « tirer ses origines de » ou « survenir ». Aucune partie des écrits saints, tant l'Ancien que le Nouveau Testament, n'est entrée en existence de la manière dont toutes les fausses prophéties l'ont fait (voir Jé 14.14 ; 23.32 ; Éz 13.2). Par exemple, le prophète Jérémie a expliqué comment Dieu voyait les faux prophètes de son temps :

> Ainsi parle l'Éternel des armées : N'écoutez pas les paroles des prophètes qui vous prophétisent ! Ils vous entraînent à des choses de néant ; ils disent les visions de leur cœur, et non ce qui vient de la bouche de l'Éternel. Ils disent à ceux qui me méprisent : L'Éternel a dit : Vous aurez la paix ; et ils disent à tous ceux qui suivent les penchants de leur cœur : Il ne vous arrivera aucun mal. Qui donc a assisté au conseil de l'Éternel pour voir, pour écouter sa parole ? Qui a prêté l'oreille à sa parole, qui l'a entendue ? Voici, la tempête de l'Éternel, la fureur éclate, l'orage se précipite, il fond sur la tête des méchants. La colère de l'Éternel ne se calmera pas, jusqu'à ce qu'il ait accompli, exécuté les desseins de son cœur. Vous le comprendrez dans la suite des temps. Je n'ai point envoyé ces prophètes, et ils ont couru ; je ne leur ai point parlé, et ils ont prophétisé. S'ils avaient assisté à mon conseil, ils auraient dû faire entendre mes paroles à mon peuple, et les faire revenir de leur mauvaise voie, de la méchanceté de leurs actions. Ne suis-je Dieu que de près, dit l'Éternel, et ne suis-je pas aussi Dieu de loin ? Quelqu'un se tiendra-t-il dans un lieu caché, sans que je le voie ? dit l'Éternel. Ne remplis-je pas, moi, les cieux et la terre ? dit l'Éternel. J'ai entendu ce que disent les prophètes qui prophétisent en mon nom le mensonge, disant : J'ai eu un songe ! j'ai eu un songe ! (Jé 23.16-25 ; voir aussi Éz 13.3.)

Les faux prophètes parlent de ce qui les concerne, ils émettent leurs propres idées, mais aucun message provenant véritablement de Dieu n'a jamais fait l'objet d'une **interprétation** humaine. L'**interprétation** (*epiluseôs*) est une traduction regrettable, car en français ce mot désigne la manière dont une personne comprend l'Écriture, alors que le substantif grec est un génitif qui désigne une source. Ainsi donc,

Pierre ne fait pas allusion ici à l'explication de l'Écriture, mais à celle de son origine. L'affirmation suivante dans le verset 21, **car ce n'est pas par une volonté d'homme qu'une prophétie a jamais été apportée, mais** (*alla*, « tout à fait à l'opposé », « tout le contraire ») **c'est poussés par le Saint-Esprit que des hommes ont parlé de la part de Dieu**, vient étayer davantage le point d'origine. Ce que les êtres humains peuvent penser ou souhaiter n'a absolument rien à voir avec la prophétie divine. (Voir John MacArthur, *1 Pierre* [Trois-Rivières, Québec : Éditions IMPACT, 2008], p. 80-88.)

Ici, **poussés** (*pheromenoi*) est un participe présent passif qui signifie « continuellement portés » ou « emportés ». Luc l'a employé deux fois (Ac 27.15,17) pour décrire la manière dont le vent pousse un voilier sur l'eau. Pour Pierre, c'est comme si les auteurs de l'Écriture hissaient leurs voiles spirituelles et permettaient à l'Esprit de les gonfler à l'aide du puissant souffle de la révélation à mesure qu'ils mettaient par écrit ses paroles divines (voir Lu 1.70). Lorsque Jérémie a dit : « La parole de l'Éternel me fut adressée, en ces mots » (Jé 1.4), il a parlé au nom de tous les auteurs de l'Ancien Testament et, par extension, de tous les auteurs du Nouveau Testament qui les ont suivis. Le seul à connaître la pensée de Dieu, c'est l'Esprit de Dieu (1 Co 2.10-13 ; voir Jn 15.26 ; Ro 8.27 ; 11.34 ; voir aussi Jn 3.8), ainsi donc il était le seul à pouvoir inspirer l'Écriture.

Pour résister fermement aux erreurs des faux enseignants, les croyants doivent chercher à connaître, à accepter et à suivre la totalité de l'Écriture, tout comme l'apôtre Paul l'a fait en attestant ceci devant Félix, le gouverneur romain : « Je t'avoue bien que je sers le Dieu de mes pères selon la voie qu'ils [*les Juifs*] appellent une secte, croyant *tout* ce qui est écrit dans la loi et dans les prophètes » (Ac 24.14 ; italiques pour souligner).

Un portrait des faux enseignants

5

Il y a eu parmi le peuple de faux prophètes, et il y aura de même parmi vous de faux docteurs, qui introduiront sournoisement des sectes pernicieuses, et qui, reniant le maître qui les a rachetés, attireront sur eux une ruine soudaine. Plusieurs les suivront dans leurs dérèglements, et la voie de la vérité sera calomniée à cause d'eux. Par cupidité, ils vous exploiteront au moyen de paroles trompeuses, (2.1-3*a*)

Il n'y a rien de plus offensant pour Dieu que la déformation de sa Parole (voir Ap 22.18,19). Falsifier les faits qui concernent l'identité de Dieu et ce qu'il a dit, faisant même la promotion des mensonges de Satan comme s'il s'agissait de la vérité de Dieu, constitue la forme la plus vile d'hypocrisie. Ayant l'éternité pour enjeu, il est difficile de croire que quelqu'un puisse tromper délibérément des gens, en leur enseignant quelque chose qui est catastrophique sur le plan spirituel. Pourtant, une arrogance aussi affreuse caractérise tout à fait les pseudo-ministères des faux enseignants.

À titre de père du mensonge (Jn 8.44), Satan a continuellement recours à la tromperie et à la fausse doctrine pour s'attaquer à l'Église, en employant les faux enseignants pour infiltrer le vrai troupeau. Sous prétexte d'enseigner la vérité, ces colporteurs d'erreurs démoniaques se déguisent en anges de lumière (voir 2 Co 11.14), et tentent de s'infiltrer dans la bergerie sans se faire remarquer. Résultat : tout au long de l'histoire de la rédemption, Dieu n'a cessé de rappeler aux croyants qu'ils devaient veiller à ne pas se laisser berner par de tels hommes (et femmes).

Deutéronome 13, par exemple, fait une mise en garde contre les faux prophètes que Moïse n'a pas tardé à faire. Il a prescrit un châtiment sévère contre ces hommes, ainsi que tous ceux qui donnent foi à leurs mensonges :

> S'il s'élève au milieu de toi un prophète ou un songeur qui t'annonce un signe ou un prodige, et qu'il y ait accomplissement du signe ou du prodige dont il a parlé en disant : Allons après d'autres dieux, – des dieux que tu ne connais point, – et servons-les ! tu n'écouteras pas les paroles de ce prophète ou de ce songeur, car c'est l'Éternel, votre Dieu, qui vous met à l'épreuve pour savoir si vous aimez l'Éternel, votre Dieu, de tout votre cœur et de toute votre âme. Vous irez après l'Éternel, votre Dieu, et vous le craindrez ; vous observerez ses commandements, vous obéirez à sa voix, vous le servirez, et vous vous attacherez à lui. Ce prophète ou ce songeur sera puni de mort, car il a parlé de révolte contre l'Éternel, votre Dieu, qui vous a fait sortir du pays d'Égypte et vous a délivrés de la maison de servitude, et il a voulu te détourner de la voie dans laquelle l'Éternel, ton Dieu, t'a ordonné de marcher. Tu ôteras ainsi le mal du milieu de toi (De 13.1-5 ; voir aussi 18.20-22).

Ce même appel à la vigilance trouve un écho dans le Nouveau Testament, de la bouche de Christ et des apôtres, qui ont pris soin de mettre les croyants en garde contre les faux enseignants et leurs impostures (Mt 24.11 ; Lu 6.26 ; 2 Co 11.13-15). À la lumière de cette menace satanique, les auteurs du Nouveau Testament ont mis l'accent sur l'importance de s'armer de la vérité (voir Ép 6.14-17) afin d'user de discernement (1 Th 5.20-22). Ils accordaient à la pureté doctrinale une très grande priorité (1 Jn 4.1) et s'en souciaient de tout leur cœur (2 Co 11.28). En fait, les apôtres réservent leurs critiques les plus sévères à ceux qui déforment la vérité (voir Ga 1.9 ; Ph 3.2).

Le verdict de l'Ancien et du Nouveau Testament est tout à fait clair : Dieu ne tolère pas les faux prophètes (voir És 9.15 ; Mi 3.5-7 ; Mt 7.15-20 ; 1 Ti 6.3-5 ; 2 Ti 3.1-9 ; 1 Jn 4.1-3 ; 2 Jn 7-11). Ironiquement, beaucoup dans l'Église d'aujourd'hui font tout le contraire, en tolérant n'importe quel enseignant qui se dit chrétien, quel que soit le *contenu* de son enseignement. Une telle acceptation irréfléchie, au nom de l'amour et de l'unité, a tragiquement produit une indifférence mêlée d'insouciance à l'égard de la vérité. Résultat : certains chrétiens perçoivent les absolus bibliques comme un embarras, préférant accueillir de faux enseignants en dépit des protestations claires de la Bible (Jé 28.15-17 ; 29.21,32 ; Ac 13.6-12 ; 1 Ti 1.18-20 ; 3 Jn 9-11).

Chose certaine, Satan lance souvent ses attaques de l'extérieur, au moyen de la propagation de fausses religions et de sectes. Cependant, il emploie également des tactiques internes, cherchant à détruire le peuple de Dieu de l'intérieur. Par conséquent, comme des loups en vêtements de brebis (Mt 7.15), ses émissaires font de leur mieux pour infester le troupeau au moyen de leur doctrine de démons (1 Ti 4.1). Étant donné que ce faux enseignement est présenté sous des formes subtiles, ceux qui manquent de discernement se font souvent tromper, étant incapables de distinguer l'erreur de la vérité.

Pierre comprenait le danger auquel la fausse doctrine exposait ses lecteurs. Dans sa première épître, il leur a déjà fait une mise en garde concernant la nécessité pour eux d'être conscients des tactiques du diable (1 Pi 5.8). Dans le passage à l'étude, il aborde de nouveau les stratégies du Malin, dénonçant les émissaires de Satan pour ce qu'ils sont réellement. En fait, il nous brosse un portrait clair des faux enseignants, en s'attardant surtout sur la sphère, le caractère secret, le sacrilège, la réussite, les dérèglements, la stigmatisation et le motif sous-jacent de leurs opérations. Par conséquent, les faits que Pierre nous révèle ici sont tout aussi pertinents aujourd'hui qu'ils l'étaient il y a deux mille ans, étant donné qu'ils abordent un problème qui continue de tourmenter l'Église contemporaine (voir 2 Jn 7).

LEUR SPHÈRE

Il y a eu parmi le peuple de faux prophètes, et il y aura de même parmi vous de faux docteurs, (2.1a)

Venant tout juste d'aborder le sujet de la parole certaine de la vérité (1.19-21), Pierre reporte ici son attention sur les paroles trompeuses des faux prophètes (chapitre 2). Par la bouche de vrais prophètes, Dieu a dit la vérité à son peuple, mais par la bouche de faux prophètes, Satan a toujours tenté d'obscurcir ou d'altérer le message de Dieu. En tant qu'émissaires du grand imposteur, les faux prophètes propagent des mensonges et des faussetés dans les attaques systématiques qu'ils lancent contre la vérité.

Tout au long de l'Histoire, ces mercenaires spirituels ont toujours tourmenté le troupeau de Dieu. Même à l'époque de l'Ancien Testament, il y en **a eu parmi le peuple** d'Israël, qui répandaient leurs erreurs et la destruction (1 R 22.1-28 ; Jé 5.30,31 ; 6.13-15 ; 23.14-16,21,25-27 ; 28.1-17 ; Éz 13.1-7,15-19). Le fait qu'on désigne ici l'Israël de l'Ancien Testament se prouve par la terminologie de Pierre (voir Mt 2.4 ; Lu 22.66 ; Ac 7.17 ; 13.17 ; 26.17,23, où l'emploi semblable de l'expression **le peuple** désigne clairement le peuple juif) et ses illustrations tirées de l'Ancien Testament (Noé, 2.5 ; Sodome et Gomorrhe, 2.6 ; Lot 2.7 ; et Balaam, 2.15).

Même au cours du ministère de Jésus, de faux prophètes posaient encore un sérieux problème au peuple juif (Mt 7.15-20). En fait, tout l'establishment religieux était corrompu, car les pharisiens étaient l'exemple même de la fausse religion. Et voici la condamnation que Christ réserve à ces imposteurs spirituels :

> Mais le Seigneur lui dit : Vous, pharisiens, vous nettoyez le dehors de la coupe et du plat, et à l'intérieur vous êtes pleins de rapine et de méchanceté. Insensés ! celui qui a fait le dehors n'a-t-il pas fait aussi le dedans ? Donnez plutôt en aumônes ce que vous avez, et voici, toutes choses

seront pures pour vous. Mais malheur à vous, pharisiens ! parce que vous payez la dîme de la menthe, de la rue, et de toutes les herbes, et que vous négligez la justice et l'amour de Dieu : c'est là ce qu'il fallait pratiquer, sans omettre les autres choses. Malheur à vous, pharisiens ! parce que vous aimez les premiers sièges dans les synagogues, et les salutations dans les places publiques. Malheur à vous ! parce que vous êtes comme les sépulcres qui ne paraissent pas, et sur lesquels on marche sans le savoir. Un des docteurs de la loi prit la parole, et lui dit : Maître, en parlant de la sorte, c'est aussi nous que tu outrages. Et Jésus répondit : Malheur à vous aussi, docteurs de la loi ! parce que vous chargez les hommes de fardeaux difficiles à porter, et que vous ne touchez pas vous-mêmes de l'un de vos doigts. Malheur à vous ! parce que vous bâtissez les tombeaux des prophètes, que vos pères ont tués. Vous rendez donc témoignage aux œuvres de vos pères, et vous les approuvez ; car eux, ils ont tué les prophètes, et vous, vous bâtissez leurs tombeaux. C'est pourquoi la sagesse de Dieu a dit : Je leur enverrai des prophètes et des apôtres ; ils tueront les uns et persécuteront les autres, afin qu'il soit demandé compte à cette génération du sang de tous les prophètes qui a été répandu depuis la création du monde, depuis le sang d'Abel jusqu'au sang de Zacharie, tué entre l'autel et le temple ; oui, je vous le dis, il en sera demandé compte à cette génération. Malheur à vous, docteurs de la loi ! parce que vous avez enlevé la clef de la science ; vous n'êtes pas entrés vous-mêmes, et vous avez empêché d'entrer ceux qui le voulaient (Lu 11.39-52 ; voir aussi 12.1 ; Mt 23.13-36 ; Mc 12.38-40).

Pierre sait que les faux prophètes s'en sont pris à Israël et il comprend aussi qu'**il y aura de même parmi** l'Église **de faux docteurs**. Des années plus tôt, Jésus a prédit que durant les derniers jours l'Église aurait à supporter tout un éventail de faux enseignants : « Prenez garde que personne ne vous séduise. Car plusieurs viendront sous mon nom, disant : C'est moi qui suis le Christ. Et ils séduiront beaucoup de gens » (Mt 24.4,5 ; voir aussi v. 11,24).

Dans une même veine, Paul a adressé la mise en garde suivante à Timothée :

> *[Prêche]* la parole, insiste en toute occasion, favorable ou non, reprends, censure, exhorte, avec toute douceur et en instruisant. Car il viendra un temps où les hommes ne supporteront pas la saine doctrine ; mais, ayant la démangeaison d'entendre des choses agréables, ils se donneront une foule de docteurs selon leurs propres désirs, détourneront l'oreille de la vérité, et se tourneront vers les fables (2 Ti 4.2-4 ; voir aussi Ac 15.24 ; 20.29,30 ; Ro 16.17,18 ; Ga 1.6-9 ; 1 Ti 4.1-3 ; 2 Ti 3.1-9 ; Jud 4,12,13).

Les faux enseignants surgissent lorsque l'Église se met à embrasser la culture du monde qui l'entoure. Résultat : les congrégations ne souhaitent plus « *[supporter]* (s'attacher à) la saine doctrine ». Une adoration et une prédication centrée sur Dieu seront supplantées par des bêtises et des divertissements centrés sur l'homme. Un regard biblique axé sur le péché, la repentance et la sainteté sera supplanté par un regard axé sur l'estime de soi et les besoins éprouvés. Les gens recherchent des enseignants qui ne proclament que des idées plaisantes et positives « selon leurs propres désirs » parce qu'ils ont « la démangeaison d'entendre des choses agréables ». Résultat : ces enseignants populaires (qu'« ils se donneront ») « détourneront » l'esprit des gens de la vérité, les laissant vulnérables à l'influence trompeuse de Satan.

La mise en garde que nous fait l'Écriture à ce sujet est claire : il y *aura* de faux enseignants dans l'Église. En fait, l'Église est une des principales sphères d'opération de Satan. Pour cette raison, le vrai berger doit continuellement se tenir sur ses gardes ; il doit s'appliquer sans cesse à l'étude, à la proclamation et à la défense de la vérité, « afin d'être capable d'exhorter selon la saine doctrine et de réfuter les contradicteurs » (Tit 1.9*b*).

LEUR CARACTÈRE SECRET

qui introduiront sournoisement des sectes pernicieuses, (2.1*b*)

Les faux enseignants ne sont jamais honnêtes et directs au sujet de leurs opérations. Après tout, l'Église ne les accueillerait jamais si leurs manigances étaient dévoilées. Ils infiltrent plutôt l'Église **sournoisement** et trompeusement, en se faisant passer pour des pasteurs, des enseignants et des évangélistes. Voilà d'ailleurs pourquoi Jude les décrira comme « certains hommes *[s'étant glissés]* parmi » les croyants (Jud 4). Le verbe « se glisser » (*pareisduô*) signifie « s'introduire sans se faire remarquer » ou « s'insinuer par de faux prétextes ». Le terme fait allusion à un prévenu futé qui tente de leurrer le juge ou un criminel qui retourne en secret dans le lieu d'où il a été chassé.

Se faisant passer pour de vrais bergers, les faux enseignants **introduiront** donc **des sectes pernicieuses** (ou littéralement « des sectes qui détruisent »). Le qualificatif **pernicieuses** (*apôleias*) signifie « une ruine totale », et désigne une condamnation finale et éternelle des impies. Dans ce contexte, le terme indique que les bêtises de ces hommes auront des conséquences éternelles désastreuses, tant pour eux-mêmes que pour leurs adeptes. On peut voir que ce mot grec a le sens de damnation dans le fait qu'il est employé pour décrire ceux qui passent par la porte large dont il est question dans Matthieu 7.13, pour décrire le sort qui est réservé à Judas dans Jean 17.12, pour décrire la perdition qui attend les non-croyants dans Romains 9.22, pour décrire le jugement de l'homme impie dans 2 Thessaloniciens 2.3 et pour décrire la ruine de l'impie dans 2 Pierre 3.7. Pierre fait remarquer ici que ces **sectes** enseignent des choses contraires à l'Évangile, qui damnent plutôt que de sauver.

Le terme **sectes** (*haireseis*), qui signifie littéralement « hérésies », correspond à « une opinion, surtout une opinion entêtée, qui se substitue à la soumission à la puissance de la vérité, et qui conduit à la division et à la formation de sectes » (W. E. Vine, *An Expository Dictionary of New Testament Words*, 4 vol. [Londres : Oliphants, 1940 ; réimpr., Chicago : Moody, 1985], vol 2, p. 217). En utilisant ce mot, Pierre indique que ces faux enseignants ont troqué la vérité de la Parole de Dieu contre leurs propres prétendues opinions. Résultat : ils ont déformé la vérité en faveur de leurs propres opinions, convainquant ainsi les crédules de donner foi à leurs mensonges. Leur enseignement n'est donc rien de plus qu'une contrefaçon religieuse, un coup d'éclat pseudo-chrétien. Bien que le mot *hairesis* peut simplement désigner une secte ou une division (Ac 24.14 ; voir 5.17 ; 15.5 ; 24.5 ; 26.5 ; 28.22 ; 1 Co 11.19), ici il désigne le pire type de déviation et de tromperie, le fait d'enseigner des choses soi-disant bibliques qui sont en réalité tout le contraire.

Les faux enseignants ne s'opposent pas toujours ouvertement à l'Évangile. Certains prétendent y croire et en connaître la vraie interprétation, mais en vérité ils l'interprètent mal, ou en offrent un message superficiel et inadéquat qui ne peut sauver personne. Étant donné que leur enseignement est aussi fatal que subtil, les prétendues opinions des faux enseignants peuvent condamner l'âme de croyants sans méfiance qui ont fait profession de foi (voir Mt 13.20-22, 36-42,47-50). À moins qu'ils se repentent, qu'ils croient la vérité et se tournent vers Christ, ceux qui adhèrent à ces doctrines hérétiques seront perdus pour l'éternité.

Leur sacrilège

et qui, reniant le maître qui les a rachetés, attireront sur eux une ruine soudaine. (2.1c)

Le terme **reniant** en est un à forte connotation qui signifie « refuser », « ne pas être disposé à » ou « dire fermement non ». Le même verbe, qui apparaît dans Hébreux 11.24, décrit le refus par Moïse d'être appelé fils de la fille de Pharaon. Dans le passage à l'étude, Pierre emploie le participe présent (*arnoumenoi*) pour indiquer l'habitude de refuser, qui caractérise les faux enseignants habitués à rejeter l'autorité divine (voir Jud 8).

Le mot grec traduit ici **maître** (*despotês*, duquel provient l'équivalent français « despote ») signifie « souverain », « chef d'État » ou « seigneur ». Ce mot apparaît environ 10 fois dans le Nouveau Testament et toujours par rapport à quelqu'un qui est investi de l'autorité suprême. À quatre occasions (1 Ti 6.1,2 ; Tit 2.9 ;

1 Pi 2.18), il désigne le maître de maison ou d'une propriété, qui a entière autorité sur tous les serviteurs. Ici et dans les cinq autres cas (Lu 2.29 ; Ac 4.24 ; 2 Ti 2.21 ; Jud 4 ; Ap 6.10), il désigne directement Christ ou Dieu.

Ainsi donc, pour Pierre, le sacrilège suprême des faux enseignants, c'est qu'ils nient la seigneurie souveraine de Jésus-Christ. Il est vrai qu'il se peut qu'ils ne nient pas ouvertement la divinité, l'œuvre expiatoire, la résurrection ou la seconde venue de Christ, mais en eux-mêmes ils refusent catégoriquement de soumettre leur vie à son règne souverain (Pr 19.3 ; voir aussi Ex 5.2 ; Né 9.17). Résultat : leur style de vie marqué par l'immoralité et la rébellion finira inévitablement par les trahir.

L'expression **qui les a rachetés** convient parfaitement à l'analogie de Pierre. Ce dernier fait allusion au maître de la maison qui achètera des esclaves et leur confiera diverses corvées ménagères. Étant donné qu'ils sont désormais considérés comme un bien personnel du maître, ils lui doivent une allégeance complète. Bien que les faux enseignants s'entêtent à dire qu'ils font partie de la maison de Christ, ils nient une telle appartenance par leurs actions, refusant de devenir les serviteurs sous son autorité. Le participe passé **rachetés** (*agorazô*) signifie « faire l'acquisition » ou « racheter sur le marché », et dans le contexte qui nous intéresse ici est parallèle à Deutéronome 32.5,6 (voir So 1.4-6). Les faux enseignants de l'époque de Pierre prétendent avoir Christ pour Rédempteur, pourtant ils refusent d'accepter sa seigneurie souveraine, révélant ainsi leur véritable caractère en tant qu'ennemis non-régénérés de la vérité biblique.

Beaucoup croient que cette affirmation, **le maître qui les a rachetés**, signifie que Christ a payé la rédemption en totalité pour tout le monde, même pour les faux enseignants. On pense couramment que Christ est mort pour payer en totalité le châtiment pour les péchés de tous, qu'ils en viennent jamais ou non à croire. La notion répandue amène à croire que Dieu aime tout le monde, veut que tous soient sauvés, et que Christ est donc mort pour tout le monde.

Cela signifie que sa mort était un sacrifice ou une œuvre expiatoire potentielle qui devient une œuvre expiatoire réelle lorsqu'un pécheur se repent et croit à l'Évangile. Selon ce point de vue, l'évangélisation consiste à convaincre des pécheurs de recevoir ce qui a déjà été accompli pour eux. Tous peuvent croire et être sauvés s'ils le désirent, étant donné que personne n'est exclu dans l'œuvre expiatoire.

Ce point de vue, si on le poursuit jusqu'à sa conclusion logique, indique que l'enfer est rempli de gens dont le salut a été acheté par Christ sur la croix. Par conséquent, l'étang de feu est rempli de gens y ayant été condamnés et dont les péchés ont été pleinement expiés par Christ, qui a porté leur châtiment en essuyant la colère de Dieu.

Le ciel sera habité par des gens qui auront bénéficié de la même œuvre expiatoire, mais s'y trouveront parce qu'*ils* l'auront reçue. Selon ce point de vue, Christ est mort sur la croix pour les condamnés en enfer de la même manière qu'il l'a fait pour les rachetés au ciel. La seule différence entre le sort réservé aux rachetés et celui réservé aux condamnés tient au choix du pécheur.

Selon cette perspective, le Seigneur Jésus-Christ est mort pour rendre le salut possible, et non réel. Il n'a acheté le salut de manière absolue pour personne. Il n'a fait qu'enlever une barrière pour tout le monde, ce qui rend simplement le salut possible. En définitive, c'est le pécheur qui détermine la nature de l'œuvre expiatoire et son application par ce qu'il fait. Selon cette perspective, lorsque Jésus s'est exclamé : « Tout est accompli », il aurait vraiment dû dire : « Tout a été affirmé. »

Bien entendu, les difficultés et les faussetés inhérentes à cette dernière interprétation proviennent de la mauvaise compréhension de deux enseignements bibliques très importants : la doctrine de l'incapacité absolue (souvent appelée la dépravation totale) et la doctrine de l'expiation en tant que telle.

Si nous la comprenons bien, la doctrine de l'incapacité absolue indique que tous sont morts dans leurs offenses et leurs péchés (Ép 2.1), tous se sont séparés de la vie de Dieu (Ro 1.21,22), ne faisant que le mal en agissant conformément à leur cœur irrémédiablement tortueux (voir Jé 17.9), étant incapables de saisir les choses de Dieu (1 Co 2.14), étant aveuglés par l'amour du péché, et plus encore par Satan (2 Co 4.4), ne désirant que faire la volonté de leur père, le diable, étant incapables de rechercher Dieu et refusant de se repentir (voir Ro 3.10-23). Ainsi donc, comment le pécheur fera-t-il le bon choix en activant l'œuvre expiatoire en sa propre faveur ?

Un portrait des faux enseignants

Il est clair que le salut provient uniquement de Dieu (voir Ps 3.9 ; Jon 2.10) ; il doit dispenser la lumière, la vie, la vue, l'entendement, la repentance et la foi (Jn 1.12,13 ; 1 Co 1.30 ; Ép 2.8,9). Dieu accorde le salut au pécheur selon sa volonté et sa puissance divines. Étant donné qu'il s'agit ici de la vérité, et conformément à la doctrine de l'élection souveraine (1 Pi 1.1-3 ; 2 Pi 1.3 ; voir aussi Ro 8.26-30 ; 9.14-22 ; Ép 1.3-6), c'est donc dire que Dieu a déterminé la portée de l'œuvre expiatoire.

Pour qui Christ est-il mort ? Il est mort pour tous ceux qui allaient croire parce qu'ils ont été élus, appelés, justifiés, et parce que le Père leur a accordé la repentance et la foi. L'œuvre expiatoire se limite à ceux qui croient, que Dieu a choisis. Tout croyant qui ne croit pas au salut universel sait que l'œuvre expiatoire de Christ est limitée (voir Mt 7.13 ; 8.12 ; 10.28 ; 22.13 ; 25.46 ; Mc 9.43,49 ; Jn 3.17,18 ; 8.24 ; 2 Th 1.7-9). Quiconque rejette la notion selon laquelle toute la race humaine sera sauvée croit forcément à une œuvre expiatoire limitée, soit limitée par le pécheur qui est souverain, soit par le Dieu souverain.

On devrait faire abstraction de l'idée d'une œuvre expiatoire illimitée. Si l'on affirme que les pécheurs ont le pouvoir de limiter sa mise en application, alors l'œuvre expiatoire est de par sa nature limitée dans sa puissance et son efficacité réelles. Selon cette compréhension des choses, il s'agit de moins qu'une vraie œuvre expiatoire et est, en fait, simplement potentielle et restreinte par les choix d'êtres humains déchus. En vérité, cependant, seul Dieu est en mesure d'établir les limites de son œuvre expiatoire, qui s'étendent sans distinction à tous les pécheurs qui ont la foi.

Ceux qui adhèrent au point de vue favorable à une œuvre illimitée doivent affirmer que Christ a réellement expié les péchés de personne en particulier, mais potentiellement ceux de tout le monde, sans exception. Tout ce qu'il a pu accomplir sur la croix ne constitue pas le paiement complet des péchés, car les pécheurs pour qui il est mort sont encore sous la condamnation. L'enfer est rempli de gens dont les péchés ont été expiés par Christ ; leurs péchés ont été expiés, et pourtant ces gens sont punis pour toujours.

Bien entendu, une telle pensée est tout à fait inacceptable. Dieu limite l'œuvre expiatoire aux élus, pour qui elle a acquis les péchés non de manière potentielle, mais réelle. Dieu a procuré le sacrifice en la personne de son Fils, qui a en réalité payé pour les péchés de tous ceux qui ont cru ou qui croiront un jour, ceux qu'il a choisis en vue du salut (voir Mt 1.21 ; Jn 10.11,27,28 ; Ép 5.25,26).

Un jour, Charles Spurgeon a donné ouvertement une perspective juste et convaincante de l'argument en faveur de la portée de l'œuvre expiatoire :

> Nous nous faisons souvent dire que nous limitons l'œuvre expiatoire de Christ, car nous disons que Christ n'a pas pleinement acquitté la dette de tous les hommes, sinon tous les hommes seraient sauvés. En réponse à cela, nous disons que nos adversaires, par contre, la limitent ; que ce n'est pas nous qui le faisons. Les Arminiens disent que Christ est mort pour tous les hommes. Demandez-leur ce qu'ils veulent dire par là. Christ est-il mort afin d'assurer le salut à tous les hommes ? Ils vous répondront : « Non, certainement pas. » Nous leur posons alors la question qui s'impose ensuite : « Christ est-il mort afin d'assurer le salut à une quelconque personne en particulier ? » Ils nous répondent : « Non. » Ils sont contraints de le reconnaître, s'ils sont conséquents. Ils nous disent alors : « Non, Christ est mort pour que tout homme soit sauvé si », puis suivent certaines conditions au salut. Qui donc limite la mort de Christ ? Eh bien, vous. Vous dites que Christ n'est pas mort de manière infaillible pour assurer le salut de tout le monde. Pardonnez-moi, mais lorsque vous dites que nous limitons la mort de Christ, nous vous répondons : « Non, mon cher monsieur, c'est vous qui la limitez. » Nous disons que Christ est mort de telle sorte qu'il a infailliblement assuré le salut à une multitude de gens qu'aucun homme ne saurait calculer, qui non seulement peuvent être sauvés par la mort de Christ, mais encore qui sont sauvés et ne peuvent aucunement courir le risque d'être autrement que sauvés. Vous êtes le bienvenu à votre œuvre expiatoire ; vous pouvez la garder. Nous ne renoncerons jamais à la nôtre au profit de celle-là (cité par J. I. Packer, « Introductory Essay », dans John Owen, *The Death of Death*

in the Death of Christ [s.l, s.d. ; réimpr., Londres : Banner of Truth, 1959], p. 14).

L'auteur contemporain David Clotfelter ajoute à cela les observations suivantes :

> Du point de vue des calvinistes, c'est l'arminianisme qui présente des impossibilités logiques. Selon l'arminianisme, Jésus est mort pour des foules de gens qui ne seront jamais sauvés, y compris des millions de gens qui n'auront pas même entendu parler de lui. L'arminianisme nous dit que dans le cas de ceux qui sont perdus, la mort de Jésus, représentée dans l'Écriture comme un acte par lequel il s'est chargé du châtiment qui aurait dû nous échoir (És 53.5), a été inefficace. Christ a souffert une fois pour leurs péchés, mais ils devront maintenant souffrir pour ces mêmes péchés en enfer.

L'œuvre expiatoire selon les Arminiens semble initialement être très généreuse, mais plus on y regarde de près, moins elle nous impressionne. Garantit-elle le salut de quiconque ? Non. Garantit-elle que ceux pour qui Christ est mort auront l'occasion d'entendre parler de lui et de répondre à son appel ? Non. Cela a-t-il pour effet d'éliminer ou même d'amoindrir les souffrances des âmes perdues ? Non. En réalité, l'œuvre expiatoire selon l'arminianisme n'*expie* pas. Elle ne fait qu'ouvrir la voie à Dieu pour lui permettre d'accepter ceux qui sont en mesure de se hisser à la force du poignet. Le calviniste ne croit pas qu'une personne déchue possède un tel pouvoir, et il perçoit donc l'œuvre expiatoire selon l'arminianisme comme ne convenant pas au salut des pécheurs et comme insultante pour Christ (*Sinners in the Hands of a Good God* [Chicago : Moody, 2004], p. 165 ; italiques pour souligner).

Par conséquent, les péchés des faux enseignants n'ont pas été acquittés par l'œuvre expiatoire de Christ.

Contrairement à ce que certains chrétiens croient aujourd'hui, les gens qui rejettent la seigneurie de Christ ne doivent pas être simplement désignés comme des chrétiens de seconde zone (comme des *croyants*, mais non comme des *disciples*). Au contraire, ceux qui rejettent la seigneurie souveraine de Christ feront face à **une ruine soudaine**, s'ils ne se repentent pas de leur rébellion (voir Hé 10.25-31). L'adjectif **soudaine** (*tachinos*) signifie « prompt » ou « imminente », et le substantif **ruine** (*apôleia*) fait allusion à une perdition ou à une damnation éternelle (voir Mt 7.13 ; Jn 17.12 ; 2 Th 2.3). Cet horrible sort, qui frappera soit à la mort soit au retour de Christ (Jn 12.48 ; 2 Th 1.7-10), est réservé aux faux enseignants et à tous ceux qui s'endurcissent dans leur impénitence.

LEUR RÉUSSITE

Plusieurs les suivront (2.2*a*)

La Bible indique clairement que ceux qui **suivront** le chemin spacieux qui mène à la perdition seront plus nombreux (**Plusieurs**) que ceux qui suivront le chemin étroit qui mène à la vie (Mt 7.13,14 ; voir aussi 24.10-12). Dans une certaine mesure, c'est aux faux enseignants que nous devons de voir les gens opter pour le « chemin spacieux », puisqu'ils les incitent à l'emprunter et les encouragent à ne pas regarder en arrière. Leur message d'indépendance, de liberté personnelle et d'exaltation de soi est par nature attrayant pour les cœurs humains déchus, qui préféreraient servir leurs propres intérêts que de se soumettre à Christ.

Dans son sermon sur la montagne, Jésus a déclaré : « Ceux qui me disent : Seigneur, Seigneur ! n'entreront pas tous dans le royaume des cieux, mais seulement celui qui fait la volonté de mon Père qui est dans les cieux » (Mt 7.21). Le fait de prétendre, pour les apparences et sans sincérité, être un disciple de Christ est dénué de sens ; seuls ceux qui se soumettent entièrement à sa seigneurie et qui obéissent à sa volonté démontrent qu'ils lui appartiennent véritablement (voir Jn 15.14-16 ; Ja 1.22-25 ; 1 Jn 2.3-6 ; 5.1-5).

LEURS DÉRÈGLEMENTS

dans leurs dérèglements, (2.2b)

Le mot **dérèglements** en est un à forte connotation qui fait allusion à une immoralité sexuelle invétérée et effrénée, une conduite débridée. En employant la forme plurielle du substantif (*aselgeiais*), Pierre insiste sur le fait que la lubricité des faux enseignants se présente sous plusieurs formes et est poussée à l'extrême. Étant donné qu'ils ont rejeté la seigneurie de Christ, leur vie se caractérise par une complaisance et un non-respect des lois qui sont effrénés (voir Mt 23.28 ; 2 Th 2.7 ; 1 Jn 3.4). Ils refusent intentionnellement de freiner leurs désirs charnels ou leurs écarts de conduite sexuelle. Leur comportement décadent conduira d'ailleurs Jude à comparer leurs péchés à ceux de Sodome et de Gomorrhe :

> Car il s'est glissé parmi vous certains hommes, dont la condamnation est écrite depuis longtemps, des impies, qui changent la grâce de notre Dieu en dérèglement, et qui renient notre seul maître et Seigneur Jésus-Christ. [...] que Sodome et Gomorrhe et les villes voisines, qui se livrèrent comme eux à la débauche et à des vices contre nature, sont données en exemple, subissant la peine d'un feu éternel (Jud 4,7 ; voir aussi Ge 18.16 – 19.29).

Pierre est certainement d'accord avec ce que dit Jude au sujet des faux enseignants, comme nous le verrons plus loin dans le chapitre à l'étude (2.7,10,13,14,18,19,22). En insistant à maintes reprises sur leur conduite impie, Pierre indique clairement que les **dérèglements** non mitigés sont la marque distinctive de ces impostures spirituelles. Un enseignant aura beau se faire le porte-parole de Dieu, si sa vie est marquée par la corruption, la convoitise et l'immoralité, cela prouve qu'il s'agit en fait d'une imposture.

LEUR STIGMATISATION

L'expression **la voie de la vérité** désigne la saine doctrine et la proclamation juste de l'Évangile (Ac 9.2 ; 19.9,23 ; 22.4 ; 24.14,22 ; voir aussi Mt 7.14 ; Jn 14.6 ; Ac 16.17 ; 18.25,26). Ainsi donc, **à cause** des faux enseignants et de la ruine spirituelle qu'ils sèment dans leur sillage, le message biblique est souvent mal perçu par le monde, comme Lenski l'écrit :

> Le vrai christianisme est blasphémé, vilipendé, maudit et condamné par les gens du dehors qui voient des chrétiens déclarés s'adonner à toutes sortes d'excès. « Si c'est ça le christianisme, qu'il soit maudit ! » diront-ils. Lorsque beaucoup de gens s'abandonnent à ce type d'excès, les gens du dehors sont dans l'incapacité de distinguer la « voie » et la blasphèment donc au complet. Ces faux représentants de la vérité semblent être les vrais produits de la voie à leurs propres yeux (R. C. H. Lenski, *The Interpretation of the Epistles of St. Peter, St. John, and St. Jude* [réimpr., Minneapolis : Augsburg, 1966], p. 307).

Par leur enseignement trompeur et leur conduite immorale, les faux enseignants font en sorte que la voie de la vérité (l'Évangile) soit **calomniée** (littéralement « blasphémée » ou « diffamée »). Bien entendu, leur mode d'opération est conforme à la mission de Satan. D'une part, il cherche à miner l'Église de l'intérieur, en y introduisant des sectes pernicieuses et de fausses doctrines. D'autre part, il cherche à ternir la réputation de l'Église de l'extérieur, en démasquant périodiquement de faux enseignants sous les yeux du monde qui l'observe. Lorsque des non-croyants associent le comportement des faux enseignants aux pratiques de l'Église véritable, le nom de Christ s'en trouve inévitablement diffamé.

Afin de contrer ces efforts sataniques incessants, l'Église doit être pure sur le plan de la doctrine, et les chrétiens doivent vivre le type de vie juste qui rend crédible la puissance transformatrice de Christ. Avec cela présent à l'esprit, l'apôtre Paul a exhorté ainsi les croyants de Philippes : « afin que vous soyez irréprochables et purs, des enfants de Dieu irréprochables au milieu d'une génération perverse et corrompue, parmi laquelle vous brillez comme des flambeaux dans le monde » (Ph 2.15 ; voir aussi Mt 5.16 ; Ép 2.10 ; 5.8 ; 1 Th 2.12 ; Tit 2.5,7,14 ; 1 Pi 2.9-12).

LEUR MOTIF SOUS-JACENT

Par cupidité, ils vous exploiteront au moyen de paroles trompeuses, (2.3*a*)

Les faux enseignants ne sont pas motivés en définitive par une fascination pour la fausse doctrine, la rébellion ou même par un penchant pour l'immoralité sexuelle. Une chose est certaine, ils participent activement à chacune de ces activités, mais les gens peuvent commettre tous ces péchés sans pour autant être des enseignants. En fait, ce qui pousse les faux enseignants à agir surtout, c'est un amour démesuré pour l'argent. Le terme qui est rendu ici par **cupidité** (*pleonexia*) a la signification d'un désir incontrôlé, marqué par la convoitise, de faire de l'argent et de s'enrichir. Plus loin dans le chapitre à l'étude, Pierre décrira les faux enseignants comme « *[ayant]* le cœur exercé à la cupidité » (v. 14). Ils ont soif de posséder le plus d'argent possible (voir 1 Ti 6.3-5,10) et sont passés maîtres dans l'art de filouter et de déposséder les gens de l'Église. Il s'agit dans la Bible d'une accusation et d'une caractérisation qui ciblent couramment les charlatans religieux (voir Jé 6.13 ; 8.10 ; 1 Ti 6.3,5,9-11 ; Tit 1.7,11 ; 1 Pi 5.1-3 ; Jud 11,16).

Pour arriver à leurs fins matérielles, les faux enseignants **exploiteront** les gens **au moyen de paroles trompeuses**. Le verbe **exploiteront** (*emporeuomai*) signifie « trafiquer » ou « tirer un gain de ». De tels hommes souhaitent s'enrichir sur le dos des gens auprès de qui ils « œuvrent ». Bien qu'ils prétendent être au service d'autrui, ils ne s'intéressent qu'à eux-mêmes, employant des **paroles trompeuses** pour se remplir les poches.

Ce qui est intéressant de savoir, c'est que l'équivalent français « plastique » provient du terme « faux » (*plastos*, rendu ici par **trompeuses**). Conformément à cette racine étymologique, le mot « plastique » avait à l'origine la connotation de quelque chose qui n'était pas entièrement authentique. Après tout, les articles de plastique ont souvent l'air d'être faits à partir d'une autre matière, comme le bois, le métal, la porcelaine et ainsi de suite. Ainsi donc, à première vue, le plastique « trompe » le consommateur. De manière comparable, les faux enseignants font dans la fausse doctrine. Leur théologie n'est pas véritablement fondée sur la vérité biblique, mais est façonnée par de faux raisonnements dans le seul but de leur donner une apparence d'authenticité (voir Col 2.8,20-23 ; 2 Ti 2.14-18).

Satan cherche donc à tromper autant de gens que possible, tant à l'intérieur qu'à l'extérieur de l'Église, par l'intermédiaire de faux enseignants. Par contraste, Dieu cherche à identifier et à dénoncer de tels hypocrites. Par la mise en garde de Pierre, le Saint-Esprit indique clairement que les faux enseignants sont partout, et cela, depuis l'aube de l'histoire de la rédemption. Pour cette raison, les croyants doivent faire preuve de vigilance et de discernement, et prendre au sérieux l'exhortation que l'apôtre Paul a adressée aux anciens d'Éphèse :

> Prenez donc garde à vous-mêmes, et à tout le troupeau sur lequel le Saint-Esprit vous a établis évêques, pour paître l'Église de Dieu, qu'il s'est acquise par son propre sang. Je sais qu'il s'introduira parmi vous, après mon départ, des loups cruels qui n'épargneront pas le troupeau, et qu'il s'élèvera du milieu de vous des hommes qui enseigneront des choses pernicieuses, pour entraîner les disciples après eux. Veillez donc, vous souvenant que, durant trois années, je n'ai cessé nuit et jour d'exhorter avec larmes chacun de vous. Et maintenant je vous recommande à Dieu et à la parole de sa grâce, à celui qui peut édifier et donner l'héritage avec tous les sanctifiés (Ac 20.28-32).

Le jugement divin contre les faux enseignants

6

eux que menace depuis longtemps la condamnation, et dont la ruine ne sommeille point. Car, si Dieu n'a pas épargné les anges qui ont péché, mais s'il les a précipités dans les abîmes de ténèbres et les réserve pour le jugement ; s'il n'a pas épargné l'ancien monde, mais s'il a sauvé huit personnes dont Noé, ce prédicateur de la justice, lorsqu'il fit venir le déluge sur un monde d'impies ; s'il a condamné à la destruction et réduit en cendres les villes de Sodome et de Gomorrhe, les donnant comme exemple aux impies à venir, et s'il a délivré Lot le juste, profondément attristé de la conduite de ces hommes sans frein dans leur dérèglement (car ce juste, qui habitait au milieu d'eux, tourmentait journellement son âme juste à cause de ce qu'il voyait et entendait de leurs œuvres criminelles) ; le Seigneur sait donc délivrer de l'épreuve les hommes pieux, et réserver les injustes pour être punis au jour du jugement, surtout ceux qui courent après la chair dans un désir d'impureté et qui méprisent l'autorité. (2.3b-10a)

Dieu est un Dieu de vérité.

L'Écriture ne cesse d'énoncer ce fait simple, mais de la plus haute importance (Ps 25.10 ; 31.6 ; 57.11 ; 86.15 ; 108.5 ; 117.2 ; Jn 1.9,14,17 ; 3.33 ; 7.28 ; 14.17 ; 15.26 ; 16.13 ; 17.3 ; 1 Th 1.9 ; 1 Jn 5.6,20 ; Ap 3.7,14 ; 6.10 ; 15.3 ; 19.11). Le psalmiste dit de lui : « La justice et l'équité sont la base de ton trône. La bonté et la fidélité sont devant ta face » (Ps 89.15). Le prophète Ésaïe l'affirme aussi : « Celui qui voudra être béni dans le pays voudra l'être par le Dieu de vérité, et celui qui jurera dans le pays jurera par le Dieu de vérité » (És 65.16*a*). Et le Seigneur Jésus-Christ, ce Dieu fait chair, proclame : « Je suis le chemin, la vérité, et la vie » (Jn 14.6*a*).

En tant que Dieu de vérité, il ne peut mentir. Même le prophète Balaam, cet impie, a reconnu ceci : « Dieu n'est point un homme pour mentir, ni fils d'un homme pour se repentir. Ce qu'il a dit, ne le fera-t-il pas ? Ce qu'il a déclaré, ne l'exécutera-t-il pas ? » (No 23.19 ; voir aussi Ro 3.4 ; Tit 1.2.) Et l'auteur de l'épître aux Hébreux l'affirme aussi : « il est impossible que Dieu mente » (Hé 6.18*b*).

Ainsi donc, lorsque Dieu parle, il dit toujours la vérité. Cela signifie que sa Parole infaillible est parfaitement libre de toute erreur et entièrement fiable. Pour dire les choses simplement, la Bible, comme son Auteur, est vraie (Ps 12.7 ; 19.8 ; 119.151,160 ; voir aussi Né 8.3 ; Ps 119.43,130 ; Mt 22.29 ; Jn 17.17 ; Ac 18.28 ; 20.32 ; Ro 1.2 ; 15.4 ; 16.26 ; Ép 5.26 ; 2 Ti 3.15-17 ; Hé 4.12 ; Ja 1.18 ; 2 Pi 1.19-21). À la lumière de ce qui précède, il n'y a rien d'étonnant dans le fait que Dieu souhaite que ses serviteurs proclament et expliquent sa Parole avec vérité (2 Co 4.2 ; 2 Ti 2.15), à savoir avec justesse et de manière exhaustive, sans en déroger, ni l'altérer (voir De 4.2 ; 12.32 ; Ap 22.19). Si nous faisons moins que cela, nous représentons mal tant la signification donnée par Dieu que le caractère inhérent de Dieu même.

En contraste marqué, Satan est le pire des menteurs et le père du mensonge (Jn 8.44 ; voir aussi Ge 3.1,2 ; 2 Co 11.14 ; 2 Th 2.9). En tant qu'adversaire de Dieu, son but premier est de tromper, lui qui « a aveuglé l'intelligence [*des incrédules*], afin qu'ils ne voient pas briller la splendeur de l'Évangile de la gloire de Christ, qui est l'image de Dieu » (2 Co 4.4). Autrement dit, Satan et ses serviteurs sont, par

Le jugement divin contre les faux enseignants 2.3b-10a

antithèse, opposés aux desseins salvateurs de Dieu ; ils déforment la vérité afin d'obscurcir le message de Dieu.

Bien entendu, tôt ou tard, les projets de Satan seront tous contrecarrés (Ap 20.10-15 ; voir aussi És 24.21-23). Après tout, Dieu règne en Souverain sur le malin et ses émissaires (voir Job 1.12 ; 2.6 ; Lu 8.31 ; 22.31). Et, en sa qualité de Dieu de la vérité, le Seigneur s'oppose à tous les imposteurs qui œuvrent à la solde de Satan (voir Pr 6.16-19 ; 19.5,9 ; Mt 4.1-11), à qui il réserve un châtiment éternel (voir Ap 21.8 ; 22.15).

En fait, la Bible indique clairement que Dieu hait toute forme de mensonge (Pr 6.16,17 ; 12.22), surtout les mensonges dont sa Parole et lui sont les cibles. Jacques 3.1 nous avertit que tous les enseignants spirituels (y compris les croyants) « *[seront]* jugés plus sévèrement » (devront rendre plus de comptes à Dieu) en raison de l'influence qu'ils exercent (voir 1 Co 3.9-15). En propageant des inventions et des hérésies spirituelles, les faux enseignants incrédules accroissent du même coup la sévérité de leur futur châtiment. Ils se détruisent et trompent les autres en même temps, ce qui explique que Dieu a toujours réagi aux faux enseignements avec une telle perspicacité.

C'est pourquoi ainsi parle le Seigneur, l'Éternel : Parce que vous dites des choses vaines, et que vos visions sont des mensonges, voici, j'en veux à vous, dit le Seigneur, l'Éternel. Ma main sera contre les prophètes dont les visions sont vaines et les oracles menteurs ; ils ne feront point partie de l'assemblée de mon peuple, ils ne seront pas inscrits dans le livre de la maison d'Israël, et ils n'entreront pas dans le pays d'Israël. Et vous saurez que je suis le Seigneur, l'Éternel (Éz 13.8,9 ; voir aussi És 9.13-17 ; 28.14-17 ; Jé 14.14,15 ; 23.13-15).

En poursuivant sa description des faux enseignants, Pierre souligne combien Dieu prend la vérité au sérieux et combien il se montre hostile à l'égard de ceux qui la déforment. L'apôtre a déjà brossé pour ses lecteurs un portrait général des faux enseignants (v. 1-3*a*). Plus loin dans le chapitre à l'étude, il élargira ce portrait, en y ajoutant des descriptions détaillées et des commentaires frappants. Dans le passage qui nous intéresse ici (v. 3*b*-10*a*), il commence cependant par élaborer sur « la ruine soudaine » (v. 1), ou un jugement sûr et imminent, dont Dieu frappera les imposteurs spirituels. Ce jugement, qui ne manquera pas d'être porté contre tout faux enseignant impénitent, se déroule en trois volets : la promesse du jugement, le précédent du jugement et le mode de jugement.

LA PROMESSE DU JUGEMENT

eux que menace depuis longtemps la condamnation, et dont la ruine ne sommeille point. (2.3*b*)

Bien que les faux enseignements ne feront pas face à leur jugement éternel avant leur mort, Dieu a décrété leur châtiment **depuis longtemps**. (L'expression **depuis longtemps** rend un seul mot grec, *ekpalai*, qui signifie simplement « depuis une époque très ancienne ».) Tout au long de l'Histoire, depuis la première énonciation de la sentence prononcée contre le serpent dans le jardin d'Éden (Ge 3.13-15), Dieu a condamné tous ceux qui déformaient la vérité divine (voir És 8.19-21 ; 28.15 ; Jé 9.6-9 ; 14.14,15 ; So 3.1-8 ; Ap 21.8,27). L'expression **ne sommeille point** vient étayer la réalité qui porte à réfléchir sur la rétribution divine ; la sentence de Dieu contre tout enseignant menteur fera croître activement la colère jusqu'à ce que tous périssent en enfer. (Voir mes remarques sur l'expression « dont la condamnation est écrite depuis longtemps » (v. 4), dans le chapitre 11 du présent volume.)

Par les mots **la ruine ne sommeille point**, Pierre personnifie la condamnation éternelle comme s'il s'agissait d'un bourreau, qui reste bien éveillé, prêt à exécuter la juste sentence de Dieu contre ceux qui altèrent sa Parole.

LE PRÉCÉDENT DU JUGEMENT

Car, si Dieu n'a pas épargné les anges qui ont péché, mais s'il les a précipités dans les abîmes de ténèbres et les réserve pour le jugement ; s'il n'a pas épargné l'ancien monde, mais s'il a sauvé huit personnes dont Noé, ce prédicateur de la justice, lorsqu'il

fit venir le déluge sur un monde d'impies ; s'il a condamné à la destruction et réduit en cendres les villes de Sodome et de Gomorrhe, les donnant comme exemple aux impies à venir, et s'il a délivré Lot le juste, profondément attristé de la conduite de ces hommes sans frein dans leur dérèglement (car ce juste, qui habitait au milieu d'eux, tourmentait journellement son âme juste à cause de ce qu'il voyait et entendait de leurs œuvres criminelles) ; (2.4-8)

Pierre poursuit sa dénonciation des faux enseignants en rappelant trois récits bien connus du jugement divin tirés du livre de la Genèse. Il se peut que certains des premiers lecteurs de Pierre doutent que les faux enseignants soient bel et bien châtiés un jour. Après tout, ici, les faux enseignants semblent s'épanouir, en propageant leurs mensonges spirituels et en jouissant impunément de leur popularité, de leur débauche et de leur richesse. Pierre rappelle donc à ses lecteurs la version biblique de l'Histoire, en leur faisant remarquer que, si Dieu n'a pas manqué de juger avec fidélité dans le passé, de même il rendra sa justice dans le présent.

En faisant ici un survol de trois exemples tirés de l'Ancien Testament, l'apôtre souligne la hauteur de la colère de Dieu (dans le cas des anges déchus), la largeur de la colère de Dieu (dans le cas de l'ancien monde, à l'époque du déluge) et la profondeur de la colère de Dieu (dans le cas de Sodome et de Gomorrhe). Autrement dit, il n'existe pas de créatures trop nobles, trop nombreuses ou trop viles pour échapper au châtiment divin ; la vengeance de Dieu frappera tous ceux qui s'opposent à lui. Et, comme Pierre le fait remarquer dans le passage à l'étude, les faux enseignants de son époque ne font pas exception à la règle.

LE CAS DES ANGES DÉCHUS

Car, si Dieu n'a pas épargné les anges qui ont péché, mais s'il les a précipités dans les abîmes de ténèbres et les réserve pour le jugement ; (2.4)

La courte expression **Car, si** présente une phrase conditionnelle qui se prolonge jusqu'au verset 8. La conjonction **si** ne laisse cependant pas entendre ici une incertitude et serait probablement mieux rendue par « puisque ». Puisque **Dieu n'a pas épargné les anges** du ciel **qui ont péché** contre lui (pas plus qu'il ne leur a donné le moyen d'être sauvés), les êtres humains qui déforment sa vérité ne devraient pas s'attendre à échapper à sa vengeance non plus. Les anges, comme l'humanité (Mt 24.45-51 ; 25.14-30 ; Lu 12.48 ; 16.1-8 ; 19.12-27 ; 1 Co 4.2), sont responsables d'honorer Dieu et d'obéir à sa vérité. Ceux qui se rebellent sont condamnés à un châtiment éternel.

Les dynamiques spirituelles qui expliquent comment et pourquoi des anges ont **péché** demeurent, de plusieurs manières, un mystère théologique. L'ange le plus élevé en grade de toute l'armée céleste, Lucifer, a voulu se faire l'égal de Dieu. Comme le passage d'Apocalypse 12.3-9 le décrit dans un langage frappant, un tiers des anges se sont joints à la révolte céleste de Lucifer, s'opposant à Dieu avec arrogance, et se sont fait expulser des cieux (voir 14.12-21 ; Éz 28.12-19 ; Lu 10.18).

Cependant, Pierre ne fait probablement pas allusion ici aux anges qui ont été déchus à l'origine, étant donné qu'ils n'ont pas été incarcérés immédiatement et de manière permanente **dans les abîmes de ténèbres** pour y attendre leur jugement final. En fait, ce sont les démons qui sont actuellement en liberté dans le monde et qui veillent à accomplir les desseins impies de Satan. L'apôtre Paul les a identifiés lorsqu'il a écrit : « Car nous n'avons pas à lutter contre la chair et le sang, mais contre les dominations, contre les autorités, contre les princes de ce monde de ténèbres, contre les esprits méchants dans les lieux célestes » (Ép 6.12 ; voir 2.1,2 ; 1 Pi 5.8). Lorsque le Seigneur reviendra, les démons (ainsi que Satan) seront liés durant le règne millénaire de Christ (És 24.21-23 ; Ap 20.1-3) et finiront par être jetés dans l'étang de feu (Ap 20.10).

L'expression **précipités dans les abîmes de ténèbres** illustre en fait une double réalité. D'une part, cette expression rend le mot grec *tartarôsas*. Le verbe, employé seulement ici dans le Nouveau Testament, provient de Tartare, qui désigne dans la mythologie grecque un abîme souterrain étant encore plus bas que le séjour des morts (l'enfer). Tartare en est venu à désigner la demeure des esprits

Le jugement divin contre les faux enseignants 2.4

les plus méchants, où les pires des rebelles et des criminels recevaient le châtiment divin le plus sévère. Un peu comme Jésus a employé le terme « géhenne » (nom donné au dépotoir de Jérusalem, où des feux brûlaient continuellement) pour illustrer les tourments inextinguibles de l'angoisse éternelle (Mt 5.22,29,30 ; 10.28 ; 18.9 ; 23.15,33 ; Mc 9.43,45,47 ; Lu 12.5), Pierre emploie ici un mot courant du grec populaire qu'on considère comme désignant l'enfer. Le livre pseudépigraphique de *1 Hénoc*, un livre que connaissent la plupart des Juifs du Nouveau Testament (voir Jud 14), mentionne également Tartare (1.9). Pour employer ce mot, Pierre doit avoir l'assurance de se faire parfaitement comprendre de ses lecteurs, puisqu'il n'en donne aucune explication supplémentaire.

D'autre part, l'expression **précipités dans les abîmes de ténèbres** illustre une autre dimension de la pensée de Pierre. Le participe **précipités** (*paredôken*), comme les équivalents « jeter » et « jeté » dans Actes 8.3 et 12.4, désigne le faire mettre en prison. L'expression **les abîmes de ténèbres** (voir Mt 8.12) est la meilleure traduction. Même si certains manuscrits anciens utilisent le mot « chaînes », l'idée est la même, car elle désigne le fait de perdre sa liberté dans un lieu d'incarcération, sort que redoutent les démons (voir Mt 8.29 ; Lu 8.31). Ceux qui sont envoyés là, Dieu **les réserve pour le jugement**, comme des accusés reconnus coupables qui attendent que la peine finale soit prononcée et exécutée au dernier jour (voir Ap 20.10).

Cependant, le texte à l'étude soulève encore deux questions importantes : Quels anges déchus font l'objet de cette action ? Et qu'ont-ils fait pour mériter un châtiment d'une telle sévérité ? Pierre n'élabore pas sur le sujet, mais Jude le fait :

> *[Qu'il] a réservé pour le jugement du grand jour, enchaînés éternellement par les ténèbres, les anges qui n'ont pas gardé leur dignité, mais qui ont abandonné leur propre demeure ; que Sodome et Gomorrhe et les villes voisines, qui se livrèrent comme eux à la débauche et à des vices contre nature, sont données en exemple, subissant la peine d'un feu éternel (Jud 6,7).*

Ces démons « n'ont pas gardé leur dignité », ce qui signifie qu'ils sont sortis de la sphère d'existence et de comportement qui leur est propre, à savoir « leur propre demeure ». Jude 6 fait allusion aux événements que décrit le passage de Genèse 6.1-4, selon lequel certains anges déchus ont possédé des mortels pour ensuite cohabiter avec des femmes. En commettant cette terrible transgression, ces démons ont clairement violé les limites que Dieu leur avait imposées. Jude 7 compare leur « débauche » à celle de Sodome et de Gomorrhe, qui « se livrèrent comme eux [...] à des vices contre nature » (c.-à-d. qui ont pratiqué l'homosexualité, perversion que Dieu condamne totalement ; Lé 18.22 ; 20.13 ; Ro 1.26,27 ; 1 Co 6.9). (Pour en savoir plus sur le texte de Jude, voir la partie du chapitre 11 du présent volume qui commente Jude 6,7. Il est à remarquer également que Pierre a lui-même fait allusion à ces démons dans sa première épître : 1 Pierre 3.18-20). Pour une étude plus approfondie de ce passage, voir John MacArthur, *1 Pierre*, [Trois-Rivières, Québec : Éditions IMPACT, 2008], p. 281-292.)

Bien entendu, Pierre n'a pas pour but principal ici de se perdre dans les détails de ce récit portant sur les anges déchus, surtout que ses lecteurs semblent déjà bien connaître le sujet. Il emploie cette illustration plutôt dans le but de mettre en lumière le point principal de son argument : Dieu châtie sévèrement tous ceux qui s'opposent à lui et à sa vérité. À l'instar de ces anges, les faux enseignants rebelles feront face à la colère de Dieu.

LE CAS DE L'ANCIEN MONDE

s'il n'a pas épargné l'ancien monde, mais s'il a sauvé huit personnes dont Noé, ce prédicateur de la justice, lorsqu'il fit venir le déluge sur un monde d'impies ; (2.5)

Non seulement Dieu a jugé certains anges déchus, mais encore **il n'a pas épargné l'ancien monde.** En fait, il a anéanti la totalité de la population du globe en noyant tout **un monde d'impies** par le déluge. L'expression **l'ancien monde** décrit les gens qui vivaient à l'époque du déluge, tous des impies. Le monde a été détruit pour la raison suivante :

Le jugement divin contre les faux enseignants 2.5

L'Éternel vit que la méchanceté des hommes était grande sur la terre, et que toutes les pensées de leur cœur se portaient chaque jour uniquement vers le mal. L'Éternel se repentit d'avoir fait l'homme sur la terre, et il fut affligé en son cœur. Et l'Éternel dit : J'exterminerai de la face de la terre l'homme que j'ai créé, depuis l'homme jusqu'au bétail, aux reptiles et aux oiseaux du ciel ; car je me repens de les avoir faits (Ge 6.5-7).

Toutefois, Dieu **a sauvé huit personnes dont Noé**, ce juste, ce véritable adorateur de Dieu immergé dans une société perverse et corrompue. Résistant au mal suffocant qui l'entourait, Noé a marché avec Dieu, ainsi que sa femme, ses fils et leurs femmes, qui formaient ensemble les **huit personnes** que le Seigneur a *[sauvées]* de la destruction dans l'arche. Plus d'un siècle avant le déluge, Dieu avait d'ailleurs fait connaître à Noé son intention de prononcer un jugement contre l'humanité :

Mais Noé trouva grâce aux yeux de l'Éternel. Voici la postérité de Noé. Noé était un homme juste et intègre dans son temps ; Noé marchait avec Dieu. Noé engendra trois fils : Sem, Cham et Japhet. La terre était corrompue devant Dieu, la terre était pleine de violence. Dieu regarda la terre, et voici, elle était corrompue ; car toute chair avait corrompu sa voie sur la terre. Alors Dieu dit à Noé : La fin de toute chair est arrêtée devant moi ; car ils ont rempli la terre de violence ; voici, je vais les détruire avec la terre (Ge 6.8-13).

En bâtissant l'arche, Noé a également œuvré comme **prédicateur de la justice**, avertissant les gens de la mort et de la rétribution divine qu'ils encouraient, et les appelant à se repentir. Plusieurs années plus tôt, Hénoc avait prêché un message similaire :

C'est aussi pour eux qu'Hénoc, le septième depuis Adam, a prophétisé en ces termes : Voici, le Seigneur est venu avec ses saintes myriades, pour exercer un jugement contre tous, et pour faire rendre compte à tous les impies parmi eux de tous les actes d'impiété qu'ils ont commis et de toutes les paroles injurieuses qu'ont proférées contre lui des pécheurs impies (Jud 14,15 ; voir mes remarques sur ce passage dans le chapitre 13 du présent volume).

L'équivalent français **déluge** rend *kataklusmos*, duquel provient le mot français « cataclysme ». Le récit de la Genèse, de même que des preuves géologiques actuelles, indique que le déluge était bel et bien *cataclysmique* dans tous les sens du terme (voir Ge 7.10-24). Compte tenu de l'impiété de l'homme, Dieu a détruit toutes les personnes et tous les animaux terrestres (sauf ceux qui se trouvaient dans l'arche), en couvrant d'eau toute la planète, même les sommets des montagnes les plus élevées (Ge 7.19,20). (Pour un examen détaillé, biblique et scientifique du déluge, voir John C. Whitcomb, fils, et Henry M. Morris, *The Genesis Flood* [Grand Rapids : Baker, 1961] ; pour une défense concise de la doctrine biblique d'un déluge à l'échelle mondiale, voir Morris, *Science and the Bible*, éd. rév. [Chicago : Moody, 1986], chap. 3, « Science and the Flood ».)

L'équivalent français **impies** (voir 2.6 ; 3.7 ; Jud 4,15,18), qui rend le mot grec *asebeia*, caractérise en un seul mot l'humanité de l'Antiquité. Ce terme désigne un manque total de révérence, d'adoration ou de crainte de Dieu (voir Mt 24.11,24 ; 1 Jn 4.1-3 ; 2 Jn 7). Les Pères de l'Église primitive l'employaient pour décrire les athées et les hérétiques. À l'instar des faux enseignants de l'époque de Pierre, les **impies** de l'époque de Noé − à cause de leur immoralité rebelle − ont fini par s'attirer le jugement de Dieu.

LE CAS DE SODOME ET DE GOMORRHE

s'il a condamné à la destruction et réduit en cendres les villes de Sodome et de Gomorrhe, les donnant comme exemple aux impies à venir, et s'il a délivré Lot le juste, profondément attristé de la conduite de ces hommes sans frein dans leur dérèglement (car ce juste, qui habitait au milieu d'eux, tourmentait journellement son âme juste à cause de ce qu'il voyait et entendait de leurs œuvres criminelles) ; (2.6-8)

Le jugement divin contre les faux enseignants 2.6-8

Pour sa troisième illustration historique du jugement divin, l'apôtre descend dans les profondeurs souillées **de Sodome et de Gomorrhe**. À une certaine époque, c'étaient les villes principales de la plaine ou du bassin du Jourdain (Ge 13.12 ; 14.8 ; De 29.23), situées dans la vallée de Siddim, à proximité de l'angle sud-est de la mer Morte (la mer Salée, comme on l'appelait à l'époque). Le livre de la Genèse décrit favorablement cette région, telle qu'elle était avant la destruction de Sodome et de Gomorrhe, comme fertile, le lieu idéal pour cultiver la terre et faire l'élevage d'animaux (13.8-10). En raison de leur péché abject, Dieu **a condamné** ces deux villes **à la destruction**. Le jugement décrit dans Genèse 19.1-28 était un parallèle, à moins grande échelle, avec le déluge à l'échelle mondiale (qui s'est produit environ 450 ans plus tôt). À l'instar de Noé et de sa famille, Lot et ses filles ont été les seuls à y échapper. Tous les autres habitants **de Sodome et de Gomorrhe** ont été anéantis, cette fois par incinération et par asphyxie, plutôt que par noyade. Voici comment le livre de la Genèse résume ce récit :

> Alors l'Éternel fit pleuvoir du ciel sur Sodome et sur Gomorrhe du soufre et du feu, de par l'Éternel. Il détruisit ces villes, toute la plaine et tous les habitants des villes, et les plantes de la terre (Ge 19.24,25).

Le mot rendu par **destruction** (*katastrophê*, duquel provient le mot français par translittération « catastrophe ») indique une défaite complète et une ruine totale. Cette dévastation a été si grande qu'elle a réduit ces villes **en cendres**, sans plus. (L'expression **réduit en cendres** rend un seul mot grec, *tephrôsas*, à savoir un participe aoriste provenant d'un verbe souche qui peut aussi se traduire par « couvert de cendres ».) En fait, le jugement de Dieu contre ces deux villes a été si complet que leurs ruines n'ont jamais été retrouvées et que leur emplacement précis demeure inconnu. Il est possible, bien que cela n'ait pas été prouvé, qu'elles soient ensevelies sous la nappe d'eau à densité minérale qui se trouve dans la partie sud de la mer Morte. Le texte parallèle de Jude 7, qui dit que ces villes « sont données en exemple, subissant la peine d'un feu éternel », nous fait clairement comprendre que cette **destruction** transcende le cadre de la mort physique. Le jugement divin dont elles ont été frappées a eu pour effet non seulement d'ensevelir les corps de ses habitants sous les cendres, mais encore de plonger leurs âmes dans un jugement éternel. C'est en raison d'un châtiment éternel que ces deux villes sont données en exemple, comme le sont les anges déchus.

Bien que les habitants de Sodome et de Gomorrhe aient probablement connu le message de justice et de jugement que Noé a prêché après le déluge (comme Noé et sa famille l'ont transmis), ils l'ont néanmoins rejeté. Ils ont préféré vivre dans le péché et la débauche, surtout l'homosexualité (Ge 19.4-11). Dans l'Écriture, ces deux villes sont données plus de vingt fois **comme exemple aux impies à venir** (voir Mt 10.14,15 ; 11.23,24 ; Lu 17.28-32). Dieu s'est servi d'elles et de leur destruction totale pour communiquer un avertissement on ne peut plus clair aux futures générations de pécheurs rebelles, qui indique surtout que les débauchés ne peuvent se livrer à l'impiété et espérer en même temps échapper à la vengeance de Dieu et au jugement éternel (voir 3.7,10 ; Mt 25.41 ; Ro 1.18 ; 2.5,8 ; Ép 5.6 ; 1 Th 2.16 ; 2 Th 1.8 ; Hé 10.26,27 ; Ap 6.17).

Avant de les détruire, Dieu a révélé à Abraham l'impiété de Sodome et de Gomorrhe (Ge 18.20,21 ; voir aussi 13.13). Par conséquent, le patriarche a exprimé le souci sincère qu'il se faisait pour tout juste qui pouvait encore y vivre. Pour leur bien, il a donc imploré le Seigneur de retenir son jugement (Ge 18.23-33). Le Seigneur était prêt à épargner la ville si aussi peu que dix justes s'y trouvaient, mais comme il n'y a pas même trouvé ce petit nombre il en a détruit la population impie.

Comme il l'a fait par l'illustration précédente du déluge, Pierre console ici ses lecteurs en leur rappelant ceux qui ont échappé à ce châtiment. Durant le déluge, Dieu a eu la grâce d'épargner Noé et sa famille. Dans l'exemple qui nous intéresse ici, celle de la destruction de Sodome et de Gomorrhe, Dieu **a délivré Lot**, ainsi que les deux filles de ce dernier.

Il se peut que ceux qui connaissent bien le récit de la Genèse se demandent pourquoi **Lot** est appelé **juste** pas moins de trois fois dans les versets 7 et 8. Après tout, la première fois que son nom apparaît dans l'Écriture, Lot est décrit comme quelqu'un dont le manque de profondeur, l'égoïsme et l'attachement aux choses du monde sont

Le jugement divin contre les faux enseignants 2.6-8

implicites (Ge 13.5-13). Au cours des événements de Genèse 19, il a fait preuve d'une faiblesse morale indubitable et d'un jugement terriblement piètre en offrant aux Sodomites pervers ses filles à la place de ses invités angéliques (v. 6-8). Plus tard, il s'est montré hésitant lorsque les anges l'ont pressé de quitter la ville sur-le-champ (v. 15-22). Même après avoir échappé à la colère de Dieu, il a manifesté un comportement d'une impiété choquante, y compris l'ivrognerie et l'inceste (v. 30-35).

Il existe néanmoins des raisons pour qualifier Lot de **juste** (c.-à-d. de croyant). Par exemple, comme c'était le cas de son oncle Abraham (voir Ge 15.6 ; Ro 4.3,20-24), Lot était juste en ce sens que c'était un croyant à qui Dieu avait imputé sa foi à justice. Cela ne signifie toutefois pas que Lot et Abraham aient été sans péché (pour obtenir un exemple de la désobéissance d'Abraham, voir Ge 16.1-6), mais qu'ils étaient justes au sens légal du terme. Dieu leur a imputé sa propre justice parce que c'étaient de véritables croyants (voir Ps 24.3-5 ; Ph 3.9). Ainsi donc, comme Abraham, Lot est dans l'Ancien Testament un exemple de justification.

Lot a aussi assurément manifesté plusieurs signes de l'œuvre du Saint-Esprit dans son cœur. Par exemple, sa révérence envers les saints anges qui lui ont rendu visite constitue un contraste marqué par rapport aux avances perverses de ses voisins (Ge 19.1-8). Par ailleurs, bien qu'il ait hésité à quitter la ville, il a fini par obéir à l'ordre de Dieu et il a même averti ses gendres de la catastrophe qui allait s'abattre sur eux sous peu (19.14). De plus, lorsqu'il a fini par partir, il a refusé avec obéissance de regarder derrière lui (voir 19.17).

Pierre signale donc ici que Lot était juste de cœur, comme l'indique clairement le fait qu'il a été **profondément attristé de la conduite de ces hommes sans frein dans leur dérèglement**. La répugnance que lui inspire le péché de son entourage démontre avec certitude qu'il était croyant (voir Ps 97.10 ; 119.7,67-69,77,101,106,121,123 ; Pr 8.13 ; Ro 12.9). Il est arrivé que Lot se montre matérialiste et moralement faible, mais il n'a voulu prendre aucune part au **dérèglement [...] sans frein** qui caractérisait la population de Sodome. Le terme **dérèglement** (*aselgeia*) désigne un « comportement scandaleux », et l'expression **sans frein** (*athesmos*) désigne des actions qui « ne sont conformes à aucune norme légale » ; des actions qui violent à

127

la fois la conviction de la conscience et le commandement de Dieu. L'immoralité flagrante de ses concitoyens a **profondément attristé** Lot ; l'équivalent grec (*kataponeô*) rend l'idée d'épuiser quelqu'un en le minant et en troublant profondément son âme. L'intensité de la consternation de Lot se voit dans l'affirmation que Pierre fait ici entre parenthèses : **(car ce juste, qui habitait au milieu d'eux, tourmentait journellement son âme juste à cause de ce qu'il voyait et entendait de leurs œuvres criminelles)**. Le verbe **tourmentait** (*basanizô*), qui signifie littéralement « torturer », illustre le supplice qu'infligeait à Lot l'obscénité qui l'entourait. Or, Pierre sait que ses lecteurs, qui vivent au milieu d'une culture corrompue, peuvent s'identifier à la situation difficile de Lot. Pour eux qui sont les témoins des excès immoraux des faux enseignants et de leurs disciples, la situation est tout aussi déroutante (voir 2.18-20).

À l'instar de Noé et de sa famille, Lot s'est érigé contre les péchés des gens de son époque, et a refusé de suivre les doctrines de démons et les pratiques immorales qui caractérisaient la société de l'Antiquité. En évoquant le récit du jugement de Dieu contre Sodome et Gomorrhe, Pierre avertit ses lecteurs du terrible sort que Dieu réserve à tous ses ennemis (et, surtout, aux faux enseignants). Cependant, en soulignant le salut de Lot, l'apôtre console en même temps les justes, en leur rappelant qu'ils n'ont rien à craindre.

LE MODE DE JUGEMENT

le Seigneur sait donc délivrer de l'épreuve les hommes pieux, et réserver les injustes pour être punis au jour du jugement, surtout ceux qui courent après la chair dans un désir d'impureté et qui méprisent l'autorité. (2.9,10*a*)

Plus tôt dans le passage à l'étude (dans le verset 4), Pierre a commencé à énoncer une longue clause restrictive. Ici, dans les versets 9 et 10, il offre la conclusion : *si* (ou *puisque*) Dieu savait qui juger et qui sauver par le passé, il **sait donc** certainement comment en faire autant dans le présent et dans l'avenir.

Des siècles avant l'époque de Pierre, l'Écriture a fait état du mode de jugement divin. En effet, le prophète Malachie a écrit :

Le jugement divin contre les faux enseignants 2.9-10a

Alors ceux qui craignent l'Éternel se parlèrent l'un à l'autre ; l'Éternel fut attentif, et il écouta ; et un livre de souvenir fut écrit devant lui pour ceux qui craignent l'Éternel et qui honorent son nom. Ils seront à moi, dit l'Éternel des armées, ils m'appartiendront, au jour que je prépare ; j'aurai compassion d'eux, comme un homme a compassion de son fils qui le sert. Et vous verrez de nouveau la différence entre le juste et le méchant, entre celui qui sert Dieu et celui qui ne le sert pas. Car voici, le jour vient, ardent comme une fournaise. Tous les hautains et tous les méchants seront comme du chaume ; le jour qui vient les embrasera, dit l'Éternel des armées. Il ne leur laissera ni racine ni rameau. Mais pour vous qui craignez mon nom, se lèvera le soleil de la justice, et la guérison sera sous ses ailes ; vous sortirez, et vous sauterez comme les veaux d'une étable. Et vous foulerez les méchants, car ils seront comme de la cendre sous la plante de vos pieds, au jour que je prépare, dit l'Éternel des armées (Ma 3.16 – 4.3).

Pour dire les choses simplement, **le Seigneur sait** juger les méchants tout en préservant les siens (voir Mt 13.36-43 ; 1 Th 4.13-18 ; 5.1-5).

Pour Pierre, le mode de jugement divin est donc clair. D'abord, il y a une consolation à tirer du fait que **le Seigneur sait donc délivrer de l'épreuve les hommes pieux**. Dieu sait délivrer ceux qui lui appartiennent ; ils n'ont donc rien à craindre (Ps 27.1 ; Pr 1.33 ; Jn 14.27 ; 2 Ti 1.7 ; voir aussi És 8.12). Dans ce contexte-ci, le mot grec traduit par **épreuve** (*peirasmos*) rend l'idée d'une attaque visant à détruire. (Pour obtenir d'autres exemples selon lesquels le mot *peirasmos* est employé dans le même sens, voir Mc 8.11 ; Lu 4.12 ; Ac 20.19 et Ap 3.10). Les croyants sont donc appelés à mettre leur foi en la sagesse infinie et en la puissance souveraine de leur divin Protecteur (voir Ro 8.28,38,39).

Dieu sait non seulement délivrer ses enfants, mais encore **réserver les injustes pour être punis au jour du jugement**. Les **injustes** sont comme des prisonniers qui attendent derrière les barreaux que leur sentence finale soit prononcée et d'être transférés dans leur demeure finale. En attendant, ils continuent de faire croître le poids de leur culpabilité (voir Ro 2.3-6). Ils feront alors face au **jugement** dernier, ils seront traduits devant le futur tribunal par lequel Dieu condamnera tous les impies de tous les temps à l'enfer éternel, l'étang de feu (Ap 20.11-15 ; voir aussi Mt 11.22,24 ; 12.36 ; Jn 12.48 ; Ac 17.31). Le Seigneur cible **surtout ceux qui courent après la chair dans un désir d'impureté et qui méprisent l'autorité**. Ainsi donc, Pierre boucle ici la boucle, en rappelant de nouveau les deux principaux traits de caractère des faux enseignants. Comme les contemporains impies de Noé et de Lot, les faux enseignants sont esclaves du péché. Le grec indique que leur vie se caractérise par le fait qu'ils « courent après la chair dans un désir d'impureté ». Ils sont malhonnêtes, irrespectueux et désagréables aux yeux de Dieu, car ils donnent libre cours à leurs vices (tel que mentionné antérieurement dans 2.2 ; voir aussi Jud 6,7) et affichent avec joie leurs blasphèmes irrévérencieux (voir 2.1). Le mot **impureté** rend *miasmou*, qui signifie « pollution ». Le mot français « miasme », qui signifie désagréable et malsain, est issu de ce terme. Le mot **autorité** (*kuriotês*), qui signifie « seigneurie » (voir Ép 1.21 ; Col 1.16 ; Jud 8), indique dans le présent contexte que les faux enseignants refusent que Jésus-Christ exerce sa seigneurie souveraine sur leur vie. Tel que mentionné dans l'étude du verset 1, ils s'identifient superficiellement à lui, mais refusent de vivre selon ses commandements.

Conformément à sa promesse indéniable, Dieu finira par frapper tous ses ennemis de son jugement divin (voir 1 Co 15.25,26). Le précédent historique ne laisse aucune place au doute. Comme par le passé, Dieu finira par détruire toute personne qui s'oppose à lui, y compris les faux enseignants et leurs disciples. En même temps, il délivrera cependant les croyants d'une fin aussi terrifiante. Le passage à l'étude fait donc écho aux paroles que Paul a adressées aux croyants de Thessalonique :

> Nous devons, frères, rendre continuellement grâces à Dieu à votre sujet, comme cela est juste, parce que votre foi fait de grands progrès, et que l'amour de chacun de vous tous à l'égard des autres augmente de plus en plus. Aussi nous glorifions-nous de vous dans les Églises de Dieu, à cause de votre persévérance et de votre foi au milieu de toutes vos

persécutions et des afflictions que vous avez à supporter. C'est une preuve du juste jugement de Dieu, pour que vous soyez jugés dignes du royaume de Dieu, pour lequel vous souffrez. Car il est de la justice de Dieu de rendre l'affliction à ceux qui vous affligent, et de vous donner, à vous qui êtes affligés, du repos avec nous, lorsque le Seigneur Jésus apparaîtra du ciel avec les anges de sa puissance, au milieu d'une flamme de feu, pour punir ceux qui ne connaissent pas Dieu et ceux qui n'obéissent pas à l'Évangile de notre Seigneur Jésus. Ils auront pour châtiment une ruine éternelle, loin de la face du Seigneur et de la gloire de sa force, lorsqu'il viendra en ce jour-là pour être glorifié dans ses saints et admiré dans tous ceux qui auront cru – car notre témoignage auprès de vous a été cru (2 Th 1.3-10).

Des créatures nées pour être tuées

7

Audacieux et arrogants, ils ne craignent pas d'injurier les gloires, tandis que les anges, supérieurs en force et en puissance, ne portent pas contre elles de jugement injurieux devant le Seigneur. Mais eux, semblables à des brutes qui s'abandonnent à leurs penchants naturels et qui sont nées pour être prises et détruites, ils parlent d'une manière injurieuse de ce qu'ils ignorent, et ils périront par leur propre corruption, recevant ainsi le salaire de leur iniquité. Ils trouvent leurs délices à se livrer au plaisir en plein jour ; hommes tarés et souillés, ils se délectent dans leurs tromperies, en faisant bonne chère avec vous. Ils ont les yeux pleins d'adultère et, insatiables de péché, ils amorcent les âmes mal affermies ; ils ont le cœur exercé à la cupidité ; ce sont des enfants de malédiction. Après avoir quitté le droit chemin, ils se sont égarés en suivant la voie de Balaam, fils de Beor, qui aima le salaire de l'iniquité, mais qui fut repris pour sa transgression : une ânesse muette, faisant entendre une voix d'homme, arrêta la démence du prophète. Ces gens-là sont des fontaines sans eau, des nuées que chasse un tourbillon : l'obscurité des ténèbres leur est réservée. Avec des discours enflés de vanité, ils amorcent par les convoitises de la chair, par les dérèglements, ceux qui viennent à peine d'échapper aux hommes qui vivent dans l'égarement ; ils leur promettent la liberté, quand ils sont eux-mêmes esclaves de la corruption, car chacun est esclave de ce qui a triomphé de lui. En effet, si après s'être retirés des souillures du monde, par la connaissance du Seigneur et Sauveur Jésus-Christ, ils s'y engagent de nouveau et sont vaincus, leur dernière condition est pire que la première. Car mieux valait pour eux n'avoir pas connu la voie de la justice, que de l'avoir connue et de se détourner du saint commandement qui leur avait été donné. Il leur est arrivé ce que dit un proverbe vrai : Le chien est retourné à ce qu'il avait vomi, et la truie lavée s'est vautrée dans le bourbier. (2.10*b*-22)

Les bergers qui sont fidèles protègent leurs brebis. Ils travaillent dur, jour après jour, pour instruire, réprimander, corriger et former les enfants de Dieu (voir 2 Ti 3.16,17), en conduisant leur troupeau sur le sentier de la vérité (Ps 119.105). À l'instar du bon Berger, ils montent la garde même face aux menaces de leurs ennemis spirituels (Ac 20.28-32 ; voir aussi Jn 10.13,14). La lâcheté n'est pas une considération pour eux, pas plus que ne le sont les compromis. Après tout, ils ont reçu un mandat divin à accomplir, celui de paître le troupeau de Dieu jusqu'à ce que le souverain Berger paraisse (voir 1 Pi 5.2,4).

Étant donné qu'ils aiment la vérité et qu'ils se soucient sincèrement de la santé de leur assemblée, les vrais bergers se tiennent toujours à l'affût des faux enseignements. Ils reconnaissent le caractère fatal des mensonges de Satan, ces inventions spirituelles destinées à tromper, à diviser et finalement à détruire le peuple de Dieu. Voilà pourquoi les pasteurs fidèles proclament la vérité et exposent l'erreur avec une telle ténacité. Ils réalisent que l'éternité est en jeu.

Dans le même sens, le puritain John Owen a écrit :

Il leur incombe [aux pasteurs] de préserver la vérité ou doctrine de l'Évangile qui est reçue et professée dans l'Église, et de la défendre contre toute opposition. Il s'agit là d'une des fins principales du ministère. [...] Et la négligence répréhensible de ce devoir, voilà qui est à l'origine de la plupart des hérésies et des erreurs pernicieuses qui ont infesté l'Église et l'ont conduite à sa perte. Ceux qui avaient pour tâche de garder la doctrine de l'Évangile entière dans sa profession publique s'en sont rendus coupables, en « *[enseignant]* des choses pernicieuses, pour entraîner les disciples après eux ». Évêques, presbytres, enseignants publics sont ceux qui ont montré la voie en matière d'hérésies. Pour cette raison, il est primordial d'accorder un soin particulier à l'accomplissement de ce devoir, surtout de nos jours, où les vérités fondamentales de l'Évangile subissent de toutes parts les attaques de toutes sortes d'adversaires (William Goold, *Works*, éd. [Édimbourg : Johnstone and Hunter, 1850-1853], XVI.81s. Cité dans J. I. Packer, *A Quest for Godliness* [Wheaton, Illinois : Crossway, 1990], p. 64).

Autrement dit, les leaders pieux de l'Église s'opposent farouchement aux faux enseignants et à leurs doctrines. Il leur est impossible d'adhérer à l'erreur ou de la tolérer au nom de l'amour, pas plus qu'il leur est possible de fermer les yeux sur elle. Au contraire, ils sont appelés à « réfuter les contradicteurs » (Tit 1.9).

Pierre est lui-même un pasteur qui se soucie de ses brebis (1 Pi 5.1-4) et qui réplique vertement aux faux enseignants. En fait, bien des années plus tôt, Jésus lui a précisément confié la tâche de paître le peuple de Dieu (Jn 21.15-17). C'est ici, dans sa seconde épître, que Pierre exprime le plus fortement la correction que Dieu réserve à ceux qui osent substituer un poison spirituel au lait pur de la Parole (voir 1 Pi 2.2). Sa description lourde de sous-entendus vient compléter le portrait des faux enseignants qu'il a commencé à brosser dans 2.1-3. (Comme c'était le cas du passage précédemment à l'étude, celui-ci est étroitement en parallèle avec l'épître de Jude.)

Dans le passage qui nous intéresse ici, le Saint-Esprit n'identifie pas précisément les cibles des critiques de Pierre. Le texte ne fournit pas même de description détaillée des erreurs précises qui y sont réfutées. Il s'ensuit donc que la diatribe de l'apôtre doit s'appliquer généralement aux faux enseignements exprimés sous toutes leurs formes et à n'importe quelle époque. Ceux qui propagent des faussetés doctrinales s'attirent la plus grande dénonciation divine, une condamnation qu'ils s'attirent pour au moins cinq raisons : leur impudence, leurs pratiques, leur gratification, leurs prophéties et leur perversion.

LEUR IMPUDENCE

Audacieux et arrogants, ils ne craignent pas d'injurier les gloires, tandis que les anges, supérieurs en force et en puissance, ne portent pas contre elles de jugement injurieux devant le Seigneur. Mais eux, semblables à des brutes qui s'abandonnent à leurs penchants naturels et qui sont nées pour être prises et détruites, ils parlent d'une manière injurieuse de ce qu'ils ignorent, et ils périront par leur propre corruption, recevant ainsi le salaire de leur iniquité. (2.10*b*-13*a*)

Depuis le jour même de la rébellion initiale de Satan (voir Éz 28.17), l'orgueil a été le principal trait de caractère des ennemis de Dieu (voir 1 Ti 3.6). Bien entendu, les faux enseignants ne font pas exception à la règle. Leurs paroles et leurs actions trahissent une arrogance mêlée d'égocentrisme et l'impudence typique des **arrogants** non régénérés que sont les enfants du diable. Ils sont assez effrontés et **audacieux** (*tolmêtai*, qui désigne littéralement « quelqu'un de désinvolte ») pour défier Dieu en s'exaltant eux-mêmes, quelles qu'en soient les conséquences (par ex. : 2 Ch 32.25 ; Est 3.5 ; Da 4.30 ; 5.20,22,23 ; Ac 12.21-23). Comme ils sont entêtés et **arrogants** (*authadeis*), terme qui décrit une suffisance et une obstination intéressées, ils sont déterminés à avoir gain de cause à tout prix.

Pour illustrer l'étendue de leur impudence obstinée, Pierre fait remarquer ici que ces faux enseignants **ne craignent pas d'injurier les gloires**. Le verbe **injurier** (*blasphêmeô*), duquel provient le mot français « blasphème », est une translittération qui signifie

« calomnier » ou « parler à la légère ou de manière profane de choses sacrées » (voir 2 R 19.4,22 ; Ps 74.18 ; 1 Ti 1.20 ; Ap 16.10,11). Dans ce contexte, **les gloires** (*doxa*) désignent des démons (voir Jud 8), en ce sens qu'ils possèdent un être surnaturel transcendant le niveau humain (Ép 6.12). Bien que ces faux enseignants ne soient que de simples mortels, qui sont par nature « presque l'égal des anges » (Ps 8.6 ; *Français courant*), ils se considèrent avec arrogance comme étant supérieurs aux êtres angéliques.

La Bible indique que même les anges déchus portent l'empreinte de la majesté divine, ombre de la gloire qu'ils possédaient avant la chute. En ce sens, ils sont comme des hommes pécheurs, qui portent encore l'empreinte de l'image de Dieu (Ge 1.26 ; Ps 8.6), et la création postérieure à la chute, qui porte encore les preuves de la magnificence que Dieu lui a donnée (1 Co 15.40,41). Ainsi donc, il reste aux démons, bien qu'ils soient déchus, une part de dignité transcendante. Cela, l'apôtre Paul l'a d'ailleurs laissé entendre lorsqu'il a fait allusion aux démons comme à des principautés, à des puissances et à des forteresses (voir 2 Co 10.3-5), précisant au moins trois degrés de majesté et d'autorité dans le règne démoniaque. Bien qu'ils soient assurément soumis à Dieu, les anges déchus (sous le leadership de Satan) exercent une influence et un pouvoir considérables dans notre monde (Jn 12.31 ; voir aussi Ép 2.2). Pendant vingt et un jours, un démon puissant a empêché le grand Gabriel de faire l'œuvre de Dieu jusqu'à ce que l'archange Michel et les anges les plus puissants soient venus à son secours (Da 10.13). Pourtant, les faux enseignants de l'époque de Pierre se moquent avec témérité des démons, se croyant simplement (en tant qu'hommes déchus) supérieurs aux anges déchus.

On devrait reconnaître que bon nombre de faux prophètes des temps modernes dans les secteurs extrêmes du mouvement charismatique font fortune en liant soi-disant et en condamnant avec désinvolture les démons, comme s'ils avaient réellement du pouvoir sur eux. Ce sont en réalité de faux exorcistes, comme les « fils de Scéva » (Ac 19.13-16), qui correspondent parfaitement à la description de Pierre. Les païens mettent au point des scénarios élaborés pour apaiser leurs dieux démoniaques. Pourtant, de pseudo-enseignants et de pseudo-prédicateurs chrétiens déclarent avec outrecuidance l'autorité qu'ils exercent sur les forces de l'enfer.

Par contraste, même **les anges justes, supérieurs en force et en puissance, ne portent pas contre elles** (les gloires du verset 10) **de jugement injurieux devant le Seigneur.** Étant donné qu'il n'y a pas de modificatif, le mot **anges** désigne ici les saints anges qui sont assurément **supérieurs en force et en puissance** à tout homme déchu ou démon. Cependant, malgré leur position élevée, les saints anges ne manquent pas de respect envers leurs homologues déchus, contrairement aux faux enseignants. Par exemple, l'archange Michel, dans toute sa puissance, « lorsqu'il contestait avec le diable et lui disputait le corps de Moïse, n'osa pas porter contre lui un jugement injurieux, mais il dit : Que le Seigneur te réprime ! » (Jud 9.) À l'instar de Michel, les croyants ne devraient pas confronter Satan et ses émissaires par eux-mêmes. Ils devraient plutôt demander à Dieu d'intervenir par sa puissance contre les démons. Pourtant, les faux enseignants, en contraste marqué, sont si suffisants, effrontés et désinvoltes qu'ils font ce que Michel « n'osa pas » même faire, à savoir injurier directement les gloires comme s'ils avaient de l'autorité sur elles. (Pour en savoir plus au sujet de la lutte entre Michel et Satan, voir mes remarques sur Jude 8,9 dans le chapitre 12 du présent volume.)

Les blasphèmes désinvoltes que les faux enseignants portent contre Dieu et les anges montrent qu'ils sont **semblables à des brutes** (voir Jud 10). Ces **brutes** (qui signifie « animaux ») sont comparables à des bêtes dépourvues de raison qui se comportent uniquement selon leur amour de soi et leurs passions irréfléchies. Comme ils sont comparés ici à des animaux **qui s'abandonnent à leurs penchants naturels**, ou plus précisément à leur instinct, cela veut dire que leurs réactions aux stimuli sont programmées à l'avance du fait que Dieu les a inscrites dans leur constitution génétique (voir Ge 1.30). Étant donné qu'ils agissent par instinct, les animaux ne sont pas rationnels ; ils n'apportent donc aucune contribution intellectuelle à la société. En fait, dans le cas de la plupart de ces brutes, leur rôle principal dans le système écologique se résume au fait d'**être prises et détruites**, fournissant ainsi de la viande aux membres supérieurs de la chaîne alimentaire.

Les imposteurs spirituels, qui se présentent par des moyens malhonnêtes comme de vrais enseignants, font preuve d'une ignorance qui rappelle celle des animaux, car **ils parlent d'une manière injurieuse de ce qu'ils ignorent**. Ils tournent en ridicule la vérité divine et l'autorité céleste, y compris les choses qu'ils ne saisissent même pas. Tels des animaux, ils n'apportent aucune contribution positive et s'avéreraient en fait plus utiles aux autres s'ils étaient morts. D'où le fait que la fin du verset 12 prédit que ces brutes seront **détruites** ; elles n'échapperont pas à la colère divine à venir. Lorsque le feu de Dieu consumera le monde entier et toutes ses créatures (3.7,12), les faux enseignants **périront par leur propre corruption**. Jude ajoute à cela que le mal instinctif des faux enseignants les voue à cette destruction (v. 10). En tant qu'ennemis de Dieu, ayant délibérément déformé le message de sa Parole, ils feront tous face au châtiment éternel dans l'étang de feu (Ap 20.9-15).

En fait, c'est justement dans l'étang de feu que les faux enseignants subiront à jamais le courroux de Dieu, **recevant ainsi le salaire de leur iniquité**. (Le terme grec *adikoumenoi* (**recevant**) est une forme présente moyenne ou passive du verbe qui se comprend le mieux comme signifiant « être endommagé », « être la cible d'un tort » ou « être blessé » [voir Ap 2.11].) En ce sens, ils incarnent la loi de la semence et de la récolte : « Ne vous y trompez pas : on ne se moque pas de Dieu. Ce qu'un homme aura semé, il le moissonnera aussi » (Ga 6.7 ; voir aussi Os 10.12,13). Ceux qui se consacrent à la fausse doctrine, en abordant les choses spirituelles de manière présomptueuse, seront éternellement châtiés pour leurs transgressions (voir Jé 8.1,2 ; 14.15 ; 29.32).

LEURS PRATIQUES

Ils trouvent leurs délices à se livrer au plaisir en plein jour ; hommes tarés et souillés, ils se délectent dans leurs tromperies, en faisant bonne chère avec vous. Ils ont les yeux pleins d'adultère et, insatiables de péché, ils amorcent les âmes mal affermies ; ils ont le cœur exercé à la cupidité ; ce sont des enfants de malédiction. (2.13*b*,14)

En règle générale, les pécheurs ont tendance à s'adonner à la débauche durant la nuit : « Car ceux qui dorment, dorment la nuit, et ceux qui s'enivrent, s'enivrent la nuit » (1 Th 5.7). Selon les historiens, la société romaine païenne tolérait la dissipation et les festivités dans la mesure où on les cachait discrètement dans la noirceur. Cependant, elle réprouvait la débauche commise au grand jour, où tout le monde pouvait la voir. Dès lors où ce comportement était adopté en public, même les Romains non-croyants le jugeaient inconvenant. Les faux enseignants de l'époque de Pierre sont néanmoins si attachés à leur convoitise, à leur cupidité et à leur vice qu'**ils trouvent leurs délices à se livrer au plaisir en plein jour**, refusant d'attendre la tombée de la nuit pour s'y livrer.

À la lumière de leur passion pour la perversion, Pierre qualifie ces charlatans spirituels d'**hommes tarés et souillés**, deux qualificatifs qui évoquent des taches, des défauts, des gales et des choses malades. Telles des tumeurs malignes, les faux enseignants **se délectent dans leurs tromperies** et jouissent ouvertement du fruit de leurs péchés. En même temps, ils leurrent ceux qui se retrouvent sous l'influence de leurs enseignements (Ro 16.18 ; 2 Ti 3.13 ; Jud 16-19 ; voir aussi Jé 23.26 ; 2 Co 11.13 ; 2 Th 2.10) en faisant activement la promotion de l'iniquité dans la vie de leurs disciples.

Pour empirer les choses, les faux enseignants amènent leur lubricité dans l'Église, choisissant à dessein de *[faire]* **bonne chère** avec les saints. L'expression **faisant bonne chère** (*suneuôcheomai*) signifie « manger ensemble » ou « se divertir ensemble » lors d'un repas se tenant en public. Il se peut qu'ici elle fasse allusion à une *agapé* de l'Église qui accompagne la table du Seigneur (voir mes remarques au sujet de Jude 12*a* dans le chapitre 12 du présent volume). En feignant d'avoir la foi en Christ, les faux enseignants prétendent avoir le droit de s'asseoir à la table. En réalité, ils exercent cependant une influence polluante. Ailleurs dans le Nouveau Testament, pour les protéger contre de telles intrusions, le Saint-Esprit exhorte les croyants à faire en sorte que les repas de l'Église se déroulent dans l'ordre (1 Co 11.20-22), à prendre garde aux faux enseignants qui risquent de chercher à s'insinuer parmi eux (Mt 7.15 ; voir aussi Ac 20.28-31 ; 1 Co 16.13) et à refuser l'accès auprès d'eux à de tels hommes (2 Jn 9-11).

Dans le verset 14, Pierre délaisse le sujet du comportement qu'adoptent en public les faux enseignants pour s'intéresser aux pensées et aux actions qu'ils manifestent en privé. L'expression **Ils ont les yeux pleins d'adultère** indique que ces imposteurs spirituels ne possèdent plus la moindre maîtrise de soi au sens moral ; ils n'arrivent même plus à regarder une femme sans la voir comme la cible potentielle de leur adultère ou fornication (voir Mt 5.28). Simplement dit, leur convoitise est irrépressible et insatiable, c'est une forme répugnante de lascivité qui exulte des désirs impies.

Pourtant, autant puissent-ils être des prédateurs menaçants, les faux enseignants arrivent malgré tout à se faire des disciples dans l'Église. En tant qu'agents de Satan, **ils amorcent les âmes mal affermies** ; ils font leurs proies de ceux qui sont faibles sur le plan spirituel (voir Ja 1.6), les convainquant de croire leurs mensonges doctrinaux et de se livrer à un style de vie dissolu. Le verbe **amorcent** (*deleazô*) signifie littéralement « attraper en employant un appât », et le commentaire de l'apôtre est clair comme de l'eau de roche. Les faux enseignants, tels des pêcheurs qui se servent d'appâts, séduisent leurs victimes en les amenant à croire à leurs impostures. Sous le couvert d'un ministère authentique, ils ciblent ceux qui ne se méfient pas (voir 2 Ti 3.6-8), qui manquent de maturité spirituelle, de discernement et de foi. Pierre sait que la seule défense sûre qu'on a contre leurs tactiques est d'être enraciné dans la Parole de Dieu (1 Pi 2.1-3 ; voir aussi Ép 4.14 ; 1 Jn 2.13).

En plus de s'intéresser aux faveurs sexuelles, les faux enseignants de l'époque de Paul s'intéressent aussi à l'accumulation de richesses. L'expression **ils ont le cœur exercé à la cupidité** indique que leur immoralité s'accompagne toujours d'avarice. Le participe exercé (*gumnazô*), duquel provient le mot français « gymnase », est un terme d'athlétisme qui signifie « discipliné ». En tant que verbe, il présente une description troublante des faux enseignants, comme l'explique William Barclay :

> L'image est terrible. Le mot rendu par *exercé* est le même pour décrire l'athlète qui se pratique et qui s'entraîne en vue des jeux. Ces gens ont donc entraîné, équipé et instruit leur esprit et leur cœur de manière à ce qu'ils puissent se

concentrer sur rien d'autre que sur leur désir interdit. Ils se sont délibérément battus contre leur conscience jusqu'au point de la détruire ; ils ont délibérément lutté contre Dieu jusqu'au point d'extirper Dieu de la vie ; ils ont délibérément combattu leurs bons sentiments jusqu'au point de les étouffer ; ils se sont délibérément entraînés à se concentrer sur les choses interdites. Leur vie est un combat terrible qui vise à détruire la vertu et à leur faire pratiquer l'utilisation des techniques du péché (*The Letters of James and Peter*, éd. rév. [Philadelphie : Westminster, 1976], p. 392-393 ; italiques dans l'original).

Il ne fait aucun doute que Pierre comprend que leurs actions ne sont pas fortuites. Leurs offenses sont des crimes prémédités, et non des manques de jugement momentanés. Passés maîtres dans l'art de pécher, les faux enseignants ont planifié leurs attaques, et ont résolu de poursuivre des fins sensuelles et matérialistes.

Éprouvant un dégoût compréhensible, l'apôtre réagit sans ménager ses mots, mais à juste titre, en les qualifiant d'**enfants de malédiction**. En tant que menteurs et qu'hypocrites, les faux enseignants sont ceux-là mêmes que Dieu a condamnés à l'enfer. L'expression que Pierre emploie ici est un hébraïsme qui exprime l'idée que les gens sont les « enfants » de toute influence qui domine le plus sur leur vie (voir Ga 3.10,13 ; Ép 2.1-3 ; 1 Pi 1.14). En tant que serviteurs de Satan et qu'esclaves du péché, ils se font dénoncer ici à juste titre en tant qu'enfants de la malédiction de l'enfer.

Leur gratification

Après avoir quitté le droit chemin, ils se sont égarés en suivant la voie de Balaam, fils de Beor, qui aima le salaire de l'iniquité, mais qui fut repris pour sa transgression : une ânesse muette, faisant entendre une voix d'homme, arrêta la démence du prophète. (2.15,16)

Le dictionnaire définit la gratification comme étant une récompense pour avoir fait quelque chose ou une motivation pour accomplir une tâche. Dans le cas des faux enseignants, Pierre révèle qu'ils avaient et qu'ils ont pour motivation principale un gain personnel. Simplement dit, leur gratification est réellement une étiquette de prix ; ils sont motivés par l'argent, comme cela a déjà été mentionné dans les versets 3 et 14. De manière à illustrer davantage son point, Pierre compare les faux enseignants à Balaam, le faux prophète de l'Ancien Testament (No 22 – 24 ; voir Jud 11).

Les faux enseignants, comme l'a fait Balaam avant eux, *[ont]* **quitté le droit chemin**. L'expression **le droit chemin** est une métaphore de l'Ancien Testament qui indique l'obéissance à la Parole de Dieu (Ge 18.19 ; 1 S 12.23 ; Job 8.19 ; Ps 18.31 ; 25.9 ; 119.14,33 ; Pr 8.20,22 ; voir aussi Ac 13.10). Le participe **quitté** décrit une rébellion directe et délibérée contre l'Écriture. En rejetant la Parole de Dieu, les faux enseignants de l'époque de Pierre refusent de marcher dans l'obéissance, préférant s'éloigner de ses voies en dépit des conséquences éternelles qu'ils encourent (voir Jud 13). Ce faisant, ils s'égarent **en suivant la voie de Balaam, fils de Beor**.

L'histoire de **Balaam** est l'exemple classique d'un prophète qui était motivé par un gain financier. Ayant été engagé par Balak, le roi de Moab, Balaam a cherché à maudire le peuple d'Israël tandis que celui-ci errait dans le désert (No 22.1-6). Balak voyait les Israélites comme une menace militaire et souhaitait les vaincre avec l'aide de Balaam. S'étant fait une réputation à titre de prophète à gage, Balaam était originaire d'une ville située le long de l'Euphrate où des érudits ont trouvé la preuve d'un culte rendu aux prophètes dont les activités ressemblaient aux pratiques de Balaam.

Dans la première moitié de Nombres 22, Balaam semble être un prophète fidèle à Dieu (v. 7-21). Pourtant, même dans le passage à l'étude, les vaines tactiques de Balaam impliquent qu'il espérait négocier un paiement plus élevé auprès de Balak avant d'exécuter son service prophétique (v. 13). Bien entendu, en fin de compte, Balaam n'a pas maudit le peuple d'Israël, mais l'a plutôt béni. Reste qu'il était plus que désireux d'accepter les richesses de Balak (v. 18,40 ; 24.13), puisqu'il est dit que le prophète **aima le salaire de l'iniquité** (voir Pr 11.18). Si Dieu n'était pas intervenu en faveur d'Israël, Balaam aurait délibérément péché à son propre avantage matériel (voir De 23.4,5).

Bien que Balaam ait dit n'avoir prononcé que les paroles de Dieu, le Seigneur savait qu'il était prêt à maudire Israël en échange d'une somme d'argent. À cause de sa cupidité, Balaam **fut repris pour sa transgression**. Le Seigneur, ayant vu Balaam monté sur son **ânesse muette**, fit miraculeusement parler l'animal (No 22.22-35) et **arrêta la démence du prophète**. Le mot grec traduit par **démence** (*paraphronia*) signifie littéralement « hors de son esprit ». Autrement dit, Balaam était d'une telle cupidité qu'il était « hors de lui ». Son amour de l'argent l'a poussé à se conduire de manière irrationnelle (la forme verbale de ce mot grec est traduit par « je parle comme un homme hors de sens », 2 Co 11.23 ; *Darby*).

En plus de sa cupidité, Balaam était motivé par l'immoralité sexuelle. Lorsque sa tentative pour maudire Israël a échoué, le **prophète** a tenté de ruiner les Hébreux au moyen de la corruption morale. Il s'est servi de son influence pour promouvoir des relations que Dieu avait strictement défendues (Ex 34.12-16 ; De 7.1-4 ; Jos 23.11-13 ; Esd 9.12 ; voir aussi Ex 23.32), en particulier des mariages entre les Israélites et leurs voisins païens, les Moabites et les Madianites (No 25 ; 31.9-20). Dans Nombres 31.16, Moïse identifie Balaam comme une influence corruptrice d'importance : « Voici, ce sont elles [*des païennes*] qui, sur la parole de Balaam, ont entraîné les enfants d'Israël à l'infidélité envers l'Éternel, dans l'affaire de Peor » (voir aussi No 25.1-3). Balaam encourageait les Israélites à pratiquer l'idolâtrie, l'immoralité et le mariage avec d'autres nations dans une deuxième tentative pour les détruire, cette fois-ci en les amenant à s'assimiler à la société païenne des Cananéens. L'apostasie du prophète non seulement portait atteinte à la sainteté de Dieu, mais encore menaçait l'existence même du peuple qu'il s'était choisi. Même si Balaam savait son comportement répréhensible, il a permis à ses impulsions charnelles de lui dicter ses choix. Résultat : il a subi le châtiment ultime de la mort (No 31.8 ; voir aussi Pr 13.15).

LEURS PROPHÉTIES

Ces gens-là sont des fontaines sans eau, des nuées que chasse un tourbillon : l'obscurité des ténèbres leur est réservée. Avec des discours enflés de vanité, ils amorcent par les convoitises de la

chair, par les dérèglements, ceux qui viennent à peine d'échapper aux hommes qui vivent dans l'égarement ; ils leur promettent la liberté, quand ils sont eux-mêmes esclaves de la corruption, car chacun est esclave de ce qui a triomphé de lui. (2.17-19)

Trois grands traits ont toujours caractérisé le style de ministère des faux enseignants. Premièrement, ils sont autoritaires (Jé 5.31), régnant invariablement sur leur Église de manière dominatrice (voir 3 Jn 9,10) et dénonçant fortement toute personne qui met en doute leur autorité. Pour empirer les choses, il leur manque presque toujours une formation officielle ou une ordination fiable, ne se soumettant à aucune obligation légitime de rendre des comptes sur le plan biblique ou théologique.

Deuxièmement, les faux enseignants exercent un ministère centré sur l'homme (Jé 23.16,26 ; Éz 13.2), se pliant à ce qu'ils croient que les gens veulent entendre et accepteront (voir És 30.10 ; 2 Ti 4.3,4). Résultat : ils prêchent leurs propres visions (La 2.14 ; Éz 13.9 ; Za 10.2 ; Col 2.18) de santé, de richesse, de prospérité et de fausse paix (Jé 6.14 ; 23.17 ; Éz 13.10,16). Le véritable enseignant insiste sur la sainteté de Dieu, l'impiété de l'homme et l'état désespéré qui en résulte. Quant à eux, les faux enseignants préfèrent les messages de leur propre cru, les tromperies édulcorées qui plaisent aux appétits charnels de ceux qui les écoutent.

Troisièmement, ils traitent avec mépris les doctrines de l'Église fondées sur des faits historiques et sur l'Écriture (voir Jé 6.16). Plutôt que de proclamer une orthodoxie biblique, ils font la promotion des nouveautés, méthodes et doctrines de leur propre cru. Ils se distancent délibérément du passé, pour endosser avec arrogance les façons d'œuvrer ultramodernes et souvent pour les étayer de révélations qu'ils auraient eux-mêmes directement reçues de Dieu.

Chose certaine, ces trois traits caractérisent les faux enseignants de l'époque de Pierre. Toutefois, l'apôtre n'est pas dupe de la poudre qu'ils jettent aux yeux des gens, ni de leurs manigances. Il les reconnaît pour ce qu'ils sont réellement : **des fontaines sans eau, des nuées que chasse un tourbillon** (voir Jud 12*b*).

En décrivant les faux enseignants, Pierre choisit deux métaphores qui illustrent de l'eau, la ressource naturelle la plus nécessaire pour le Moyen-Orient aride. En raison de sa rareté relative et de son importance vitale, l'eau constitue l'illustration parfaite de la subsistance spirituelle. En fait, le Seigneur Jésus-Christ s'est servi de la même métaphore plusieurs années plus tôt lorsqu'il a promis ceci à ses disciples : « Si quelqu'un a soif, qu'il vienne à moi, et qu'il boive. Celui qui croit en moi, des fleuves d'eau vive couleront de son sein, comme dit l'Écriture » (Jn 7.37,38).

Ainsi donc, tels des mirages dans les sables chauds du désert, Pierre décrit les faux enseignants comme ceux qui promettent ce qu'ils ne procurent pas. Ce sont **des fontaines sans eau,** qui n'offrent à ceux qui ont spirituellement soif rien de plus que le faux espoir d'être désaltérés. Ce sont également **des nuées que chasse un tourbillon.** Dans la région est de la Méditerranée, les brises de la mer apportent périodiquement des nuées et du brouillard qui semblent annoncer la pluie. Cependant, l'humidité atmosphérique ne dure parfois que de courts instants et ne produit qu'une pluie trop peu abondante pour abreuver la terre desséchée et satisfaire les gens de la région. Comme ces **nuées,** les faux enseignants sont dénués de toute substance et ne procurent aucun rafraîchissement capable d'enrichir la vie (voir Jud 12).

Ici encore, Pierre n'hésite pas à annoncer le terrible jugement qui frappera les faux enseignants, à savoir **l'obscurité des ténèbres** qui **leur est réservée** (voir Jud 13). Cette **obscurité des ténèbres** fait allusion à l'enfer, le lieu de l'éternel châtiment où le feu (Mt 13.42 ; 25.41) et les ténèbres (Mt 8.12 ; 22.13) coexistent.

Malgré le fait qu'ils n'aient aucune substance spirituelle à offrir, les faux enseignants, en s'appuyant sur **des discours enflés de vanité,** prétendent invariablement posséder une grande sagesse et une grande connaissance. Au moyen de leur verbosité flamboyante et de leur rhétorique ronflante, ils trompent leurs disciples en leur faisant croire qu'ils ont fait des études théologiques poussées, qu'ils possèdent un grand discernement des choses spirituelles et même qu'ils tiennent directement leurs révélations de Dieu. Avec de telles « vérités », ils aveuglent leurs victimes (Jude qualifie de tels hommes d'« astres errants », v. 13), alors qu'en réalité ils ne disent rien qui soit réellement divin et, comme des météorites, disparaissent dans l'obscurité (voir Jud 13*b*). Dans l'Église d'aujourd'hui, ces

discours enflés de vanité (voir 1 Ti 1.5,6 ; 6.3-5 ; 2 Ti 2.14-18 ; Tit 3.9) englobent le vocabulaire fleuri du ritualisme religieux, les doctrines alambiquées des sectes pseudo-chrétiennes et les arguments académiques des grands courants du libéralisme.

Comme c'était le cas à l'époque de Pierre, les faux enseignants contemporains se servent de leurs discours vides et hautains pour *[amorcer]* **par les convoitises de la chair, par les dérèglements**, ceux qui les écoutent. Ils ne se soucient pas de faire connaître la vérité aux gens ; ils choisissent plutôt de cibler les convoitises des gens, leur offrant un message charnel qui nourrit l'instinct sexuel de ceux qui l'écoutent. De tels enseignants possèdent souvent un charme et un charisme qui plaisent aux gens, surtout aux femmes vulnérables (voir 2 Ti 3.1-6 ; 4.3,4).

Les gens qui suivent ces faux enseignants sont **ceux qui viennent à peine d'échapper aux hommes qui vivent dans l'égarement**. Autrement dit, ce sont des hommes et des femmes qui, par une résolution morale, tentent d'améliorer leur sort. Parmi eux il y a des gens qui sont aux prises avec des relations brisées, qui luttent avec des « désirs insatisfaits » et des problèmes spirituels, et qui désirent désespérément échapper à la culpabilité, aux angoisses et au stress. Ils sont insatisfaits du style de vie des **hommes qui vivent dans l'égarement** – la moyenne de l'humanité non régénérée – et recherchent un meilleur mode de vie (voir Mc 10.17-22) ou une forme quelconque d'expérience religieuse (voir Ac 8.18-24). Cela ne signifie pas pour autant qu'ils soient véritablement rachetés. En fait, dans leur insatisfaction, leur solitude et leur tentatives pour améliorer leur vie eux-mêmes, ils sont très vulnérables aux exploitations séductrices des faux enseignants.

En cherchant à séduire ces gens, les faux enseignants promettent la liberté et la victoire, **quand ils sont eux-mêmes esclaves de la corruption**. Par leurs fausses convictions, ils promettent entre autres la libération, un sens à la vie, la prospérité, la paix et le bonheur. Pourtant, ils ne possèdent pas eux-mêmes ces bénédictions. En fait, ils sont esclaves de leur convoitise, **car chacun est esclave de ce qui a triomphé de lui**. Ils sont dominés et contrôlés à tel point par leur nature impie (Jn 8.34 ; Ro 6.16) que leur enseignement est dépourvu de tout pouvoir divin. Bien qu'ils offrent la liberté, ils sont esclaves du péché, totalement incapables de procurer la véritable liberté spirituelle parce qu'ils rejettent Jésus-Christ, le seul qui soit capable de vraiment libérer l'âme (Jn 8.31,32,36 ; Ro 8.2 ; Ga 5.1 ; Hé 2.14.15 ; voir aussi Ja 1.25).

LEUR PERVERSION

En effet, si après s'être retirés des souillures du monde, par la connaissance du Seigneur et Sauveur Jésus-Christ, ils s'y engagent de nouveau et sont vaincus, leur dernière condition est pire que la première. Car mieux valait pour eux n'avoir pas connu la voie de la justice, que de l'avoir connue et de se détourner du saint commandement qui leur avait été donné. Il leur est arrivé ce que dit un proverbe vrai : Le chien est retourné à ce qu'il avait vomi, et la truie lavée s'est vautrée dans le bourbier. (2.20-22)

Chose certaine, les faux enseignants de l'époque de Pierre sont des gens religieux en apparence. Ils ont confessé leur foi en Jésus-Christ et ont probablement convaincu les gens qu'ils en savaient beaucoup plus à son sujet que ce n'était le cas en réalité. Autrement, ils n'auraient pas pu infiltrer l'Église avec une telle efficacité.

En adhérant à une religion, surtout au christianisme, ils *[se sont]* **retirés des souillures du monde,** dans un sens. Le mot **souillures,** ou « pollution », signifie *miasme,* un mot translittéré en français qui a la même signification qu'en grec : « exhalation vaporeuse que l'on croyait anciennement être la cause d'une maladie [...] une influence ou une atmosphère qui a tendance à se dissiper ou à se corrompre ». Le système pervers **du monde** produit, pour ainsi dire, des vapeurs empoisonnées, des maux infectieux et des polluants moraux sous toutes les formes imaginables. L'humanité non sauvée est lourdement contaminée par l'immoralité et la vanité du monde, et certains, comme ceux qui deviennent de faux enseignants, cherchent à y échapper. Ils y arrivent **par la connaissance du Seigneur et Sauveur Jésus-Christ,** en trouvant un abri provisoire dans l'Église. Une telle **connaissance** est une conscience aiguisée de *ce qui concerne* Christ, mais il ne s'agit pas d'une connaissance salvatrice *de* Christ (Mt 7.21-23 ; Hé 6.4-6 ; 10.26-29). Ainsi donc, leurs efforts n'aboutiront à rien de plus qu'à une réforme morale temporaire et superficielle au moyen de la religion, celle d'un christianisme nominal, dépourvu d'une foi authentique et de repentance.

Il est évident que les faux enseignants ne sont pas réellement en Christ, car **ils *[s'engagent]* de nouveau** dans les souillures du monde **et sont vaincus**. Ce ne sont pas ceux qui triomphent du monde dont Jean parlera dans sa première épître (1 Jn 5.4,5) ou dans le livre de l'Apocalypse (2.7,11,17,26 ; 3.5,12,21). Étant donné qu'il n'existe pas de véritable salut pour eux − aucune grâce reçue pour surmonter le pouvoir du péché (Ép 1.7), marcher dans le Saint-Esprit (1 Co 2.12,13 ; Ép 2.8-10) et persévérer dans la foi (Ph 2.12,13 ; 2 Th 1.11,12) −, ils retombent dans la pollution du monde et rejettent complètement l'Évangile du salut. Ainsi, **leur dernière condition est pire que la première**. Après tout, ceux qui comprennent la vérité et qui s'en détournent néanmoins feront face à un bien plus grand jugement que ceux qui ne l'auront jamais entendue (voir Mt 10.14,15 ; 11.22-24 ; Mc 6.11 ; Lu 12.47,48).

À la lumière de ce qui précède, **mieux valait pour eux n'avoir pas connu la voie de la justice, que de l'avoir connue et de se détourner du saint commandement qui leur avait été donné** (voir Mt 26.24). Précisons que **la voie de la justice** est la foi chrétienne (voir mes remarques au sujet de 2.2 dans le chapitre 5 du présent volume). Compte tenu du fait qu'ils encourent une plus grande condamnation, il aurait mieux valu que les faux enseignants n'aient pas entendu parler de l'Écriture et de la doctrine plutôt que, les ayant contemplées, de les avoir rejetées. Leur considération pour l'Évangile, bien que dépourvue de toute sincérité, leur donne accès aux enseignements divins de la Parole de Dieu, le **saint commandement** (voir Ex 24.12 ; De 6.1,25 ; Jos 22.5 ; 2 R 17.37 ; Ps 19.8 ; 119.96 ; Pr 6.23 ; Mt 15.3 ; Jn 12.50 ; Ro 7.12 ; 16.26 ; 1 Jn 2.7), mais ils finissent par renoncer à Christ et à sa vérité salvatrice. Ainsi donc, ils repoussent la seule vraie voie qui mène au salut et se retrouvent par conséquent sans le moindre espoir de connaître la vie éternelle. L'auteur de l'épître aux Hébreux fait une mise en garde similaire contre l'apostasie :

> Car il est impossible que ceux qui ont été une fois éclairés, qui ont goûté le don céleste, qui ont eu part au Saint-Esprit,

qui ont goûté la bonne parole de Dieu, et les puissances du siècle à venir, et qui sont tombés, soient encore renouvelés et amenés à la repentance, puisqu'ils crucifient pour leur part le Fils de Dieu et l'exposent à l'ignominie (Hé 6.4-6 ; voir aussi Mt 13.3-7 ; Jn 6.60-66).

Plus loin dans la même épître, l'auteur a rappelé la même vérité, mais en l'exprimant différemment :

> Car, si nous péchons volontairement après avoir reçu la connaissance de la vérité, il ne reste plus de sacrifice pour les péchés, mais une attente terrible du jugement et l'ardeur d'un feu qui dévorera les rebelles. Celui qui a violé la loi de Moïse meurt sans miséricorde, sur la déposition de deux ou de trois témoins ; de quel pire châtiment pensez-vous que sera jugé digne celui qui aura foulé aux pieds le Fils de Dieu, qui aura tenu pour profane le sang de l'alliance, par lequel il a été sanctifié, et qui aura outragé l'Esprit de la grâce ? Car nous connaissons celui qui a dit : À moi la vengeance, à moi la rétribution ! et encore : Le Seigneur jugera son peuple. C'est une chose terrible de tomber entre les mains du Dieu vivant (Hé 10.26-31).

(Pour connaître mes remarques sur ces passages tirés de l'épître aux Hébreux, voir John MacArthur, *Hébreux*, [Trois-Rivières, Québec : Éditions IMPACT, 2002], p. 221-230 et 394-400.)

Conformément à la description que Pierre fait d'eux, les enseignants apostats sont formés en fait au sein même de l'Église où, partiellement exhumés de l'impiété de la société souillée, ils entendent la vérité pour finir par la rejeter. Comme Judas Iscariot, ils prospèrent au contact de Jésus-Christ et de sa Parole, se revêtant de la fausse justice de l'hypocrisie. Finalement, ils se servent de l'Église uniquement pour arriver à leurs fins égoïstes, cherchant tels des parasites spirituels à entraîner par leur pouvoir de séduction le plus de gens possible dans leur chute, à la grande satisfaction des émissaires de Satan (voir 1 Ti 4.1,2).

Des créatures nées pour être tuées

Dans une dernière évocation de leur nature répugnante, Pierre décrit ici les faux enseignants en employant une image frappante tirée du règne animal. Sa première analogie de ce qui **leur est arrivé** est conforme à **ce que dit un proverbe vrai** (Pr 26.11) : **Le chien est retourné à ce qu'il avait vomi.** La seconde est probablement tirée d'un ancien adage séculier : **la truie lavée s'est vautrée dans le bourbier.** Dans les temps bibliques, les chiens et les cochons étaient tous les deux des animaux méprisables (voir Job 30.1 ; Ps 22.17 ; Mt 7.6 ; Lu 16.21). Les chiens, par exemple, étaient rarement gardés comme animaux domestiques parce qu'ils étaient généralement à demi-sauvages, souvent sales, malades et dangereux (voir 1 R 14.11 ; 21.19,23,24 ; És 56.11 ; Ap 22.15). Ils se nourrissaient d'ordures et de déchets ; ils étaient même prêts à manger leur propre **vomi.** Il n'y a donc rien d'étonnant à ce que les Juifs de l'époque aient traité les chiens avec mépris et dégoût. Les truies représentaient également la saleté, étant pour les Juifs d'alors la marque ultime d'impureté (voir Lu 15.15,16). Cela s'explique principalement parce que la loi de Moïse les déclarait impurs au sens cérémonial (Lé 11.7 ; De 14.8). La comparaison de Pierre est donc impossible à ne pas comprendre : les faux enseignants sont l'incarnation de l'impureté et de la cochonnerie spirituelles.

Il y a malheureusement dans le christianisme contemporain beaucoup de gens comme ceux que Pierre décrit dans le passage à l'étude. Désireux de faire une expérience spirituelle et religieuse, ils recherchent l'amélioration personnelle et la réforme morale. Bon nombre d'entre eux sont devenus des enseignants, des prédicateurs et des prétendus prophètes au sein de l'Église. Fait tragique, tels des chiens sales et des cochons impurs, ils finissent par retourner à leur ancien style de vie, rejetant Celui qui seul est capable de les réformer véritablement. Ceux qui deviennent des leaders spirituels sont en réalité de faux enseignants, motivés par leurs propres quêtes égoïstes et leurs propres désirs pervers. À la lumière de leur caractère répugnant et de leur influence funeste, la mise en garde de Pierre est claire : Gardez-vous des faux enseignants et dénoncez-les ! Les croyants doivent écouter les vrais apôtres et prophètes, et non les faux (3.1,2).

La certitude de la seconde venue   8

Voici déjà, bien-aimés, la seconde lettre que je vous écris. Dans l'une et dans l'autre, je cherche à éveiller par des avertissements votre saine intelligence, afin que vous vous souveniez des choses annoncées d'avance par les saints prophètes, et du commandement du Seigneur et Sauveur, enseigné par vos apôtres ; sachez avant tout que, dans les derniers jours, il viendra des moqueurs avec leurs railleries, et marchant selon leurs propres convoitises. Ils disent : Où est la promesse de son avènement ? Car, depuis que les pères sont morts, tout demeure comme dès le commencement de la création. Ils veulent ignorer, en effet, que des cieux existèrent autrefois par la parole de Dieu, ainsi qu'une terre tirée de l'eau et formée au moyen de l'eau, et que par ces choses le monde d'alors périt, submergé par l'eau ; mais, par la même parole, les cieux et la terre d'à présent sont gardés et réservés pour le feu, pour le jour du jugement et de la ruine des hommes impies. Mais il est une chose, bien-aimés, que vous ne devez pas ignorer, c'est que, devant le Seigneur, un jour est comme mille ans, et mille ans sont comme un jour. Le Seigneur ne tarde pas dans l'accomplissement de la promesse, comme quelques-uns le croient ; mais il use de patience envers vous, ne voulant pas qu'aucun périsse, mais voulant que tous arrivent à la repentance. Le jour du Seigneur viendra comme un voleur ; en ce jour, les cieux passeront avec fracas, les éléments embrasés se dissoudront, et la terre avec les œuvres qu'elle renferme sera consumée. (3.1-10)

Jésus-Christ revient *assurément*.

Au fil des siècles, la réalité de cette merveilleuse promesse s'est trouvée au cœur des attentes des chrétiens. Il s'agit de la bienheureuse espérance de l'Église (Tit 2.11-14), de son désir le plus profond (Ro 8.23) et du point culminant de l'histoire du salut (Mt 25.31-46) ; une ère de rédemption pour les croyants (Ép 4.30) et une ère de jugement pour les ennemis de Dieu (2 Th 2.1-12). Son retour marquera également l'inauguration du règne terrestre de Christ (Ap 20.6), durant lequel les saints régneront avec lui dans la sainteté (2 Ti 2.12 ; Ap 5.10). L'espérance de la résurrection du corps (1 Th 4.13-18), une récompense spirituelle (Mt 25.21,23) et un système mondial juste (És 9.6,7) sont tous liés au retour de Jésus. Il n'y a donc rien d'étonnant à ce que l'Église primitive ait trouvé un réconfort extraordinaire dans la seconde venue de Jésus-Christ. Après tout, les lecteurs de l'épître à l'étude ont déjà subi une telle persécution des gens du dehors (1 Pi 4.12-14). Ici, ils vivent dans l'Église le tumulte que causent les faux enseignants. Ainsi donc, ils espèrent ardemment le retour de leur Seigneur, le Juge qui réglera tout (2 Ti 4.7,8). Cela, un certain auteur l'explique de cette façon :

> L'espérance du retour de Christ revêtait la plus grande importante pour l'Église primitive. En fait, sa certitude était si réelle que les croyants du premier siècle se saluaient entre eux par le terme « maranatha », qui signifie « Seigneur, viens bientôt ». Au lieu de redouter cette possibilité, ils s'y raccrochaient en tant que point culminant de tout ce qu'ils croyaient. Il n'est donc pas étonnant que le Nouveau Testament reflète cette anticipation intense en faisant

allusion au retour de Jésus, directement ou indirectement, dans chacun des livres néotestamentaires, sauf dans l'épître à Philémon et la troisième épître de Jean (Nathan Busenitz, *Living a Life of Hope* [Ulrichsville, Ohio : Barbour Books, 2003], p. 122).

Bien entendu, le diable reconnaît lui aussi toute l'importance que cette doctrine revêt pour l'Église. Lorsque les chrétiens vivent dans l'espoir du retour promis de Christ, ils font preuve d'un zèle et d'un enthousiasme spirituels, reconnaissant qu'ils devront bientôt rendre des comptes à leur Maître (Ro 13.11 ; 1 Ti 6.14 ; 2 Ti 4.5). Comme l'apôtre Jean l'a écrit, il s'agit d'une espérance qui purifie (1 Jn 3.3). Cependant, lorsque les croyants oublient la seconde venue et se mettent à se concentrer plutôt sur les choses de ce monde, ils en viennent à s'absorber dans le temporel, et ils deviennent de plus en plus apathiques et indifférents par rapport à l'éternel. Satan sait que, s'il arrivait à convaincre l'Église de n'accorder aucune importance au retour de Christ, ou de nier même en bloc sa réalité, il la priverait d'une source considérable d'espérance et de motivation pour les chrétiens. C'est d'ailleurs à cette fin que le diable place continuellement des sceptiques et de faux enseignants dans l'Église, des hommes qui rejettent, minimisent ou altèrent la promesse de Jésus. Il y avait aussi à l'époque de Pierre de ces cyniques qui abondent parmi les chrétiens d'aujourd'hui. (Pour en savoir plus sur le retour du Seigneur et ceux qui le nient, voir John MacArthur, *The Second Coming* [Wheaton, Illinois : Crossway, 1999].)

Dans 3.1-10, Pierre repousse directement les attaques des faux enseignants. Premièrement, il considère les arguments fallacieux qu'ils soulèvent en défaveur de la seconde venue. Deuxièmement, il répond à ces allégations en soulevant des arguments contraires en faveur du retour de Christ. Pour terminer, il assure à ses lecteurs que, peu importe ce que disent les hérétiques, le futur jugement de Dieu est certain.

LES ARGUMENTS CONTRE LA SECONDE VENUE

sachez avant tout que, dans les derniers jours, il viendra des moqueurs avec leurs railleries, et marchant selon leurs propres convoitises. Ils disent : Où est la promesse de son avènement ? Car, depuis que les pères sont morts, tout demeure comme dès le commencement de la création. (3.3,4)

Dans leur audacieux rejet du retour de Christ, les faux enseignants de l'époque de Pierre commencent par nier la Parole de Dieu. Bien qu'ils reconnaissent **la promesse de son avènement** (voir plus loin mes remarques au sujet des versets 1 et 2 ; 3.15,16 ; voir aussi Mt 10.23 ; 24.29-31,42 ; 25.31 ; Mc 8.38 ; Ac 1.10,11 ; 3.20,21 ; 1 Co 4.5 ; Ph 3.20 ; 1 Th 1.10 ; 5.23 ; 2 Ti 4.1 ; Tit 2.13 ; Hé 9.28 ; 1 Pi 5.4 ; 1 Jn 2.28 ; Ap 16.15), ils la jugent simplement fausse. Plutôt que de se soumettre à la révélation que Dieu fait de lui-même, les faux enseignants rejettent catégoriquement la réalité de la seconde venue de Jésus, niant du même coup, à leur propre satisfaction impie, toute future obligation de lui rendre des comptes (voir 1 Pi 5.1-4). Résultat : ils se moquent des justes, ils affichent leur immoralité et ils s'accrochent stupidement à leur perception uniformitariste du monde. L'apôtre s'arrête sur chacun de ces trois facteurs (leurs moqueries, leur immoralité et leur perception uniformitariste du monde), au profit de ses lecteurs, en dévoilant les véritables motivations des faux enseignants.

LEURS MOQUERIES

sachez avant tout que, dans les derniers jours, il viendra des moqueurs avec leurs railleries, (3.3*a*)

Tout au long de l'histoire de l'Église, les faux enseignants ont souvent tenté d'intimider les gens par **leurs railleries** et leurs sarcasmes. Dans ce cas-ci, l'espérance de la venue de Jésus est la cible de toute leur dérision.

Il ne fait aucun doute que l'Église primitive croyait que le retour de Christ était imminent. L'apôtre Paul, par exemple, pensait que ce retour se produirait peut-être même durant sa vie (voir 1 Th 4.17), perception que tous les disciples partageaient probablement. En tant que disciples de Christ, ils aspiraient ardemment à retrouver leur Seigneur et à voir son royaume être établi sur la terre.

Cependant, le passage du temps n'a pas tardé à menacer le sentiment d'expectative de l'Église, car certains chrétiens à qui Pierre écrit ici commencent apparemment à se demander si Jésus reviendra même un jour. Ils craignent que leur espérance ne soit pas aussi bien fondée qu'ils ne l'ont cru au début.

Bien entendu, les faux enseignants ne tardent pas à tirer parti de telles craintes, en semant encore plus le doute dans leur esprit et en nourrissant l'angoisse par rapport à l'apocalypse. Comme première défense, Pierre exhorte ses lecteurs à *[savoir]* **avant tout** une certaine chose. L'expression **avant tout** n'évoque pas de séquence chronologique, mais plutôt une priorité. Avant de prendre le contre-pied des opinions des faux enseignants, Pierre cherche surtout à mettre ses lecteurs en garde contre leurs tactiques ; surtout contre le fait qu'ils nient délibérément le retour de Christ afin de donner libre cours à leurs actions répréhensibles sans en subir les conséquences. (Pour en savoir plus sur la manière dont Paul a réfuté de telles allégations sur le retour de Christ, voir les remarques au sujet de 1 Th 4.13-18 et 2 Th 2.1-5 dans John MacArthur, *1 et 2 Thessaloniciens*, [Trois-Rivières, Québec : Éditions IMPACT, 2003], p. 161-181 et 351-366.)

L'apôtre poursuit avec l'expression néotestamentaire courante **dans les derniers jours**, expression qui fait allusion à tout le laps de temps qui sépare la première venue de Christ de la seconde (voir Ac 2.17 ; 2 Ti 3.1 ; Hé 1.2 ; Ja 5.3 ; 1 Pi 1.20 ; 1 Jn 2.18 ; Jud 18). Tout au long de cette longue période, **il viendra des moqueurs**, qui chercheront à miner la confiance de l'Église dans le retour de Christ. Bien que Pierre emploie le temps futur du verbe *erchomai* (**viendra**), il ne limite pas les activités des moqueurs à un jour lointain. En fait, il indique plutôt la certitude de leur présence au sein de l'Église. Il y a toujours eu des gens pour se moquer de la promesse du jugement ou de la délivrance (voir És 5.18,19 ; Jé 17.15 ; Éz 12.21-24 ; Ma 2.17). Et de tels blasphèmes se poursuivront jusqu'à la fin de l'histoire de la rédemption (voir Jud 18,19).

Afin d'insister davantage, Pierre se sert de l'expression répétitive **il viendra des moqueurs, avec leurs railleries**. Par leurs moqueries insensées, les faux enseignants s'en prennent, même aujourd'hui, à la promesse de Christ et à toute personne qui y accorde foi. Leur argument n'est ni solide, ni logique ; il constitue plutôt une forme vicieuse d'intimidation visant à ridiculiser les chrétiens remplis d'espoir en les faisant passer pour des insensés et des gens mal informés.

LEUR IMMORALITÉ

et marchant selon leurs propres convoitises. (3.3*b*)

Qu'ils l'admettent ou non, l'immoralité constitue la véritable raison pour laquelle les faux enseignants nient la seconde venue. Le mot grec rendu par **marchant selon** est une forme du verbe *poreuomai*, qui signifie littéralement « se rendre » ou « aller ». Il dénote un comportement à long terme (voir Lu 1.6 ; Ac 9.31 ; 14.16). Le style de vie des faux enseignants est axé sur **leurs propres convoitises** et leur débauche (voir 2.10,13,14,18). Ainsi donc, ils nient le retour de Christ, car ils détestent la pensée d'une rétribution divine (voir Ro 1.18). Ils veulent avoir la liberté de s'adonner à toutes sortes de plaisirs charnels sans avoir à craindre de châtiment à venir. Pour reprendre les paroles de Michael Green :

> L'hédonisme anthropocentrique [recherche des plaisirs centrée sur l'homme] se moque toujours de l'idée de normes ultimes et d'une division finale entre âmes sauvées et âmes perdues. Pour les hommes qui vivent dans le monde du relatif, la possibilité que l'absolu mette fin au relatif n'est qu'une absurdité. Pour les hommes qui nourrissent une croyance dans l'autodétermination et la perfectibilité, l'idée même de la nécessité de rendre des comptes et d'une dépendance est une pilule amère à avaler. Il n'y a rien d'étonnant à ce qu'ils se moquent ! (*The Second Epistle of Peter and the Epistle of James* [Grand Rapids : Eerdmans, 1968], p. 127.)

Par contraste, les croyants accueillent favorablement le fait que le Seigneur reviendra (Ac 1.10,11), qu'ils devront alors répondre de leur vie (Ro 14.12 ; 2 Co 5.10) et qu'il leur accordera ses récompenses selon leur fidélité (1 Co 3.12-15). Ils croient également que, lorsque Christ reviendra, il révélera les choses cachées du cœur (1 Co 4.5). Ceux qui espèrent vraiment en son retour ont une raison de vivre dans la sainteté (Ph 3.20,21 ; 4.1 ; 1 Jn 3.2,3), car ils sont conscients que « chacun de nous rendra compte à Dieu pour lui-même » (Ro 14.12).

LEUR PERCEPTION UNIFORMITARISTE DU MONDE

Ils disent : Où est la promesse de son avènement ? Car, depuis que les pères sont morts, tout demeure comme dès le commencement de la création. (3.4)

Par la question sarcastique **Où est la promesse de son avènement ?** les faux enseignants laissent entendre qu'ils nient le retour du Seigneur en se fondant sur une perception révisionniste de l'Histoire. Pour appuyer leur perception erronée, les faux enseignants prétendent que, **depuis que les pères sont morts, tout demeure comme dès le commencement de la création.** Bien que l'expression **les pères** puisse désigner les pères de la foi chrétienne ou les croyants de la première génération qui sont déjà morts au moment de l'écriture de l'épître à l'étude, aucune de ces possibilités n'est probable. Conformément à d'autres références du Nouveau Testament (voir Ro 9.5 ; Hé 1.1), elle désigne probablement plutôt les patriarches de l'Ancien Testament (voir Ge 25.8-10 ; 35.28,29 ; 49.33).

L'argument des hérétiques est simple. Si **tout demeure comme dès le commencement de la création** (ce qui signifie que l'univers a été créé par Dieu, mais constitue un système fermé et naturaliste de causalité), alors il faut éliminer a priori l'idée d'une intervention divine, y compris celle du retour de Christ. Aujourd'hui, nous connaissons cette perception sous le nom d'uniformitarisme. Prétendant que le présent détient la clef du passé, l'uniformitarisme affirme que les seuls processus naturels à jamais avoir été à l'œuvre par le passé sont les mêmes qui sont à l'œuvre aujourd'hui. Cette affirmation nie catégoriquement toute intervention divine au cours de l'histoire du monde, en s'opposant surtout à la création en six jours et au déluge à l'échelle mondiale.

La montée de l'uniformitarisme moderne tient en grande partie aux efforts de Charles Lyell, avocat et géologue britannique du XIXe siècle. Son livre intitulé *Principes de géologie* a profondément influencé la communauté scientifique de son époque. En fait, l'uniformitarisme de Lyell est un des principaux piliers sur lesquels Charles Darwin a fondé sa théorie de l'évolution. (Darwin a apporté un exemplaire de *Principes de géologie* durant son célèbre voyage, à bord du *Beagle*, aux îles Galapagos et autres îles le long de la côte pacifique de l'Amérique du Sud en 1831-1832.) Résultat : pendant plus d'un siècle, on a mis de côté en grande partie l'hypothèse de Lyell, le catastrophisme, qui avait été jusque-là la perception dominante parmi les géologues.

Au cours des dernières décennies, nous observons cependant un intérêt renouvelé pour le catastrophisme parmi les géologues séculiers. Il est devenu manifeste qu'il y a beaucoup trop de preuves du catastrophisme dans les caractéristiques géologiques de la terre pour appuyer la perception uniformitariste confiante de Lyell. Cependant, au lieu d'accepter le récit biblique d'une création catastrophique en six jours et une autre catastrophe à l'échelle mondiale, le déluge de l'époque de Noé, les « nouveaux catastrophistes » optent pour d'innombrables catastrophes de moindre importance.

Chose certaine, il existe dans l'univers un élément d'uniformité générale ; une manifestation des soins providentiels que Dieu prodigue à sa création. Après tout, si les lois naturelles et les processus universels ne fonctionnaient pas de manière cohérente, ce serait le chaos. Une perception biblique de l'univers nous amène donc à voir la création comme un système *ouvert*, dans lequel Dieu a ordonné une opération uniforme de causes naturelles, mais également un univers dans lequel il est intervenu et il intervient encore. Ceux qui vont au-delà de ces faits, en se portant à la défense d'un uniformitarisme rigide au point d'écarter l'intervention de Dieu dans l'Histoire, se leurrent complètement. À l'instar des faux enseignants de l'époque de Pierre, ils nient les promesses scripturaires (y compris celle du retour de Christ) sur la base de la perception du monde qu'ils ont échafaudée dans leur propre intérêt.

LES ARGUMENTS EN FAVEUR DE LA SECONDE VENUE

Voici déjà, bien-aimés, la seconde lettre que je vous écris. Dans l'une et dans l'autre, je cherche à éveiller par des avertissements votre saine intelligence, afin que vous vous souveniez des choses annoncées d'avance par les saints prophètes, et du commandement du Seigneur et Sauveur, enseigné par vos apôtres ; [...] Ils veulent ignorer, en effet, que des cieux existèrent autrefois par la parole de Dieu, ainsi qu'une terre tirée de l'eau et formée au moyen de l'eau, et que par ces choses le monde d'alors périt, submergé par l'eau ; mais, par la même parole, les cieux et la terre d'à présent sont gardés et réservés pour le feu, pour le jour du jugement et de la ruine des hommes impies. Mais il est une chose, bien-aimés, que vous ne devez pas ignorer, c'est que, devant le Seigneur, un jour est comme mille ans, et mille ans sont comme un jour. Le Seigneur ne tarde pas dans l'accomplissement de la promesse, comme quelques-uns le croient ; mais il use de patience envers vous, ne voulant pas qu'aucun périsse, mais voulant que tous arrivent à la repentance. (3.1,2,5-9)

Pour réfuter les allégations blasphématoires des faux enseignants, Pierre s'appuie sur quatre sources principales : l'Écriture, l'Histoire, l'éternité et les attributs de Dieu.

L'ÉCRITURE

Voici déjà, bien-aimés, la seconde lettre que je vous écris. Dans l'une et dans l'autre, je cherche à éveiller par des avertissements votre saine intelligence, afin que vous vous souveniez des choses annoncées d'avance par les saints prophètes, et du commandement du Seigneur et Sauveur, enseigné par vos apôtres ; (3.1,2)

Par les paroles d'introduction **Voici déjà, bien-aimés, la seconde lettre**, Pierre commence le passage à l'étude en indiquant qu'il a aussi écrit d'autres lettres au même lectorat. En fait, cette expression est probablement une référence implicite à 1 Pierre, son autre **lettre** canonique. Le cœur de pasteur de l'apôtre et le souci sincère qu'il se fait pour ses lecteurs sont exprimés dans le terme **bien-aimés** (voir 3.8), que les apôtres Paul et Jean ont si souvent employé dans leurs écrits néotestamentaires.

Pierre a écrit ses deux lettres inspirées en partie dans le but de rappeler à ses lecteurs certaines vérités doctrinales et spirituelles de base (1.12-15 ; 1 Pi 1.13-16,22-25). L'expression **cherche à éveiller** indique qu'il s'efforce de bousculer toute complaisance et de faire comprendre clairement l'urgence pour ses lecteurs de prendre garde aux faux enseignants. L'apôtre s'oppose ici activement et rigoureusement aux hérétiques, dans l'espoir de protéger son troupeau contre des loups ravisseurs. Pour ce faire, il doit conscientiser ceux à qui il écrit, en révélant **par des avertissements** la vérité à leur **saine intelligence**. Au moment du salut, le Saint-Esprit donne à chaque croyant une **saine intelligence**, une nouvelle compréhension qui est purifiée et non contaminée par les influences séductrices du monde et de la chair (Ro 8.9,11,13-16 ; voir aussi 1 Co 2.12 ; 3.16 ; 6.11 ; Ép 1.12-14 ; 2 Ti 1.7,14). En répétant des vérités spirituelles que ses lecteurs connaissent déjà, l'apôtre les arme d'une conviction renouvelée et des arguments nécessaires pour réfuter les faux enseignements.

Le premier rappel de Pierre concerne la vérité des écrits de l'Ancien Testament, *[les]* **choses annoncées d'avance par les saints prophètes** (voir 1.20,21). (L'emploi que Pierre fait ici de l'adjectif **saints** établit un contraste frappant entre l'injustice des faux prophètes et la justice des vrais prophètes [voir Jud 14,15].)

Dans tout l'Ancien Testament, les **prophètes** prédisent continuellement le jugement eschatologique de Dieu. Par exemple, Ésaïe a proclamé ceci :

Car voici, l'Éternel arrive dans un feu, et ses chars sont comme un tourbillon ; il convertit sa colère en un brasier, et ses menaces en flammes de feu. C'est par le feu que l'Éternel exerce ses jugements, c'est par son glaive qu'il châtie toute chair ; et ceux que tuera l'Éternel seront en grand nombre (És 66.15,16 ; voir aussi 13.10-13 ; 24.19-23 ; 34.1-4 ; 51.6).

Et le prophète Malachie a abordé ce même thème en annonçant :

> Car voici, le jour vient, ardent comme une fournaise. Tous les hautains et tous les méchants seront comme du chaume ; le jour qui vient les embrasera, dit l'Éternel des armées, il ne leur laissera ni racine ni rameau. Mais pour vous qui craignez mon nom, se lèvera le soleil de la justice, et la guérison sera sous ses ailes ; vous sortirez, et vous sauterez comme les veaux d'une étable. Et vous foulerez les méchants, car ils seront comme de la cendre sous la plante de vos pieds, au jour que je prépare, dit l'Éternel des armées (Ma 4.1-3).

Ainsi donc, d'Ésaïe à Malachie, à savoir du début jusqu'à la fin des prophètes de l'Ancien Testament, le thème de la colère finale de Dieu (souvent appelée « le jour du Seigneur ») est clairement proclamé (voir Éz 30.3 ; Joë 2.31 ; Mi 1.3,4 ; So 1.14-18 ; Ma 4.5).

Le **commandement du Seigneur et Sauveur, enseigné par** les **apôtres** désigne le Nouveau Testament (voir un emploi similaire d'*entolê* [commandement] dans 1 Ti 6.14) et son sujet, Jésus-Christ. (Pierre dit **vos apôtres** afin de faire remarquer la relation particulière qu'ils ont avec l'Église.) Vingt-trois des vingt-sept livres du Nouveau Testament parlent explicitement du retour du Seigneur. Sur les quatre qui n'y font pas vraiment ou aucunement allusion (Galates, Philémon, 2 Jean et 3 Jean), Galates 5.5 dit : « Pour nous, c'est de la foi que nous attendons, par l'Esprit, l'espérance de la justice. » Et 2 Jean 8 parle de la récompense à venir pour le croyant, doctrine qui s'accomplira finalement après la seconde venue. En réalité, seules l'épître à Philémon et 3 Jean gardent donc le silence le plus complet sur le sujet. Dans les deux cent soixante chapitres du Nouveau Testament, les apôtres de Christ évoquent environ trois cents fois sa seconde venue.

En proclamant leur grande espérance, les apôtres ne font que mettre en lumière la promesse de leur Sauveur : « Car le Fils de l'homme doit venir dans la gloire de son Père, avec ses anges ; et alors il rendra à chacun selon ses œuvres » (Mt 16.27 ; voir aussi 25.31 ; 26.64 ; Mc 13.3-27 ; Lu 12.40). L'apôtre Paul, par exemple, a confirmé à maintes reprises qu'il croyait au retour glorieux de Christ (1 Co 4.5 ; 15.22-28 ; 1 Th 3.13 ; 2 Th 1.7,8,10 ; 2 Ti 4.1,8 ; Tit 2.13 ; voir aussi Hé 9.27,28), événement que l'apôtre Jean a décrit en ces termes :

> Puis je vis le ciel ouvert, et voici, parut un cheval blanc. Celui qui le montait s'appelle Fidèle et Véritable, et il juge et combat avec justice. Ses yeux étaient comme une flamme de feu ; sur sa tête étaient plusieurs diadèmes ; il avait un nom écrit, que personne ne connaît, si ce n'est lui-même ; et il était revêtu d'un vêtement teint de sang. Son nom est la Parole de Dieu. Les armées qui sont dans le ciel le suivaient sur des chevaux blancs, revêtus d'un fin lin, blanc, pur. De sa bouche sortait une épée aiguë, pour frapper les nations ; il les paîtra avec une verge de fer ; et il foulera la cuve du vin de l'ardente colère du Dieu tout-puissant. Il avait sur son vêtement et sur sa cuisse un nom écrit : Roi des rois et Seigneur des seigneurs (Ap 19.11-16 ; voir aussi 1.7 ; 16.15 ; És 24.23).

De Matthieu à l'Apocalypse, le retour de Jésus ne cesse d'être évoqué. Pierre comprend le poids de ce témoignage apostolique inspiré. Résultat : il affirme la seconde venue de Christ avec une assurance inébranlable.

L'HISTOIRE

Ils veulent ignorer, en effet, que des cieux existèrent autrefois par la parole de Dieu, ainsi qu'une terre tirée de l'eau et formée au moyen de l'eau, et que par ces choses le monde d'alors périt, submergé par l'eau ; mais, par la même parole, les cieux et la

La certitude de la seconde venue 3.5-7

terre d'à présent sont gardés et réservés pour le feu, pour le jour du jugement et de la ruine des hommes impies. (3.5-7)

Les auteurs néotestamentaires évoquaient souvent l'Ancien Testament pour étayer leur point de vue (par ex. : 1 Co 10.1-13 ; Hé 11 ; voir aussi Ro 15.4), comme l'a fait Jésus à plusieurs occasions (Lu 11.29-32 ; 17.26-32). Ainsi donc, il n'y a rien d'étonnant à ce que Pierre en fasse autant. Dans le cas du passage à l'étude, l'apôtre évoque l'histoire de l'Ancien Testament afin de mieux défendre la seconde venue.

Puisque, **en effet**, ils **veulent** maintenir leur perception uniformitariste de l'Histoire (voir mes remarques au sujet du v. 4 plus haut), les faux enseignants ne font aucun cas des faits historiques. Le mot grec traduit par **ignorer** (*lanthanô*) indique qu'ils agissent délibérément. Ce n'est pas que les faits historiques échappent simplement à de tels moqueurs, mais plutôt que ces derniers choisissent de fermer les yeux sur la vérité. C'est à dessein qu'ils ne font aucun cas des preuves historiques et qu'ils font abstraction des récits bibliques portant sur la rétribution divine. Étant donné qu'ils sont attachés à leurs péchés et qu'ils souhaitent vivre à leur guise (voir Job 20.12,13 ; Ps 36.2-5 ; 73.5-12 ; Pr 13.19 ; 14.9 ; 16.30 ; 26.11 ; Jn 3.20 ; Ro 1.21-32 ; Ép 4.17-19 ; 2 Ti 3.2-5), ils décident consciemment de ne pas tenir compte des conséquences finales (voir No 15.31 ; De 7.9,10 ; Job 36.12,17 ; Ps 34.17 ; 78.49,50 ; Mt 10.28 ; 13.41,42,49,50 ; Ro 1.18 ; 1 Co 6.9,10 ; Ga 6.8 ; 2 Th 2.8-10 ; Ap 21.8,27).

En conséquence de leur aveuglement délibéré, les faux enseignants passent sous silence deux événements historiques d'une importance primordiale qui démontrent la fausseté de leur perception uniformitariste. Le premier, c'est la création, lorsque **par la parole de Dieu** le Seigneur a créé l'univers, ou **cieux** (Ge 1.1). Il ne lui a fallu aucune matière première (Ge 1.1 – 2.1 ; voir aussi És 40.28 : 45.8,12,18 ; 48.13 ; Ac 17.24) ni beaucoup de temps. Bien que Dieu ait toujours existé (Ps 90.2 : 102.25-27 ; Ro 1.20 ; Ap 16.5), la création a marqué le début de l'univers dans le temps et l'espace. L'Écriture, surtout Genèse 1 et 2, soutient une création relativement récente et une terre jeune, ayant été créée spécialement à partir de rien en six jours consécutifs. L'expression **existèrent autrefois** n'implique pas une création ayant eu lieu des milliards d'années plut tôt. Il aurait certainement suffi qu'il s'agisse de plusieurs milliers d'années pour que l'apôtre emploie cette expression. De plus, le contexte plus large du livre de la Genèse appuie clairement la perception d'une terre jeune, selon laquelle l'univers n'aurait pas plus de dix mille ans d'existence (voir, par exemple, les généalogies des chapitres 5,10,11).

Étant donné que Dieu a créé les cieux, la **terre** a été divinement **tirée de l'eau et formée au moyen de l'eau**. Dieu a formé la terre entre deux étendues massives d'eau (Ge 1.6-9 ; voir aussi Pr 8.27-29). Le deuxième jour de la création, il a rassemblé les eaux qui étaient au-dessus en un genre de voûte vaporeuse dont il a entouré la terre, et les eaux qui étaient au-dessous en des réservoirs souterrains, des rivières, des lacs et des mers. Ensuite, le troisième jour, il a séparé le sec de l'amas des eaux, permettant ainsi à la terre ferme d'apparaître (Ge 1.10). (Pour en savoir plus sur la création biblique et plusieurs questions majeures qu'elle soulève, voir John MacArthur, *The Battle for the Beginning* [Nashville : Word Publishing, 2001].)

Étant donné qu'Adam et Ève ont vécu dans ce monde antérieur au déluge, sous la voûte vaporeuse que Dieu avait créée, ils étaient protégés contre les dangereux rayons du soleil. Résultat : ils ont vécu beaucoup plus longtemps que ne vivent aujourd'hui les êtres humains (voir Ge 5.5). Pourtant, en dépit de l'environnement idéal dont ils jouissaient, le climat spirituel du monde antérieur au déluge s'est rapidement dégradé. En fait, l'impiété de leurs descendants a atteint un tel point que Dieu a décidé de juger le monde et de noyer tous ses habitants, à l'exception de huit personnes (Ge 6.5-7,11-13). En conséquence, **par ces choses le monde d'alors périt, submergé par l'eau**. Par l'emploi du mot **monde**, Pierre ne fait pas nécessairement allusion ici à la terre physique, car la planète n'a pas été anéantie, mais plutôt à l'ordre terrestre inique (1 Jn 2.15-17 ; voir aussi 1 Co 1.20,21 ; 2 Co 4.4 ; Ga 4.3 ; Col 2.8,20 ; 1 Ti 6.17 ; Hé 11.7 ; Ap 11.15 ; 18.2-20). Le terme **submergé** (*katakluzô*, duquel provient le mot français « cataclysme ») signifie « inonder », impliquant une submersion complète et destructrice.

Contrairement aux objections de certains sceptiques, l'eau était en assez grande quantité pour couvrir toute la terre. En plus de l'eau qui se trouvait déjà sur la surface de la terre (qui couvre encore aujourd'hui près des trois quarts de la planète), il existait deux autres vastes sources d'eau : les réservoirs souterrains (les « sources du grand abîme » [Ge 7.11 ; voir aussi 8.2]) et la voûte créée le deuxième jour (les « eaux qui sont au-dessus de l'étendue » [Ge 1.7]). Ensemble, ces deux sources ont fourni suffisamment d'eau pour qu'il pleuve sur tout le globe pendant quarante jours et quarante nuits (Ge 7.12). Le langage employé dans Genèse 7, où le déluge est décrit en détail, ne peut s'expliquer que dans la perspective d'un déluge à l'échelle mondiale. (Pour en savoir plus au sujet du déluge, voir les notes sur Genèse 7.11 − 8.4 dans John MacArthur, éd., *Bible d'étude de John MacArthur* [Genève : Société Biblique de Genève, 2006], p. 62-64.)

Les faux enseignants de l'époque de Pierre refusent de percevoir correctement l'histoire du monde. À cause de leur hédonisme égocentrique, ils sont l'exemple classique d'une ignorance délibérée. Comme les historiens révisionnistes d'aujourd'hui, les faux enseignants nient à dessein tant l'histoire de la création que celle du déluge, les deux événements catastrophiques qui réfutent facilement leur perception uniformitariste.

Dans Genèse 9.11,15, Dieu a promis de ne jamais détruire la terre de nouveau en la frappant d'un déluge à l'échelle mondiale. Cela ne signifie toutefois *pas* qu'il ne la frappera jamais plus d'un jugement à la même échelle. Au contraire, car Pierre dit ici que, **par la même parole, les cieux et la terre d'à présent sont gardés et réservés pour le feu**. Si le système mondial d'avant le déluge a été submergé par l'eau, le système mondial actuel sera consumé par les flammes (Job 21.30 ; Ps 9.8 ; 96.13 ; Mt 13.40-42 ; 25.32 ; Ro 2.5 ; Hé 9.27 ; 10.27). Comme dans le cas du déluge, le jugement à venir frappera **par** la puissance et l'autorité de la **parole** de Dieu.

L'Écriture associe souvent **le feu** au jugement dernier. À ce sujet, le prophète Ésaïe a écrit :

> Car voici, l'Éternel arrive dans un feu, et ses chars sont comme un tourbillon ; il convertit sa colère en un brasier, et ses menaces en flammes de feu. C'est par le feu que l'Éternel exerce ses jugements, c'est par son glaive qu'il châtie toute

chair ; et ceux que tuera l'Éternel seront en grand nombre (És 66.15,16 ; voir aussi Da 7.9,10 ; Mi 1.4 ; Ma 4.1).

Le Nouveau Testament associe également le feu au jugement. Paul a d'ailleurs dit aux croyants de Thessalonique :

Car il est de la justice de Dieu de rendre l'affliction à ceux qui vous affligent, et de vous donner, à vous qui êtes affligés, du repos avec nous, lorsque le Seigneur Jésus apparaîtra du ciel avec les anges de sa puissance, au milieu d'une flamme de feu, pour punir ceux qui ne connaissent pas Dieu et ceux qui n'obéissent pas à l'Évangile de notre Seigneur Jésus (2 Th 1.6-8 ; voir aussi Mt 3.10-12).

Comme la présence d'eaux abondantes a facilité le déluge, ainsi le caractère envahissant du feu rend crédible un brasier à venir. Par exemple, les galaxies se composent de milliards d'astres incandescents. Même le noyau de la terre renferme un énorme volume de roche fondue dont la température s'élève peut-être jusqu'à 6900 degrés Celsius. Seule une croûte terrestre d'à peine seize kilomètres d'épaisseur sépare l'humanité du noyau embrasé de la terre. Fait plus significatif encore : toute la création constitue, en raison de sa structure atomique de base, une bombe nucléaire en puissance. La puissance dévastatrice des armes nucléaires démontre la force destructrice que Dieu a placée dans l'atome. À son heure, Dieu mettra ce genre d'énergie nucléaire à l'œuvre lors d'un holocauste atomique par lequel il désintégrera l'univers (voir mes remarques sur 3.10 plus loin dans le présent chapitre et sur 3.12 dans le prochain chapitre du présent volume).

La mise en garde de Pierre est donc claire : Dieu a *[gardé]* et *[réservé]* l'univers **pour le feu, pour le jour du jugement et de la ruine des hommes impies.** Comme ce fut le cas à l'époque de Noé, le jour du jugement dernier est destiné aux **hommes impies** et non aux croyants (voir Mt 25.41 ; Lu 3.17 ; Jn 5.29). Le Seigneur sortira les siens du monde avant de déchaîner sa colère finale (voir Ma 3.16-18).

La certitude de la seconde venue 3.8

L'ÉTERNITÉ

Mais il est une chose, bien-aimés, que vous ne devez pas ignorer, c'est que, devant le Seigneur, un jour est comme mille ans, et mille ans sont comme un jour. (3.8)

Dans les Psaumes, Moïse a déclaré : « Car mille ans sont, à tes yeux, comme le jour d'hier, quand il n'est plus, et comme une veille de la nuit » (Ps 90.4). En paraphrasant ce Psaume, Pierre encourage ici ses lecteurs à **ne [...] pas ignorer** que la perspective que Dieu a du temps est très différente de celle qu'en a l'humanité (voir Ps 102.12,24-27). Selon la perspective éternelle de Dieu, la quantité de temps qui s'écoule sur la terre est sans conséquence. Pour le Dieu de l'éternité, le moment n'est en rien différent de l'ion, et les ions passent aussi vite que les moments.

Ce qui peut sembler aux croyants être long **comme mille ans**, est en fait pour Dieu court **comme un jour**. En contexte, Pierre indique que, même si le retour de Christ semble éloigné pour les êtres humains, il est imminent du point de vue de Dieu. Les gens, à l'esprit fini, ne doivent pas confiner un Dieu infini dans leur cadre temporel. Le Seigneur Jésus-Christ reviendra au moment *précis* que Dieu a déterminé de toute éternité passée. Ceux qui, de manière insensée, exigent que Dieu se conforme à leur cadre temporel ignorent qu'il est « le Très-Haut, dont la demeure est éternelle » (És 57.15). De manière comparable, ceux qui prétendent que Christ ne reviendra pas parce qu'il ne l'a pas encore fait démontent toute l'ampleur de leur folie.

Au-delà du sens général de **mille ans**, qui désigne une longue période, par opposition à **un jour**, qui désigne une courte période, il y a également ici l'indication précise que mille ans s'inscrit en fait entre la première phase du jour du Seigneur, qui aura lieu à la fin de la Tribulation (Ap 6.17) et sa dernière phase, qui aura lieu à la fin du règne millénaire. Alors, le Seigneur détruira l'univers et créera les nouveaux cieux et la nouvelle terre (Ap 20.1 – 21.1).

LES ATTRIBUTS DE DIEU

Le Seigneur ne tarde pas dans l'accomplissement de la promesse, comme quelques-uns le croient ; mais il use de patience envers vous, ne voulant pas qu'aucun périsse, mais voulant que tous arrivent à la repentance. (3.9)

La défense de Pierre en faveur de la seconde venue se termine par l'évocation des attributs de Dieu. Voici l'idée maîtresse de son argument : si Christ ne revient pas immédiatement, c'est parce que Dieu use de patience envers les pécheurs. Toute attente tient donc uniquement à la grâce divine qui subsiste. Ce n'est pas que Dieu soit indifférent, impuissant ou distrait. En fait, c'est tout le contraire. Comme il est miséricordieux et patient, il retarde son jugement afin que les pécheurs qui sont élus puissent venir à la repentance (1 Pi 3.20 ; voir aussi Mt 4.17 ; 9.13 ; Mc 6.12 ; Lu 15.10 ; Ro 2.4 ; 2 Ti 2.25 ; Ap 2.5).

En dépit des railleries des moqueurs, le **Seigneur ne tarde pas dans l'accomplissement de la promesse, comme quelques-uns le croient**. Par le verbe **tarde** (*bradunô*), on sous-entend l'idée de « traîner ». Toutefois, rien de cela ne s'applique à Dieu, car sa lenteur apparente n'est pas due à une incapacité, à un oubli ou à une apathie de sa part. En accomplissant sa **promesse**, Dieu fait précisément tout selon ses desseins et son temps parfaits (voir 2 S 22.31 ; Ps 111.5,7,8 ; És 25.1 ; Jé 33.14 ; 2 Co 1.20). Ce même principe s'applique d'ailleurs à la première venue de Christ : « mais, lorsque les temps ont été accomplis, Dieu a envoyé son Fils, né d'une femme, né sous la loi » (Ga 4.4).

Le mot **patience** rend une forme du verbe *makrothumeô*. Il s'agit d'un mot composé qui combine « large » et « grande colère ». Pierre l'emploie ici pour démontrer que Dieu a la capacité immense de retenir sa colère avant de la laisser se déchaîner dans un jugement (voir Ex 34.6 ; Joë 2.13 ; Mt 18.23-27 ; Ro 2.4 ; 9.22). Bien qu'il soit impossible d'échapper à ce jugement fatal, la patience infinie de Dieu qui le précède donne aux élus l'occasion de se réconcilier avec lui et d'être sauvés (voir 3.15). La colère qu'il nourrit contre les pécheurs individuels est apaisée dès l'instant où la personne se repent et croit à l'Évangile (voir Lu 15.7,10 ; Ac 13.47,48).

Le pronom **vous** désigne à la fois les lecteurs immédiats de Pierre et toute personne qui en viendra à mettre sa foi en Jésus-Christ (voir Jn 10.16). Certains sont d'avis que le **vous** implique ici le salut de tous, mais le contexte immédiat et les remarques qui concernent « la ruine des hommes impies » (v. 7) limitent clairement ce **vous** aux croyants. L'épître à l'étude est adressée à « ceux qui ont reçu en partage une foi du même prix que la nôtre, par la justice de notre Dieu et du Sauveur Jésus-Christ ; [...] celles-ci nous assurent de sa part les plus grandes et les plus précieuses promesses, afin que par elles *vous* deveniez participants de la nature divine » (1.1*b*,4*a* ; italiques pour souligner). Dès lors, Pierre emploiera le pronom **vous** pour désigner les croyants (2.1-3 ; 3.2). Le pronom personnel **vous** de 3.1 désigne ceux qui sont « bien-aimés ». Les mots du verset 8, « il est une chose, bien-aimés, que *vous* ne devez pas ignorer » (italiques pour souligner), relient encore ici le pronom **vous** aux bien-aimés. Ceux que le pronom **vous** désigne et envers qui le Seigneur use de patience sont donc les mêmes bien-aimés qu'il attend d'amener à la repentance.

Ceux qui *[périssent]*, « entièrement détruits » dans l'enfer éternel, sont sous le coup de la condamnation parce qu'ils sont morts dans leurs péchés et qu'ils refusent l'offre du salut en Christ qui leur vient de Dieu. En même temps, il est clair dans l'Écriture que le Père ne se réjouit aucunement de la mort de l'âme perdue : « Car je ne désire pas la mort de celui qui meurt, dit le Seigneur, l'Éternel. Convertissez-vous donc et vivez » (Éz 18.32 ; voir aussi Jé 13.17 ; Mt 23.37). En fait, Dieu offre le salut à tous (voir És 45.21,22 ; 55.1 ; Mt 11.28 ; Jn 3.16 ; Ac 17.30 ; 1 Ti 2.3,4 ; Ap 22.17).

L'Écriture dit clairement que Dieu a le péché en horreur (De 25.16 ; 1 R 14.22 ; Ps 5.4-6 ; 45.8 ; Pr 6.16-19 ; 15.9 ; Ha 1.13) et donc ses conséquences potentielles dans la vie de chaque personne, y compris le châtiment éternel en enfer. Pourtant, afin de manifester sa propre gloire par la colère, Dieu a choisi d'en sauver certains et de ne pas sauver certains autres, comme l'a expliqué l'apôtre Paul :

Ainsi donc, cela ne dépend ni de celui qui veut, ni de celui qui court, mais de Dieu qui fait miséricorde. Car l'Écriture dit à Pharaon : Je t'ai suscité à dessein pour montrer en toi ma puissance, et afin que mon nom soit publié par toute la terre. Ainsi, il fait miséricorde à qui il veut, et il endurcit qui il veut (Ro 9.16-18 ; voir aussi Jos 11.20 ; Jn 1.13 ; 6.37,44 ; Ro 11.7).

Le contexte indique que **aucun** et **tous** se limitent aux élus, notamment **tous** ceux que le Seigneur s'est choisis et appelle à lui. Autrement dit, Christ ne reviendra pas avant que chaque personne que Dieu s'est choisie soit sauvée. En employant le pronom personnel **vous** (qui fait allusion aux lecteurs croyants de Pierre), l'apôtre limite **aucun** et **tous** au règne des êtres humains élus.

Bien entendu, une fois que tous les élus auront mis leur foi en Christ, la patience de Dieu s'épuisera. Après avoir accordé au monde autant de temps qu'il l'a souverainement déterminé, Dieu déchaînera sa colère contre la terre. Si sa patience retient actuellement son jugement, la période de grâce dont l'humanité jouit actuellement, aussi longue puisse-t-elle sembler selon les normes humaines, ne durera pas éternellement (voir Ge 6.3).

LA CERTITUDE DU JUGEMENT DIVIN

Le jour du Seigneur viendra comme un voleur ; en ce jour, les cieux passeront avec fracas, les éléments embrasés se dissoudront, et la terre avec les œuvres qu'elle renferme sera consumée. (3.10)

En s'appuyant sur ses arguments antérieurs, Pierre affirme ici avec assurance que le jour du Seigneur *viendra*. Peu importe ce que prétendent les faux enseignants, la preuve contre eux est accablante.

Dans l'Écriture, **le jour du Seigneur** désigne les interventions extraordinaires et miraculeuses de Dieu dans l'histoire de l'humanité qui ont pour but de juger, qui atteindront leur paroxysme lors du jugement dernier contre les impies sur la terre et de la destruction de l'univers actuel. Les prophètes de l'Ancien Testament considéraient le jour du Seigneur comme un jour de jugement, de ténèbres et de

La certitude de la seconde venue 3.10

condamnation sans pareil, un jour lors duquel le Seigneur anéantira complètement ses ennemis, rendra justice à son nom, révélera sa gloire et établira son royaume (És 2.10-21 ; 13.6-22 ; Joë 1 – 2 ; Am 5 ; Ab 15 ; So 1.7-18 ; Za 14 ; Ma 4). Les auteurs néotestamentaires considéraient ce jour comme un événement formidable et redoutable à venir (2 Th 2.2 ; voir aussi Mt 24.29-31). Selon le livre de l'Apocalypse, cet événement se déroulera en deux volets : durant la tribulation (Ap 6.17) et après le millénium (Ap 20.7-10). Ensuite, Dieu établira le nouveau ciel et la nouvelle terre (Ap 21.1).

En l'examinant de plus près, nous réalisons que l'expression **jour du Seigneur** nous révèle dix-neuf références indiscutables qui sont tirées de l'Ancien Testament et quatre qui sont tirées du Nouveau Testament. Les prophètes de l'Ancien Testament employaient cette expression pour décrire tant les jugements historiques rapprochés (És 13.6-22 ; Éz 30.2-19 ; Joë 1.15 ; Am 5.18-20 ; So 1.14-18) que les jugements eschatologiques éloignés (Joë 2.30-32 ; 3.14 ; Za 14.1 ; Ma 4.1,5). Ils y ont fait allusion six fois comme au « jour de la détresse » et quatre fois comme au « jour du châtiment ». Les auteurs néotestamentaires l'appellent le jour de la « colère », le jour « où il les [*païens*] visitera » et le « grand jour du Dieu tout-puissant » (Ap 16.14). Il s'agit de jugements terrifiants (voir Joë 2.30,31 ; 2 Th 1.7-10) dont Dieu frappe le monde en raison de l'impiété démesurée de ce dernier.

Pierre dit ici que le jour du Seigneur viendra **comme un voleur**, ce qui signifie qu'il arrivera de manière inattendue, sans crier gare, et sera dévastateur pour ceux qui ne s'y seront pas préparés. L'apôtre Paul a d'ailleurs employé la même comparaison en écrivant aux croyants de Thessalonique : « Car vous savez bien vous-mêmes que le jour du Seigneur viendra comme un voleur dans la nuit » (1 Th 5.2).

Au point le plus fort du jour du Seigneur, **les cieux passeront avec fracas**, un bouleversement à l'échelle planétaire que Jésus a lui-même prédit dans son discours sur la montagne des Oliviers : « Le ciel et la terre passeront » (Mt 24.35*a*). Le mot **cieux** désigne l'univers physique visible de l'espace interstellaire et intergalactique. Comme Christ, Pierre prédit la dissolution de tout l'univers dans une « décréation » instantanée, causée non par un quelconque scénario naturaliste, mais par la seule intervention omnipotente de Dieu.

Le terme **fracas** (*rhoizêdon*) évoque quelque chose qui passe vite ou bruyamment, ainsi que les crépitements et les sifflements que font les objets consumés par le feu. En ce jour-là, le bruit que feront les atomes de l'univers en pleine désintégration sera plus assourdissant que tout ce que l'oreille humaine aura pu entendre jusque-là.

En poursuivant, Pierre élabore l'affirmation qu'il a faite dans le verset 7 : **les éléments embrasés se dissoudront, et la terre avec les œuvres qu'elle renferme sera consumée**. Le mot éléments (*stoicheia*) signifie littéralement « ceux qui forment une rangée », comme dans le cas des lettres de l'alphabet ou d'une série de numéros. Lorsqu'il est employé en référence avec le monde physique, il décrit les composantes atomiques de base qui forment l'univers.

La chaleur sera si grande que **la terre avec les œuvres qu'elle renferme sera consumée**. La puissance de Dieu consumera tout dans le règne matériel – toute la terre physique (avec ses civilisations, ses écosystèmes et ses ressources naturelles) – et l'univers céleste qui l'entoure. Cependant, même au cœur de toute cette destruction ahurissante, le Seigneur protégera ses brebis.

Pour l'instant, les moqueurs et les faux enseignants ont beau donner libre cours à leurs railleries, reste que leurs remarques désobligeantes et leurs insultes non dissimulées ne dureront qu'un temps. Un jour, Christ reviendra et le jugement de Dieu tombera, fait que sa promesse garantit et que sa puissance concrétisera. Après le retour de Christ, tout l'univers actuel cessera d'exister. Il sera remplacé par une terre et un ciel complètement nouveaux où le juste vivra avec Dieu pour toujours (Ap 22.5). L'impie, par contre, fera face aux conséquences éternelles de ses péchés (Ap 20.10-15).

À la lumière de tout cela, les croyants doivent attendre ce jour avec empressement. Après tout, Jésus-Christ revient, et son retour se fera exactement au moment où Dieu l'a déterminé.

Vivre dans l'attente du retour de Christ   9

Puisque tout cela est en voie de dissolution, combien votre conduite et votre piété doivent être saintes. Attendez et hâtez l'avènement du jour de Dieu, jour à cause duquel les cieux enflammés se dissoudront et les éléments embrasés se fondront ! Mais nous attendons, selon sa promesse, de nouveaux cieux et une nouvelle terre, où la justice habitera. C'est pourquoi, bien-aimés, en attendant ces choses, appliquez-vous à être trouvés par lui sans tache et irréprochables dans la paix. Croyez que la patience de notre Seigneur est votre salut, comme notre bien-aimé frère Paul vous l'a aussi écrit, selon la sagesse qui lui a été donnée. C'est ce qu'il fait dans toutes les lettres, où il parle de ces choses, dans lesquelles il y a des points difficiles à comprendre, dont les personnes ignorantes et mal affermies tordent le sens, comme celui des autres Écritures, pour leur propre ruine. Vous donc, bien-aimés, qui êtes avertis, tenez-vous sur vos gardes, de peur qu'entraînés par l'égarement des impies, vous ne veniez à déchoir de votre fermeté. **Mais croissez dans la grâce et dans la connaissance de notre Seigneur et Sauveur Jésus-Christ. À lui soit la gloire, maintenant et pour l'éternité ! Amen !** (3.11-18)

Un jour, dans un avenir relativement proche, l'univers sera totalement anéanti. Sous le poids de la colère dévorante de Dieu, qui s'exprimera par sa rétribution finale, il fondra dans un holocauste final d'une intensité inimaginable. Pour les ennemis de Dieu, le jugement final sera un cauchemar auquel il sera impossible d'échapper. Par contre, pour les enfants de Dieu, il signifiera l'accomplissement de l'espérance chrétienne, un rêve qui se réalise, marquant le début du règne de Christ sur la terre, suivi de la création d'un nouveau ciel et d'une nouvelle terre. Pour Dieu lui-même, il marquera son triomphe complet sur tous ceux qui s'opposent à lui, y compris la destruction finale de la mort et l'élimination totale du péché (1 Co 15.24-28).

Par ce dernier passage, Pierre exhorte ses lecteurs à adopter la bonne attitude par rapport au retour du Seigneur et au jugement dernier. Après tout, leur conduite au quotidien doit être conforme à leur espérance (voir Ro 15.13 ; Col 1.23 ; Hé 6.11 ; 1 Jn 3.3), puisqu'ils contemplent la réalité d'une récompense divine et la promesse d'une gloire éternelle.

L'expression **Puisque tout cela est en voie de dissolution** nous ramène au passage précédent (3.7-10), qui prédit la destruction de l'univers. Jusqu'à ce qu'un état éternel de gloire remplace tout, Pierre précise combien la **conduite** et la **piété** de ses lecteurs doivent être saintes. En français, cette affirmation ressemble à une question, mais elle constitue en fait une exclamation d'étonnement, un moyen rhétorique qui n'attend pas de réponse. À la lumière du jugement que Dieu a promis, Pierre met ses lecteurs au défi de vivre en conformité avec leur espérance chrétienne, en permettant à leur anticipation du retour de Christ d'influencer leur conduite quotidienne.

Comme étrangers et pèlerins sur la terre, les croyants ne font pas partie du système mondial (Ph 3.20 ; Hé 11.10,11,16 ; 1 Pi 1.1 ; 1 Jn 2.15-17). Par conséquent, ils doivent vivre en fonction des bénédictions éternelles qu'ils recevront lorsque Jésus-Christ sera enfin révélé dans toute sa gloire (voir Mt 5.48 ; Col 3.2 ; 1 Pi 1.13-15). L'apôtre Paul, par exemple, a manifesté ce genre d'attitude.

C'est pour cela aussi que nous nous efforçons de lui [*Dieu*] être agréables, soit que nous demeurions dans ce corps, soit que nous le quittions. Car il nous faut tous comparaître devant le tribunal de Christ, afin que chacun reçoive selon le bien ou le mal qu'il aura fait, étant dans son corps (2 Co 5.9,10 ; voir aussi 1 Co 4.5*b*).

Manifestement, la pensée d'une récompense à venir et de la nécessité de rendre des comptes un jour a eu pour effet de transformer l'idée que Paul se faisait de la manière dont il devait vivre sa vie. Le fait de savoir qu'il allait devoir un jour se tenir devant Christ, son Roi, l'a puissamment motivé à « marcher d'une manière digne de la vocation qui [lui] a été adressée » (Ép 4.1).

En soulignant les implications pratiques de la vérité eschato‑logique, Pierre exhorte ses lecteurs à vivre aussi une vie digne de leur vocation chrétienne, qui se caractérise par une **conduite** (des actions et un comportement extérieurs) et une **piété** (des attitudes de cœur et une révérence intérieure) **saintes**. La trame du mandat qu'il leur confie – vivre à la lumière de la seconde venue – est tissée à partir de sept fils distincts : une perspective éternelle, une paix intérieure, une pureté pratique, une proclamation fidèle, une perception doctrinale juste, des progrès spirituels et des louanges continuelles.

Une perspective éternelle

Attendez et hâtez l'avènement du jour de Dieu, jour à cause duquel les cieux enflammés se dissoudront et les éléments embrasés se fondront ! Mais nous attendons, selon sa promesse, de nouveaux cieux et une nouvelle terre, où la justice habitera. (3.12,13)

Si les croyants *[attendent]* et *[hâtent]* **l'avènement du jour de Dieu**, une anticipation aussi vibrante leur évite de le craindre ou de le redouter. Au lieu de cela, comme Paul l'a écrit à Tite, ils seront avec bonheur dans « [l'attente] de la bienheureuse espérance, et la manifestation de la gloire de notre grand Dieu et Sauveur Jésus-Christ » (Tit 2.13 ; voir aussi 2 Ti 4.8 ; Ap 22.20).

Le verbe **Attendez** exprime une attitude d'expectative, un regard sur la vie qui pousse à surveiller avec vigilance l'arrivée du Seigneur. L'emploi du verbe **hâtez** ne fait que renforcer ce concept. Plutôt que de craindre le sort qui est réservé au monde, les chrétiens l'espèrent ardemment, sachant qu'ils ont tout à espérer et rien à craindre de la part du Père qui les aime (1 Jn 4.18). Ainsi donc, à l'instar de Paul, ils peuvent dire d'emblée maranatha, « Viens, Seigneur ! » (1 Co 16.22 ; voir aussi 1 Jn 2.28 ; Ap 22.20.)

Le terme **avènement** rend parousia, un mot courant en grec qui signifie littéralement « présence ». Dans le Nouveau Testament, il ne décrit pas principalement un lieu ou un événement. Ce terme met plutôt l'accent sur l'arrivée en personne de Jésus-Christ.

Certains commentateurs bibliques font une équation entre le **jour de Dieu** et le « jour du Seigneur », mais il ne s'agit pas d'expressions synonymiques. Le jour de Dieu désigne l'état éternel que nous connaîtrons lorsque Dieu se sera assujetti tous ses ennemis pour de bon (voir Ps 110.1 ; Ac 2.33-35 ; 1 Co 15.28 ; Ph 2.10,11 ; 3.21 ; Hé 10.13). Cependant, le « jour du Seigneur », comme nous l'avons dit dans le chapitre précédent du présent volume, désigne les événements finaux et tumultueux qui accompagneront le jugement dernier des incrédules. S'il est vrai que les chrétiens attendent avec impatience le jour de Dieu, il est aussi vrai que leur attitude envers le tumulte qui le précède s'en trouve plus pondérée. La vision dont l'apôtre Jean a fait l'expérience, durant laquelle il a mangé le petit livre, le trouvant doux au goût mais amer à ses entrailles (Ap 10.9,10), illustre de manière frappante cette dualité des sentiments. Le petit livre représente le jugement à venir, qui est doux aux croyants en raison du **jour de Dieu**, mais amer en raison du « jour du Seigneur ».

L'expression **à cause duquel**, qui se rapporte au jour de Dieu, indique que certains autres événements doivent d'abord avoir lieu pour que ce jour puisse arriver. En vue de ce jour, Pierre rappelle ici que Dieu détruira l'univers actuel qui est maudit à cause du péché : **les cieux enflammés se dissoudront et les éléments embrasés se fondront !** (Pour en savoir plus sur les commentaires similaires que Pierre a faits dans les versets 7 et 10, voir les remarques que j'ai faites au sujet de ces versets dans le chapitre précédent du présent volume.) Il y a plusieurs passages dans le livre de l'Apocalypse qui, bien que décrivant les événements de la tribulation qui auront eu lieu mille ans plus tôt, nous laissent entrevoir de manière frappante le genre de puissance que Dieu manifestera lors de la destruction finale de l'univers :

Le premier sonna de la trompette. Et de la grêle et du feu mêlés de sang furent jetés sur la terre ; le tiers de la terre fut brûlé, le tiers des arbres fut brûlé, et toute herbe verte fut brûlée. Le second ange sonna de la trompette. Et quelque chose comme une grande montagne embrasée par le feu fut jeté dans la mer ; le tiers de la mer devint du sang, le tiers des créatures qui étaient dans la mer et qui avaient souffle de vie périt, et le tiers des navires fut détruit. Le troisième ange sonna de la trompette. Et il tomba du ciel une grande étoile ardente comme un flambeau ; elle tomba sur le tiers des fleuves et sur les sources des eaux. Le nom de cette étoile est Absinthe ; le tiers des eaux fut changé en absinthe, et beaucoup d'hommes moururent par les eaux, parce qu'elles étaient devenues amères (Ap 8.7-11).

Le septième versa sa coupe dans l'air. Et il sortit du temple, du trône, une voix forte qui disait : C'en est fait ! Et il y eut des éclairs, des voix, des coups de tonnerre, et un grand tremblement de terre, tel qu'il n'y en avait jamais eu depuis que l'homme est sur la terre. Et la grande ville fut divisée en trois parties, les villes des nations tombèrent, et Dieu se souvint de Babylone la grande, pour lui donner la coupe du vin de son ardente colère. Toutes les îles s'enfuirent, et les montagnes ne furent pas retrouvées. Et une grosse grêle, dont les grêlons pesaient un talent, tomba du ciel sur les hommes ; et les hommes blasphémèrent Dieu, à cause du fléau de la grêle, parce que ce fléau était très grand (16.17-21).

[À] cause de cela, en un même jour, ses fléaux arriveront, la mort, le deuil et la famine, et elle sera consumée par le feu.

Car il est puissant, le Seigneur Dieu qui l'a jugée. Et tous les rois de la terre, qui se sont livrés avec elle à la débauche et au luxe, pleureront et se lamenteront à cause d'elle, quand ils verront la fumée de son embrasement. Se tenant éloignés, dans la crainte de son tourment, ils diront : Malheur ! malheur ! La grande ville, Babylone, la ville puissante ! En une seule heure est venu ton jugement ! (18.8-10.)

Après que l'univers aura été détruit, le jour de Dieu arrivera, et le système mondial corrompu que nous connaissons sera éliminé à tout jamais (Ro 8.18-23 ; 1 Jn 2.16). Ainsi donc, **selon sa promesse,** en ce nouveau jour on verra naître **de nouveaux cieux et une nouvelle terre,** ce qui signifie que Dieu créera un univers entièrement nouveau (voir Ps 102.26,27 ; És 65.17 ; 66.22).

Le mot grec qui est rendu par **nouveaux** et **nouvelle** (kainos) désigne ce qui est « nouveau au sens de la qualité », « différent » ou « dissemblable à tout ce qui est connu ». Les nouveaux cieux et la nouvelle terre seront donc nouveaux bien plus qu'au sens temporel ou chronologique ; ils seront également nouveaux au sens de leurs caractéristiques, car il s'agira d'un règne **où la justice habitera.** Le verbe **habitera** (katoikeô) signifie « s'établir chez soi » ou « élire résidence à son aise et de manière permanente ». Dans le nouvel ordre de Dieu, la justice jouira donc d'une existence parfaite et permanente. Voici d'ailleurs la description plus détaillée que l'apôtre Jean a faite du caractère merveilleux de ce nouvel univers :

> Puis je vis un nouveau ciel et une nouvelle terre ; car le premier ciel et la première terre avaient disparu, et la mer n'était plus. Et je vis descendre du ciel, d'auprès de Dieu, la ville sainte, la nouvelle Jérusalem, préparée comme une épouse qui s'est parée pour son époux. J'entendis du trône une forte voix qui disait : Voici le tabernacle de Dieu avec les hommes ! Il habitera avec eux, et ils seront son peuple, et Dieu lui-même sera avec eux. Il essuiera toute larme de leurs yeux, et la mort ne sera plus ; il n'y aura plus ni deuil, ni cri, ni douleur, car les premières choses ont disparu. [...] Je ne vis point de temple dans la ville ; car le Seigneur Dieu

tout-puissant est son temple, ainsi que l'Agneau. La ville n'a besoin ni du soleil ni de la lune pour l'éclairer ; car la gloire de Dieu l'éclaire, et l'Agneau est son flambeau. Les nations marcheront à sa lumière, et les rois de la terre y apporteront leur gloire. Ses portes ne se fermeront point le jour, car là il n'y aura point de nuit. On y apportera la gloire et l'honneur des nations. Il n'entrera chez elle rien de souillé, ni personne qui se livre à l'abomination et au mensonge ; il n'entrera que ceux qui sont écrits dans le livre de vie de l'Agneau (Ap 21.1-4,22-27).

Selon tout ce que Dieu leur réserve, les croyants se doivent de vivre dans une attente constante, en espérant toujours le retour de Christ et en considérant continuellement les choses d'ici-bas à la lumière de leur destinée éternelle.

UNE PAIX INTÉRIEURE

C'est pourquoi, bien-aimés, en attendant ces choses, appliquez-vous à être trouvés par lui [...] dans la paix. (3.14a,c)

Étant ceux qui *[attendent]* ces choses – le jour de Dieu, les nouveaux cieux et la nouvelle terre, l'état éternel et le règne de gloire à venir –, les croyants fidèles sont motivés à vivre d'une manière qui reflète leur perspective éternelle. Cela exige de leur part qu'ils *[s'appliquent]* (Ps 34.15 ; 2 Co 13.11 ; 2 Ti 2.22 ; Ja 3.18), de sorte qu'au retour de Christ ils *[soient]* **trouvés par lui [...] dans la paix**. L'expression **être trouvés** nous fait réfléchir au fait que, lorsque Christ reviendra, personne ne pourra se cacher de lui. Il ne fermera les yeux sur rien, mais il « mettra en lumière ce qui est caché dans les ténèbres, et qui manifestera les desseins des cœurs » (1 Co 4.5 ; voir 2 Co 5.9,10).

Le mot **paix** (eirênê) pourrait désigner une relation salvatrice avec Dieu et le fait d'avoir la paix avec lui (voir Ro 5.1 ; Ép 2.14). Cependant, l'apôtre s'adresse à ses lecteurs comme à des **bien-aimés**, indiquant ainsi qu'ils sont déjà chrétiens (voir Ro 1.7 ; 12.19 ; 1 Co 4.14 ; 15.58 ; Ép 5.1 ; Col 3.12 ; 2 Th 2.13 ; Ja 2.5 ; 1 Jn 3.2 ;

Jud 1). La **paix** pourrait également s'appliquer aux gens dans l'Église qui ne sont pas sauvés, mais qui disent avoir la foi. Il se peut que Pierre les exhorte ici à rechercher avec zèle la paix dont s'accompagne le vrai salut, de sorte que, lorsque Christ paraîtra, il les trouve véritablement sauvés. Cependant, il ne s'agit probablement que d'une compréhension secondaire de cette expression, comme c'est le cas de l'idée d'être en paix avec les autres croyants. Dans le contexte du passage à l'étude, la **paix** désigne principalement la vraie paix de l'esprit dont s'accompagne une foi sûre dans le Seigneur. Ici, Pierre fait écho à l'exhortation que Paul a adressée aux croyants de Philippes : « Ne vous inquiétez de rien ; mais en toute chose faites connaître vos besoins à Dieu par des prières et des supplications, avec des actions de grâces. Et la paix de Dieu, qui surpasse toute intelligence, gardera vos cœurs et vos pensées en Jésus-Christ » (Ph 4.6,7 ; voir Jn 16.33 ; Ro 14.17 ; 15.13 ; Col 3.15 ; 1 Pi 5.14). Pierre parle ici du genre de paix qui bannit tant les soucis terrestres que les craintes cosmiques, la paix dont jouit celui qui sait avec certitude que ses péchés sont pardonnés. Peu importe combien les choses peuvent devenir terribles tandis que l'histoire de l'humanité approche de la destruction finale de l'univers, les croyants qui vivent dans l'espérance jouissent de cette paix profonde qui repose sur ce que le Seigneur a prévu de donner à ceux qui l'aiment (1 Co 2.9).

Une pureté pratique

sans tache et irréprochables (3.14*b*)

En contraste marqué avec les faux enseignants, qui sont des « hommes tarés et souillés » (2.13), Pierre exhorte ses lecteurs à se montrer **sans tache et irréprochables**. L'expression **sans tache** peut faire allusion au caractère du chrétien, le type de personnes que sont réellement les croyants ; et le mot **irréprochables** fait allusion à la réputation du chrétien, le type de personne juste et vertueuse qu'est le chrétien aux yeux des autres qui le perçoivent ainsi.

Manifestement, au sein de l'Église, il y a ceux dont la vie n'est ni **sans tache** ni *[irréprochable]*. Ces personnes, qui se caractérisent par un style de vie impie, peuvent être ou ne pas être chrétiennes

(Mt 13.20-22 ; Ga 5.19-21 ; Ép 5.5 ; 1 Jn 1.6,8,10 ; 2.9-11 ; 3.10-12 ; voir aussi Jn 8.34 ; Ro 6.16).

Il y en a qui ne sont ni l'un ni l'autre, et d'autres qui semblent être **irréprochables** en public, mais dont la vie privée est loin d'être **sans tache**. Tels des pharisiens des temps modernes, ils font tout pour bien paraître, mais ils négligent de nourrir la justice en eux (voir Mt 15.7,8 ; 23.25,27). Bien que de l'extérieur ils maintiennent une réputation honorable, ils y parviennent uniquement en dissimulant leur impénitence par des moyens hypocrites.

En contraste, Pierre exhorte ses lecteurs à être à la fois **sans tache** *et* **irréprochables**. En leur qualité de croyants véritables, il leur commande de manifester les plus hauts degrés d'intégrité et de sainteté personnelle (Ps 15.1-5 ; 24.3,4 ; 37.18 ; 119.1 ; Pr 11.3,5 ; Mi 6.8 ; Jn 14.23 ; Ac 24.16 ; Ép 1.4 ; Ph 2.15 ; 4.8 ; 1 Ti 3.9 ; 1 Jn 2.3-6 ; 3.1-3 ; Jud 24 ; voir aussi Ge 6.9 ; No 14.24 ; Esd 7.10 ; Job 1.1). Sous le regard du monde qui observe la piété des chrétiens, la réputation *[irréprochable]* de ces derniers sert de témoignage vital de l'espérance transformatrice que donne l'Évangile.

Pour les croyants, la promesse du retour de Christ les motive donc puissamment à vivre dans la piété. Après tout, la nécessité qu'ils auront de rendre des comptes et la récompense qui leur est réservée encouragent puissamment les croyants à se détourner continuellement du péché et à marcher avec zèle dans les voies de la grâce (comme la prière et la louange, Ph 4.6 – l'étude de l'Écriture, Ja 1.21-23 ; 1 Pi 2.2 – l'adoration, Jn 4.23,24 – le repas du Seigneur, 1 Co 11.23-29 – et la communion fraternelle, Hé 10.25).

Une proclamation fidèle

Croyez que la patience de notre Seigneur est votre salut, (3.15*a*)

Nul doute que Pierre souhaite que ses lecteurs attendent avec empressement le retour de Christ. En même temps, il ne veut pas qu'ils deviennent apathiques ou qu'ils se détachent de la société, étant si absorbés par la pensée de l'avenir qu'ils en oublient les incontestables responsabilités spirituelles actuelles. Ici, le jugement de Dieu n'est pas encore tombé ; sa colère n'a pas encore été déversée. Il y a encore du temps pour proclamer la Bonne Nouvelle aux âmes perdues. Ainsi donc, Pierre rappelle à ses lecteurs la nécessité de continuer de se consacrer au ministère de la réconciliation (2 Co 5.18-20), en cherchant à communiquer aux gens la vérité de l'Évangile qui donne la vie.

Tel que mentionné dans l'étude du passage de 3.8,9 (voir mes remarques sur ces versets dans le chapitre précédent du présent volume), le **Seigneur** retarde son retour afin de sauver le reste des élus. Ainsi donc, les chrétiens doivent *[croire]* à **la patience de** Dieu avec joie, sachant qu'il intègre quotidiennement des membres à sa famille, et continuera de le faire jusqu'à ce qu'elle soit complète.

Dans la parabole du fils prodigue (Lu 15.11-32), Jésus a illustré avec efficacité la réalité de la patience dont Dieu, dans sa miséricorde infinie, use envers les pécheurs. Ce récit nous parle d'un fils rebelle qui a abandonné sa famille pour aller vivre une vie d'immoralité et de débauche. Pendant longtemps, il s'est privé du privilège qu'il avait de servir son père. Cependant, un jour, il a retrouvé ses esprits, s'est repenti de son style de vie impie et est rentré au bercail. Plutôt que de le rejeter ou de le déshériter, ou de le recevoir avec certaines hésitations, son père l'a accueilli avec amour et compassion. Le père, c'est Dieu, qui répond aux pécheurs repentants avec une miséricorde et une grâce qu'il accorde avec abondance, joie et générosité à ceux qui se repentent et qui vont à lui avec foi. Et les cieux se réjouissent alors, comme le décrit le festin que le père a donné en l'honneur de son fils.

En anticipant le jour de Dieu, qui sera synonyme pour eux de bénédictions éternelles, les chrétiens devraient également se rappeler le jour du Seigneur, qui sera synonyme pour les âmes perdues d'un châtiment éternel. Avec cela présent à l'esprit, la perspective de Dieu en train d'user de patience ne devrait qu'attiser le zèle de l'Église pour l'évangélisation (voir Ph 2.15 ; Col 4.6 ; 2 Ti 4.5).

UNE PERCEPTION DOCTRINALE JUSTE

comme notre bien-aimé frère Paul vous l'a aussi écrit, selon la sagesse qui lui a été donnée. C'est ce qu'il fait dans toutes les lettres, où il parle de ces choses, dans lesquelles il y a des points

Vivre dans l'attente du retour de Christ 3.15b-17

difficiles à comprendre, dont les personnes ignorantes et mal affermies tordent le sens, comme celui des autres Écritures, pour leur propre ruine. Vous donc, bien-aimés, qui êtes avertis, tenez-vous sur vos gardes, de peur qu'entraînés par l'égarement des impies, vous ne veniez à déchoir de votre fermeté. (3.15*b*-17)

Par la conjonction **comme**, Pierre rappelle des mises en garde similaires que l'apôtre Paul a faites au sujet des faux enseignements. Pierre désigne avec grâce son frère apôtre par l'expression **notre bien-aimé frère Paul**, soulignant ainsi qu'ils ont en commun une vie et une mission. Ayant été les deux plus grands chefs de l'Église primitive, Pierre et Paul connaissaient certainement très bien le ministère l'un de l'autre. En fait, les deux ont pris part au Concile déterminant de Jérusalem (Ac 15.6-21) et ont œuvré avec Silas (Sylvain) (voir Ac 15.40 et 1 Pi 5.12). Plus de vingt ans plus tôt, Paul a même affronté Pierre lorsque celui-ci a refusé de manger avec des chrétiens non-Juifs (Ga 2.11-21 ; voir v. 8,9 : 1 Co 1.12 ; 3.22). À titre de principal porte-parole de l'Église primitive, Pierre a dû très certainement être honteux de se faire reprendre par Paul en public. Il a néanmoins bien accueilli la réprimande et a choisi de se repentir. Le respect qu'il avait pour Paul ne s'en est pas trouvé diminué.

Ici, il prend appui sur les lettres pauliniennes inspirées pour rappeler à ses lecteurs la nécessité de rejeter les faux enseignants et ce que Paul leur **a aussi écrit, selon la sagesse qui lui a été donnée.** Fait intéressant, Pierre ne désigne pas une ou des lettres pauliniennes en particulier. Il approuve plutôt les écrits pauliniens inspirés en général, démontrant ainsi l'origine divine de la révélation accordée à Paul.

On peut présumer en toute sécurité que Pierre a envoyé la lettre à l'étude aux croyants des mêmes régions d'Asie Mineure qu'à ceux de sa première épître (voir 1 Pi 1.1 ; 2 Pi 3.1). Le cas échéant, ses lecteurs connaissent très certainement plusieurs des lettres pauliniennes, étant donné que Paul a écrit plusieurs de ses lettres aux croyants des mêmes régions (par ex. : les Galates, les Éphésiens, les Colossiens). Ainsi donc, la référence que Pierre fait ici à **toutes les lettres** de Paul suggère que les lecteurs de Pierre connaissent une grande partie de la correspondance de Paul. Étant donné que Paul **parle de ces choses** dans ses lettres (notamment d'événements eschatologiques), il est logique que Pierre cite ici les œuvres de Paul.

Toutefois, dans les écrits de Paul qui parlent du jour du Seigneur, du retour de Christ et des gloires de l'éternité, Pierre reconnaît qu'**il y a des points difficiles à comprendre**, comme l'enlèvement de l'Église (1 Th 4.15-17), l'homme impie à venir (2 Th 2.1-4), le retour de Christ pour juger (1 Th 5.1-11 ; 2 Th 1.3-10) et les gloires du paradis (2 Co 5.1 ; 12.2-4). Le mot grec rendu par **difficiles à comprendre** (*dusnoêtos*) a la connotation supplémentaire de « difficile à interpréter ». En employant ce terme, Pierre ne laisse pas entendre que les enseignements de Paul sont impossibles à comprendre. Il indique simplement que certains sont plus complexes que d'autres, surtout en matière de révélation prophétique (voir 1 Pi 1.1-12).

Ces complexités ouvrent la porte aux **personnes ignorantes et mal affermies**, notamment les faux enseignants, qui **tordent le sens** de ce que Paul enseigne au sujet de l'avenir. Le qualificatif **ignorantes** dénote un manque d'information, et **mal affermies** dénote un caractère spirituel vacillant. Le verbe **tordent** fait allusion au fait de tordre violemment le corps d'une personne au moyen d'un appareil de torture. Ce terme illustre de manière frappante la façon dont les faux enseignants manipulent certaines questions prophétiques, les déformant dans le but de rendre confus et de tromper ceux qui manquent de discernement. La révélation prophétique est d'ailleurs souvent encore aujourd'hui la cible de telles altérations.

Il n'y a alors rien d'étonnant à ce que les faux enseignants ne manipulent pas seulement la prophétie, mais qu'ils tordent également le sens **des autres Écritures,** y compris les enseignements bibliques portant sur la loi de Dieu, la repentance, la justification par la foi et la sanctification. En plaçant les écrits de Paul sur un pied d'égalité avec *[les]* **autres Écritures**, Pierre affirme clairement que Paul a écrit une vérité qui lui a été divinement inspirée (voir 1.20,21 ; 1 Th 2.13 ; 2 Ti 3.16,17). Les auteurs néotestamentaires étaient conscients d'être en train d'écrire la Parole de Dieu, aussi certainement que les prophètes de l'Ancien Testament l'étaient. Le mot grec rendu par **Écritures** (*graphas*) provient du verbe *graphô* (« écrire »), qui apparaît environ cent quatre-vingt fois dans le Nouveau Testament, dont la moitié des emplois font allusion à la Bible, « la Parole écrite ». Le substantif *graphê* est employé environ cinquante fois, pour désigner exclusivement l'Écriture et inclusivement l'Ancien Testament (par ex. : Mc 12.10) et le Nouveau Testament, comme la référence à l'étude l'indique clairement (voir 1 Co 15.3). En tordant le sens des Écritures, les faux enseignants s'attirent assurément du même coup **leur propre ruine** (voir 2.1,3-12 ; 3.7 ; Jud 10,13 ; Ap 22.18,19) et privent leurs disciples de leur héritage spirituel. Voilà pourquoi Pierre met en garde ses lecteurs **bien-aimés, qui *[sont]* avertis,** pour qu'ils *[se tiennent]* **sur *[leurs]* gardes** et ne se laissent pas *[entraîner]* **par l'égarement des impies** (Ph 3.2 ; 1 Ti 4.1-7 ; 6.20,21 ; 2 Ti 2.14-19 ; Tit 1.10-16 ; 3.10). Le mot **impies** (*athesmôn*) signifie littéralement « sans loi ni coutumes » et en est venu à désigner la corruption morale, trait de caractère principal des imposteurs spirituels.

Les croyants doivent se conformer à la mise en garde de Pierre, **de peur** de se laisser *[entraîner]* par les mensonges des faux enseignants que ces derniers veulent faire passer pour des vérités scripturaires (voir 1 Ti 1.18,19). Ils doivent plutôt faire preuve de vigilance et de discernement, sans quoi ils *[viendront]* **à déchoir de *[leur]* fermeté**. Le mot **fermeté** (*stêrigmos*), qui indique une prise solide, est tout l'opposé de l'instabilité. Ce que redoute Pierre, ce n'est pas que ses lecteurs viennent à déchoir de leur salut, mais qu'ils perdent leur stabilité doctrinale et perdent ainsi leur foi en la vérité (voir 1 Co 16.13 ; Ép 4.14 ; 1 Th 5.21). Pour cette raison, l'apôtre les exhorte à bien percevoir les choses spirituelles, ou à user de discernement spirituel, de manière à éviter que leur récompense éternelle s'en trouve diminuée (2 Jn 8).

Des progrès spirituels

Mais croissez dans la grâce et dans la connaissance de notre Seigneur et Sauveur Jésus-Christ. (3.18*a*)

Pour éviter qu'ils deviennent les victimes des manigances des faux enseignants, Pierre encourage ses lecteurs à chercher à ressembler à Christ et à grandir spirituellement, but que tout croyant devrait poursuivre. L'apôtre Paul a d'ailleurs exhorté les croyants d'Éphèse à en faire autant :

[Ainsi], nous ne serons plus des enfants, flottants et emportés à tout vent de doctrine, par la tromperie des hommes, par leur ruse dans les moyens de séduction, mais en professant la vérité dans l'amour, nous croîtrons à tous égards en celui qui est le chef, Christ. C'est de lui, et grâce à tous les liens de son assistance, que tout le corps, bien coordonné et formant un solide assemblage, tire son accroissement selon la force qui convient à chacune de ses parties, et s'édifie lui-même dans l'amour (Ép 4.14-16).

Le verbe **croissez** (*auxanô*) signifie « avancer ou augmenter dans la sphère de ». Nous sommes donc tenus de grandir **dans la grâce et dans la connaissance de notre Seigneur et Sauveur Jésus-Christ**. Par sa **grâce**, Dieu pardonne les péchés de ses enfants (Ro 3.25 ; Ép 1.7 ; 2.5,8 ; voir aussi Ac 15.11). En retour, ils se nourrissent de l'Écriture (Ac 17.11 ; 2 Ti 2.15) et communient avec Christ (Jn 15.1-11), croissant ainsi dans **la connaissance de** Dieu (Ép 4.13 ; Col 1.9,10 ; 3.10). Dans sa lettre antérieure, Pierre a émis des commentaires au sujet de ce processus, en exhortant ses lecteurs comme ceci : « *[Désirez]*, comme des enfants nouveau-nés, le lait spirituel et pur, afin que par lui vous croissiez pour le salut » (1 Pi 2.2). À mesure que leur connaissance et leur maturité croissent, les chrétiens s'en trouvent mieux préparés à se défendre contre les doctrines destructrices et les impostures spirituelles.

Il est primordial de remarquer que Pierre désigne ici Jésus tant comme **Seigneur** que comme **Sauveur**. En cherchant à mieux comprendre la plénitude de la personne de Christ, autant dans son œuvre salvatrice que dans sa seigneurie (Ro 5.1-5 ; Ép 4.15,16 ; Ph 2.12-14 ; 3.10,12-14), les croyants y gagneront une meilleure stabilité doctrinale, qui leur est nécessaire pour éviter de se faire leurrer.

DES LOUANGES CONTINUELLES

À lui soit la gloire, maintenant et pour l'éternité ! Amen ! (3.18*b*)

Pierre termine la lettre à l'étude par une doxologie, en appelant les croyants à adorer et à révérer Dieu (voir Ps 95.1-6 ; 105.1-5 ; 113.1-6 ; 148 ; 150 ; Ro 11.36 ; 1 Co 10.31 ; 2 Co 1.20 ; Ép 1.12 ; 3.20,21 ; 1 Ti 1.17 ; Jud 25). Ils sont tenus de lui rendre toute **la gloire, maintenant**, à l'heure actuelle, **et pour l'éternité !**

Le pronom **lui**, qui se rapporte clairement à Christ, affirme assurément sa divinité et son égalité avec Dieu. Après tout, l'Ancien Testament déclare que **la gloire** divine appartient à Dieu seul : « Je suis l'Éternel, c'est là mon nom ; et je ne donnerai pas ma gloire à un autre, ni mon honneur aux idoles » (És 42.8 ; voir aussi 48.11 ; De 5.24 ; 28.58 ; Né 9.5 ; Ps 93.1,2 ; 104.32 ; 138.5 ; Éz 11.23). Pourtant, différents passages des Évangiles attribuent cette même gloire à Jésus-Christ : « Et la Parole a été faite chair, et elle a habité parmi nous, pleine de grâce et de vérité ; et nous avons contemplé sa gloire, une gloire comme la gloire du Fils unique venu du Père » (Jn 1.14 ; voir aussi Mt 16.27 ; 25.31 ; Jn 17.24). La seule conclusion possible est donc que Christ est digne de la gloire du Père *parce qu'il est lui-même Dieu* (voir Jn 5.23 ; Ap 1.5,6). Pierre a commencé l'épître à l'étude par une affirmation portant sur la divinité de Christ, dans 1.1, et la termine ici en affirmant la même chose.

Ayant rassuré ses lecteurs au sujet de la certitude du retour de Christ (3.1-10), Pierre conclut par une exhortation à vivre à la lumière de cette réalité (v. 11-18). Ce faisant, il fait écho à un des thèmes les plus importants du Nouveau Testament, que Paul a exposé ainsi :

> Si donc vous êtes ressuscités avec Christ, cherchez les choses d'en haut, où Christ est assis à la droite de Dieu. Attachez-vous aux choses d'en haut, et non à celles qui sont sur la terre. Car vous êtes morts, et votre vie est cachée avec Christ en Dieu. Quand Christ, votre vie, paraîtra, alors vous paraîtrez aussi avec lui dans la gloire (Col 3.1-4).

Introduction à l'épître de Jude

L'exhortation de Salomon : « Acquiers la vérité, et ne la vends pas » (Pr 23.23), reflète le fait que la vérité est une ressource précieuse dans l'Écriture. Après tout, Dieu est le « Dieu de vérité » (Ps 31.6 ; És 65.16) qui a magnifié sa Parole, qui est la vérité (Ps 119.160 ; 138.2 ; Jn 17.17). Le Seigneur Jésus-Christ, Dieu fait chair, est « *[plein]* de grâce et de vérité » (Jn 1.14 ; voir aussi v. 17), étant lui-même « le chemin, la vérité, et la vie » (Jn 14.6 ; voir aussi Ép 4.21). Le Saint-Esprit est « l'Esprit de vérité » (Jn 14.17 ; 15.26 ; 16.13 ; 1 Jn 5.6), qui scelle le salut de ceux qui accueillent favorablement « la parole de la vérité » (Ép 1.13). Et l'Église est « la colonne et l'appui de la vérité » (1 Ti 3.15), qui protège et proclame la vérité de l'Évangile (Col 1.5). En fait, c'est en croyant à la vérité que les gens sont affranchis du péché et de la mort (Jn 8.32).

Bien qu'il arrive aux enfants de Dieu d'oublier l'importance de la vérité, ce n'est jamais le cas de Satan. Depuis la chute, « le père du mensonge » (voir Jn 8.44) fait tout son possible pour détruire, dissimuler et déformer la vérité, cherchant constamment à lui substituer le mensonge et l'imposture. Ironiquement, ses attaques les plus virulentes ne proviennent pas de ceux qui rejettent ouvertement la vérité, mais plutôt de ceux qui disent faussement la connaître et y croire. Les meilleurs émissaires de Satan, tels des terroristes spirituels, infiltrent secrètement l'Église, où ils se font passer pour de vrais bergers et de vrais leaders spirituels. En réalité, cependant, ce sont des imposteurs et des traîtres, des apostats qui prétendent connaître Christ, mais qui le rejettent en réalité. Ils affirment connaître la Parole, mais leurs actions indiquent qu'ils sont en fait ennemis de la vérité.

Comme Simon le magicien (Ac 8.9-24), Hyménée (1 Ti 1.20 ; 2 Ti 2.17), Alexandre (1 Ti 1.20 ; 2 Ti 4.14) et Diotrèphe (3 Jn 9), ces Benedict Arnold spirituels « ne servent point Christ notre Seigneur, mais leur propre ventre ; et, par des paroles douces et flatteuses, ils séduisent les cœurs des simples » (Ro 16.18). « Ces hommes-là sont de faux apôtres, des ouvriers trompeurs, déguisés en apôtres de Christ » (2 Co 11.13), des « hommes corrompus d'entendement, privés de la vérité » (1 Ti 6.5). Il est nécessaire de s'opposer à eux avec force et de les expulser, sans quoi ils ébranleront des âmes mal affermies et les conduiront à leur perte (2 Pi 2.14).

À maintes reprises, le Nouveau Testament fait des mises en garde contre le danger auquel les faux enseignants apostats exposent l'Église. Leur imposture sauvage, Jésus (Mt 7.15) et Paul (Ac 20.29) l'ont tous deux comparée aux attaques de loups cruels. En effet, Jésus a fait la mise en garde que voici : « Plusieurs faux prophètes s'élèveront, et ils séduiront beaucoup de gens » (Mt 24.11). Paul, pour sa part, a mis Timothée en garde comme ceci : « Mais l'Esprit dit expressément que, dans les derniers temps, quelques-uns abandonneront la foi, pour s'attacher à des esprits séducteurs et à des doctrines de démons » (1 Ti 4.1). Pierre et Jean ont eux aussi fait des mises en garde contre ces imposteurs spirituels (2 Pi 2 − 3 ; 1 Jn 4.1-3 ; 2 Jn 7 ; Ap 2.14,15,20-24), comme Jude le fera dans sa courte épître d'un seul chapitre.

Par sa courte lettre, Jude condamne énergiquement les faux enseignants qui ont infiltré l'Église de son époque, à savoir par extension tous ceux qui viendront après eux. Dans notre culture postmoderne, qui considère la vérité comme relative et qui prône la tolérance plus que tout, la défense éloquente de Jude en faveur de la pureté doctrinale est particulièrement de mise. Thomas R. Schreiner dit d'ailleurs :

> Son [*de Jude*] message sur le jugement s'applique particulièrement aux gens d'aujourd'hui, car nos Églises sont sujettes au sentimentalisme, souffrent d'une crise morale et négligent trop souvent de prononcer une parole précise de jugement en raison d'une fausse définition de l'amour. La lettre de Jude nous rappelle que les enseignements erronés et une vie dissolue entraînent de terribles conséquences (*1, 2 Peter, Jude*, The New American Commentary [Nashville : Broadman & Holman, 2003], p. 403-404).

En fin de compte, le refus d'écouter le message de Jude amène à compromettre jusque « la foi qui a été transmise aux saints une fois pour toutes » (v. 3).

UNE ATTESTATION EXTÉRIEURE

La preuve extérieure à l'appui de l'existence et de l'authenticité de l'épître de Jude est plus complète que celle pour 2 Pierre. Il est même possible qu'on y fasse parfois allusion dans les écrits des Pères apostoliques (La Didachè, l'Épître aux Corinthiens de Clément, l'Épître de Barnabé, Le Berger d'Hermas et l'Épître aux Philippiens de Polycarpe), mais ces allusions sont trop vagues pour être concluantes. Vers la fin du IIe siècle, cependant, la preuve est indéniable. Par exemple, le canon muratorien (liste des livres néotestamentaires établie vers la fin du IIe siècle) inclut l'épître de Jude à titre d'écrit canonique. Vers la même époque, le philosophe chrétien Athénagore a démontré dans sa défense du christianisme (qu'il a adressée à l'empereur Marc Aurèle) qu'il connaissait l'épître de Jude. Théophile d'Antioche, contemporain d'Athénagore, connaissait lui aussi cette épître.

Plus tard au IIe siècle ou au début du IIIe siècle, Tertullien a évoqué l'épître à titre d'écrit scripturaire et Jude en tant qu'auteur de cette épître. Vers la même époque, Clément d'Alexandrie a écrit un commentaire sur l'Écriture, y incluant l'épître de Jude (voir mes remarques à ce sujet dans l'Introduction à 2 Pierre dans le présent volume). Origène, élève de Clément, a fait remarquer qu'il y en avait à son époque qui nourrissaient des doutes par rapport à l'authenticité de l'épître de Jude. Origène ne partageait toutefois pas ces doutes. Au contraire, il citait souvent cette épître. L'inclusion de l'épître à l'étude dans le papyrus Bodmer P^{72} indique également que l'Église du IIIe siècle la considérait à l'époque comme faisant partie du canon.

Au IVe siècle, Eusèbe a mis l'épître de Jude au nombre des livres dont certaines personnes mettaient l'authenticité en doute (il en a fait autant de 2 Pierre). Cependant, il ne l'a pas incluse dans la liste des livres apocryphes. Eusèbe a lui aussi reconnu que beaucoup de personnes dans l'Église acceptaient l'épître de Jude. Plus tard au cours du IVe siècle, Didyme l'aveugle (chef de l'école de formation chrétienne d'Alexandrie) a défendu l'authenticité de l'épître de Jude contre ses détracteurs. Ceux qui mettaient cette épître en doute s'y sentaient poussés principalement parce qu'il cite les livres apocryphes juifs. Quoi qu'il en soit, en règle générale, l'Église du IVe siècle acceptait l'épître de Jude, comme le prouvent les témoignages d'Athanase, du Concile de Laodicée, de Cyrille de Jérusalem, de Grégoire de Nazianze, d'Épiphane et de Jérôme (qui considéraient tous l'épître de Jude comme un écrit canonique).

L'AUTEUR

Le Nouveau Testament fait allusion à huit hommes qui portent le nom de Judas (« Jude » est une forme française du nom grec « Judas », qui rend le nom hébreu « Judah »). Ce nom était extrêmement courant parce que deux personnages importants l'avaient porté : le père de la tribu de Juda et le héros de la révolte des Maccabées contre le souverain grec Antioche Épiphane au IIe siècle av. J.-C. Des huit Judas mentionnés dans le Nouveau Testament, il n'y en a que deux qui sont associés à un homme appelé Jacques (v. 1), ce qui fait donc d'eux des candidats plausibles à la paternité de l'épître à l'étude : le

Introduction à l'épître de Jude

Jude qui était apôtre et le Jude qui était le demi-frère du Seigneur. On peut éliminer l'apôtre Jude, étant donné qu'il était le fils et non le frère d'un homme appelé Jacques (Lu 6.16 ; Ac 1.13). Par ailleurs, si c'était le fils de Jacques qui avait été l'auteur de l'épître de Jude, il se serait présenté en tant qu'apôtre puisqu'il l'était. L'auteur de cette épître s'est toutefois différencié des apôtres (v. 17).

Le Jacques auquel Jude s'est identifié était le frère du Seigneur (Ga 1.19), le chef de l'Église de Jérusalem et l'auteur de l'épître de Jacques. Après le martyre de l'apôtre Jacques (Ac 12.2), il ne s'est plus trouvé de Jacques dans l'Église primitive que l'on pouvait désigner simplement par ce nom sans y ajouter de qualificatif pour en préciser l'identité. Ainsi donc, à l'instar de Jacques, Jude comptait au nombre des demi-frères de Jésus (Mt 13.55). Jude est le seul auteur néotestamentaire à s'être présenté en évoquant ses liens de parenté.

Fait ironique, l'homme qui a condamné les apostats le plus sévèrement dans l'Écriture porte le même nom que le plus notoire de tous les apostats, Judas Iscariot. Il se peut que ce fait contribue d'ailleurs à expliquer pourquoi presque toutes les traductions françaises emploient le nom « Jude » plutôt que « Judas » dans l'épître à l'étude.

La profonde humilité de Jude se reflète dans le fait que, à l'instar de son frère Jacques (Ja 1.1), il se présente lui-même comme un « serviteur de Jésus-Christ » (v. 1) plutôt que comme « le frère de Jésus ». À l'instar de ses autres frères (y compris Jacques), Jude n'a pas cru que Jésus était Dieu et le Messie avant la résurrection de celui-ci (Jn 7.5 ; Ac 1.14 ; voir aussi 1 Co 15.7, où il se peut que le « Jacques » en question soit le demi-frère du Seigneur). Après la Résurrection, le statut de Jésus est passé dans l'esprit de ses frères et sœurs de celui de frère à celui de Seigneur et Messie (voir Mc 3.32-35 ; Jn 2.4).

Mise à part l'épître à l'étude, on sait peu de chose de Jude. Selon 1 Corinthiens 9.5, il était marié et exerçait un ministère itinérant à titre d'évangéliste. L'histoire de l'Église raconte (il se peut que ce soit une légende) que les petits-fils de Jude ont dû comparaître devant l'empereur romain Domitien. L'empereur mettait en cause leur loyauté parce qu'ils étaient de la lignée royale de David. Toutefois, en apprenant qu'il ne s'agissait que de simples fermiers, l'empereur les a renvoyés avec mépris (Eusèbe, *Histoire ecclésiastique*, III. XIX,XX). À part ce récit, la tradition garde le silence sur Jude. Certains critiques nient que Jude le frère de Jacques a écrit l'épître à l'étude, prétextant qu'il existe des preuves pour étayer le fait que la rédaction de ce livre date d'une époque postérieure à la vie de Jude. Ce n'est toutefois pas le cas (voir mes remarques dans la partie intitulée « La date et le lieu de rédaction » plus loin). Il est fort peu probable qu'un plagiaire ait écrit un livre en usurpant l'identité d'un personnage relativement peu connu comme Jude ; on attribuait les ouvrages pseudépigraphes à des apôtres bien connus, comme Pierre ou Paul. De plus, un plagiaire voulant se faire passer pour Jude n'aurait pas manqué de se présenter comme le frère du Seigneur.

D'autres critiques incrédules insistent pour dire que le langage de l'épître est trop soutenu pour qu'elle ait été écrite par un simple paysan de la Galilée. Toutefois, comme nous l'avons fait remarquer dans l'Introduction à 2 Pierre, la Galilée était située à proximité de la région à prédominance non-juive connue sur le nom de Décapole, qui était au sud-est de la mer de Galilée. Il existe aussi des preuves à l'appui du fait qu'au Ier siècle le grec se parlait couramment dans toute la Palestine (voir Robert L. Thomas et Stanley N. Gundry, « The Languages Jesus Spoke » dans A Harmony of the Gospels [Chicago : Moody, 1978], p. 309-312). Par conséquent, les hypothèses dogmatiques au sujet de la qualité (bonne ou mauvaise) du grec de Jude ne sont tout simplement pas fondées. Il est également possible que Jude ait travaillé avec un copiste, comme Pierre l'a fait pour écrire sa première épître (1 Pi 5.12).

D'autres encore, surtout dans l'Église primitive, ont mis en doute l'emploi que Jude fait de documents apocryphes (1 Hénoc, et peut-être Assomption de Moïse). Cependant, le simple fait que Jude ait cité ces ouvrages ne veut pas dire qu'il souscrivait à tout leur contenu. Paul a cité des poètes grecs (Ac 17.28 ; 1 Co 15.33 ; Tit 1.12) et a fait allusion à la tradition juive extrabiblique (1 Co 10.4 ; 2 Ti 3.8). Pourtant, il n'adhérait manifestement pas à tout ce qui était dit dans ces ouvrages ; pas plus qu'il ne les considérait comme faisant partie de l'Écriture inspirée. Jude, à l'instar de Paul, citait les ouvrages apocryphes les plus connus dans le but d'illustrer son point de vue.

Introduction à l'épître de Jude

Rien n'indique qu'il les considérait comme ayant été divinement inspirés.

LA DATE ET LE LIEU DE RÉDACTION

Il n'y a rien dans l'épître en elle-même qui indique à quelle époque elle a été écrite. Ceux qui nient que Jude en est l'auteur en reportent généralement la rédaction au IIe siècle. Pour appuyer cette date tardive, ils prétextent que Jude 17 parle de l'ère apostolique comme étant révolue depuis longtemps. Ils disent également que les faux enseignants qui sont décrits dans l'épître étaient des gnostiques du IIe siècle. Cependant, Jude 17 ne fait que suggérer que la plupart des apôtres (peut-être tous, à l'exception de Jean) étaient morts ; il ne dit rien du laps de temps qui s'est écoulé depuis leur mort. En fait, le verset 18 laisse entendre que les lecteurs de Jude avaient entendu prêcher certains des apôtres, si bien que ces derniers ne pouvaient pas avoir été morts depuis très longtemps. Les faux enseignants de l'époque de Jude ne pouvaient pas être non plus des gnostiques du IIe siècle (voir mes remarques sous « L'occasion » ci-dessous). Il est également difficile d'harmoniser une date du IIe siècle avec l'attestation antérieure de Jude dans les écrits des Pères de l'Église (voir « Une attestation extérieure »).

D'autres datent l'épître de Jude de l'ère apostolique (c.-à-d. avant la mort de Pierre et de Paul), peut-être aussi tôt que le milieu des années cinquante du Ier siècle. Toutefois, étant donné que cette épître a probablement été écrite après 2 Pierre (voir « La corrélation entre l'épître de Jude et 2 Pierre » plus loin), il est peu probable qu'elle ait été écrite avant la mort de Pierre (voir « La date et le lieu de rédaction de l'épître, et ses destinataires » dans l'Introduction à 2 Pierre, dans le présent volume). Étant donné que Jude n'utilise pas la destruction de Jérusalem (l'an 70) pour illustrer le jugement de Dieu contre les impies, c'est donc dire qu'il a probablement écrit son épître avant cet événement. Par conséquent, la date de rédaction la plus probable pour cette épître se situe entre la mort de Pierre et la destruction de Jérusalem (vers les années 68 à 70).

Nous ignorons où Jude se trouvait lorsqu'il a écrit son épître. Comme son frère Jacques était à la tête de l'Église de Jérusalem, il se

197

peut que, même si son ministère l'amenait à voyager, Jude ait vécu surtout à Jérusalem. Le cas échéant, il est possible qu'il ait écrit son épître dans la Ville sainte.

Les destinataires de l'épître

Nous ignorons à quelle Église ou à quelles Églises Jude a adressé son épître. À la lumière des illustrations qu'il a choisies dans l'Ancien Testament et les écrits apocryphes juifs, nous pouvons cependant affirmer que ses lecteurs étaient surtout des croyants juifs.

L'occasion

Jude avait planifié à l'origine de rédiger une lettre positive, afin de célébrer les grandes vérités du « salut commun » qu'il communiquait à ses lecteurs (v. 3). Toutefois, la nouvelle alarmante que de faux enseignants avaient infiltré les assemblées auxquelles il s'adressait, menaçant ces vérités mêmes (v. 4), l'a poussé à modifier ses projets. Ainsi donc, il dénonce avec fermeté les faux enseignants et leur style de vie impie, en avertissant ses lecteurs et en les appelant à « combattre pour la foi » afin de protéger l'Évangile commun (v. 3). La magnifique doxologie par laquelle l'épître se termine (v. 24,25) révèle l'assurance de Jude quant au fait que, par la grâce de Dieu, ses lecteurs resteront inébranlables dans la foi.

L'identité exacte des faux enseignants reste inconnue. Il est clair, toutefois, qu'il ne s'agissait pas de gnostiques du IIe siècle, car il n'existe aucune preuve des enseignements distincts du gnosticisme (comme un dualisme cosmologique avec le Dieu bon et transcendent, par opposition à l'émanation inique qui a créé le monde matériel ; le mal du monde matériel ; le salut au moyen d'une connaissance secrète ou cachée, etc.) dans la description que Jude a faite d'eux.

En fait, Jude ne s'est pas concentré sur les nuances de leur fausse doctrine. Il a plutôt dénoncé leur style de vie impie, les condamnant en les traitant d'« impies » six fois au total (v. 4,15,18). Ce seul fait suffisait pour qu'on les reconnaisse comme de faux enseignants, car, comme Jésus l'a dit : « Vous les reconnaîtrez à leurs fruits » (Mt 7.16,20). Ayant exposé au grand jour leur vie dissolue, Jude n'avait plus à réfuter leurs enseignements hérétiques en les précisant, car, « en révélant leur caractère, Jude les a dépouillés de toute autorité au sein de l'assemblée. Aucun chrétien réfléchi ne suivrait des gens fondamentalement égoïstes. Jude ne s'est pas contenté de les vilipender, mais encore il les a montrés tels qu'ils étaient en réalité, leur enlevant toute chance d'exercer une quelconque influence dans l'Église » (Schreiner, 1, 2 Pierre, Jude, p. 415).

L'image que Jude donne des faux enseignants révèle la profondeur troublante de leur dépravation. Comme de furtives bêtes de proie, ils se glissent sans se faire remarquer parmi le peuple de Dieu (v. 4). Ils changent « la grâce de notre Dieu en dérèglement » (v. 4), transformant la grâce même qui enseigne aux croyants à « renoncer à l'impiété et aux convoitises mondaines, et à vivre dans le siècle présent selon la sagesse, la justice et la piété » (Tit 2.11,12) en autorisation de pécher. Ils sont si corrompus que Jude les compare à des pécheurs aussi notoires que les anges déchus, les hommes de Sodome et de Gomorrhe, Caïn, Balaam et les rebelles sous Koré (v. 6,7,11). Pour dire les choses simplement, ils sont comme des « brutes » (v. 10). Dans leur audace mêlée d'arrogance, ils « méprisent l'autorité et injurient les gloires » (v. 8), ce que même le puissant archange Michel ne s'est pas permis (v. 9). À cause de leur orgueil mêlé d'arrogance, « ils parlent d'une manière injurieuse de ce qu'ils ignorent » (v. 10).

Jude décrit leur imposture hypocrite au moyen de métaphores frappantes :

> Ce sont des écueils dans vos agapes, faisant impudemment bonne chère, se repaissant eux-mêmes. Ce sont des nuées sans eau, poussées par les vents ; des arbres d'automne sans fruits, deux fois morts, déracinés ; des vagues furieuses de la mer, rejetant l'écume de leurs impuretés ; des astres errants, auxquels l'obscurité des ténèbres est réservée pour l'éternité (v. 12,13).

Bref, bien qu'ils se soient trouvés dans l'Église, ils n'en faisaient pas partie ; ils [n'avaient] pas l'Esprit » (v. 19) et n'étaient donc pas rachetés (Ro 8.9). Leur hypocrisie mêlée de méchanceté et, par conséquent, le danger qu'ils faisaient courir à l'Église ont poussé

Jude à prononcer une condamnation et une mise en garde des plus sérieuses.

La corrélation entre l'épître de Jude et 2 Pierre

Même une lecture en diagonale des épîtres de Jude et de 2 Pierre révèle les parallèles frappants qui existent entre elles. En fait, dix-neuf des vingt-cinq versets de l'épître de Jude font un parallèle avec 2 Pierre. Les érudits ne s'entendent pas pour dire lequel des deux auteurs s'est servi de l'autre comme source. (Il existe une troisième possibilité : que Pierre et Jude se soient inspirés tous deux d'une même source. Toutefois, rien ne prouve l'existence d'une telle source.) Bon nombre d'arguments en faveur de la priorité de l'une ou de l'autre de ces épîtres sont subjectifs et tendent à s'annuler les uns les autres. Il y a, cependant, deux arguments objectifs en faveur de la priorité chronologique de 2 Pierre. Premièrement, Pierre prédit que de faux enseignants paraîtront dans l'avenir (par ex. : 2.1,2 ; 3.3), alors que Jude les décrit comme étant déjà présents dans l'Église (par ex. : v. 4,10,11,12,16). Cette réalité laisse clairement entendre que 2 Pierre a été écrite avant l'épître de Jude. Le fait que Pierre fasse allusion quelques fois aux faux enseignants en employant le présent n'annule pas la force de cet argument, étant donné que « le présent est constamment employé [par Pierre] pour décrire le caractère des faux enseignants, alors que le futur est employé pour décrire leur venue » (Daniel B. Wallace, « Jude : Introduction, Argument, and Outline » [Biblical Studies Press : www.bible.org, 2000], italiques dans l'original). Si Pierre connaissait bien l'épître de Jude, qui décrit les faux enseignants comme étant déjà présents dans l'Église, il aurait été illogique pour lui d'employer le futur.

Deuxièmement, la formulation des versets 17 et 18 est presque identique à 2 Pierre 3.3. Il semble que Jude cite la prophétie de Pierre (que de faux enseignants viendront) et fasse remarquer que son accomplissement ait lieu à son époque. Il n'y a dans l'Écriture aucune autre prophétie formulée de la même manière à laquelle Jude puisse faire allusion. De plus, dans le Nouveau Testament, le mot rendu par « moqueurs » (empaiktês) n'apparaît que dans Jude 18 et 2 Pi 3.3. Jude a employé le pluriel « apôtres » dans le verset 17,

Introduction à l'épître de Jude

même s'il ne citait que Pierre, parce que les autres apôtres avaient fait des prédictions similaires (voir 1 Ti 4.1 ; 2 Ti 3.1-5 ; 4.3).

PLAN DE L'ÉPÎTRE DE JUDE

    Les salutations (1,2)
I.   Le danger des apostats (3,4)
II. Le destin des apostats (5-7)
III. La description des apostats (8-16)
IV. La défense contre les apostats (17-23)
    La doxologie finale (24,25)

Exhortés à combattre   10

Jude, serviteur de Jésus-Christ, et frère de Jacques, à ceux qui ont été appelés, qui sont aimés en Dieu le Père, et gardés pour Jésus-Christ : Que la miséricorde, la paix et l'amour vous soient multipliés ! Bien-aimés, alors que je désirais vivement vous écrire au sujet de notre salut commun, je me suis senti obligé de vous envoyer cette lettre pour vous exhorter à combattre pour la foi qui a été transmise aux saints une fois pour toutes. (1-3)

Il ne fait aucun doute que les faux enseignements ont toujours été la plus grande menace pour l'Église. Leur subtilité et leur gravité font d'eux un poison spirituel particulier. Bien que les menaces extérieures, comme la persécution religieuse et l'animosité du monde, soient certainement désagréables, les blessures qu'elles infligent ne sont que physiques et temporaires. Par contre, les faux enseignements, plus fatals, ne proviennent pas de religions non chrétiennes hors de l'Église, mais d'imposteurs spirituels au sein de l'Église. Et les résultats qui en découlent sont beaucoup plus grands que ceux qui découlent des attaques provenant de l'extérieur ; les victimes sont spirituelles et les conséquences sont éternelles. Il n'y a donc rien d'étonnant à ce que Jésus ait mis ses disciples en garde contre les dangers mortels de l'apostasie :

> Gardez-vous des faux prophètes. Ils viennent à vous en vêtements de brebis, mais au-dedans ce sont des loups ravisseurs. Vous les reconnaîtrez à leurs fruits. Cueille-t-on des raisins sur des épines, ou des figues sur des chardons ? Tout bon arbre porte de bons fruits, mais le mauvais arbre porte de mauvais fruits. Un bon arbre ne peut porter de mauvais fruits, ou un mauvais arbre porter de bons fruits. Tout arbre qui ne porte pas de bons fruits est coupé et jeté au feu. C'est donc à leurs fruits que vous les reconnaîtrez (Mt 7.15-20).

Dans l'exhortation qu'il a adressée aux anciens d'Éphèse, l'apôtre Paul a fait écho à celle du Seigneur :

> Je sais qu'il s'introduira parmi vous, après mon départ, des loups cruels qui n'épargneront pas le troupeau, et qu'il s'élèvera du milieu de vous des hommes qui enseigneront des choses pernicieuses, pour entraîner les disciples après eux. Veillez donc, vous souvenant que, durant trois années, je n'ai cessé nuit et jour d'exhorter avec larmes chacun de vous (Ac 20.29-31).

Le reste du Nouveau Testament présente des mises en garde similaires, qui recommandent aux croyants de se prémunir contre la nature trompeuse de faux enseignements déguisés en vérités chrétiennes (Mt 24.10-24 ; 2 Th 2.3-12 ; 1 Ti 4.1-3 ; 2 Ti 3.1-9 ; 2 Pi 2.1 – 3.7 ; 1 Jn 2.18,19 ; 4.1-3 ; 2 Jn 7-10 ; Ap 2.6,14-16,20-23 ; 3.1-3,14-18 ; voir aussi Ja 5.1-6).

Et ces mises en garde étaient bien fondées. Vers la fin du Ier siècle, lorsque l'apôtre Jean a écrit le livre de l'Apocalypse, il ne restait plus que deux des sept Églises auxquelles il s'est adressé (Smyrne et Philadelphie) qui étaient encore pleinement fidèles. Les cinq autres Églises, à un degré ou à un autre, étaient tombées dans le piège de l'erreur doctrinale qui s'y était infiltrée et de ses conséquences morales. Ainsi donc, Christ leur a commandé de se repentir, de tenir ferme et de combattre les mensonges qu'ils entendaient ; elles devaient faire la guerre à l'apostasie et triompher d'elle.

Bien que la lettre de Jude ait été écrite quelque vingt-cinq années plus tôt, Jean a également reconnu que la lutte pour défendre la vérité au sein de l'Église avait déjà commencé, comme Pierre l'avait prophétisé dans 2 Pierre 1.1-3 et 3.1-3 quelques années plus tôt. Voilà d'ailleurs pourquoi Jude a consacré sa lettre en totalité à dénoncer la présence de faux enseignants apostats dans l'Église. Il souhaitait que ses lecteurs résistent fermement aux impostures spirituelles qui menaçaient de semer le désordre au sein de leur assemblée. Il souhaitait également que tous ceux qui propageaient de telles erreurs dans l'Église soient dénoncés et expulsés.

En tant que dernière des épîtres du Nouveau Testament, le livre de Jude sert de vestibule littéraire au livre de l'Apocalypse. Dans l'épître à l'étude, les faux enseignants sont examinés, leurs motifs sont dévoilés et le sort qui leur est réservé est prédit. Dans le livre de l'Apocalypse, cette destruction inévitable est présentée en détail, tandis que Christ, dans son ultime victoire, éliminera l'erreur et établira la vérité pour toujours.

Jude a écrit la lettre à l'étude dans les années 68 à 70 apr. J.-C., peu après que Pierre a terminé sa seconde épître. Les deux lettres, qui sont étroitement liées, contiennent plusieurs descriptions presque identiques des faux enseignants et de l'apostasie. En fait, l'épître de Jude constitue probablement la suite de 2 Pierre et a peut-être été adressée au même groupe de chrétiens, afin de leur faire savoir que ce que Pierre leur avait dit était en train de se réaliser. En effet, 2 Pierre 2.3 a employé le futur en faisant allusion aux faux enseignants, alors que Jude a écrit au présent. Au début de sa lettre, tandis qu'il plante le décor par ses trois premiers versets, Jude révèle ses antécédents, son lectorat et son exhortation.

LES ANTÉCÉDENTS DE JUDE

Jude, serviteur de Jésus-Christ, et frère de Jacques, (1a)

Jude (« Judah » en hébreu) ou « Judas » est un nom courant dans le Nouveau Testament. Deux des disciples, par exemple, portaient le nom de Judas, à savoir Judas Iscariot et Judas, fils de Jacques (Lu 6.16 ; Jn 6.71 ; 14.22 ; Ac 1.13). L'apôtre Paul, peu après sa conversion, a rencontré Ananias chez Judas de Damas (Ac 9.11). Et Jude appelé Barsabas, un leader de l'Église primitive, s'est joint à Paul, à Barnabas et à Silas pour porter une lettre du Concile de Jérusalem aux croyants d'Antioche (Ac 15.22-33). Il y avait même un Judas le Galiléen, qui a fondé le parti des Zélotes et qui a soulevé une révolte au début du Ier siècle (Ac 5.37).

Cependant, le **Jude** qui a écrit la lettre à l'étude n'était aucun de ces hommes. Ce Jude est plutôt le **frère de Jacques**, qui est le demi-frère de Jésus (Mt 13.55 ; Mc 6.3 ; voir aussi Ga 1.19) et le chef du Concile de Jérusalem (Ac 15.13). Ici, la salutation de Jude est similaire à celle de son frère (voir Ja 1.1), bien que, contrairement à Jacques (voir Ga 1.19), il ne se considérait pas comme un apôtre (voir v. 17). Il n'en demeure pas moins que sa relation étroite avec Jésus (en tant que son demi-frère) et Jacques lui confère à n'en pas douter une position de premier plan et d'autorité au sein de l'Église primitive, une tribune pour parler des dangers des faux enseignements. Il est ironique que dans la providence de Dieu le Saint-Esprit ait choisi un homme portant le même prénom que Judas Iscariot, l'apostat le plus notoire de tous les temps (Ac 1.16-20,25), pour lui confier la rédaction de l'épître néotestamentaire ayant l'apostasie pour thème. (Pour en savoir plus sur la paternité de l'épître à l'étude, voir l'Introduction à l'épître de Jude dans le présent volume.)

Jude se présente ici comme le **serviteur de Jésus-Christ**, indiquant ainsi que la mort, la résurrection et l'ascension de Christ a transformé son cœur. Il est passé du statut de non-croyant (voir Jn 7.5) à celui de **serviteur** (doulos, « esclave »), quelqu'un qui croit à Christ en tant que son Seigneur et son Maître (voir Mt 24.46 ; Lu 2.29 ; Ac 4.29 ; Ga 1.10 ; Col 1.7 ; 2 Ti 2.24 ; Ap 19.5). Par conséquent, sa relation avec Christ comme son Sauveur est devenue plus importante que ses liens familiaux avec lui (voir Mc 3.31-35). Ainsi donc, avec humilité, Jude choisit de s'appeler lui-même **serviteur** de Jésus plutôt que de soulever le fait plus impressionnant qu'il est le demi-frère de Jésus.

Exhortés à combattre

Dans le monde gréco-romain, l'esclavage était monnaie courante, ce qui rend le qualificatif néotestamentaire **serviteur** (voir Ro 1.1 ; Ph 1.1 ; 2 Pi 1.1) très significatif. Il indique le fait d'être la propriété de quelqu'un, et il laisse entendre une soumission absolue et altruiste à cette personne, à Jésus comme Seigneur dans ce cas-ci. Dans la lettre à l'étude, une telle identification est particulièrement bien choisie, car elle établit un contraste marqué entre Jude et les apostats. C'est un esclave reconnaissant et bien disposé du Seigneur Jésus-Christ, alors que les apostats nient la seigneurie de Christ par leur style de vie ouvertement impie (v. 4 ; voir aussi 2 Pi 2.1).

LE LECTORAT DE JUDE

à ceux qui ont été appelés, qui sont aimés en Dieu le Père, et gardés pour Jésus-Christ : Que la miséricorde, la paix et l'amour vous soient multipliés ! (1*b*,2)

La salutation de Jude souligne clairement qu'il écrit ici à de vrais croyants. Elle met en lumière la vérité réconfortante selon laquelle à mesure que les croyants luttent contre l'apostasie croissante, ils restent en sécurité lorsqu'ils se conforment aux desseins souverains de Dieu. À l'instar de Pierre, qui a consolé ses lecteurs par deux exemples de la protection et de la délivrance divines tirés de l'Ancien Testament (Noé et Lot), Jude encourage ici ses lecteurs à faire confiance à Dieu même au sein d'un combat spirituel acharné. En fait, il énumère quatre raisons qu'ont les croyants de se reposer en Dieu et de ne pas craindre : parce qu'ils sont appelés, ils sont aimés, ils sont gardés et ils sont bénis en Dieu.

LES CROYANTS SONT APPELÉS

à ceux qui ont été appelés, (1*b*)

Le mot **appelés** rend le pronom adjectival *klêtos*, qui est relié au verbe courant *kaleô*, « appeler ». Il s'agit du mot principal de la phrase, qui possède deux participes passifs parfaits (décrivant les croyants) lui étant apposés. Même comme l'équivalent français le suggère, le mot véhicule l'idée d'être personnellement choisi ou sélectionné. Dieu a appelé les croyants à lui ; il les a mis à part et les a choisis pour être ses enfants.

Ici, Jude ne parle pas de l'invitation générale que Dieu fait aux pécheurs (voir És 45.22 ; 55.6 ; Éz 33.11 ; Mt 11.28 ; 22.14 ; 23.37 ; Lu 14.16-24 ; Jn 7.37 ; Ap 22.17), un appel dont les gens font souvent fi et qu'ils rejettent souvent (voir Mt 12.14 ; Lu 4.16-19,28-30 ; Ac 4.13-18 ; 5.17,18,26-28,33-40 ; 7.54-58 ; 2 Co 2.15,16). Il parle plutôt de l'appel spécial et intérieur par lequel il éveille la volonté humaine et il insuffle la vie spirituelle, en donnant aux pécheurs morts la capacité d'embrasser l'Évangile par la foi (voir Jn 5.21 ; Ac 16.14 ; Ép 2.5). C'est d'ailleurs précisément ce à quoi Christ a fait allusion en disant : « Nul ne peut venir à moi, si le Père qui m'a envoyé ne l'attire » (Jn 6.44 ; voir aussi v. 65). Paul a lui aussi fait allusion à l'appel effectif des croyants lorsqu'il a écrit à Timothée :

> N'aie donc point honte du témoignage à rendre à notre Seigneur, ni de moi son prisonnier. Mais souffre avec moi pour l'Évangile, par la puissance de Dieu ; il nous a sauvés, et nous a adressé une sainte vocation, non à cause de nos œuvres, mais selon son propre dessein, et selon la grâce qui nous a été donnée en Jésus-Christ avant les temps éternels (2 Ti 1.8,9 ; voir aussi Ro 1.6,7 ; 8.30 ; 1 Co 1.1,2,9,24 ; 1 Ti 6.12 ; 1 Pi 3.9 ; Ap 17.14).

Dans sa sagesse souveraine, Dieu a choisi les croyants uniquement selon ses desseins de grâce manifestés en Christ avant même le début des temps. Son appel n'est ancré dans rien de ce qu'il a vu en eux, pas même la foi qu'il a vue d'avance (voir mes remarques au sujet de la prescience de Dieu dans John MacArthur, *1 Pierre* [Trois-Rivières, Québec : Éditions IMPACT, 2008], p. 35-38.) Son appel est motivé en fait par sa propre gloire et son bon vouloir, afin que sa miséricorde soit manifeste pour l'éternité (Ro 9.23,24). Ainsi donc, les croyants sont **ceux qui ont été** divinement choisis en vue du salut. Ils n'ont pas mérité d'être élus par Dieu, pas plus qu'ils ne peuvent perdre ce privilège ou se le faire enlever (voir Jn 6.37-40 ; 10.27-30 ; Ro 8.28-30,38,39). Ils peuvent se reposer en sécurité dans l'appel de la grâce de Dieu, même au sein du conflit le plus dangereux que causent les faux enseignements.

LES CROYANTS SONT AIMÉS

qui sont aimés en Dieu le Père, (1c)

Dieu a choisi de sauver les croyants parce qu'il les aime. Se fondant entièrement sur sa souveraineté, son bon vouloir et des raisons qui échappent à l'entendement (Ro 9.11-13 ; 10.20 ; 1 Co 1.26-29 ; Ja 2.5), **le Père** a résolu d'accorder son amour à certains pécheurs et de les racheter (Mt 11.27 ; Ro 8.28-30 ; Ép 1.4). Même lorsqu'ils étaient encore rebelles, il les a choisis pour en faire ses enfants et les bénéficiaires de la mort de Christ. Comme Paul l'a dit aux croyants de Rome : « Mais Dieu prouve son amour envers nous, en ce que, lorsque nous étions encore des pécheurs, Christ est mort pour nous » (Ro 5.8 ; voir aussi Jn 3.16 ; 13.1 ; 1 Jn 4.10,19).

Le mot **aimés** rend un participe passif parfait qui provient du verbe courant *agapaô*. Le temps parfait indique que Dieu a accordé son amour aux croyants de toute éternité passée (Ép 1.4,5), avec des effets qui se poursuivent dans le présent et dans l'avenir. Par son amour sélectif n'ayant subi aucune influence, le Père a déterminé avant même la fondation du monde qui allait croire (Ac 13.48 ; 2 Th 2.13 ; 2 Ti 1.9). Cet amour a exigé qu'il donne également son Fils en sacrifice sur la croix à leur place, afin que Christ subisse le châtiment de leurs péchés (És 53.5,6 ; Mc 10.45 ; Jn 3.16 ; 1 Pi 2.24). Par amour, il leur a envoyé le Saint-Esprit afin que ce dernier les convainque de péché, les amène à croire en lui à salut et régénère leur cœur pécheur (Jn 3.3-8 ; 6.37,44 ; Ro 3.25,26 ; 8.1 ; 1 Co 6.11 ; Tit 3.5,7). Et c'est par amour que Dieu continue d'assurer la sécurité et la protection de ses enfants, leur promettant qu'ils communieront avec lui toute l'éternité (Jn 14.1-4 ; Ép 1.13,14 ; 5.27 ; 1 Pi 1.3,4).

L'apôtre Jean a écrit ce qui suit au sujet de l'amour que Dieu porte aux croyants : « Voyez quel amour le Père nous a témoigné, pour que nous soyons appelés enfants de Dieu ! Et nous le sommes. Si le monde ne nous connaît pas, c'est qu'il ne l'a pas connu » (1 Jn 3.1).

Le pronom « quel » rend *potapos*, qui signifiait à l'origine « De quel pays ? » Ce pronom décrit l'amour divin comme étant quelque chose d'étranger aux êtres humains qui est extérieur à la sphère normale de la raison – un autre genre d'amour –, comme s'il s'agissait d'un concept provenant d'une culture étrangère ou d'une race inconnue. Les gens n'aiment généralement pas les étrangers ; et ils n'aiment surtout pas leurs ennemis (Mt 5.43-48). Pourtant, Dieu a choisi d'aimer les pécheurs élus lorsqu'ils étaient encore des pécheurs *rebelles* (Ép 2.1-10 ; voir aussi Jn 15.13,16 ; Ro 5.8 ; 1 Ti 1.12-16 ; 1 Jn 4.19).

Dans sa prière sacerdotale, Jésus a décrit plus en détail le genre d'amour que son Père porte à ses enfants :

> Je leur ai donné la gloire que tu m'as donnée, afin qu'ils soient un comme nous sommes un, – moi en eux, et toi en moi, – afin qu'ils soient parfaitement un, et que le monde connaisse que tu m'as envoyé et que tu les as aimés comme tu m'as aimé. Père, je veux que là où je suis ceux que tu m'as donnés soient aussi avec moi, afin qu'ils voient ma gloire, la gloire que tu m'as donnée, parce que tu m'as aimé avant la fondation du monde. Père juste, le monde ne t'a point connu ; mais moi je t'ai connu, et ceux-ci ont connu que tu m'as envoyé. Je leur ai fait connaître ton nom, et je le leur ferai connaître, afin que l'amour dont tu m'as aimé soit en eux, et que je sois en eux (Jn 17.22-26).

Bien que les croyants n'aient rien fait pour gagner son affection (et, en réalité, ont tout fait pour s'attirer sa colère), le Père aime les pécheurs rachetés du même amour qu'il porte à son Fils. Il s'agit d'un amour infini, éternel et entièrement sûr. Jean a écrit dans son Évangile que, « ayant aimé les siens qui étaient dans le monde, [*Dieu*] mit le comble à son amour pour eux » (Jn 13.1) pour l'éternité. En fait, rien ne pourra jamais séparer les croyants de cet amour, comme Paul le déclare dans l'épître aux Romains :

Car j'ai l'assurance que ni la mort ni la vie, ni les anges ni les dominations, ni les choses présentes ni les choses à venir, ni les puissances, ni la hauteur ni la profondeur, ni aucune autre créature ne pourra nous séparer de l'amour de Dieu manifesté en Jésus-Christ notre Seigneur (Ro 8.38,39).

LES CROYANTS SONT GARDÉS

et gardés pour Jésus-Christ : (1*d*)

L'expression **gardés pour** rend un participe passif parfait (*tetêrêmenois*), qui provient du verbe *têreô*, « observer », « prêter attention à », « veiller sur », « maintenir ». Bien que la version de Genève rende la formulation de Jude par **gardés pour**, le cas datif du participe suggère qu'il aurait peut-être été préférable d'opter pour la traduction « gardés par ». Ainsi donc, l'expression que Jude emploie ici fait écho aux propres enseignements de Jésus portant sur la préservation des croyants :

Mes brebis entendent ma voix ; je les connais, et elles me suivent. Je leur donne la vie éternelle ; et elles ne périront jamais, et personne ne les ravira de ma main. Mon Père, qui me les a données, est plus grand que tous ; et personne ne peut les ravir de la main de mon Père (Jn 10.27-29 ; voir aussi 6.37-44 ; 17.11,15 ; Ro 8.31-39).

Jésus-Christ a promis de garder les croyants en sécurité pour toute l'éternité (Jn 6.35-40 ; 10.27-30 ; Ro 8.35-39), promesse que sa mort sur la croix a rendue possible. Par le moyen de son sacrifice accompli une fois pour toutes (1 Pi 3.18), Christ accorde à ses disciples le pardon des péchés, la vie éternelle et l'espérance de la glorification.

De plus, ce que Christ a assuré à la croix, le Père le protège par sa puissance (1 Pi 1.5). Il n'y a rien dans l'univers, ni personne ni puissance, qui soit plus grand que Dieu. Il n'existe aucune force non plus qui puisse jamais ravir les siens de sa main bienveillante. Résultat : les croyants peuvent se reposer en lui, sachant que leur refuge éternel est dans sa main toute-puissante. Voilà d'ailleurs un terrain important sur lequel les croyants peuvent lutter avec courage contre les faux enseignants. Ceux qui croient qu'il est possible de perdre son salut devraient faire preuve de cohérence et hésiter à s'engager dans une erreur fatale à distance rapprochée. Jude commence donc sa lettre en éliminant cette crainte inutile : les croyants sont **gardés** !

LES CROYANTS SONT BÉNIS

Que la miséricorde, la paix et l'amour vous soient multipliés ! (2)

Le salut que Dieu procure à ses enfants en est un qui est riche en bénédictions (voir Ps 37.6,17,24,39 ; 84.6-12 ; 92.13-15 ; Mt 6.31-33 ; Jn 10.10 ; Ac 20.32 ; Ro 9.23 ; 2 Co 9.8-10 ; Ph 4.19), dont Jude en énumère trois dans ses salutations. Jude utilise une combinaison, **la miséricorde** et **la paix**, comme salutation couramment utilisée parmi les Juifs d'alors (voir 1 Ti 1.2 ; 2 Ti 1.2 ; 2 Jn 3), et y ajoute **l'amour** afin de rappeler à ses lecteurs l'amour que Christ leur porte (voir Ép 3.19 ; Ap 1.5). Cette expression triple n'apparaît d'ailleurs qu'ici dans le Nouveau Testament.

L'expression **soient multipliés** (une forme du verbe *plêthunô*) signifie « être accrus », impliquant jusqu'à toute la plénitude. La prière de Jude, c'est que ses lecteurs jouissent sans cesse des bénédictions du Seigneur, peu importe combien le combat spirituel puisse devenir difficile (voir 1 Pi 1.2 ; 2 Pi 1.2).

D'abord, les bénédictions de Dieu incluent une part généreuse de sa **miséricorde** (Mc 5.19 ; Lu 1.50 ; Ro 9.15 ; Ga 6.16 ; Ép 2.4 ; Tit 3.5 ; 1 Pi 2.10 ; voir aussi És 63.9 ; Jé 31.20). Chaque fois que le croyant commet un péché, il est toujours comblé de miséricorde au trône de la grâce de Dieu (Hé 4.16). Paul a d'ailleurs dit aux croyants de Rome que Dieu manifeste « la richesse de sa gloire envers des vases de miséricorde qu'il a d'avance préparés pour la gloire » (Ro 9.23). Ces « vases de miséricorde », à savoir les pécheurs que Dieu a élus en vue du salut, reçoivent sans cesse la miséricorde que Dieu déverse sur eux, comme des coupes continuellement remplies d'eau.

Afin de satisfaire les besoins en toute situation, Dieu multiplie également sa **paix** chez les croyants, une paix qui leur vient du fait de savoir que leurs péchés sont pardonnés. Jésus a d'ailleurs consolé les apôtres par les paroles suivantes : « Je vous laisse la paix, je vous donne ma paix. Je ne vous donne pas comme le monde donne. Que votre cœur ne se trouble point, et ne s'alarme point » (Jn 14.27 ; voir aussi 16.33 ; Ps 29.11 ; 85.8 ; 119.165 ; És 9.6 ; 26.3 ; Jé 33.6 ; Lu 2.14 ; Ro 5.1 ; 15.13 ; 1 Co 14.33 ; Ga 5.22 ; Ph 4.7 ; Col 3.15 ; 1 Th 5.23).

Dieu bénit les croyants encore plus en déversant constamment son **amour** en eux. À ce sujet, Paul a d'ailleurs dit : « l'amour de Dieu est répandu dans nos cœurs par le Saint-Esprit qui nous a été donné » (Ro 5.5*b* ; voir aussi 8.39 ; Jn 16.27 ; 17.23 ; Ép 2.4 ; 2 Th 2.16 ; 1 Jn 4.7-10). (Pour en savoir plus sur l'amour que Dieu porte aux croyants, voir John MacArthur, *The God Who Loves* [Nashville : Word Publishing, 2001].)

Il est clair que Dieu déverse ses bénédictions en abondance sur ceux qu'il appelle, qu'il aime et qu'il garde. Le fait d'être son enfant comporte une infinité de privilèges et de bénédictions spirituelles (Ép 1.3). Toutefois, ces bénédictions s'accompagnent de grandes responsabilités, sujet qui fait réfléchir et que Jude aborde maintenant.

L'EXHORTATION DE JUDE

Bien-aimés, alors que je désirais vivement vous écrire au sujet de notre salut commun, je me suis senti obligé de vous envoyer cette lettre pour vous exhorter à combattre pour la foi qui a été transmise aux saints une fois pour toutes. (3)

Par son emploi du terme **Bien-aimés**, Jude démontre la tendresse pastorale sincère qu'il a pour ses lecteurs (voir Ro 1.7 ; 12.19 ; 1 Co 4.14 ; 15.58 ; Ép 5.1 ; Ph 2.12 ; Ja 1.16,19 ; 2.5 ; 1 Pi 4.12 ; 1 Jn 2.7 ; 3.2,21). Cette tendresse n'est pas une forme superficielle de sentimentalisme, mais l'expression bien sentie de son affection pour les enfants de Dieu. Elle émane également d'une conviction profonde par rapport à l'importance vitale de la vérité de Dieu.

Dès le début, Jude *[désirait]* vivement [...] **écrire au sujet** *[du]* **salut** qu'il avait en **commun** avec ses lecteurs. L'adverbe **vivement** (spoudê) dénote un empressement ou une hâte, ce qui pourrait signifier que Jude s'est empressé d'**écrire**, mais en vain, ou qu'il s'est efforcé d'aller jusqu'au bout de ce qu'il avait eu l'intention de dire à l'origine, sans toutefois y réussir. Quel que soit le cas, la présence de faux enseignements le restreint, lui faisant sentir le besoin urgent d'appeler l'Église à combattre. Initialement, il a pour idée de parler en termes positifs des bénédictions du **salut** qu'il a en commun avec ses lecteurs. Cependant, comme ce salut même est la cible des attaques d'apostats, il change ici de sujet.

Comme Paul, qui a écrit aux croyants de Corinthe : « [La] nécessité m'en est imposée, et malheur à moi si je n'annonce pas l'Évangile » (1 Co 9.16b), Jude se sent **obligé** – un lourd fardeau ou mandat – d'**envoyer** la **lettre** à l'étude. Par ailleurs, agchô, la racine du substantif rendu ici par **obligé**, signifie littéralement « compresse ou comprimer ». Jude reconnaît qu'il a pour devoir de veiller sur la vérité (voir Éz 3.16-21), et qu'il ne peut tout simplement pas regarder ses lecteurs glisser dans l'erreur sans rien dire. Il se passionne à tel point pour la saine doctrine, surtout pour ce qui a trait à l'Évangile, que la simple pensée d'un faux enseignement lui pèse énormément (voir 2 Co 11.28). Et, s'ils perdaient l'Évangile, ses lecteurs et lui n'auraient plus en partage un **salut commun**.

Jude nourrit également un amour profond pour ses lecteurs, ce qui signifie qu'il veut activement leur bien spirituel. Le ton de sa lettre est donc similaire à celui de Paul, lorsque ce dernier a écrit aux anciens d'Éphèse : « Veillez donc, vous souvenant que, durant trois années, je n'ai cessé nuit et jour d'exhorter avec larmes chacun de vous » (Ac 20.31 ; voir aussi Col 1.29).

Jude n'a pu résister à **exhorter** (parakaleô, « appeler », « encourager ») ses lecteurs à **combattre pour la foi**. Le verbe puissant **combattre** rend un infinitif présent (epagônizomai) qui met l'accent sur le besoin de défendre continuellement et vigoureusement la vérité (voir 1 Ti 1.18 ; 6.12 ; 2 Ti 4.5). Il s'agit d'un verbe composé dont provient la translittération française « agoniser ». De l'époque de Jude jusqu'à aujourd'hui, les vrais croyants se sont toujours battus pour la pureté de l'Évangile du salut.

En faisant allusion à **la foi**, Jude ne parle pas d'un ensemble nébuleux de doctrines religieuses, mais plutôt de **la foi** chrétienne, de la foi de l'Évangile, de la vérité objective de Dieu (c.-à-d. tout ce qui appartient à **notre salut commun**). C'est d'ailleurs de cette foi dont Luc a parlé dans Actes 2.42, en faisant remarquer que les premiers chrétiens « persévéraient dans l'enseignement des apôtres » (voir 1 Co 15.1-4 ; 2 Th 3.6). Paul a exhorté Timothée à protéger cette foi : « Retiens dans la foi et dans l'amour qui est en Jésus-Christ le modèle des saines paroles que tu as reçues de moi. Garde le bon dépôt, par le Saint-Esprit qui habite en nous » (2 Ti 1.13,14 ; voir aussi 1 Ti 6.19,20).

Dans la vie et le ministère, la vérité de Dieu revêt la plus grande importance (voir Ps 25.5,10 ;119.142,160 ; Pr 23.23 ; Jn 4.24 ; 8.32 ; 2 Co 13.8 ; 1 Ti 2.4 ; 2 Ti 2.15). Manipuler ou déformer cette vérité, ou y mêler l'erreur, revient à s'attirer la colère éternelle de Dieu. Voilà d'ailleurs pourquoi Paul a dit aux croyants de Galatie : « [Si] quelqu'un vous annonce un évangile s'écartant de celui que vous avez reçu, qu'il soit anathème ! » (Ga 1.9b.) Et l'apôtre Jean a dit à ses lecteurs :

> Quiconque va plus loin et ne demeure pas dans la doctrine de Christ n'a point Dieu ; celui qui demeure dans cette doctrine a le Père et le Fils. Si quelqu'un vient à vous et n'apporte pas cette doctrine, ne le recevez pas dans votre maison, et ne lui dites pas : Salut ! car celui qui lui dit : Salut ! participe à ses mauvaises œuvres (2 Jn 9-11).

Jude définit aussi la foi en termes succincts et spécifiques comme étant celle **qui a été transmise aux saints une fois pour toutes.** Précisons que hapax (**une fois pour toutes**) désigne quelque chose qui est accompli ou achevé une fois, avec des résultats durables qu'il n'est pas nécessaire de répéter. Par le Saint-Esprit, Dieu a révélé la foi chrétienne (voir Ro 16.26 ; 2 Ti 3.16) aux apôtres et à leurs compagnons d'œuvre durant le Ier siècle. Les écrits néotestamentaires, conjointement avec ceux de l'Ancien Testament, constituent « la connaissance » de Jésus-Christ et tout ce dont les croyants ont besoin pour vivre dans la piété (2 Pi 1.3 ; voir aussi 2 Ti 3.16,17).

Les auteurs néotestamentaires n'ont pas découvert les vérités de la foi chrétienne par le truchement d'expériences religieuses mystiques. C'est plutôt Dieu qui, avec finalité et certitude, a livré tout l'ensemble de ses révélations dans l'Écriture. Tout système qui prétend posséder une nouvelle révélation ou une nouvelle doctrine doit être considéré comme faux (Ap 22.18,19). La Parole de Dieu suffit pleinement ; elle est tout ce dont les croyants ont besoin afin de combattre pour la foi et de s'opposer à l'apostasie au sein de l'Église.

Gare aux apostats !   11

Car il s'est glissé parmi vous certains hommes, dont la condamnation est écrite depuis longtemps, des impies, qui changent la grâce de notre Dieu en dérèglement, et qui renient notre seul maître et Seigneur Jésus-Christ. Je veux vous rappeler, à vous qui savez fort bien toutes ces choses, que le Seigneur, après avoir sauvé le peuple et l'avoir tiré du pays d'Égypte, fit ensuite périr les incrédules ; qu'il a réservé pour le jugement du grand jour, enchaînés éternellement par les ténèbres, les anges qui n'ont pas gardé leur dignité, mais qui ont abandonné leur propre demeure ; que Sodome et Gomorrhe et les villes voisines, qui se livrèrent comme eux à la débauche et à des vices contre nature, sont données en exemple, subissant la peine d'un feu éternel. (4-7)

La saine doctrine est assiégée. En fait, elle l'a toujours été.

La vérité est la cible d'attaques depuis que le monde est monde. Cela a commencé dans le jardin d'Éden, où Satan a déformé la Parole de Dieu et a convaincu Ève de désobéir à son Créateur (Ge 3.1-6). Depuis, le père du mensonge (Jn 8.44) ne se lasse pas de mener son offensive hargneuse contre la vérité divine (voir Ac 20.29,30 ; Ép 6.10-18). Le but qu'il poursuit est simple : résister coûte que coûte à l'avancement du royaume de Dieu. Il a recours à des tactiques subtiles en appâtant ses victimes au moyen de l'imposture et de la contrefaçon. Et sa stratégie lui réussit parmi les non-croyants (dans les limites de la souveraineté de Dieu), comme le bourbier des religions modernes le démontre on ne peut plus clairement.

Pourtant, en dépit de ses victoires apparentes, les jours de Satan sont comptés. Dieu a lui-même promis que la vérité finirait par triompher de lui (voir 2 Th 2.5-17) ; un jour, le royaume éternel de Christ − dans lequel l'erreur n'a aucune place − sera établi (2 Pi 3.13). Pour ce qui est du diable et de ses tactiques de guérilla, ils seront vaincus à tout jamais (Ap 20.10).

Entre-temps, reconnaissant que Satan rôde encore (1 Pi 5.8), les chrétiens doivent combattre avec zèle et détermination pour la foi (voir v. 3). Ils doivent rechercher activement la vérité, en s'opposant et en résistant aussi à tout ce qui est faux. Cela exige beaucoup de sagesse, de discernement, de courage et d'endurance. L'apôtre Paul a d'ailleurs exhorté Timothée comme ceci : « Retiens dans la foi et dans l'amour qui est en Jésus-Christ le modèle des saines paroles que tu as reçues de moi. Garde le bon dépôt, par le Saint-Esprit qui habite en nous » (2 Ti 1.13,14 ; voir aussi 1 Ti 6.20,21). À l'instar de Timothée, les croyants d'aujourd'hui ont pour mandat de prendre au sérieux la vérité de l'Évangile, faisant de leur mieux pour la protéger et en préserver la pureté. Ce mandat revêt une importance particulièrement grande pour les pasteurs et les anciens. Comme c'est eux qui sont chargés de veiller sur « le troupeau de Dieu » (1 Pi 5.2), ils doivent faire preuve de fidélité en étant « *[attachés]* à la vraie parole telle qu'elle a été enseignée, afin d'être *[capables]* d'exhorter selon la saine doctrine et de réfuter les contradicteurs » (Tit 1.9). Ils ont la responsabilité d'interpréter l'Écriture avec justesse, sans quoi ils en rougiront (voir 2 Ti 2.15).

Gare aux apostats !   *4a*

Jude comprend certainement l'enjeu ; il sait que les ennemis de l'Église l'ont infiltrée. Il reconnait qu'un combat se trame, conflit qui marquera la toute nouvelle campagne que Satan a mise au point dans le cadre de sa longue guerre contre la vérité. Et c'est pourquoi Jude a écrit la lettre à l'étude : faire connaître à ses lecteurs les dangers doctrinaux auxquels ils font face de la part des agents d'infiltration de Satan. Tel un général en train d'informer ses troupes au sujet de leur ennemi, Jude brosse pour ses lecteurs le portrait de ces adversaires apostats. Ainsi donc, dans le passage à l'étude, il parle de leur présence, de leur prédiction, de leur portrait et de leur fin, afin de bien préparer ses lecteurs à exposer et à désarmer n'importe quel terroriste spirituel.

LA PRÉSENCE DES APOSTATS

Car il s'est glissé parmi vous certains hommes, (4*a*)

La mise en garde de Jude n'est pas qu'une simple hypothèse ; les faux enseignants sont déjà présents dans l'Église. Le mot rendu par **s'est glissé** (*pareisduô*) n'apparaît qu'ici dans le Nouveau Testament. Il a la connotation de s'introduire en cachette avec l'intention de causer des torts. Dans le grec extrabiblique, il décrit alors l'art avec lequel un avocat véreux, par une argumentation habile, infiltre l'esprit des officiers du tribunal et en corrompt leur pensée. Comme ils sont déjà dans l'Église, les apostats sont en mesure d'y « *[introduire] sournoisement des sectes pernicieuses* » (2 Pi 2.1).

Une chose est certaine, il existe beaucoup de faux enseignants hors de l'Église qui propagent des mensonges et des impostures, et qui se disent ouvertement opposés au christianisme. Jésus a d'ailleurs fait une mise en garde aux apôtres : « *Prenez garde à vous-mêmes. On vous livrera aux tribunaux, et vous serez battus de verges dans les synagogues ; vous comparaîtrez devant des gouverneurs et devant des rois, à cause de moi, pour leur servir de témoignage* » (Mc 13.9 ; voir aussi Ac 4.1-3,13-18 ; 5.17,18,26-40 ; 6.12-14 ; 7.54,57-59 ; 8.1-3 ; 12.1-4 ; 14.19 ; 16.19-24 ; 17.5-9 ; 21.26-36 ; 23.12 – 24.9). Cependant, les pasteurs, les anciens, les diacres et les enseignants qui sont des imposteurs au sein de l'Église sont généralement beaucoup plus dangereux. Les attaques provenant de l'extérieur de l'Église ont souvent pour effet d'unir le peuple de Dieu, mais les attaques provenant de l'intérieur — que montent de faux enseignants — ont généralement pour effet de diviser le troupeau et d'y semer la confusion.

De tels faux enseignants se glissent donc furtivement dans l'Église, en infiltrant le tissu même de l'assemblée, et y causent autant de torts que possible. Résultat : la communion, l'adoration, le ministère et l'évangélisation véritables disparaissent à mesure que l'Église succombe à des erreurs dévastatrices en matière tant de doctrine que de pratique. Le Nouveau Testament fait plusieurs mises en garde contre le danger que pose l'apostasie au sein de l'Église (voir Ac 20.28-31 ; 2 Co 11.12-15 ; Ga 1.6-9 ; 3.1-3 ; Col 2.8,18,19 ; 2 Pi 2 ; 1 Jn 2.9-11,18-22 ; 4.1-6 ; 2 Jn 7-11). Dans l'Église d'aujourd'hui, une telle apostasie prend plusieurs formes. Les faux enseignants écrivent des livres et éditent des publications, ils parlent à la radio et à la télévision, ils enseignent dans des collèges et des séminaires, ils prêchent en chaire et ils ont des sites sur l'Internet. Satan sème toujours son ivraie parmi le blé (Mt 13.24-30), suscitant de faux frères qu'il déguise en messagers de la vérité (voir 2 Co 11.14).

Bien que la description que Jude donne des apostats, **certains hommes**, soit vague, leur identité historique spécifique n'est pas essentielle à l'établissement de son point principal ; à savoir que tout imposteur spirituel pose un danger clair et présent pour l'Église, quelle que soit l'erreur qu'il propage. Jude ne considère pas non plus comme nécessaire de détailler les nuances entre les diverses faussetés théologiques colportées. Il se peut que ce soit une forme naissante de gnosticisme ou une version primitive de la doctrine des Nicolaïtes (hérésie qui altérait la grâce et qui incitait à adopter une conduite impie et immorale ; voir Ap 2.6,15). Quel que soit le cas, les lecteurs de Jude savent qui sont les apôtres et ce qu'ils enseignent. Par conséquent, il les prévient d'être sur leurs gardes. De la même manière, les chrétiens d'aujourd'hui doivent aussi être conscients que de tels hérétiques menacent encore l'Église aujourd'hui (Mt 7.15 ; 24.11 ; Ac 20.29).

Gare aux apostats ! 4b

LA PRÉDICTION AU SUJET DES APOSTATS

dont la condamnation est écrite depuis longtemps, (4*b*)

Depuis les tout débuts de l'histoire de la rédemption, Dieu promet de juger les apostats avec la plus grande sévérité. Le temps parfait du participe *progegrammenoi* (**écrite depuis longtemps**) suggère qu'il y a longtemps Dieu a prononcé une condamnation contre tous les apostats. Ce sont des fils de la colère contre qui Dieu a ordonné cette **condamnation** prophétisée. Jude fera également allusion à cette condamnation dans les versets 14 et 15 de l'épître à l'étude :

C'est aussi pour eux qu'Hénoc, le septième depuis Adam, a prophétisé en ces termes : Voici, le Seigneur est venu avec ses saintes myriades, pour exercer un jugement contre tous, et pour faire rendre compte à tous les impies parmi eux de tous les actes d'impiété qu'ils ont commis et de toutes les paroles injurieuses qu'ont proférées contre lui des pécheurs impies (voir mes remarques sur ce passage dans le chapitre 13 du présent volume ; voir aussi És 47.12-15 ; So 1.4-6 ; 2 Pi 2.17,20-22).

Les prophètes de l'Ancien Testament ont eux aussi fait beaucoup de prédictions au sujet du jugement que Dieu réserve aux apostats (És 8.20-22 ; Jé 5.13,14 ; 8.12,13 ; Os 9.7-9 ; So 3.1-8), comme cela a d'ailleurs été le cas de l'apôtre Pierre :

Par cupidité, ils vous exploiteront au moyen de paroles trompeuses, eux que menace depuis longtemps la condamnation, et dont la ruine ne sommeille point. Car, si Dieu n'a pas épargné les anges qui ont péché, mais s'il les a précipités dans les abîmes de ténèbres et les réserve pour le jugement ; s'il n'a pas épargné l'ancien monde, mais s'il a sauvé huit personnes dont Noé, ce prédicateur de la justice, lorsqu'il fit venir le déluge sur un monde d'impies ; s'il a condamné à la destruction et réduit en cendres les villes de

Sodome et de Gomorrhe, les donnant comme exemple aux impies à venir (2 Pi 2.3-6). (Voir aussi mes remarques au sujet de ces versets dans le chapitre 6 du présent volume.) Il y a longtemps que le verdict de culpabilité a été prononcé contre ces apostats, ce qui signifie que leur jugement inévitable et final est inéluctable.

LE PORTRAIT DES APOSTATS

des impies, qui changent la grâce de notre Dieu en dérèglement, et qui renient notre seul maître et Seigneur Jésus-Christ. (4c)

Il ne fait aucun doute que les apostats de l'époque de Jude (comme c'est le cas de tous les faux enseignants de n'importe quelle époque) se caractérisent principalement par l'impiété (voir. v. 15). Ils prétendent appartenir à Dieu et parler en son nom ; toutefois, leur cœur est éloigné de lui (voir Mt 7.15-23). À la lumière de ce qui précède, Jude décrit leur caractère, leur conduite et leur credo comme étant corrompus.

LEUR CARACTÈRE

des impies, (4c)

En tant qu'**impies** (*asebês*), les faux enseignants ne peuvent adorer Dieu correctement. En fait, ils étaient et sont dépourvus de toute révérence pour lui. Les Pères de l'Église primitive employaient le terme *asebês* pour désigner les athées et les hérétiques. Ces gens ne font que jouer à la religion, alors qu'ils n'ont aucune véritable crainte de Dieu ni d'amour pour lui (voir Mt 23.25 ; 1 Ti 6.5 ; 2 Ti 3.5 ; Tit 1.16). Bien qu'ils se fassent passer pour des chefs spirituels, en réalité ils trahissent de façon monumentale la confiance des chrétiens par leurs façons de faire immorales et contraires à l'éthique. Ils prétendent tous connaître Dieu et dire la vérité sur lui, Jésus et l'Écriture, mais leur impiété les trahit.

Gare aux apostats ! 4c

LEUR CONDUITE

qui changent la grâce de notre Dieu en dérèglement, (4c)

La fausse spiritualité des apostats ne peut restreindre leurs convoitises charnelles. Ils pervertissent **la grâce** de Dieu et la **changent en dérèglement** (*aselgeia*, « sensualité », « indécence », « vice effréné ») ou en « débauche » (comme la *Semeur* traduit *aselgeia* dans Ga 5.19). Sous la tyrannie de leurs passions coupables (Ro 8.3-6 ; 2 Co 7.1 ; Ga 5.16,17,24 ; 6.8 ; Ph 3.3), les faux enseignants donnent secrètement libre cours à leurs désirs charnels. Ensuite, pour empirer les choses, ils justifient leur comportement en pervertissant le concept biblique de la grâce. Ce faisant, ils démontrent qu'ils n'ont jamais véritablement embrassé le salut de Christ ; s'ils avaient réellement goûté au pardon divin, ils ne se seraient pas servis de la grâce comme d'une autorisation de pécher (voir Ro 6.1,2 ; Ga 5.13 ; 1 Pi 2.16 ; 2 Pi 2.19).

LEUR CREDO

et qui renient notre seul maître et Seigneur Jésus-Christ. (4c)

Les faux enseignants apostats se voient eux-mêmes comme leurs propres maîtres. Par conséquent, ils refusent de reconnaître avec honnêteté la seigneurie souveraine de **Jésus-Christ** (Ps 89.28 ; Ac 7.55,56 ; 10.36 ; Ro 5.1 ; 6.23 ; 10.9,12 ; Ép 1.20-22 ; 4.15 ; Ph 2.11 ; Col 1.18 ; 2.10 ; 1 Ti 6.15 ; Ap 5.12 : 19.16). Ils ne se soumettront pas à Jésus en tant que leur divin **maître** (*despotês*, « souverain ») et **Seigneur** (*kurios*, « seigneur », « propriétaire », titres dont on se servait pour manifester de la déférence et pour honorer) ; pas plus qu'ils ne lui rendront l'honneur qu'il exige particulièrement à titre de Dieu le Fils et de Sauveur des pécheurs. Ainsi donc, ils refusent d'accorder à Christ la position qui lui revient de droit en tant que Dieu (Jn 5.23), Roi (Mt 25.34 ; Jn 1.49-51 ; 12.13 ; 18.37) et Messie (Mt 2.4-6 ; Mc 8.27-29 ; Lu 2.25-35 ; Jn 4.25,26). Ce faisant, ils confirment leur imposture : « Ils font profession de connaître Dieu, mais ils le renient par leurs œuvres, étant abominables, rebelles, et incapables d'aucune bonne œuvre » (Tit 1.16).

LA FIN DES APOSTATS

Je veux vous rappeler, à vous qui savez fort bien toutes ces choses, que le Seigneur, après avoir sauvé le peuple et l'avoir tiré du pays d'Égypte, fit ensuite périr les incrédules ; qu'il a réservé pour le jugement du grand jour, enchaînés éternellement par les ténèbres, les anges qui n'ont pas gardé leur dignité, mais qui ont abandonné leur propre demeure ; que Sodome et Gomorrhe et les villes voisines, qui se livrèrent comme eux à la débauche et à des vices contre nature, sont données en exemple, subissant la peine d'un feu éternel. (5-7)

Dans le passage à l'étude, Jude fournit des faits supplémentaires sur la condamnation qui est réservée aux imposteurs (v. 4*b*) en citant trois des jugements que Dieu a portés contre d'autres apostats : les Israélites apostats, les anges apostats et les non-Juifs apostats. Le passage qui nous intéresse ici et 2 Pierre 2.3-10 sont étroitement parallèles. Dans sa seconde épître, Pierre a parlé du jugement de Dieu contre les anges déchus, les non-croyants par le déluge et les débauchés de Sodome et de Gomorrhe. (Voir mes remarques au sujet de 2 Pierre 2.3*b*-10*a* dans le chapitre 6 du présent volume.) Jude insiste lui aussi sur les anges déchus et les habitants de Sodome et de Gomorrhe, mais il évoque les Israélites incrédules plutôt que les gens de l'époque de Noé. Dans les deux épîtres, les références sont courtes et générales, car les lecteurs les connaissent déjà.

LES ISRAÉLITES APOSTATS

Je veux vous rappeler, à vous qui savez fort bien toutes ces choses, que le Seigneur, après avoir sauvé le peuple et l'avoir tiré du pays d'Égypte, fit ensuite périr les incrédules ; (5)

Gare aux apostats !

Si Jude donne des exemples connus de l'Ancien Testament, c'est parce qu'il *[veut]* rappeler à ses lecteurs (voir 2 Pi 1.12) que ceux qui déforment la vérité s'attireront toujours le jugement de Dieu. Le premier de ces exemples est centré sur le fait que Dieu *[a]* **sauvé le peuple** (Israël) et *[l'a]* **tiré du pays d'Égypte**, pour ensuite le guider dans le désert. Le récit de l'Exode, cette image frappante de la rédemption, illustre avec puissance l'amour que Dieu a pour son peuple, que la Pâque symbolise et commémore (Ex 12 ; voir aussi Lu 22.20 ; 1 Co 5.7). Mais il s'agissait également d'un rappel sévère du jugement divin, non seulement pour les Égyptiens, mais encore pour les Israélites qui ont tourné le dos à Dieu dans leur infidélité (1 Co 10.1-18). Bien que Jude sache que ses lecteurs connaissent pertinemment ce récit, et donc qu'ils *[savent]* **fort bien toutes ces choses,** il s'en sert pour révéler l'attitude immuable de Dieu envers quiconque corrompt sa Parole en tout temps et en tout lieu. En fait, le jugement de Dieu contre les apostats est détaillé partout dans l'Ancien Testament (Jg 11.14-21 ; Né 9.21 ; Ps 78 ; 95 ; 105 ; 106 ; voir aussi De 4.27 ; 28.64 ; Os 9.17 ; Za 7.14).

Un jour, Dieu a délivré les Israélites de l'Égypte, et il **fit ensuite périr les incrédules** (Ex 7.14 – 17.7 ; No 11.1 – 14.38). Le livre des Nombres résume d'ailleurs la rébellion d'Israël et la manière dont Dieu y a réagi :

L'Éternel parla à Moïse et à Aaron, et dit : Jusqu'à quand laisserai-je cette méchante assemblée murmurer contre moi ? J'ai entendu les murmures des enfants d'Israël qui murmuraient contre moi. Dis-leur : Je suis vivant ! dit l'Éternel, je vous ferai ainsi que vous avez parlé à mes oreilles. Vos cadavres tomberont dans ce désert. Vous tous, dont on a fait le dénombrement, en vous comptant depuis l'âge de vingt ans et au-dessus, et qui avez murmuré contre moi, vous n'entrerez point dans le pays que j'avais juré de vous faire habiter, excepté Caleb, fils de Jephunné, et Josué, fils de Nun. Et vos petits enfants, dont vous avez dit : Ils deviendront une proie ! je les y ferai entrer, et ils connaîtront le pays que vous avez dédaigné. Vos cadavres, à vous, tomberont dans le désert ; et vos enfants seront nomades quarante années dans le désert, et porteront la peine de vos infidélités, jusqu'à ce que vos cadavres soient tous tombés dans le désert. De même que vous avez mis quarante jours à explorer le pays, vous porterez la peine de vos iniquités quarante années, une année pour chaque jour ; et vous saurez ce que c'est que d'être privé de ma présence. Moi, l'Éternel, j'ai parlé ! et c'est ainsi que je traiterai cette méchante assemblée qui s'est réunie contre moi ; ils seront consumés dans ce désert, ils y mourront. Les hommes que Moïse avait envoyés pour explorer le pays, et qui, à leur retour, avaient fait murmurer contre lui toute l'assemblée, en décriant le pays, ces hommes, qui avaient décrié le pays, moururent frappés d'une plaie devant l'Éternel. Josué, fils de Nun, et Caleb, fils de Jephunné, restèrent seuls vivants parmi ces hommes qui étaient allés pour explorer le pays (No 14.26-38).

Pour les lecteurs de Jude, le jugement de Dieu contre Israël est un rappel saisissant de ce qui arrive à ceux qui (qu'ils deviennent ou non des enseignants de la Parole), après avoir entendu ce que Dieu attend d'eux et avoir été les témoins de ce qu'il est capable de faire, refusent encore de croire (voir Mt 13.54-58 ; Mc 3.1-6,20-30 ; 6.1-6 ; Jn 6.60-71 ; 8.31-59). Le Seigneur condamnera et détruira tous ces rebelles (voir Mt 11.20-24 ; Hé 3.7-12 ; 10.26-31).

LES ANGES APOSTATS

qu'il a réservé pour le jugement du grand jour, enchaînés éternellement par les ténèbres, les anges qui n'ont pas gardé leur dignité, mais qui ont abandonné leur propre demeure ; (6)

Le deuxième exemple que Jude donne est celui des **anges** apostats. Le fait que ces anges ne soient pas identifiés spécifiquement indique que Jude tient pour acquis que ses lecteurs connaissent déjà les détails de leur défection extraordinaire.

Les commentateurs bibliques ont retenu trois principales identités possibles pour ces anges. Certains disent que Jude fait référence ici à un épisode dont ses lecteurs n'ont aucune connaissance, mais cela n'est pas conforme au contexte plus large dans lequel, comme nous l'avons fait remarquer précédemment, Jude rappelle à ses lecteurs des choses qu'ils connaissent déjà (voir v. 5). Ainsi donc, on doit tenir pour acquis que Jude parle ici d'un récit de l'Ancien Testament que ses lecteurs connaissent en général.

D'autres affirment que Jude fait allusion à la chute originelle de Satan (És 14.12-15 ; Éz 28.12-17 ; voir aussi Lu 10.18 ; Ap 12.7-10). Il s'agit d'une interprétation plausible, mais qui n'explique pas le fait que Jude dise qu'ils sont **enchaînés éternellement**, fait qui ne s'applique pas au statut actuel de Satan et des démons. L'apôtre Pierre a eu raison d'écrire que le diable « rôde comme un lion rugissant, cherchant qui il dévorera » (1 Pi 5.8 ; voir aussi Job 1.6,7). Il est donc improbable que Jude fasse allusion ici à la chute de Satan.

Un troisième point de vue, d'ailleurs le plus plausible, c'est que Jude fait allusion à une transgression particulièrement haineuse commise par certains anges déchus. Ce péché, rapporté dans l'Ancien Testament (Ge 6.1-4), était d'une telle gravité que Dieu a enchaîné les démons coupables afin de les empêcher de se livrer de nouveau à des gestes aussi pervers. (Pour en savoir plus sur les péchés commis par ces anges, voir mes remarques au sujet de 2 Pierre 2.4 dans le chapitre 6 du présent volume et la partie plus longue qui y est consacrée dans John MacArthur, *1 Pierre* [Trois-Rivières, Québec : Éditions IMPACT, 2008], p. 281-292.)

Pierre a dit qu'ils ont péché, alors que Jude décrit deux aspects connexes du péché des anges déchus. Premièrement, ils **n'ont pas gardé leur dignité**. Au lieu de rester dans la sphère d'autorité que Dieu leur a assignée, ils en sont sortis. Deuxièmement, ils **ont abandonné leur propre demeure**. Conjointement avec Lucifer, ils se sont rebellés contre le rôle et la place qu'ils ont reçus au ciel (voir És 14.12). Lorsque Dieu les a expulsés du ciel à cause de cette rébellion (voir Ap 12.4,9), certains ont continué de chuter jusqu'au point de prendre une forme humaine masculine et de cohabiter avec des femmes humaines afin de produire une génération d'enfants démoniaques complètement corrompus (voir Ge 6.11-13). Dieu a envoyé ces anges déchus particuliers (démons) dans un lieu de ténèbres en vue du jugement du grand jour. Pierre a d'ailleurs écrit que Dieu « les a précipités dans les abîmes de ténèbres et les réserve pour le jugement » (2 Pi 2.4*b*).

LES NON-JUIFS APOSTATS

que Sodome et Gomorrhe et les villes voisines, qui se livrèrent comme eux à la débauche et à des vices contre nature, sont données en exemple, subissant la peine d'un feu éternel. (7)

Comme troisième illustration du jugement dont Dieu a frappé les apostats par le passé, Jude rappelle **Sodome et Gomorrhe** à ses lecteurs. Les gens pervers qui vivaient dans ces villes, **et les villes voisines,** se sont livrés à des péchés tout aussi révoltants et horribles que ceux des anges déchus. Genèse 18.16 – 19.29 nous en donne les détails sordides, et le passage de 19.1-11 insiste surtout sur les actions dépravées de leurs résidants impénitents :

> Les deux anges arrivèrent à Sodome sur le soir ; et Lot était assis à la porte de Sodome. Quand Lot les vit, il se leva pour aller au-devant d'eux, et se prosterna la face contre terre. Puis il dit : Voici, mes seigneurs, entrez, je vous prie, dans la maison de votre serviteur, et passez-y la nuit ; lavez-vous les pieds ; vous vous lèverez de bon matin, et vous poursuivrez votre route. Non, répondirent-ils, nous passerons la nuit dans la rue. Mais Lot les pressa tellement qu'ils vinrent chez lui et entrèrent dans sa maison. Il leur donna un festin, et fit cuire des pains sans levain. Et ils mangèrent. Ils n'étaient pas encore couchés que les gens de la ville, les gens de Sodome, entourèrent la maison, depuis les enfants jusqu'aux vieillards ; toute la population était accourue. Ils appelèrent Lot, et lui dirent : Où sont les hommes qui sont entrés chez toi cette nuit ? Fais-les sortir vers nous, pour que nous les connaissions. Lot sortit vers eux à l'entrée de la maison, et ferma la porte derrière lui. Et il dit : Mes frères, je vous prie, ne faites pas le mal ! J'ai deux filles qui n'ont point connu d'homme ; je vous les amènerai dehors, et vous leur ferez ce qu'il vous plaira. Seulement, ne faites rien à ces hommes

Gare aux apostats !

puisqu'ils sont venus à l'ombre de mon toit. Ils dirent : Retire-toi ! Ils dirent encore : Celui-ci est venu comme étranger, et il veut faire le juge ! Eh bien, nous te ferons pis qu'à eux. Et, pressant Lot avec violence, ils s'avancèrent pour briser la porte. Les hommes étendirent la main, firent rentrer Lot vers eux dans la maison, et fermèrent la porte. Et ils frappèrent d'aveuglement les gens qui étaient à l'entrée de la maison, depuis le plus petit jusqu'au plus grand, de sorte qu'ils se donnèrent une peine inutile pour trouver la porte.

Les Sodomites **se livrèrent comme eux**, les anges pervers qui les ont précédés, **à la débauche et à des vices contre nature**. Ils ont eux aussi corrompu les desseins que Dieu avait conçus pour eux en sollicitant des faveurs sexuelles auprès de ses saints messagers. L'équivalent français **débauche** rend un mot composé grec (*ekporneuô*), qui laisse entendre que leur comportement sexuel et leur tentative de fornication étaient particulièrement opposés aux desseins que Dieu avait conçus pour la sexualité humaine (voir Lé 18.22 ; 20.13 ; Ro 1.26,27 ; 1 Co 6.9 ; 1 Ti 1.9,10). Le fait qu'ils **se *[soient livrés]* comme eux à la débauche et à des vices contre nature** indique que, à l'instar des anges apostats, les hommes de Sodome recherchaient des créatures (anges) autres que celles qui leur étaient normalement destinées. (Pour en savoir plus au sujet de Sodome et de Gomorrhe, voir mes remarques sur 2 Pierre 2.6-8 dans le chapitre 6 du présent volume.)

Les villes de Sodome et de Gomorrhe, et donc leurs habitants, **sont données** ici **en exemple** afin de faire comprendre que Dieu châtiera les apostats avec certitude et sévérité (Mt 11.23 ; Ro 9.29 ; 2 Pi 2.6 ; voir aussi És 1.9,10 ; Am 4.11). Ils finiront par être condamnés à **la peine d'un feu éternel**, l'enfer brûlant d'horribles tourments, où leur châtiment durera à jamais (Mt 3.12 ; 13.42,50 ; 25.41 ; voir aussi Ps 9.18 ; Pr 5.5 ; 9.17,18 ; 15.24 ; És 33.14 ; Mt 5.29 ; 8.12 ; 10.28 ; 25.46). Il s'agit du jugement final permanent contre les non-régénérés, surtout contre ceux qui méprisent la vérité divine ou qui en dérogent (voir Ap 19.20). Voici comment l'apôtre Jean a décrit l'enfer : « Et le diable, qui les séduisait, fut jeté dans l'étang de feu et de soufre, où sont la bête et le faux prophète. Ils seront tourmentés jour et nuit, aux siècles des siècles » (Ap 20.10 ; voir aussi És 30.33).

Ce passage puissant, avec ses trois illustrations dramatiques de l'apostasie, constitue un rappel qui fait réfléchir au sort ultime réservé à ceux qui rejettent la foi. En tant que tel, il fournit à juste titre aux croyants une raison de continuer de combattre pour défendre la vérité. Et il sert de mise en garde solennelle à quiconque connaît la vérité, mais qui, pour une raison ou pour une autre, est porté à s'éloigner de l'Évangile (Hé 6.4-8). Après tout, si nous ne tenons pas compte de l'exhortation de Jude, les conséquences seront terrifiantes pour nous, comme le précise l'épître aux Hébreux :

> *[De]* quel pire châtiment pensez-vous que sera jugé digne celui qui aura foulé aux pieds le Fils de Dieu, qui aura tenu pour profane le sang de l'alliance, par lequel il a été sanctifié, et qui aura outragé l'Esprit de la grâce ? Car nous connaissons celui qui a dit : À moi la vengeance, à moi la rétribution ! et encore : Le Seigneur jugera son peuple. C'est une chose terrible de tomber entre les mains du Dieu vivant (Hé 10.29-31).

Ainsi donc, les pires souffrances éternelles sont réservées à ceux qui connaissent et rejettent la vérité. Pire encore sera le jugement qui est réservé à ceux qui, ayant agi de la sorte, continuent d'enseigner des mensonges démoniaques comme s'ils disaient la vérité (voir Ja 3.1).

Portrait des apostats   12

Malgré cela, ces hommes aussi, entraînés par leurs rêveries, souillent pareillement leur chair, méprisent l'autorité et injurient les gloires. Or, l'archange Michel, lorsqu'il contestait avec le diable et lui disputait le corps de Moïse, n'osa pas porter contre lui un jugement injurieux, mais il dit : Que le Seigneur te réprime ! Eux, au contraire, ils parlent d'une manière injurieuse de ce qu'ils ignorent, et ils se corrompent dans ce qu'ils savent naturellement comme les brutes. Malheur à eux ! car ils ont suivi la voie de Caïn, ils se sont jetés pour un salaire dans l'égarement de Balaam, ils se sont perdus par la révolte de Koré. Ce sont des écueils dans vos agapes, faisant impudemment bonne chère, se repaissant eux-mêmes. Ce sont des nuées sans eau, poussées par les vents ; des arbres d'automne sans fruits, deux fois morts, déracinés ; des vagues furieuses de la mer, rejetant l'écume de leurs impuretés ; des astres errants, auxquels l'obscurité des ténèbres est réservée pour l'éternité. (8-13)

Le terrorisme a toujours existé sous une forme ou sous une autre. Des assassinats politiques aux enlèvements très médiatisés, en passant par les guérillas, l'Histoire abonde en hommes qui ont tenté d'apporter des changements en ayant recours à la violence. Toutefois, en ce jour déterminant du 11 septembre 2001, le terrorisme a atteint un nouveau sommet, tandis que des mercenaires du réseau terroriste d'Al Quaeda ont détourné quatre avions de ligne pour s'en servir comme missiles. La destruction du World Trade Center à New York et l'endommagement du Pentagone à Washington, D. C, qui en ont résulté (ainsi que l'écrasement du quatrième avion en Pennsylvanie) ont fait plus de trois mille morts et ont porté un coup terrible à l'économie américaine. De plus, la menace du terrorisme international s'est ainsi intensifiée. Par conséquent, on a dû prendre des mesures de sécurité strictes, surtout dans le monde des transports aériens, les secteurs industriels névralgiques et les événements publics très importants. Avant les événements du 11 septembre, les États-Unis semblaient merveilleusement immunisés contre les attaques terroristes. Toutefois, après l'effondrement incroyable des tours jumelles, les Américains ont eux-mêmes fait l'expérience de ce que sont les tactiques mortelles du terrorisme.

En contraste avec les guerres conventionnelles, le terrorisme présente particulièrement une menace sérieuse pour deux raisons principales. Premièrement, les terroristes opèrent dans la clandestinité. Ils sont relativement peu nombreux, restent cachés et ne portent certainement pas l'uniforme. Leurs plans restent secrets jusque après qu'ils ont frappé, rendant leurs attaques très difficiles à contrer. Deuxièmement, les terroristes sont prêts en général à mourir pour leur cause (souvent en se suicidant dans la réalisation de leurs objectifs). Ils désirent ardemment se sacrifier au profit de leur mission. Ainsi donc, la perspective même du pire des châtiments humains, comme la peine de mort, ne les dissuade pas. Pour les empêcher d'agir, il faut les démasquer et les appréhender avant qu'ils passent à l'action. Sans quoi, il sera trop tard.

Les mêmes caractéristiques qui rendent les terroristes politiques si dangereux dans le monde rendent les enseignants apostats encore plus dangereux dans l'Église. Comme ils se déguisent souvent en anges de lumière (2 Co 11.14) ou se présentent comme des loups en vêtements de brebis (Mt 7.15), les apostats sont difficiles à identifier. Et, comme ils se leurrent eux-mêmes, ils embrassent volontiers (bien qu'involontairement) leur propre ruine éternelle au profit de leurs mensonges pernicieux. En détruisant des âmes, ils se suicident spirituellement.

Étant donné qu'il importe que les nations attachées à la liberté combattent les terroristes idéologiques, il est infiniment plus important encore que les croyants dénoncent et rejettent les terroristes spirituels. Les terroristes politiques peuvent infliger des dommages matériels et la mort physique, mais les apostats déguisés en vrais enseignants peuvent altérer la vérité de Dieu et amener des gens à donner foi à des faussetés accablantes.

Jude a pris conscience de l'énorme danger que les apostats posent pour la vérité divine. Par conséquent, il vient d'exhorter ses lecteurs à « combattre pour la foi » (v. 3), à continuer de défendre la doctrine pure de « notre salut commun » contre ceux qui cherchent à miner l'Évangile. Toutefois, étant donné qu'il « s'est glissé » (v. 4) de faux enseignants dans l'Église, celle-ci est exhortée à les reconnaître et à les dénoncer avant qu'ils lui fassent du tort.

À la lumière de ce qui précède, le passage à l'étude continue de brosser le portrait véridique des apostats. Ils sont d'une telle impiété et ils représentent un tel danger spirituel que Jude a recours au langage le plus mordant et le plus condamnatoire pour les décrire. Ce faisant, il présente trois caractéristiques propres aux apostats, trois corrélations entre ces apostats et des apostats du passé, ainsi que cinq comparaisons entre ces apostats et des phénomènes naturels.

CARACTÉRISTIQUES PROPRES AUX APOSTATS

Malgré cela, ces hommes aussi, entraînés par leurs rêveries, souillent pareillement leur chair, méprisent l'autorité et injurient les gloires. Or, l'archange Michel, lorsqu'il contestait avec le diable et lui disputait le corps de Moïse, n'osa pas porter contre lui un jugement injurieux, mais il dit : Que le Seigneur te réprime ! Eux, au contraire, ils parlent d'une manière injurieuse de ce qu'ils ignorent, et ils se corrompent dans ce qu'ils savent naturellement comme les brutes. (8-10)

Malgré cela constitue une transition importante, qui révèle plus encore la signification du passage précédent. Les apostats manifestent typiquement des traits de caractère impies, comme cela a été le cas des Israélites apostats, des anges déchus, ainsi que des habitants pervers de Sodome et de Gomorrhe. La conduite impie de **ces hommes** provient souvent de leurs **rêveries**, terme que Jude emploie pour identifier les apostats comme des gens qui ont de fausses visions. Le Nouveau Testament emploie normalement le substantif *onar* pour désigner des songes (Mt 1.20 ; 2.12,13,19,22 ; 27.19), mais ici Jude choisit une forme du verbe *enupniazô*, qui n'est employé qu'à un seul autre endroit dans le Nouveau Testament, Actes 2.17. Dans ce passage, Pierre (prêchant le jour de la Pentecôte) a déclaré : « Mais c'est ici ce qui a été dit par le prophète Joël : Dans les derniers jours, dit Dieu, je répandrai de mon Esprit sur toute chair ; vos fils et vos filles prophétiseront, vos jeunes gens auront des visions, et vos vieillards auront des songes » (2.16,17).

La prophétie de Joël (Joë 2.28-32) et son évocation dans le sermon de Pierre démontrent que les songes en question ne sont pas de simples rêves. Durant la Tribulation, les prophéties, les révélations et les visions qui ont cessé pour l'instant reviendront alors, conjointement avec la révélation divine. Dieu parlera aux gens par des songes, comme il l'a fait selon l'histoire biblique (par ex. : Joseph en Égypte et Daniel à Babylone).

Les faux enseignants présentent souvent les songes comme la preuve de la source d'autorité divine de leurs « nouvelles vérités », qui ne sont en fait que mensonges et impostures. Ce faisant, ils substituent leur fausse autorité à la vraie autorité scripturaire de Dieu.

Le mot **rêveries** englobe assurément aussi l'imagination perverse et inique des apostats. Rejetant la Parole de Dieu, ils fondent leurs enseignements trompeurs sur les errements de leur propre esprit bercé d'illusions et diabolique. Dans l'Ancien Testament, le terme « songeur » est presque synonyme de faux prophète, comme la mise en garde de Moïse l'indique :

> S'il s'élève au milieu de toi un prophète ou un songeur qui t'annonce un signe ou un prodige, et qu'il y ait

accomplissement du signe ou du prodige dont il a parlé en disant : Allons après d'autres dieux, − des dieux que tu ne connais point, − et servons-les ! tu n'écouteras pas les paroles de ce prophète ou de ce songeur, car c'est l'Éternel, votre Dieu, qui vous met à l'épreuve pour savoir si vous aimez l'Éternel, votre Dieu, de tout votre cœur et de toute votre âme. Vous irez après l'Éternel, votre Dieu, et vous le craindrez ; vous observerez ses commandements, vous obéirez à sa voix, vous le servirez, et vous vous attacherez à lui. Ce prophète ou ce songeur sera puni de mort, car il a parlé de révolte contre l'Éternel, votre Dieu, qui vous a fait sortir du pays d'Égypte et vous a délivrés de la maison de servitude, et il a voulu te détourner de la voie dans laquelle l'Éternel, ton Dieu, t'a ordonné de marcher. Tu ôteras ainsi le mal du milieu de toi (De 13.1-5 ; voir aussi Jé 23.25-32).

Dans la même veine, l'apôtre Paul a donné l'avertissement suivant :

Que personne, sous une apparence d'humilité et par un culte des anges, ne vous ravisse à son gré le prix de la course ; tandis qu'il s'abandonne à ses visions, il est enflé d'un vain orgueil par ses pensées charnelles, sans s'attacher au chef, dont tout le corps, assisté et solidement assemblé par des jointures et des liens, tire l'accroissement que Dieu donne (Col 2.18,19 ; voir aussi 1 Ti 4.1,2).

Ayant identifié les apostats en tant que faux songeurs, Jude en vient ici à décrire trois caractéristiques qui leur sont propres : leur immoralité, leur insubordination et leur irrévérence.

LEUR IMMORALITÉ

souillent pareillement leur chair, (8*b*)

Le terme **chair** (*sarx*) désigne ici le corps physique, et non l'essence de la dépravation. Si Jude avait eu cette dernière à l'esprit, il aurait employé le mot grec *sarkinos*, comme Paul l'a fait dans Romains 7.14. Le verbe **souillent**, qui rend le verbe grec *miainô*, signifie « teindre quelque chose » ou « tacher quelque chose », comme un vêtement ou du verre. De plus, il peut avoir le sens de « polluer », « contaminer », « salir » ou « corrompre ». Lorsqu'il est relié à *sarx*, il fait allusion à la souillure morale et physique, ou au péché sexuel.

Les enseignants apostats sont inévitablement immoraux, même si leur immoralité n'est pas connue publiquement. Après tout, ils sont incapables de réfréner leurs convoitises et ils vivent généralement en se livrant à leur convoitise passionnée parce qu'ils ne connaissent pas Dieu (voir 1 Th 4.5). Plus loin dans la lettre à l'étude, Jude écrira que les faux enseignants « *[n'ont]* pas l'Esprit » (v. 19), comme le prouve le fait qu'ils se détournent de la vérité (voir 1 Jn 2.19-23). Ainsi donc, comme ils ne possèdent aucunement le pouvoir divin qui leur est nécessaire pour maîtriser leurs impulsions impies (voir Ro 6.20,21 ; 8.7,8 ; Ga 5.19), ils en sont réduits à « *[courir]* après la chair dans un désir d'impureté » (2 Pi 2.10 ; voir 2.18 ; voir mes remarques à ce sujet dans le chapitre 7 du présent volume). En son temps, la vérité au sujet de leur immoralité émergera inévitablement (voir 2 Ti 3.1-9).

LEUR INSUBORDINATION

méprisent l'autorité (8c)

Étant donné que les enseignants apostats aiment leur immoralité, il s'ensuit qu'ils **méprisent l'autorité**. Le verbe **méprisent** provient du verbe grec *atheteô*, qui désigne le fait de détruire quelque chose d'établi, comme une autorité existante. Le mot grec rendu par **autorité** (*kuriotês*) est relié au mot plus courant *kurios* (« seigneur »). Étant donné qu'ils exigent de régner sur leur propre vie, les apostats refusent de se soumettre à la seigneurie de Christ sur eux (voir v. 4).

Cependant, en réalité, ils rappellent beaucoup les scribes et les pharisiens, que Jésus a affrontés comme ceci : « Malheur à vous, scribes et pharisiens hypocrites ! parce que vous ressemblez à des sépulcres blanchis, qui paraissent beaux au-dehors, et qui, au-dedans,

Portrait des apostats 8d-10

sont pleins d'ossements de morts et de toute espèce d'impuretés » (Mt 23.27,28).

LEUR IRRÉVÉRENCE

et injurient les gloires. Or, l'archange Michel, lorsqu'il contestait avec le diable et lui disputait le corps de Moïse, n'osa pas porter contre lui un jugement injurieux, mais il dit : Que le Seigneur te réprime ! Eux, au contraire, ils parlent d'une manière injurieuse de ce qu'ils ignorent, et ils se corrompent dans ce qu'ils savent naturellement comme les brutes. (8d-10)

L'expression inhabituelle **injurient les gloires** sert d'introduction à la troisième accusation que Jude porte ici contre le caractère des apostats. Le verbe **injurient** provient de *blasphêmeô*, « calomnier » ou « parler contre », qui désigne surtout le fait de parler de manière blasphématoire des choses sacrées, y compris de Dieu lui-même (voir 2 R 19.22 ; Ps 74.22 ; És 65.7 ; Éz 20.27 ; Mt 12.31,32). Les faux enseignants ne sont pas des gens légèrement arrogants, ce sont des blasphémateurs, qui s'en prennent surtout aux **gloires**.

Ces **gloires** (*doxa*), qu'évoque Pierre dans le passage parallèle de sa seconde épître (2 Pi 2.10), font manifestement allusion aux anges. Dans sa seconde lettre, Pierre a employé le même mot pour désigner les anges comme étant la cible de tels blasphèmes (voir mes remarques au sujet de ce verset dans le chapitre 7 du présent volume ; voir aussi Da 10.13,20).

Tout au long de l'histoire de la rédemption, les saints anges, qui sont dévoués à la sainte gloire de Dieu, ont joué un rôle particulier dans l'établissement de l'ordre moral de Dieu. Par exemple, Dieu leur a confié le ministère de faciliter la communication de sa loi (De 33.2 ; voir aussi Ac 7.53 ; Ga 3.19 ; Hé 2.1,2). Les saints anges prendront également part au jugement ultime des impies : « Voici, le Seigneur est venu avec ses saintes myriades, pour exercer un jugement contre tous, et pour faire rendre compte à tous les impies parmi eux de tous les actes d'impiété qu'ils ont commis et de toutes les paroles injurieuses qu'ont proférées contre lui des pécheurs impies » (Jud 14*b*,15). Par leur immoralité et leur insubordination marquées par l'irrespect de la

Loi, les apostats blasphèment non seulement contre les saints anges, mais encore contre Dieu lui-même.

Jude démontre plus clairement encore la gravité de l'arrogance des apostats en établissant un contraste entre leur conduite et celle de **l'archange Michel.** En tant qu'ange de Dieu le plus puissant et protecteur du peuple de Dieu (voir Da 10.13-21 ; 12.1), Michel n'a pas fait preuve d'arrogance **lorsqu'il contestait avec le diable et lui disputait le corps de Moïse.** Michel savait que Dieu lui accorderait la puissance nécessaire pour triompher de Satan (voir Ap 12.7-9), mais il comprenait également qu'il ne devait pas aller au-delà des limites que Dieu lui imposait. Par respect pour le statut et la puissance de Satan à titre de créature la plus élevée de toutes, Michel **n'osa pas porter contre lui** (Satan) **un jugement injurieux,** comme s'il avait un ascendant souverain sur lui. En fait, il s'est contenté de dire : **Que le Seigneur te réprime !**

La réponse de Michel a laissé entrevoir l'exemple de l'ange de l'Éternel dont Zacharie a parlé : « Que l'Éternel te réprime, Satan ! que l'Éternel te réprime, lui qui a choisi Jérusalem ! N'est-ce pas là un tison arraché du feu ? » (Za 3.2.) Dans sa vision, le prophète Zacharie a vu Josué, le souverain sacrificateur – qui, conjointement avec Zorobabel, a conduit le premier groupe de Juifs hors de Babylone, où ils avaient vécu en captivité –, se tenir debout dans le ciel devant l'ange de l'Éternel. Satan était là également, à la droite de Josué, en train d'accuser Josué et la nation d'Israël qu'il représentait.

Compte tenu de l'impiété d'Israël, Satan était d'avis que Dieu devrait rompre ses promesses de l'alliance (voir Ge 12.3,7 ; 26.3,4 ; 28.14 ; De 5.1-21 ; 2 S 7.12 ; Ps 89.4,5 ; voir aussi Ro 9.4 ; Ga 3.16). En guise de réponse, l'ange de l'Éternel (le Christ d'avant son incarnation) a pris la défense d'Israël en s'en remettant à Dieu le Père et en lui demandant de réprimer Satan (voir 1 Jn 2.1). Et le Père a honoré le Fils avant son incarnation. Au lieu de rompre son alliance avec le peuple qu'il s'était choisi, Dieu a réaffirmé l'engagement qu'il avait pris de justifier la nation d'Israël dans l'avenir, lui promettant de lui pardonner ses péchés et de la revêtir de vêtements de justice (Za 3.3-5).

Lorsque Michel a disputé au diable **le corps de Moïse,** il a fait exactement la même chose que l'ange de l'Éternel. En faisant

Portrait des apostats

appel au Seigneur en tant que Souverain, il semble avoir mis fin à sa dispute avec Satan. Fait intéressant, il s'agit ici du seul passage de l'Écriture qui fait mention de cet incident ; l'Ancien Testament ne fournit aucun détail sur la mort de Moïse autre que ceci : « Moïse, serviteur de l'Éternel, mourut là, dans le pays de Moab, selon l'ordre de l'Éternel. Et l'Éternel l'enterra dans la vallée, au pays de Moab, vis-à-vis de Beth-Peor. Personne n'a connu son sépulcre jusqu'à ce jour » (De 34.5,6). Comme Dieu souhaitait que personne ne conserve le corps de Moïse et le vénère, il a confié à Michel la responsabilité de l'enterrer là où personne, y compris Satan, ne le trouverait. Or, les faux enseignants, qui n'exercent aucunement ce genre de restriction, prétendent plutôt détenir personnellement le pouvoir de triompher de Satan et des êtres angéliques.

Pour conclure le passage à l'étude, Jude dit ici que **ces hommes** (les apostats) **parlent d'une manière injurieuse de ce qu'ils ignorent**. Leur comportement prouve qu'ils sont d'une ignorance et d'une présomption incroyables. (Pour en savoir plus sur le passage parallèle dans la seconde épître de Pierre, voir mes remarques au sujet de 2 Pierre 10*b*-13*a* dans le chapitre 7 du présent volume ; voir aussi 1 Co 1.18-31 ; 2.11-16).

À l'instar de l'apôtre Pierre, Jude compare les apostats à des **brutes**, qui font **ce *[qu'elles]* savent naturellement**. Ils se fient aux errements de leur intuition, et agissent **naturellement** selon leurs mauvais instincts et leurs convoitises. Ils n'interprètent pas avec justesse une révélation spéciale. Le terme **brute** rend également *alogos*, qui signifie littéralement « sans un mot », ce qui indique que les apostats sont comme des animaux stupides qui ne peuvent s'exprimer raisonnablement parce qu'ils ne savent pas raisonner. Peu importe le degré d'instruction des enseignants apostats, même s'ils croient que leurs enseignements sont profondément philosophiques, ou combien de visions et de faits mystiques ils prétendent avoir reçus, ils n'en demeurent pas moins de simples **brutes**. Comme le reste de l'humanité réprouvée, « *[se]* vantant d'être sages, ils sont devenus fous » (Ro 1.22 ; voir aussi 1 Co 3.18 ; 2 Co 10.5,12 ; Ga 6.3 ; Ép 4.17 ; 2 Ti 3.2,4). À la fin, leurs propres hérésies mensongères et trompeuses les détruiront, car elles auront attiré sur eux le jugement de Dieu (voir Ge 6.17 ; 19.24 ; 2 R 22.17 ; Jé 30.16 ; Mt 7.22,23 ; 13.40-42 ; 25.41 ; Hé 10.27).

CORRÉLATIONS ENTRE CES APOSTATS ET DES APOSTATS DU PASSÉ

Malheur à eux ! car ils ont suivi la voie de Caïn, ils se sont jetés pour un salaire dans l'égarement de Balaam, ils se sont perdus par la révolte de Koré. (11)

C'est George Santayana (1863-1952), poète, philosophe et critique littéraire américain, qui a dit : « Ceux qui ne se souviennent pas du passé sont condamnés à le répéter. » Cette affirmation est certainement vraie dans le cas des faux enseignants de l'époque de Jude.

À l'instar de Santayana, Jude comprend l'importance cruciale de connaître l'Histoire. Il s'est déjà inspiré de l'histoire biblique pour brosser le portrait des apostats dans les versets 5 à 7 (voir mes remarques au sujet de ces versets dans le chapitre précédent du présent volume). Il le fait de nouveau dans le passage à l'étude, où il les compare à trois personnages influents du passé : Caïn, Balaam et Koré.

CAÏN

Malheur à eux ! car ils ont suivi la voie de Caïn, (11a)

Par l'exclamation **Malheur à eux !** Jude imite Christ (voir Mt 23.13,14,15,16,23,25,27,29) et les prophètes (voir És 3.9,11 ; 5.8-23 ; 29.15 ; 30.1 ; 31.1 ; Jé 13.27 ; 23.1 ; Éz 13.3 ; 16.23 ; 34.2 ; Os 7.13 ; Za 11.17) en prononçant l'ultime jugement spirituel contre les apostats. Le mot traduit par **Malheur** (*ouai*) est une interjection ou un cri d'émotion qui revient essentiellement à s'exclamer : « Hélas, comme ce sera horrible ! »

Caïn est le parfait exemple de quelqu'un qui s'est écarté de la vérité divine. Il était le premier-né d'Adam et d'Ève, et est né après la chute. Le livre de la Genèse raconte son histoire bien connue :

Portrait des apostats   11a

Adam connut Ève, sa femme ; elle conçut, et enfanta Caïn, et elle dit : J'ai acquis un homme de par l'Éternel. Elle enfanta encore son frère Abel. Abel fut berger, et Caïn fut laboureur. Au bout de quelque temps, Caïn fit à l'Éternel une offrande des fruits de la terre ; et Abel, de son côté, en fit une des premiers-nés de son troupeau et de leur graisse. L'Éternel porta un regard favorable sur Abel et sur son offrande ; mais il ne porta pas un regard favorable sur Caïn et sur son offrande. Caïn fut très irrité, et son visage fut abattu. Et l'Éternel dit à Caïn : Pourquoi es-tu irrité, et pourquoi ton visage est-il abattu ? Certainement, si tu agis bien, tu relèveras ton visage, et si tu agis mal, le péché se couche à la porte, et ses désirs se portent vers toi : mais toi, domine sur lui. Cependant, Caïn adressa la parole à son frère Abel ; mais, comme ils étaient dans les champs, Caïn se jeta sur son frère Abel, et le tua. L'Éternel dit à Caïn : Où est ton frère Abel ? Il répondit : Je ne sais pas ; suis-je le gardien de mon frère ? Et Dieu dit : Qu'as-tu fait ? La voix du sang de ton frère crie de la terre jusqu'à moi. Maintenant, tu seras maudit de la terre qui a ouvert sa bouche pour recevoir de ta main le sang de ton frère. Quand tu cultiveras le sol, il ne te donnera plus sa richesse. Tu seras errant et vagabond sur la terre. Caïn dit à l'Éternel : Mon châtiment est trop grand pour être supporté. Voici, tu me chasses aujourd'hui de cette terre, je serai caché loin de ta face, je serai errant et vagabond sur la terre, et quiconque me trouvera me tuera. L'Éternel lui dit : Si quelqu'un tuait Caïn, Caïn serait vengé sept fois. Et l'Éternel mit un signe sur Caïn pour que quiconque le trouverait ne le tue point (Ge 4.1-15).

Le fait que le sacrifice de Caïn n'ait pas convenu à Dieu laisse entendre clairement que Dieu lui avait dit précédemment ce qu'il considérerait comme un bon sacrifice. Caïn savait que Dieu demandait un sacrifice de sang, mais plutôt que de lui obéir il a inventé sa propre forme d'adoration. Son offrande inconvenante a révélé son arrogance blasphématoire, car il a rejeté la révélation de Dieu et s'est fié à son propre instinct et à sa propre fierté face à ce qu'il avait produit.

À la lumière de ces similarités, Jude peut dire des apostats orgueilleux et entêtés qu'**ils ont suivi la voie de Caïn**. Caïn était religieux, mais aussi désobéissant, et lorsque Dieu a désapprouvé son offrande, il a réagi avec colère et jalousie, allant même jusqu'à tuer Abel, son frère obéissant. L'auteur de l'épître aux Hébreux a fait la remarque suivante au sujet de ce tragique épisode : « C'est par la foi qu'Abel offrit à Dieu un sacrifice plus excellent que celui de Caïn ; c'est par elle qu'il fut déclaré juste, Dieu approuvant ses offrandes ; et c'est par elle qu'il parle encore, quoique mort » (Hé 11.4).

BALAAM

ils se sont jetés pour un salaire dans l'égarement de Balaam, (11*b*)

Ici, Jude expose le motif fondamental qui sous-tend les intérêts religieux des faux enseignants : ils œuvrent **pour un salaire** (voir Ps 10.3 ; Mi 3.11 ; 1 Ti 6.10 ; 2 Pi 2.3). Contrairement aux vrais bergers de Dieu (voir 1 Ti 3.3 ; Tit 1.7 ; 1 Pi 5.2), les mercenaires du ministère se *[jettent]* dans **l'égarement de Balaam** par jalousie et cupidité.

Le passage de Nombres 22 à 24 relate l'histoire de Balaam, avec quelques références supplémentaires dans le chapitre 31. Balak, roi de Moab, a engagé Balaam pour qu'il maudisse Israël. Ainsi donc, Balaam a conçu un plan qui allait lui permettre d'amener Israël par la ruse à se livrer à l'idolâtrie et à la débauche, s'attirant en dernier lieu le jugement de Dieu. Toutefois, Dieu s'est servi d'un ange, ainsi que de l'ânesse même de Balaam, pour l'empêcher de mettre son plan à exécution. (Pour en savoir plus au sujet de Balaam et de son péché, voir mes remarques sur 2 Pierre 2.15,16 dans le chapitre 7 du présent volume.) À titre de prophète à la solde d'autrui, Balaam est l'exemple même d'un faux enseignant, ce genre de personne qui aime l'argent et le prestige plus que la fidélité et l'obéissance (voir Ap 2.14).

KORÉ

ils se sont perdus par la révolte de Koré. (11*c*)

Portrait des apostats

Nombres 16 présente l'histoire de **Koré**, cousin de Moïse. En tant que Lévite et que Kohathite, Koré avait des devoirs importants à accomplir dans le Tabernacle (No 1.50,51 ; 3.6-8 ; 18.3 ; De 10.8 ; voir aussi 1 Ch 15.2). Cependant, lorsqu'on a décidé de ne pas le choisir comme sacrificateur, il s'est mis en colère. Pour montrer son mépris, Koré a enrôlé Dathan et Abiram (ainsi que 250 autres hommes) pour qu'ils se joignent à lui dans une **révolte** contre le leadership de Moïse.

Le livre des Nombres raconte la condamnation fourbe que Koré a prononcée contre Moïse : « C'en est assez ! car toute l'assemblée, tous sont saints, et l'Éternel est au milieu d'eux. Pourquoi vous élevez-vous au-dessus de l'assemblée de l'Éternel ? » (No 16.3*b*.) Dans son orgueil, Koré a défendu l'idée que le peuple avait besoin d'un chef et d'un médiateur, quelqu'un qui pouvait parler au nom de Dieu et enseigner sa vérité (Ex 4.10-17). Il s'est ouvertement rebellé contre l'autorité que Dieu avait donnée à Moïse, et il s'est employé à rallier d'autres personnes à sa mutinerie spirituelle.

Toutefois, Dieu a réagi en mettant fin à **la révolte de Koré** d'une manière abrupte et définitive, en faisant *[périr]* tous les rebelles apostats. Le livre des Nombres dit d'ailleurs :

> La terre ouvrit sa bouche, et les engloutit, eux et leurs maisons, avec tous les gens de Koré et tous leurs biens. Ils descendirent vivants dans le séjour des morts, eux et tout ce qui leur appartenait ; la terre les recouvrit, et ils disparurent du milieu de l'assemblée. Tout Israël, qui était autour d'eux, s'enfuit à leur cri ; car ils disaient : Fuyons, de peur que la terre ne nous engloutisse ! Un feu sortit d'auprès de l'Éternel, et consuma les deux cent cinquante hommes qui offraient le parfum (No 16.32-35).

Fait tragique, les conséquences de cette révolte se sont étendues au-delà des familles de Koré, de Dathan et d'Abiram, ainsi que des 250 hommes. À la suite du jugement de Dieu, beaucoup d'Israélites qui en étaient venus à se ranger du côté de Koré se sont mis à murmurer contre Moïse et Aaron. Résultat : Dieu a frappé le peuple d'une plaie qui a tué 14 700 Israélites de plus (No 16.41-50).

L'étendue de la dévastation qu'a produite cette plaie indique combien l'influence de Koré était grande parmi le peuple. Bon nombre de faux enseignants ont également aujourd'hui un grand nombre de disciples, qui subiront eux aussi le même jugement (voir 1 Ti 1.1-4). Pourtant, comme Koré et ses disciples, tous les rebelles apostats finiront par faire l'expérience de la colère de Dieu (voir Mc 3.29 ; Jn 15.6 ; Hé 10.26-31 ; Ap 20.10-15).

COMPARAISONS DES APOSTATS AVEC CINQ PHÉNOMÈNES NATURELS

Ce sont des écueils dans vos agapes, faisant impudemment bonne chère, se repaissant eux-mêmes. Ce sont des nuées sans eau, poussées par les vents ; des arbres d'automne sans fruits, deux fois morts, déracinés ; des vagues furieuses de la mer, rejetant l'écume de leurs impuretés ; des astres errants, auxquels l'obscurité des ténèbres est réservée pour l'éternité. (12,13)

Dans plusieurs de ses paraboles, le Seigneur Jésus a évoqué plusieurs phénomènes naturels comme leçons d'objet pour illustrer la vérité spirituelle (voir la parabole des terrains dans Mt 13.3-23 ; la parabole de l'ivraie et du bon grain dans Mt 13.24-30,36-43 ; la parabole du royaume dans Mt 13.31-33,44-50 ; les paraboles du figuier dans Mt 24.32-34 et Lu 13.6-9 ; et la parabole de la brebis perdue dans Lu 15.3-7). Les Psaumes contiennent également beaucoup de riches allusions à la création et à des phénomènes naturels (voir Ps 1,8,18,23,29,33,42,46,59,68,72,90,91,97,98,104,107,114,124, 135,147,148). Dans le passage à l'étude, Jude suit ce modèle bien établi en comparant les apostats à cinq phénomènes naturels : des écueils, des nuées sans eau, des arbres d'automne sans fruits, des vagues furieuses de la mer et des astres errants.

DES ÉCUEILS

Ce sont des écueils dans vos agapes, faisant impudemment bonne chère, se repaissant eux-mêmes. (12*a*)

Portrait des apostats 12a

La description que Jude fait ici des apostats, en les qualifiant d'**écueils**, dépeint de manière frappante le danger caché qu'ils posent. Selon la définition du dictionnaire, les **écueils** sont des rochers ou des bancs de sable à fleur d'eau contre lesquels les navires risquent de se briser ou d'échouer. Comme ces **écueils**, les apostats se dissimulaient sous la surface dans les agapes de l'Église primitive, d'où ils s'employaient à amorcer des âmes mal affermies par leurs mensonges et leur impiété. À l'origine, les agapes avaient pour but de permettre aux croyants d'une Église de se rassembler afin de s'instruire mutuellement (voir Ac 17.11), de s'encourager entre eux (voir Hé 10.24,25), de s'exhorter les uns les autres (voir Hé 3.13) et de veiller les uns sur les autres (voir Ro 12.10 ; 13.8 ; Ga 5.13 ; Ép 4.2,25 ; 5.21 ; Col 3.9 ; 1 Th 4.9 ; 1 Pi 4.9,10). Les agapes de l'époque étaient semblables aux repas à la fortune du pot que nous avons aujourd'hui le jour du Seigneur. Les croyants se rassemblent pour adorer Dieu, entendre les enseignements de l'Écriture, célébrer la communion et ensuite partager leur amour durant un repas (voir Ac 2.42).

Toutefois, les agapes sont devenues l'occasion d'une telle corruption et de tels abus, à cause de l'influence avilissante des faux enseignants (voir 1 Co 11.17-22), qu'elles en sont venues à disparaître. Dépourvus d'une conscience exercée ou de toute conviction, et étant d'habiles hypocrites, les apostats arrivent à *[faire]* **impudemment bonne chère** avec les croyants. Comme Paul l'a écrit à Timothée, de tels hérétiques sont de « faux docteurs portant la marque de la flétrissure dans leur propre conscience » (1 Ti 4.2). Ils ne se préoccupent aucunement du fait qu'ils causent beaucoup de torts aux autres en agissant de la sorte. Même si les agapes ont pour but de permettre aux croyants de veiller les uns sur les autres, les faux enseignants se rendent coupables de **se** *[repaître]* **eux-mêmes**. Le mot grec rendu par **repaissant** provient de *poimainô*, « paître », ce qui indique que les apostats ne paissent qu'eux-mêmes, qu'ils sont donc leurs propres bergers. Ils ne se préoccupent que de leurs propres intérêts et de leur propre satisfaction, aux dépens d'autrui.

DES NUÉES SANS EAU

Ce sont des nuées sans eau, poussées par les vents ; (12*b*)

Dans les cycles météorologiques normaux, les nuages amènent régulièrement à anticiper la pluie. Toutefois, les **nuées sans eau** ne se présentent qu'avec la promesse de la pluie, pour ensuite rompre cette promesse. Salomon a d'ailleurs dit : « Comme des nuages et du vent sans pluie, ainsi est un homme se glorifiant à tort de ses libéralités » (Pr 25.14). Les enseignants apostats promettent d'apporter les vraies bénédictions et le vrai rafraîchissement spirituel de la part de Dieu, mais sans tenir cette promesse. Jude les compare donc ici à des nuées **poussées par les vents**, annonçant toujours la pluie, mais ne la produisant jamais. Le terme rendu par **sans eau** (*anudros*) apparaît également dans Matthieu 12.43 par rapport aux mises en garde faites contre de mauvais esprits qui vont par des lieux arides (voir Lu 11.24-26). En décrivant les faux enseignants de la même manière que Luc décrit les démons, Jude rappelle le lien qui existe entre les apostats et leurs sources sataniques.

DES ARBRES D'AUTOMNE SANS FRUITS

des arbres d'automne sans fruits, deux fois morts, déracinés ; (12*c*)

L'automne est la saison où les agriculteurs s'attendent à faire leur dernière récolte de l'année. Si rien n'a poussé, ils devront supporter la déception et les difficultés pendant tout l'hiver. Le printemps suivant, ils pourront recommencer le processus ardu qui consiste à fertiliser, à semer, à arroser et à attendre que la récolte mûrisse. Ayant cela à l'esprit, Jude emploie l'expression **des arbres d'automne sans fruits** pour illustrer la réalité décevante d'une récolte infructueuse.

Jude compare la profession creuse et l'absence totale de vie spirituelle chez les apostats à une récolte infructueuse. Il dit d'eux qu'ils sont **deux fois morts**. Premièrement, ils ne produisent aucun fruit, car ils sont sans vie ; deuxièmement, ils sont **déracinés**, morts jusqu'au cœur. Ils sont comme des arbres qui sont sortis du sol, coupés de la source d'eau et des nutriments qui leur procuraient la vie. Cela rappelle d'ailleurs ce que Jésus a dit des pharisiens : « Toute plante que n'a pas plantée mon Père céleste sera déracinée » (Mt 15.13 ; voir aussi 3.10 ; 7.17-20 ; 13.6). De telles personnes ne produisent aucun fruit capable de transformer la vie, ni en eux-mêmes, ni chez les autres.

DES VAGUES FURIEUSES DE LA MER

des vagues furieuses de la mer, rejetant l'écume de leurs impuretés ; (13*a*)

L'Écriture emploie souvent l'image de **la mer** comme symbole pour illustrer ceux qui ne connaissent pas Dieu, comme l'indiquent les paroles d'Ésaïe : « Mais les méchants sont comme la mer agitée, qui ne peut se calmer, et dont les eaux soulèvent la vase et le limon. Il n'y a point de paix pour les méchants, dit mon Dieu » (És 57.20,21). Après une tempête, la côte est jonchée de débris et de fange, qui ne sont pas bénéfiques et qui ne donnent pas la vie. Il s'agit d'une image frappante pour illustrer ce que produisent les faux enseignants. Avec toutes leurs paroles creuses et leurs activités égoïstes, ils sont semblables aux **vagues furieuses**. En fin de compte, ils ne font que *[rejeter]* **l'écume de leurs impuretés**. Leurs attitudes et leurs actions dégradantes aboutissent à des frivolités qui manifestent l'hérésie, l'imposture, l'immoralité, l'irrespect et l'insubordination sous toutes leurs formes.

DES ASTRES ERRANTS

des astres errants, auxquels l'obscurité des ténèbres est réservée pour l'éternité. (13*b*)

L'image des **astres errants** n'évoque pas des corps célestes qui brillent sans cesse et qui ont une orbite fixe. Elle désigne fort probablement un météorite ou une « étoile filante » qui traverse le ciel dans un instant de brillance incontrôlé pour ensuite disparaître à tout jamais dans **l'obscurité des ténèbres** (voir v. 6). Les apostats apparaissent souvent pour un court laps de temps sur la scène du christianisme. Ils promettent une lumière et une direction spirituelles durables, mais n'apportent rien d'autre qu'un feu de paille occasionnel, sans but et inutile. L'obscurité totale de l'enfer leur **est réservée pour l'éternité** (voir 2 Pi 2.4,9,17).

Les descriptions saisissantes de Jude, les comparaisons qu'il fait à juste titre avec le passé et les analogies frappantes qu'il fait avec la nature servent toutes à brosser un portrait vivant des apostats. Les faux enseignants sont des imposteurs hypocrites, des pécheurs immoraux, des hédonistes matérialistes et, par conséquent, des terroristes spirituels. Ils déforment la vérité au sujet de l'Évangile de Christ et dénaturent les enseignements scripturaires. Par contraste, les vrais bergers ont une compréhension exacte de l'Évangile (Jn 1.12,13 ; 3.16 ; Ro 1.16,17 ; 1 Co 15.3,4) et une perception juste de la personne qu'est Jésus (Mt 16.16 ; Col 2.9 ; voir aussi 1 Ti 3.16). Ils possèdent une attitude empreinte d'humilité et de soumission envers la seigneurie de Christ (Jn 1.47-49 ; 20.27,28 ; Lu 5.8), et ils prennent au sérieux la déclaration du Seigneur : « Je suis le chemin, la vérité, et la vie. Nul ne vient au Père que par moi » (Jn 14.6). Par contre, les faux enseignants ont préféré la voie de Caïn à celle de Christ, l'erreur de Balaam à la vérité de Christ, et la mort de Koré à la vie de Christ.

Le jugement à venir contre les apostats   13

C'est aussi pour eux qu'Hénoc, le septième depuis Adam, a prophétisé en ces termes : Voici, le Seigneur est venu avec ses saintes myriades, pour exercer un jugement contre tous, et pour faire rendre compte à tous les impies parmi eux de tous les actes d'impiété qu'ils ont commis et de toutes les paroles injurieuses qu'ont proférées contre lui des pécheurs impies. Ce sont des gens qui murmurent, qui se plaignent de leur sort, qui marchent selon leurs convoitises, qui ont à la bouche des paroles hautaines, qui admirent les personnes par motif d'intérêt. (14-16)

L'enfer n'est certainement pas un concept bien reçu dans la société occidentale. À l'ère de la tolérance et de l'acceptation, le sujet d'un châtiment éternel est tabou ; sa seule mention est considérée comme dépourvue d'amour. Après tout, la culture post-moderne croit que tout le monde est fondamentalement bon et s'attend à ce que la vie après la mort (si même il y a une vie après la mort) comprenne le ciel pour tous, sauf les gens les plus méchants.

Malheureusement, le non-conformisme politique et l'ambiguïté doctrinale qui caractérisent le monde se sont aussi infiltrés dans l'Église. Même parmi ceux qui se disent eux-mêmes évangéliques, l'enfer est considéré comme un embarras théologique. Les passages qui enseignent la destruction éternelle sont souvent faussement expliqués, adoucis arbitrairement ou relégués aux oubliettes. Par conséquent, les points de vue erronés que la société entretient du jugement de Dieu ne s'en trouvent que renforcés.

En contraste marqué avec l'ambiguïté contemporaine, la Parole de Dieu déclare on ne peut plus clairement la vérité sur le jugement divin (voir Ge 6 – 8 ; De 28.15-68 ; És 1 ; 3 ; 5 ; 13 – 23 ; Jé 2 – 9 ; 46 – 51 ; Éz 20.33-44 ; 25 – 32 ; Joë 3.12-16 ; Za 12.2,9 ; 14.2 ; Ma 3.2-6 ; Mt 12.36 ; 25.31-46 ; Lu 12.48 ; Ro 14.10-12 ; 1 Co 3.12-15 ; 5.5 ; 2 Co 5.10 ; Ga 6.7 ; Col 3.24,25 ; Ap 6 – 20). Dans ses pages, il est impossible de faire fi des thèmes de la rétribution divine, illustrée par un châtiment temporel et un châtiment éternel. Il est indéniable que Dieu a jugé, juge et jugera les pécheurs, les condamnant tant à la mort qu'à un châtiment éternel. La façon dont le Nouveau Testament traite du jugement à venir est particulièrement claire et indique au moins sept grandes caractéristiques.

Premièrement, l'aspect final de la colère de Dieu est relié à un événement futur spécifique : la seconde venue de Jésus-Christ. À la fin des temps, le Seigneur reviendra sur la terre afin d'exécuter son jugement : « *[Il]* a fixé un jour où il jugera le monde selon la justice, par l'homme qu'il a désigné, ce dont il a donné à tous une preuve certaine en le ressuscitant des morts... » (Ac 17.31 ; voir aussi Mt 24.29,30 ; Ro 2.5-8,16 ; 2 Pi 2.9*b* ; Jud 6*b* ; Ap 6.16,17). Aucun être humain ne connaît l'heure et la date exactes de la seconde venue, seul le Père la connaît (Mt 24.36). Toutefois, il a fixé le moment précis où son Fils reviendra, événement qui, selon sa promesse, se produira sous peu (Ap 22.7,12,20).

Deuxièmement, ce jugement sera général et public. Par exemple, lors du jugement des brebis et des boucs (qui précédera immédiatement le règne millénaire), Christ exigera de toutes les nations de la terre qu'elles lui rendent des comptes :

> Lorsque le Fils de l'homme viendra dans sa gloire, avec tous les anges, il s'assiéra sur le trône de sa gloire. Toutes les nations seront assemblées devant lui. Il séparera les uns d'avec les autres, comme le berger sépare les brebis d'avec les boucs ; et il mettra les brebis à sa droite, et les boucs à sa gauche (Mt 25.31-33).

Personne nulle part ne pourra cacher ses péchés ni se disculper (Mt 10.26 ; Mc 4.22). Le jugement du grand trône blanc, qui se tiendra à la fin de l'histoire de la terre, sera d'une portée encore plus grande, car tous les ennemis de Dieu de tous les temps seront alors amenés devant lui pour recevoir leur sentence finale (Ap 20.7-15).

Troisièmement, le jugement de Dieu sera juste et impartial (Ro 2.11 ; Ga 2.6 ; voir aussi Ge 18.25). L'apôtre Paul a dit que le méchant déclaré (Ro 1.21-32) ni le pharisaïque (2.1-3) n'échapperont au jugement de Dieu, jugement que Dieu le Père a délégué à son Fils, Jésus-Christ (Jn 5.22,27 ; voir aussi Mt 16.27 ; Ac 10.42). Seul Dieu (dans sa gloire trinitaire) est apte à juger, car il est le seul à être parfaitement saint et juste (Ex 15.11 ; 1 S 2.2 ; Ps 47.9 ; És 6.3 : 57.15 ; Lu 1.35 ; Ac 4.27 ; Hé 7.26 ; Ap 3.7 ; 4.8).

Quatrièmement, la promesse du jugement divin sert de mise en garde. Le Seigneur la destine à susciter la crainte de sa colère (Ex 20.20 ; 2 Co 7.1 ; Hé 10.27 ; 11.7 ; voir aussi Jn 19.8 ; Ac 24.25), comme c'est le cas de la mise en garde que Jésus a faite dans l'Évangile selon Matthieu : « Ne craignez pas ceux qui tuent le corps et qui ne peuvent tuer l'âme ; craignez plutôt celui qui peut faire périr l'âme et le corps dans la géhenne » (Mt 10.28). En avertissant les hommes de la colère à venir, Dieu offre dans sa grâce aux âmes perdues l'occasion de se repentir (voir 2 Pi 3.9).

Cinquièmement, le jugement de Dieu est fondé sur sa loi (De 27.26 ; Ro 2.12 ; 3.19 ; Ga 3.10 ; Ja 2.10). Étant donné que leur cœur est tortueux et désespérément méchant (Jé 17.9 ; Ro 3.10-18 ; Ga 5.19-21 ; Ép 2.1-3), non seulement les gens sont incapables de garder la loi de Dieu (Ec 7.20 ; Ro 7.5 ; 8.7), mais encore ils lui désobéissent délibérément (Ps 78.10 ; És 30.9 ; Jé 9.13). Tous ont transgressé la loi de Dieu (Ro 3.23 ; Ja 2.10) ; par conséquent, tous méritent la colère de Dieu (voir 2 Th 1.6-8). Toutefois, Dieu accorde son pardon à ceux qui croient sincèrement à Jésus-Christ (Ro 10.9,10). Les croyants ne feront pas face à la colère finale de Dieu parce qu'ils ont été sauvés au moyen de la foi dans l'œuvre expiatoire de Christ (Lu 18.13,14 ; Ac 3.19 ; Ro 3.23-28 ; 4.3-5 ; 5.9 ; Ép 1.7 ; Col 2.13 ; 1 Jn 1.7), et leur nom est écrit dans le livre de vie (voir Ap 3.5 ; 20.12 ; 21.24-27). Par contre, ceux qui s'entêtent à transgresser la loi de Dieu, ne montrant aucun signe d'une repentance véritable, seront jugés pour leur incrédulité mêlée de rébellion.

Sixièmement, le jugement dernier de Dieu se produira selon des phases spécifiques. Il commencera durant la période de tribulation de sept ans (qui suivra immédiatement l'enlèvement de l'Église – 1 Th 4.13-17 ; voir aussi Ap 3.10). Durant la tribulation, Dieu déchaînera sa colère contre les impies, au moyen des jugements des sceaux (Ap 6.1 – 8.5), des trompettes (8.6 – 11.19) et des coupes (15.5 – 16.21). Son jugement se terminera par la bataille d'Harmaguédon (19.11-21), lors de laquelle il triomphera pleinement de ses ennemis. Après Harmaguédon, le Seigneur établira son règne terrestre, durant lequel Satan sera lié et Christ régnera à Jérusalem pendant mille ans (20.1-6). Satan sera ensuite relâché et il dirigera une dernière rébellion, avant que ses émissaires et lui soient jetés dans l'étang de feu pour toujours (20.7-15). Cette sentence finale (contre tous les ennemis de Dieu) sera prononcée lors du jugement du grand trône blanc. Ainsi donc, la première phase du jugement de Dieu se présentera sous la forme d'un jugement terrestre durant la période de tribulation ; la seconde et dernière phase se présentera sous la forme d'un jugement céleste au pied du trône de Dieu.

Septièmement, la rétribution de Dieu conduira finalement à la condamnation éternelle en enfer :

Or, comme on arrache l'ivraie et qu'on la jette au feu, il en sera de même à la fin du monde. Le Fils de l'homme enverra ses anges, qui arracheront de son royaume tous les scandales et ceux qui commettent l'iniquité, et ils les jetteront dans la fournaise ardente, où il y aura des pleurs et des grincements de dents (Mt 13.40-42 ; voir aussi 24.50,51 ; Jn 5.29).

Le jugement à venir contre les apostats

Au cours de son ministère terrestre, le Seigneur en a eu long à dire sur la réalité de l'enfer. Dans son sermon sur la montagne, Jésus a fait une mise en garde contre le danger de l'enfer (Mt 5.22) et a parlé de tout le corps qui y entrerait (5.30). Le Seigneur a clairement enseigné cette réalité d'un corps en enfer dans les paroles qu'il a prononcées au sujet de ceux « qui ressusciteront pour le jugement » (Jn 5.29). Dans ses allusions à l'enfer, Jésus a employé le mot « géhenne ». Ce terme courant, qui désignait le dépotoir continuellement embrasé dans la vallée d'Hinnom hors de Jérusalem, a illustré de manière saisissante pour les auditeurs de Jésus les tourments dans le feu de l'enfer (voir Mc 9.43-48). Vers la fin de son sermon, Jésus a comparé le faux enseignant à un arbre qui ne porte pas de bons fruits et qui est « coupé et jeté au feu » (Mt 7.19).

Il se peut que la description de l'enfer la plus dramatique et la plus affolante que Jésus ait faite apparaisse dans l'histoire du riche et de Lazare :

> Le pauvre [*Lazare*] mourut, et il fut porté par les anges dans le sein d'Abraham. Le riche mourut aussi, et il fut enseveli. Dans le séjour des morts, il leva les yeux ; et, tandis qu'il était en proie aux tourments, il vit de loin Abraham, et Lazare dans son sein. Il s'écria : Père Abraham, ait pitié de moi, et envoie Lazare, pour qu'il trempe le bout de son doigt dans l'eau et me rafraîchisse la langue ; car je souffre cruellement dans cette flamme. Abraham répondit : Mon enfant, souviens-toi que tu as reçu tes biens pendant ta vie, et que Lazare a eu les maux pendant la sienne ; maintenant il est ici consolé, et toi, tu souffres. D'ailleurs, il y a entre nous et vous un grand abîme, afin que ceux qui voudraient passer d'ici vers vous, ou de là vers nous, ne puissent le faire (Lu 16.22-26).

Dieu réserve le plus sévère des jugements à ceux qui rejettent la vérité après l'avoir entendue. En s'adressant à certaines des villes de Galilée qui refusaient de croire en lui, Jésus a fait la mise en garde suivante :

Malheur à toi, Chorazin ! malheur à toi, Bethsaïda ! car, si les miracles qui ont été faits au milieu de vous avaient été faits dans Tyr et dans Sidon, il y a longtemps qu'elles se seraient repenties, en prenant le sac et la cendre. C'est pourquoi je vous le dis : au jour du jugement, Tyr et Sidon seront traitées moins rigoureusement que vous. Et toi, Capernaüm, seras-tu élevée jusqu'au ciel ? Non. Tu seras abaissée jusqu'au séjour des morts ; car, si les miracles qui ont été faits au milieu de toi avaient été faits dans Sodome, elle subsisterait encore aujourd'hui. C'est pourquoi je vous le dis : au jour du jugement, le pays de Sodome sera traité moins rigoureusement que toi (Mt 11.21-24 ; voir aussi Lu 12.46-48).

Jésus a également fustigé l'hypocrisie et les faux enseignements des scribes et des pharisiens. Il a condamné ces moralisateurs pour leur orgueil, leur légalisme, leur cupidité et leur aveuglement spirituel d'ensemble. En réaction à leur duplicité pharisaïque, Jésus leur a dit quel sort leur était réservé : « Serpents, race de vipères ! comment échapperez-vous au châtiment de la géhenne ? » (Mt 23.33 ; voir aussi tout le chapitre ; Mt 16.6,11,12 ; Mc 7.5-8 ; Lu 11.44.)

De telles mises en garde par rapport au jugement s'appliquent particulièrement aux apostats et aux faux enseignants. Ceux qui prétendent représenter Christ, mais qui causent des torts irréparables à son message (tels que des âmes sont perdues pour l'éternité), recevront le plus sévère de tous les jugements. L'auteur de l'épître aux Hébreux a d'ailleurs adressé l'avertissement sévère qui suit à quiconque déforme la vérité divine, avertissement particulièrement menaçant pour les faux enseignants :

Car, si nous péchons volontairement après avoir reçu la connaissance de la vérité, il ne reste plus de sacrifice pour les péchés, mais une attente terrible du jugement et l'ardeur d'un feu qui dévorera les rebelles. Celui qui a violé la loi de Moïse meurt sans miséricorde, sur la déposition de deux ou de trois témoins ; de quel pire châtiment pensez-vous que sera jugé digne celui qui aura foulé aux pieds le Fils de Dieu, qui aura

Le jugement à venir contre les apostats

tenu pour profane le sang de l'alliance, par lequel il a été sanctifié, et qui aura outragé l'Esprit de la grâce ? Car nous connaissons celui qui a dit : À moi la vengeance, à moi la rétribution ! et encore : Le Seigneur jugera son peuple. C'est une chose terrible de tomber entre les mains du Dieu vivant (Hé 10.26-31 ; voir aussi 2 Pi 2.1,2,20,21 ; 3.7 ; Ap 19.20).

Jude a fait remarquer antérieurement que les apostats sont des impies « dont la condamnation est écrite depuis longtemps » (v. 4 ; voir aussi les v. 6,13). Les versets 14 à 16 réaffirment cette vérité et celle de tous les autres passages antérieurs du Nouveau Testament qui traitent du jugement. Ces versets soulignent d'abord une ancienne prophétie d'Hénoc ; ensuite, ils suggèrent trois certitudes au sujet du dernier jugement de Dieu : le Seigneur viendra, il ne viendra pas seul et il viendra pour exécuter son jugement contre ceux qui l'auront mérité.

UNE ANCIENNE PROPHÉTIE D'HÉNOC

C'est aussi pour eux qu'Hénoc, le septième depuis Adam, a prophétisé (14*a*)

Le pronom **eux** désigne les apostats dont Jude a brossé le portrait dans le passage précédent : ceux qui ont de fausses visions, ceux qui méprisent l'autorité spirituelle, ceux qui profèrent des injures, les brutes qui suivent leurs instincts charnels, les écueils, les nuées sans eau, les arbres morts et déracinés, les vagues furieuses de la mer, ainsi que les astres errants qui sont destinés à l'obscurité des ténèbres pour l'éternité. Même avant le déluge, **Hénoc** (Ge 5.21-24) **a prophétisé** que le Seigneur viendrait juger ces faux enseignants. En citant Hénoc, Jude expose les motifs qui pousseront Dieu à juger l'apostasie tout en réaffirmant la certitude de ce jugement.

Bien que cette prophétie ne soit pas inscrite dans l'Ancien Testament, le Saint-Esprit a inspiré Jude (voir 2 Ti 3.16 ; 2 Pi 1.20,21) pour qu'il y fasse allusion, car elle était bien connue et historiquement fondée, et elle étayait bien sa thèse d'ensemble. Jude a tiré sa citation du livre pseudépigraphique de *1 Hénoc*, que ses lecteurs du Ier siècle connaissaient bien. Ce livre s'inscrivait dans l'histoire et la tradition écrites du peuple juif, et il n'était pas rare que les rabbins y fassent allusion.

Bien qu'Hénoc ne soit pas l'auteur du livre, on en a transmis le message au moyen de la tradition orale jusqu'à ce qu'il finisse par être écrit dans ce qu'on appelle *1 Hénoc*. Ce livre, à l'instar d'autres livres comme *Le livre des Jubilés*, *Testament des Douze Patriarches* et *Assomption de Moïse* (que Jude a probablement cité dans le v. 9), ne fait pas partie du canon de l'Ancien Testament ; toutefois, étant donné qu'il est exact, il convient que Jude y puise pour étayer son argument. À part Jude, seul l'apôtre Paul a agi de la sorte à l'occasion (en citant des sources non bibliques pour étayer un point spirituel légitime) dans ses enseignements (voir Ac 17.28 ; 1 Co 15.33 ; Tit 1.12). (Pour en savoir plus au sujet de l'emploi que Jude fait des œuvres apocryphes, voir l'Introduction à Jude dans le présent volume.)

Hénoc était **le septième depuis Adam** (Ge 5.4-24). Pour le peuple juif, c'était un héros, car comme le prophète Élie l'a fait plus tard (2 R 2.11,12), il est monté au ciel sans mourir : « Hénoc marcha avec Dieu ; puis il ne fut plus, parce que Dieu le prit » (Ge 5.24 ; voir aussi Hé 11.5). Bien qu'elle n'ait pas été incluse dans le canon biblique avant le livre de Jude, la prophétie d'Hénoc reste la première prophétie humaine de toute l'Écriture. (Dans la Bible, la seule prophétie qui l'a devancée vient de Dieu dans Ge 3.15). En fait, le message d'Hénoc a précédé de plusieurs siècles les paroles de Moïse, de Samuel et des prophètes hébreux.

DES CERTITUDES AU SUJET DU JUGEMENT DE DIEU

en ces termes : Voici, le Seigneur est venu avec ses saintes myriades, pour exercer un jugement contre tous, et pour faire rendre compte à tous les impies parmi eux de tous les actes d'impiété qu'ils ont commis et de toutes les paroles injurieuses qu'ont proférées contre lui des pécheurs impies. Ce sont des gens qui murmurent, qui se plaignent de leur sort, qui marchent selon leurs convoitises, qui ont à la bouche des paroles hautaines, qui admirent les personnes par motif d'intérêt. (14b-16)

Le jugement à venir contre les apostats 14b-16

La prophétie d'Hénoc et les remarques subséquentes de Jude établissent trois certitudes par rapport au jugement de Dieu contre l'apostasie. La première de ces certitudes est que **le Seigneur** viendra (voir Da 7.13 ; Lu 12.40 ; Ac 1.9-11 ; 1 Th 3.13). Le temps aoriste du verbe rendu par **est venu** suggère que la vision d'Hénoc était si frappante et convaincante qu'il a parlé comme si le jugement avait déjà été prononcé. Les faux enseignants s'en prennent à la certitude du retour de Christ, et le rappel de Jude vient renforcer l'enseignement que l'apôtre Pierre a donné à ce sujet (voir 2 Pi 3.1-10 et mes remarques au sujet de ce passage dans le chapitre 8 du présent volume).

La deuxième certitude est que le Seigneur ne viendra pas seul. Bien qu'il soit le seul dernier Juge, il sera accompagné par **ses saintes myriades**. Il se peut que l'expression **saintes myriades** (« saints ») désigne les croyants (voir 1 Co 1.2 ; 1 Th 3.13), qui reviendront avec Christ lorsqu'il viendra exercer son jugement (Ap 19.14 ; voir aussi Za 14.5). Toutefois, l'accent qui est mis ici sur le jugement semble indiquer que nous devrions voir les **saintes myriades** comme des anges, puisque les anges apparaissent dans d'autres contextes de jugement du Nouveau Testament (Mt 24.31 ; 25.31 ; Mc 8.38 ; 2 Th 1.7). Les saints auront un rôle de juge à jouer durant le règne millénaire (Ap 2.26,27 ; 3.21 ; voir aussi Da 7.22 ; 1 Co 6.2), mais les anges serviront à Dieu de bourreaux lors du retour de Christ (Mt 13.39-41,49,50 ; 24.29-31 ; 25.31 ; 2 Th 1.7-10).

La troisième certitude est que le Seigneur viendra dans un but précis, à savoir **pour exercer un jugement contre** beaucoup de gens, qui l'auront mérité. Ces gens, ce sont **tous les impies** qui n'auront fait aucun cas de la loi de Dieu. Le verbe rendu ici par **faire rendre compte** (*elegchô*) signifie « dévoiler », « réprimander » ou « prouver la culpabilité », ce qui inclut le fait de montrer à quelqu'un son erreur et en quoi il est coupable. Lorsque le Seigneur reviendra, les péchés des impies seront dévoilés et le verdict sera rendu en conséquence. La sentence finale, comme nous l'avons mentionné antérieurement, sera le châtiment éternel en enfer (Ap 20.11-15 ; voir aussi Mt 5.22 ; 7.19 ; 8.12 ; 10.28 ; 13.40-42 ; 25.41,46).

L'expression **tous les impies** englobe les apostats (voir mes remarques au sujet du v. 4 dans le chapitre 11 du présent volume). À titre de juste Juge, Dieu doit les punir à cause **de tous les actes** d'impiété qu'ils ont commis et de toutes les paroles injurieuses qu'ont proférées contre lui des pécheurs impies. Le fait qu'Hénoc emploie quatre fois le mot **impies** (*asebês*) pour décrire les apostats (voir 2 Pi 2.5,6 ; 3.7) indique que leur attitude est fondamentalement inique ; ils refusent de rendre à Dieu le respect qui lui est dû. Tous ces dépravés – à l'instar des faux enseignants immoraux, irrévérencieux et blasphématoires – s'amassent de la colère et un châtiment de la part de Dieu pour le jour du jugement (Ro 2.5 ; voir aussi Ps 2.2-5 ; Jé 10.10 ; Na 1.6 ; Jn 3.36 ; Ro 1.18 ; 1 Th 2.16 ; Hé 10.26,27). Ils s'attirent un jugement en raison de leurs actions impies et de leurs propos impies ; leurs œuvres et leurs paroles trahissent la méchanceté de leur cœur.

C'est certain que le Seigneur viendra infliger un jugement aux coupables impies. L'expression **Ce sont des gens** désigne une fois de plus les enseignants apostats qui menacent l'Église (voir v. 4,8,10,12,13). Dans le verset 16, Jude insiste sur les péchés de leurs lèvres. L'expression **gens qui murmurent** n'apparaît qu'ici dans le Nouveau Testament et son équivalent grec est le même terme que la *Septante* emploie pour décrire les murmures d'Israël contre Dieu (Ex 16.7-9 ; No 14.27,29 ; voir aussi Jn 6.41 ; 1 Co 10.10). Comme les Israélites (Ps 106.24,25 ; 107.11 ; Za 7.11), ils murmurent contre la vérité et la sainte loi de Dieu. Les apostats **se plaignent** aussi **de leur sort** ou trouvent matière à redire des desseins et du plan saints de Dieu. Le mot rendu par **se plaignent** (*mempsimoiros*), qui signifie « blâmer », décrit celui qui n'est jamais content ni satisfait. Les faux enseignants s'en prennent effrontément au Seigneur et à sa vérité, fait que Jude a illustré précédemment dans sa lettre en le comparant avec les Israélites incrédules, les dépravés de Sodome et de Gomorrhe, les anges déchus, Caïn, Koré et Balaam.

À leur manière bien égoïste, les faux enseignants sont en désaccord avec Dieu parce qu'ils **marchent selon leurs convoitises** (voir v. 4,7 ; 2 Pi 2.10,18 ; 3.3). Cette expression néotestamentaire décrit couramment le non-croyant (voir v. 18 ; 2 Pi 3.3). Les apostats sont dominés par eux-mêmes à tel point qu'ils **ont à la bouche des paroles hautaines**. Ils bombent le torse en employant avec arrogance un vocabulaire religieux élaboré et pompeux qui semble spirituel, mais qui est vide de toute vérité et substance divines. En faisant usage de telles paroles, ils **admirent** aussi **les personnes par motif d'intérêt.** L'apostat excelle dans l'art de dire aux gens ce qu'ils veulent entendre (voir 2 Ti 4.3,4), en s'employant à les manipuler avec ruse à son propre avantage. Il ne se préoccupe certainement pas de proclamer la vérité de Dieu dans le but d'édifier ceux qui l'entendent (voir Ps 5.10 ; 12.3,4 ; Pr 26.28 ; 29.5 ; Ro 3.13 ; 16.18). C'est Jésus qui a dit que « ce qui sort de la bouche vient du cœur, et c'est ce qui souille l'homme » (Mt 15.18). Dans le cas des faux enseignants, leurs lèvres révèlent leur mécontentement, leur hypocrisie, leurs convoitises, leur orgueil et leur égoïsme. Leur bouche trahit la méchanceté de leur cœur. Et, comme Hénoc l'a prédit, le Juge parfait dévoilera un jour leur péché en rendant contre eux un verdict de culpabilité pour leurs crimes spirituels.

Dans le passage à l'étude, Jude promet la seconde venue du Seigneur pour le jugement, et affirme qui y participera et pour quelles raisons le Seigneur reviendra. Il aborde donc le *qui*, le *quoi*, le *où* et le *pourquoi* du retour de Christ. La seule question majeure à laquelle il ne répond pas est le *quand*, car Dieu est seul à en connaître la réponse. Voici d'ailleurs une exhortation que le Seigneur a adressée à juste titre à ses apôtres :

> Pour ce qui est du jour ou de l'heure, personne ne le sait, ni les anges dans le ciel, ni le Fils, mais le Père seul. Prenez garde, veillez et priez ; car vous ne savez quand ce temps viendra. Il en sera comme d'un homme qui, partant pour un voyage, laisse sa maison, remet l'autorité à ses serviteurs, indique à chacun sa tâche, et ordonne au portier de veiller. Veillez donc, car vous ne savez quand viendra le maître de la maison, ou le soir, ou au milieu de la nuit, ou au chant du coq, ou le matin ; craignez qu'il ne vous trouve endormis, à son arrivée soudaine. Ce que je vous dis, je le dis à tous : Veillez (Mc 13.32-37 ; voir aussi Lu 21.34-36).

Stratégie de survie pour les temps d'apostasie 14

Mais vous, bien-aimés, souvenez-vous des choses annoncées d'avance par les apôtres de notre Seigneur Jésus-Christ. Ils vous disaient que dans les derniers temps il y aurait des moqueurs, marchant selon leurs convoitises impies ; ce sont ceux qui provoquent des divisions, hommes sensuels, n'ayant pas l'Esprit. Pour vous, bien-aimés, vous édifiant vous-mêmes sur votre très sainte foi, et priant par le Saint-Esprit, maintenez-vous dans l'amour de Dieu, en attendant la miséricorde de notre Seigneur Jésus-Christ pour la vie éternelle. Reprenez les uns, ceux qui contestent ; sauvez-en d'autres en les arrachant du feu ; et pour d'autres encore, ayez une pitié mêlée de crainte, haïssant jusqu'à la tunique souillée par la chair. (17-23)

Tandis que son épître touche à sa fin, Jude soulève une question primordiale : Comment pouvons-nous, les croyants, combattre de manière pratique pour la vérité afin de remporter la victoire le jour où les mensonges seront monnaie courante ? Autrement dit, comment pouvons-nous appliquer les avertissements de Jude au sujet de l'apostasie à notre propre vie et à notre propre ministère ? Une chose est certaine, la mise en garde que Jude fait ici est claire comme de l'eau de roche, et elle exige que nous agissions en conséquence. Mais que faire exactement ? Et par où commencer ?

Bien entendu, Jude reconnaît que ses lecteurs ont besoin de plus qu'une simple mise en garde : ils ont également besoin d'un plan d'attaque. Au lieu de se contenter d'opter pour la défensive, ils doivent se montrer proactifs dans leur combat en faveur de la foi. Et cela implique qu'ils passent à l'action, non seulement en renforçant leur armure spirituelle (voir Ép 6.10-17), mais encore en se portant au secours d'autres croyants dans l'Église.

Pour ce faire, les lecteurs de Jude ont désespérément besoin d'acquérir du discernement. Ils doivent parvenir à faire la différence entre la vérité et l'erreur. Autrement, ils ne sauront pas quoi accepter et quoi refuser. S'ils ne savent pas distinguer la foi véritable de ses contrefaçons, ils seront incapables de « combattre pour la foi qui a été transmise aux saints une fois pour toutes » (v. 3). Ainsi donc, pour tirer avantage des mises en garde de Jude, ils doivent commencer par chercher activement à acquérir du discernement spirituel.

L'importance du discernement est mise en lumière partout dans l'Écriture (Pr 2.3 ; 23.23 ; 1 Co 16.13 ; Ph 1.9 ; Hé 5.14 ; Ap 2.2). L'apôtre Paul, par exemple, a exprimé sa crainte que les croyants de Corinthe soient détournés du droit chemin :

> Oh ! si vous pouviez supporter de ma part un peu de folie ! Mais oui, supportez-moi ! Car je suis jaloux de vous d'une jalousie de Dieu, parce que je vous ai fiancés à un seul époux, pour vous présenter à Christ comme une vierge pure. Toutefois, de même que le serpent séduisit Ève par sa ruse, je crains que vos pensées ne se corrompent et ne se détournent de la simplicité à l'égard de Christ. Car, si quelqu'un vient vous prêcher un autre Jésus que celui que nous avons prêché, ou si vous recevez un autre esprit que celui que vous avez reçu, ou un autre évangile que celui que vous avez embrassé, vous le supportez fort bien (2 Co 11.1-4).

Stratégie de survie pour les temps d'apostasie 17-23

Inquiet de leur manque de discernement, Paul craignait que les croyants se fassent leurrer par les faux enseignants. Ils toléraient beaucoup trop l'erreur, et par conséquent ils ouvraient grand la porte à l'apostasie.

Dans la même veine, Paul a exhorté les croyants de Thessalonique à s'attacher à la saine doctrine et d'exercer leur discernement. Il leur a donné la directive suivante : « Ne méprisez pas les prophéties. Mais examinez toutes choses ; retenez ce qui est bon ; abstenez-vous de toute espèce de mal » (1 Th 5.20-22 ; voir aussi 1 Jn 4.1-3). Les croyants de Thessalonique étaient exhortés à répondre avec prudence aux messages spirituels qu'ils recevaient, les examinant à fond pour voir s'ils étaient conformes ou non aux enseignements apostoliques. Les messages qui passaient le test de l'authenticité devaient être retenus et mis en pratique, mais ceux dont ce n'était pas le cas devaient être discrédités et rejetés.

Même les chefs religieux et les érudits juifs de l'époque de Jésus manquaient de discernement spirituel. C'est d'ailleurs la raison pour laquelle le Seigneur les a accusés comme ceci :

> Les pharisiens et les sadducéens abordèrent Jésus, et, pour l'éprouver, lui demandèrent de leur faire voir un signe venant du ciel. Jésus leur répondit : Le soir, vous dites : Il fera beau, car le ciel est rouge ; et le matin : Il y aura de l'orage aujourd'hui, car le ciel est d'un rouge sombre. Vous savez discerner l'aspect du ciel, et vous ne pouvez discerner les signes des temps. Une génération méchante et adultère demande un miracle ; il ne lui sera donné d'autre miracle que celui de Jonas. Puis il les quitta, et s'en alla (Mt 16.1-4).

Malgré l'attention scrupuleuse qu'ils prêtaient aux Écritures, leur formation théologique rigoureuse et leur prééminence au sein de la communauté, les pharisiens et les sadducéens rejetaient la vérité parce qu'ils n'arrivaient pas à la discerner.

Fait tragique, il y en a aussi beaucoup dans l'Église contemporaine qui manquent de discernement spirituel. Or, ces gens arrivent beaucoup mieux à suivre les courants culturels qu'à apprécier et à comprendre la doctrine biblique. Dans certains cas, des Églises entières ont délaissé les enseignements scripturaires clairs au profit des besoins bien sentis des pécheurs. Dans ces Églises, on souhaite mettre les gens « à l'aise » durant les services religieux et ne pas les « affronter ». Résultat : les messages qu'ils donnent sont faibles sur le plan théologique, et les gens qui les accueillent favorablement sont naïfs sur le plan doctrinal. Ces Églises sont sans défense devant l'erreur.

Le manque de discernement troublant qui caractérise une grande partie du christianisme d'aujourd'hui s'explique par au moins six raisons. Manifestement, la première de ces raisons est la tendance qu'ont beaucoup d'évangéliques contemporains à minimiser l'importance de la doctrine. Ceux de ce camp prétendent que la clarté biblique a pour double effet de semer la discorde et de donner aux gens le sentiment de ne pas être aimés ; pour eux, elle érige des murs, elle manque d'humilité et elle nuit à l'unité. En réalité, cependant, l'Église subit les graves conséquences qu'entraîne son désintérêt pour la saine doctrine. De telles répercussions incluent un faux sentiment d'humilité et une fausse foi qu'engendrent une « foi naïve » et des messages bibliques dilués, une fausse unité fondée sur l'œcuménisme et des compromis théologiques, un faux mandat axé sur l'activisme politique et une moralité légiférée, une fausse adoration axée sur des services centrés sur l'homme et un christianisme centré sur l'expérience, ainsi qu'un faux ministère axé uniquement sur la satisfaction temporelle et la réussite extérieure ; tout cela met les gens à l'aise ici-bas, mais néglige complètement de les préparer en vue de la vie à venir.

Une deuxième raison est que l'Église a perdu de son objectivité par rapport aux choses spirituelles, substituant à la vérité inconditionnelle le relativisme moral et le subjectivisme post-moderne. Plutôt que de voir la vérité en noir et blanc, beaucoup de chrétiens l'abordent comme une zone grise. Pourtant, la Bible est clairement antithétique ; elle fait des distinctions absolues entre bien et mal, vérité et erreur, foi salvatrice et fausses professions. Les enseignements du Seigneur Jésus, par exemple, sont en noir et blanc : Il a établi un contraste entre le chemin spacieux et le chemin étroit (Mt 7.13,14), la condamnation éternelle et la vie éternelle (Mt 24.46-51), le règne de Satan et le règne de Dieu (Mt 13.38), la haine et l'amour (Mt 5.43,44), la sagesse du monde et la sagesse divine (Mt 11.16-19 ; Mc 6.2), et ainsi de suite. Par contraste, l'Église contemporaine s'éloigne des absolus théologiques, préférant se prêter à « tout vent de doctrine » (Ép 4.14) dans un esprit de tolérance, comme s'il s'agissait pour elle d'une vertu.

Une troisième raison est que, dans le cadre de sa stratégie contemporaine d'évangélisation, l'Église a renoncé à défendre la puissance de l'Écriture pour se préoccuper plutôt de son image. Afin d'atteindre la culture, elle est devenue semblable à la culture. Cependant, Jacques a écrit : « *[Ne]* savez-vous pas que l'amour du monde est inimitié contre Dieu ? Celui donc qui veut être ami du monde se rend ennemi de Dieu » (Ja 4.4*b* ; voir aussi 1 Jn 2.15-17). Être les amis de Dieu fait de nous les ennemis du monde, et inversement. Nous nous leurrons si nous croyons que la clef de la réussite pour gagner des âmes consiste à les imiter. En imitant la société séculière, certains croyants renoncent en fait à ce qui les distingue d'elle et à la puissance de l'Écriture. Et si l'appel distinct de l'Évangile se perd, tout espoir d'évangéliser un peuple disparaîtra également (voir Mt 5.13).

Une quatrième raison, qui découle de la précédente, est que le manque actuel de discernement dans l'Église provient du fait qu'on néglige de bien étudier et de bien interpréter l'Écriture. La paresse sur le plan pastoral, la négligence sur le plan de l'exégèse et une attitude générale d'indifférence envers la Parole de Dieu a plongé le peuple de Dieu dans l'erreur. Étant donné qu'il comprenait les dangers mortels d'une telle apathie spirituelle, l'apôtre Paul a exhorté Timothée comme ceci : « Efforce-toi de te présenter devant Dieu comme un homme éprouvé, un ouvrier qui n'a point à rougir, qui dispense droitement la parole de la vérité » (2 Ti 2.15 ; voir aussi 2 Co 4.2). Le livre des Actes fait également l'éloge des frères de Bérée parce qu'ils « avaient des sentiments plus nobles que ceux de Thessalonique ; ils reçurent la parole avec beaucoup d'empressement, et ils examinaient chaque jour les Écritures, pour voir si ce qu'on leur disait était exact » (17.11 ; voir aussi 1 Th 2.13). Comme le démontre l'exemple des croyants de Bérée, le discernement ne peut s'acquérir sans le désir de connaître la vérité et la détermination à la découvrir. Pourtant, ce désir et cette résolution sont rares de nos jours.

Une cinquième raison est que l'Église a renoncé en général à prendre des mesures disciplinaires dans les cercles évangéliques (voir Mt 18.15-18). Lorsque les enfants de Dieu négligent d'affronter le péché et l'hérésie, l'impiété croît librement au sein du Corps de Christ. La congrégation en vient inévitablement à compter de plus en plus de membres non régénérés, des non-croyants qui s'y sentent à l'aise parce que personne ne les confronte jamais à leurs péchés. Il arrive même qu'on ferme les yeux sur une immoralité inquiétante et de graves manquements à l'éthique, sous le faux prétexte de l'amour. Cependant, une Église ne peut promouvoir efficacement le discernement si elle tolère allègrement le péché ou se compose principalement de pécheurs non sauvés. Après tout, la congrégation qui entretient une fausse perception de la sainteté démontre qu'elle entretient également une fausse perception de la vérité.

Une dernière raison qui explique le manque de discernement dans l'Église est le manque croissant de maturité spirituelle dans ses rangs. Ceux qui ont une compréhension superficielle de l'Écriture (voir Mc 12.24), une faible conception de la saine doctrine et une perception déficiente de Dieu ne peuvent avoir de discernement. Pourtant, ce sont précisément ces gens qui remplissent en grande partie l'Église le dimanche. Comme les Juifs non-croyants du 1er siècle, beaucoup de chrétiens d'aujourd'hui auraient intérêt à suivre le conseil que donne l'auteur de l'épître aux Hébreux :

> Vous, en effet, qui depuis longtemps devriez être des maîtres, vous avez encore besoin qu'on vous enseigne les principes élémentaires des oracles de Dieu, vous en êtes venus à avoir besoin de lait et non d'une nourriture solide. Or, quiconque en est au lait n'a pas l'expérience de la parole de justice ; car il est un enfant. Mais la nourriture solide est pour les hommes faits, pour ceux dont le jugement est exercé par l'usage à discerner ce qui est bien et ce qui est mal (Hé 5.12-14).

(Pour en savoir beaucoup plus au sujet du discernement spirituel et du besoin désespéré qu'a l'Église de retrouver cette capacité primordiale, voir John MacArthur, *Reckless Faith* [Wheaton, Illinois :

Crossway, 1994], et MacArthur, éd. gén., *Fool's Gold* ? [Wheaton, Illinois : Crossway, 2005], surtout les chapitres 1 et 12.) Pour que ceux de l'Église d'aujourd'hui honorent le Dieu de la révélation et jouissent de la victoire spirituelle dans leur vie, en dépit de la tentation constante de capituler, ils doivent commencer par acquérir du discernement. Ils doivent être en mesure de faire la différence entre le vrai et le faux, de manière à rechercher le premier et à fuir le second. Cela exige qu'ils se montrent sérieux et précis dans l'interprétation de l'Écriture. Autrement, dans leur confusion, les vrais croyants n'arriveront pas à combattre pour la foi avant même d'entrer dans la guerre spirituelle.

Dans le passage à l'étude, Jude aborde la bonne manière de combattre pour la foi et de prospérer spirituellement durant des temps où l'apostasie ne fait qu'empirer. Le frère du Seigneur a présenté à ses lecteurs trois vérités cruciales qui, si elles sont appliquées avec fidélité, accorderont du discernement à tous les croyants : ils doivent se souvenir, se maintenir et atteindre leur prochain.

SE SOUVENIR

Mais vous, bien-aimés, souvenez-vous des choses annoncées d'avance par les apôtres de notre Seigneur Jésus-Christ. Ils vous disaient que dans les derniers temps il y aurait des moqueurs, marchant selon leurs convoitises impies ; ce sont ceux qui provoquent des divisions, hommes sensuels, n'ayant pas l'Esprit. (17-19)

Les paroles de Jude font ici écho aux versets 5-7 et 11-13, dans lesquels il rappelait à ses lecteurs que les faux enseignants étaient une menace constante. Ils étaient là à l'époque de l'Ancien Testament (És 28.7 ; Jé 23.14 ; Éz 13.4 ; Mi 3.11 ; So 3.4), ils ont affligé l'Église primitive (1 Jn 2.18,19 ; 2 Jn 7-11 ; Ap 2.2,3,15,16 ; 3.9), ils sont à l'œuvre de nos jours et ils continueront à être une menace dans l'avenir (2 Th 2.1-4 ; Ap 13 ; 19.19,20). Étant donné qu'ils ont toujours été présents parmi le peuple de Dieu, leur présence ne devrait étonner les croyants d'aucune époque.

À l'instar de Pierre (2 Pi 1.12,13), Jude exhorte ses lecteurs à *[se souvenir]* des vérités qu'ils ont déjà entendues, à savoir **des choses annoncées d'avance par les apôtres du Seigneur Jésus-Christ** qui ont prédit la venue de l'apostasie. Le Seigneur est lui-même le premier dans le Nouveau Testament à avoir fait une mise en garde contre les faux enseignants : « Gardez-vous des faux prophètes. Ils viennent à vous en vêtements de brebis, mais au-dedans ce sont des loups ravisseurs » (Mt 7.15 ; voir aussi 24.11). En prenant la défense de son apostolat auprès des croyants de Corinthe, Paul a évoqué les mêmes préoccupations :

> Mais j'agis et j'agirai de la sorte pour ôter ce prétexte à ceux qui cherchent un prétexte, afin qu'ils soient trouvés tels que nous dans les choses dont ils se glorifient. Ces hommes-là sont de faux apôtres, des ouvriers trompeurs, déguisés en apôtres de Christ. Et cela n'est pas étonnant, puisque Satan lui-même se déguise en ange de lumière. Il n'est donc pas étrange que ses ministres aussi se déguisent en ministres de justice. Leur fin sera selon leurs œuvres (2 Co 11.12-15).

L'apôtre a fait d'autres mises en garde par rapport aux faux enseignants dans plusieurs autres épîtres (Col 2.16-19 ; 1 Th 2.14-16 ; 2 Th 2.3-12 ; 1 Ti 4.1-3 ; 6.20,21 ; 2 Ti 2.17-19 ; 3.1-9 ; 4.1-4). Par ailleurs, Pierre a averti ses lecteurs qu'« il y aura de même [...] de faux docteurs, qui introduiront sournoisement des sectes pernicieuses » (2 Pi 2.1 ; voir mes remarques au sujet de 2 Pierre 2 dans les chapitres 5 à 7 du présent volume). Et l'apôtre Jean a écrit : « Bien-aimés, n'ajoutez pas foi à tout esprit ; mais éprouvez les esprits, pour savoir s'ils sont de Dieu, car plusieurs faux prophètes sont venus dans le monde » (1 Jn 4.1 ; voir aussi 2.18,19 ; 2 Jn 7 ; 3 Jn 9-11).

À maintes reprises, Christ et les apôtres **disaient** que de faux enseignants allaient infiltrer l'Église et s'opposer à la vérité. À la lumière de ce qui précède, Jude cite la mise en garde de Pierre : **dans les derniers temps il y *[aura]* des moqueurs, marchant selon leurs convoitises impies** (voir 2 Pi 3.3). (Le fait que, dans le Nouveau Testament, le mot grec rendu par **moqueurs** n'apparaisse qu'ici et dans 2 Pierre 3.3 suggère que Jude cite Pierre ; voir mes remarques au sujet de la relation de Jude et de Pierre dans l'Introduction à l'épître de Jude dans le présent volume.) L'expression technique **les derniers temps** fait allusion à la période entre la première et la seconde venue de Christ (voir Ac 2.17 ; Ga 4.4 ; 2 Ti 3.1 ; Hé 1.2 ; 1 Pi 1.5,20 ; Ja 5.3 ; 1 Jn 2.18,19).

Pierre a dit que les moqueurs tournaient en dérision la vérité au sujet du retour de Christ (2 Pi 3.4), et Jude laisse entendre ici qu'ils se moquent de la loi de Dieu (voir mes remarques au sujet des « gens qui murmurent » dans le chapitre 13 du présent volume). Bien entendu, les deux idées sont parallèles, car ceux qui se moquent de la loi de Dieu se moqueront également du retour de Christ ; ils ne souhaitent pas rendre des comptes au divin Juge pour leurs péchés, ni dans le présent, ni dans le futur.

De tels moqueurs *[marcheront]* **selon leurs convoitises impies**, fait que Jude a déjà établi dans les versets 4, 15 et 16. Ils donneront libre cours à leurs passions et à leur débauche, car ils sont inaptes à la sainteté. Étant donné que leur cœur n'est pas transformé, tout ce qu'ils peuvent faire, c'est de suivre leurs propres désirs impies.

Dans sa description des faux enseignants, Jude ajoute qu'ils **provoquent des divisions**. Le mot grec *apodiorizô* (**divisions**) fait allusion à ce qui motive les faux enseignants à agir comme ils le font, ainsi qu'à la discorde qu'entraîne leur conduite. Ce mot signifie « faire une distinction » et, dans le cas des apostats, signifie qu'ils se voient comme étant supérieurs à ceux qui enseignent la vérité. À l'instar des pharisiens, ils sont arrogants (Lu 16.15 ; 18.9,11) et condescendants (23.4,5) ; ils adhèrent à l'ensemble de normes qu'ils se sont donné (Mc 7.5-8), c'est-à-dire à leur propre perception élitaire de « la vérité » (Mt 16.6,11,12). Au lieu de considérer les autres comme leur étant supérieurs (ce qui est la clef de la vraie unité spirituelle ; voir Ph 2.1-4), ils exaltent leur personne et leurs propres intérêts. Naturellement, il en résulte finalement des divisions et des disputes au sein du Corps de Christ.

Avec une certaine déférence envers la philosophie grecque, Jude dépeint les faux enseignants en termes strictement physiques : **hommes sensuels**. Sa description les montre tels qu'ils sont réellement : des terroristes religieux à qui font défaut des qualités intérieures comme une perception juste de soi, la capacité de raisonner et une vraie connaissance de Dieu. Bien que les faux enseignants prétendent posséder une compréhension transcendantale de Dieu, ils ne le connaissent pas du tout, ils *[n'ont]* **pas l'Esprit** (voir Jn 3.5 ; Ro 8.9 ; 1 Jn 3.24 ; 4.13). La vérité, c'est qu'ils sont physiquement vivants, mais comme ils n'ont jamais été régénérés par le Saint-Esprit, ils sont spirituellement morts. Ce sont des imposteurs religieux qui prétendent avoir la foi et la vie spirituelle, mais qui se trahissent par leurs actions. Paul a d'ailleurs dit à Tite : « Ils font profession de connaître Dieu, mais ils le renient par leurs œuvres, étant abominables, rebelles, et incapables d'aucune bonne œuvre » (Tit 1.16).

SE MAINTENIR

Pour vous, bien-aimés, vous édifiant vous-mêmes sur votre très sainte foi, et priant par le Saint-Esprit, maintenez-vous dans l'amour de Dieu, en attendant la miséricorde de notre Seigneur Jésus-Christ pour la vie éternelle. (20,21)

Si vous êtes de ces chrétiens qui usent de discernement et qui refusent de se laisser séduire, vous devez rester sur le chemin de la sanctification. Cela exige de votre part que vous **vous** *[édifiiez]* **vous-mêmes sur votre très sainte foi.** Pour reconnaître l'erreur et combattre efficacement en faveur de la vérité, vous devez devenir forts sur le plan doctrinal. Le participe présent actif rendu ici par **vous édifiant vous-mêmes** a un sens impératif, ce qui signifie que la chose n'est pas facultative. Au sens métaphorique, l'idée de s'édifier fait allusion à l'édification personnelle et à la croissance spirituelle, et implique l'établissement d'un solide fondement pour la saine doctrine. Comme ce fut le cas dans le verset 3, l'expression **très sainte foi** désigne le contenu objectif de la vérité biblique.

Sur le plan pratique, l'édification est centrée sur l'étude de la Parole de Dieu et l'apprentissage de sa mise en application. Paul a d'ailleurs dit aux anciens d'Éphèse : « Et maintenant je vous recommande à Dieu et à la parole de sa grâce, à celui qui peut édifier et donner l'héritage avec tous les sanctifiés » (Ac 20.32). Tous les ministères de l'Église devraient avoir l'édification pour résultat (Ro 14.19 ; 1 Co 14.12,26 ; Ép 4.16 ; 1 Th 5.11 ; voir aussi 1 Co 8.1). Dieu a donné à l'Église des apôtres, des prophètes, des évangélistes et des pasteurs/enseignants afin qu'ils proclament sa Parole, ce qui a pour résultat « le perfectionnement des saints » (Ép 4.11,12 ; voir aussi Col 2.6,7). Pierre a écrit que les croyants devraient désirer la Parole en vue de leur croissance spirituelle, comme des bébés désirent le lait pour nourriture physique (1 Pi 2.2). Dans la même veine, l'apôtre Jean a écrit que les croyants qui sont affermis spirituellement, ceux qui sont capables de bien combattre en faveur de la vérité, sont ceux en qui la Parole de Dieu habite (1 Jn 2.14).

Un deuxième élément essentiel de la sanctification implique que nous *[priions]* **par le Saint-Esprit**. Cette expression ne fait pas allusion au parler en langues, mais au fait de prier en conformité avec la volonté de l'Esprit : ses désirs, ses directives et ses décrets. Bien que sa volonté se révèle par les commandements clairs de l'Écriture (De 17.19,20 ; Ps 19.8,12 ; 119.11,105,130 ; Pr 6.23 ; Mt 4.4 ; Lu 11.28 ; Jn 5.39 ; Ro 15.4 ; 2 Ti 3.16,17 ; Ja 1.25), nous, les croyants, ne savons pas toujours comment l'appliquer de manière pratique aux différentes situations de la vie. Par conséquent, le Saint-Esprit intercède pour nous auprès du Père avec une sympathie sincère et une ferveur inexprimable (Ro 8.26,27). Bien entendu, la volonté de l'Esprit et la volonté du Père, et même la prière faite au nom de Jésus, sont une seule et même chose. Lorsque nous prions **par le Saint-Esprit,** nous nous soumettons à lui, nous nous appuyons sur sa sagesse, nous cherchons à connaître sa volonté et nous comptons sur sa puissance (voir Jn 14.14-17 ; 1 Jn 5.14,15).

Si nous recherchons la sanctification, nous devons alors également nous *[maintenir]* **dans l'amour de Dieu**. Il s'agit d'un principe d'une importance vitale, qui signifie que nous devons rester dans la sphère de l'amour de Dieu ou le lieu de sa bénédiction (Ro 5.5 ; 8.39 ; 1 Jn 4.16). Sur le plan pratique, cela signifie que nous devons continuer d'obéir à Dieu, étant donné qu'il nous promet sa bénédiction divine uniquement à condition que nous lui obéissions. Jésus a d'ailleurs dit aux apôtres :

Comme le Père m'a aimé, je vous ai aussi aimés. Demeurez dans mon amour. Si vous gardez mes commandements, vous demeurerez dans mon amour, de même que j'ai gardé les commandements de mon Père, et que je demeure dans son amour. Je vous ai dit ces choses, afin que ma joie soit en vous, et que votre joie soit parfaite (Jn 15.9-11 ; voir aussi 1 Jn 2.5).

Par contre, si nous sombrons dans la désobéissance, nous renonçons à être bénis pour nous attirer un châtiment (Hé 12.3-11).

Finalement, tandis que nous recherchons la sanctification, nous, les chrétiens, devons *[attendre]* **la miséricorde** du **Seigneur Jésus-Christ pour la vie éternelle.** Le verbe grec traduit par **en attendant** (*prosdechomai*) signifie « accueillir » et laisse entendre un grand empressement. Ainsi donc, nous devons vivre avec l'éternité présente à l'esprit, anticipant avec empressement le retour du Seigneur (1 Co 1.7 ; Ph 3.20 ; 1 Th 1.10 ; 2 Ti 4.8 ; Tit 2.12,13 ; voir aussi 1 Pi 4.7 ; 2 Pi 3.11-13 et mes remarques au sujet de ces trois versets dans le chapitre 9 du présent volume). En ce grand jour à venir, tous ceux d'entre nous qui auront cru en lui feront l'expérience de **la miséricorde** finale de Christ et jouiront de la plénitude de **la vie éternelle** (Ro 2.7 ; 1 Ti 6.12 ; 1 Jn 5.13), tandis que nous vivrons la résurrection et la glorification de notre corps (Jn 5.24 ; 17.3 ; Ro 5.17 ; 2 Ti 1.10 ; 1 Jn 5.20 ; voir aussi Da 7.18).

ATTEINDRE

Reprenez les uns, ceux qui contestent ; sauvez-en d'autres en les arrachant du feu ; et pour d'autres encore, ayez une pitié mêlée de crainte, haïssant jusqu'à la tunique souillée par la chair. (22,23)

Ceux qui menacent le plus l'Église font également partie de son champ missionnaire. Non seulement les croyants sont responsables d'identifier l'ennemi et son erreur et de s'y opposer, mais encore ils sont tenus d'atteindre l'ennemi avec l'Évangile de vérité. C'est précisément ce que Jésus a tenté de faire lorsqu'il mangeait en compagnie des pharisiens (Lu 7.36 ; 11.37,38 ; 14.1) ; tandis qu'il dénonçait leur hérésie, il leur proclamait aussi la voie du salut (Lu 7.40-50 ; voir aussi 14.3-6). Nicodème, par exemple, était un pharisien qui cherchait sincèrement la vérité (Jn 3.1-21). Le fait qu'il ait vraiment cherché à comprendre les enseignements de Jésus lui a valu la compassion et la bonté du Sauveur.

Dans les deux versets à l'étude, Jude détermine trois catégories d'incrédules qui, selon la perspective de l'Église, constituent à la fois une menace et un champ missionnaire. Ce sont des gens confus, convaincus et zélés.

DES GENS CONFUS

Reprenez les uns, ceux qui contestent ; (22)

Les affirmations hérétiques et trompeuses des faux enseignants, ainsi que leur style de vie licencieux, peuvent facilement troubler certaines personnes de l'Église. En fait, c'est justement ce qui s'est produit tant à Corinthe (2 Co 11.3) qu'en Galatie (Ga 3.1-5 ; voir aussi 1.6-9). Et cela se produit encore aujourd'hui. Pris dans la toile de l'imposture, certains se retrouvent dans la confusion la plus totale, incertains de ce qui est vrai et de ce qui ne l'est pas. En tendant la perche à ces gens-là, Jude appelle l'Église à les *[reprendre]*, en usant de bonté, de compassion et de sympathie (« ayez de la pitié » dans la *Semeur*) à l'égard de **ceux qui contestent**.

Comme des loups qui traquent des brebis, les faux enseignants s'en prennent à des gens faibles (voir 2 Ti 3.6), des gens qui vacillent, qui manquent d'assurance et qui sont en proie aux doutes (Ja 1.6-8 ; voir aussi Ps 73.13-16 ; 77.8-10). Ceux qui sont forts doivent user de miséricorde envers les gens qui sont déchirés entre la vérité et l'erreur (voir Ép 4.14), la consécration et la non-consécration (Hé 3.7 – 4.13 ; 6.1-12). Toutefois, le fait d'user de miséricorde ne revient pas à négliger la gravité des faux enseignements ou à faire l'éloge des gens faibles parce qu'ils vacillent. Cela revient plutôt à exhorter ces gens au moyen de la vérité, avec douceur et patience, à leur présenter l'Évangile avec zèle avant qu'ils ne sombrent entièrement dans l'hérésie.

DES GENS CONVAINCUS

sauvez-en d'autres en les arrachant du feu ; (23*a*)

Dans cette dimension de l'évangélisation, le défi que les croyants doivent relever s'en trouve accru. Il ne s'agit plus simplement d'user de miséricorde ; il s'agit d'accomplir la tâche difficile qui consiste à secourir ceux qui sont déjà convaincus de la véracité des faux enseignements. Cependant, avec humilité et foi, nous qui sommes fidèles devons être disposés à permettre à Dieu de nous utiliser pour *[en sauver]* **d'autres**. Dieu reste l'ultime source du salut (Ps 3.8 ; Jon 2.10 ; Jn 1.12,13 ; 3.6-8 ; Ép 2.8), mais nous sommes les deuxièmes moyens dont il se sert pour atteindre les pécheurs (voir Ac 2.37-41 ; 4.1-4 ; 8.26-38 ; 13.46-48 ; 16.13,14). Jacques a d'ailleurs écrit : « Mes frères, si quelqu'un parmi vous s'est égaré loin de la vérité, et qu'un autre l'y ramène, qu'il sache que celui qui ramènera un pécheur de la voie où il s'était égaré sauvera une âme de la mort et couvrira une multitude de péchés » (Ja 5.19,20).

Le participe présent **arrachant** rend *harpazô*, et présente l'image frappante du fait de saisir quelque chose, ou de prendre quelque chose ou quelqu'un de force. Il ne fait aucun doute que Jude emprunte cette image des prophètes, surtout de l'affirmation d'Amos au sujet d'Israël : « *[Et]* vous avez été comme un tison arraché de l'incendie » (Am 4.11*b* ; voir aussi Za 3.2). Avant même qu'il rédige sa lettre, Jude savait manifestement que certains étaient tombés dans le piège des fausses doctrines des apostats. Il les perçoit comme ayant été marqués par le **feu** même de l'enfer, image qui laisse présager l'enfer éternel qui les attend un jour s'ils continuent d'adhérer aux faux enseignements (voir És 33.14 ; Mt 13.42).

Le seul moyen de sauver de telles personnes consiste à écraser leurs fausses idéologies avant qu'il ne soit trop tard. Et cela ne peut se faire que par le pouvoir de la vérité de Dieu (2 Co 10.3-5). Jésus a servi d'exemple de ce principe au cours de son ministère terrestre. À ceux qui étaient dans la confusion, incertains et en proie aux doutes, il a présenté l'Évangile avec patience et douceur (Jn 4.10-26 ; 6.26-59).

Cependant, ceux qui donnent foi aux faux enseignements, comme les scribes et les pharisiens et leurs disciples, il les a prévenus sans ménagement de la gravité de leur état de perdition (Mt 12.1-37 ; 15.1-14 ; Lu 11.37-54 ; Jn 8.12-59).

DES GENS ZÉLÉS

et pour d'autres encore, ayez une pitié mêlée de crainte, haïssant jusqu'à la tunique souillée par la chair. (23*b*)

Il arrive que les chrétiens aient l'occasion d'évangéliser le plus zélé des apostats. De tels hérétiques sont des personnes tout à fait dans l'erreur qui sont profondément attachées à leurs propres impostures. Dans certains cas, ce sont même eux qui expriment des doctrines hérétiques et les chefs d'un système marqué par la fausseté. En évangélisant ce genre de personnes, nous qui connaissons la vérité devons agir avec la plus grande prudence et la plus grande clarté d'esprit. L'exhortation **pour d'autres encore, ayez une pitié mêlée de crainte** indique la nature affolante qui porte à réfléchir sur l'évangélisation de certaines personnes. La **crainte** révèle une compréhension du fait que trop s'approcher de l'erreur corruptrice qui conduit à l'apostasie risque de nous amener d'une certaine manière à laisser ces mensonges entacher notre esprit (voir Mt 16.6,12 ; 1 Co 5.6,7 ; 15.33 ; Ga 5.7-9).

Jude se sert ici d'un langage extrêmement saisissant et grossier pour souligner le sérieux du danger qu'implique ce genre d'évangélisation. Le mot **tunique** rend *chitôn* et désigne le sous-vêtement que portent les gens de l'époque. Le mot rendu par **souillée** est une forme particulière du verbe *spiloô*, qui signifie « maculer » ou « tacher ». Ainsi donc, le fait d'être **souillée par la chair** signifie « être tachée des suites d'une fonction corporelle ». Personne ne souhaite toucher aux sous-vêtements sales de quelqu'un d'autre et se souiller ainsi physiquement, alors nous devrions faire extrêmement attention de ne pas trop approcher des souillures spirituelles des gens que les faux enseignants ont corrompus. Même en apportant l'Évangile aux apostats zélés, les saints doivent exercer une grande prudence et une grande sagesse (voir Mt 10.16).

Lorsque l'Église ne fait pas correctement face à la contamination spirituelle que les faux enseignants risquent de propager, les résultats peuvent être désastreux. Par exemple, le Seigneur a dit à l'Église de Sardes : « Je connais tes œuvres. Je sais que tu passes pour être vivant, et tu es mort » (Ap 3.1*b*). C'est que seuls quelques-uns de l'Église de Sardes « n'ont pas souillé leurs vêtements » (v. 4). Le reste a embrassé l'apostasie aveuglément, ce qui a eu pour effet de condamner leur âme et de tuer l'Église. L'Église de Sardes, de même que certaines des sept autres Églises dont il est fait mention dans le livre de l'Apocalypse (surtout celles de Pergame, de Thyatire et de Laodicée), a négligé de prêter attention à la mise en garde de Paul :

> Je vous exhorte, frères, à prendre garde à ceux qui causent des divisions et des scandales, au préjudice de l'enseignement que vous avez reçu. Éloignez-vous d'eux. Car de tels hommes ne servent point Christ notre Seigneur, mais leur propre ventre ; et, par des paroles douces et flatteuses, ils séduisent les cœurs des simples (Ro 16.17,18).

La survie et l'épanouissement spirituels de ceux d'entre nous qui aiment Christ, surtout à une époque où l'apostasie ne cesse de croître, exigent la plus grande persévérance et la plus grande vigilance. Nous devons être sur la défensive, nous rappelant ce que l'Écriture enseigne au sujet de la présence de faux enseignants. Nous devons également être proactifs, mettant en pratique les disciplines de l'étude biblique, de la prière et de l'obéissance tandis que nous attendons impatiemment le retour de Christ. Finalement, nous devons user d'un discernement courageux pour passer à l'offensive, et évangéliser les apostats et ceux que leurs hérésies influencent. La vie chrétienne a toujours été un pèlerinage (Hé 11) et un combat spirituel (Ép 6.10-18), mais sa fin sera triomphante (Ap 18 – 22). Avec cette vérité présente à l'esprit, nous pouvons puiser un grand réconfort et un grand encouragement dans quelques strophes du cantique bien connu « Voyez l'étendard céleste » :

Chœur : Tenez ferme, car j'avance !

Stratégie de survie pour les temps d'apostasie

Amis, répondons :

« Ô Jésus, notre espérance,
Par toi nous vaincrons ! »

Satan, prince de ce monde,
Redouble ses coups ;
Notre faiblesse est profonde ;
Que deviendrons-nous ?

Sur la montagne prochaine
Sonnent les clairons…
Au nom du grand Capitaine
Nous triompherons !

La garantie des saints   15

Or, à celui qui peut vous préserver de toute chute et vous faire paraître devant sa gloire irréprochables et dans l'allégresse, à Dieu seul, notre Sauveur, par Jésus-Christ notre Seigneur, soient gloire, majesté, force et puissance, dès avant tous les temps, et maintenant, et dans tous les siècles ! Amen ! (24,25)

Toutes les doctrines du salut sont absolument essentielles et profondément précieuses pour les rachetés. Cependant, la doctrine de la sécurité éternelle, mieux connue sous le nom de persévérance des saints, se distingue comme étant la plus merveilleuse de toutes. Les autres dimensions glorieuses du salut − comme la justification, la régénération, la conversion et l'adoption − ne pourraient être pleinement appréciées si le salut n'était pas donné pour toujours. Sans l'assurance de la sécurité éternelle, la vie chrétienne ferait place au doute, aux inquiétudes et à la crainte, car les croyants se demanderaient si les autres doctrines sont permanentes. Et tout abandonner pour suivre Christ ne semblerait pas vraiment en valoir

279

la peine si nous risquions de finir par tout perdre (voir Lu 9.23-25).

Pourtant, en raison de la doctrine de la sécurité éternelle, nous, les croyants, avons la certitude que rien ne pourra nous dérober cette foi salvatrice qui finira par produire pour nous, « au-delà de toute mesure, un poids éternel de gloire » (2 Co 4.17).

S'il n'en tenait qu'à nous de préserver notre salut, nous le perdrions assurément. Comme ceux qui sont encore captifs du péché (1 Jn 1.8-10 ; voir aussi Ro 7.15-23 ; 1 Co 1.11 ; 5.1 ; 11.18 ; Ja 1.14,15 ; 4.1-3), nous perdrions à maintes reprises notre statut légitime devant Dieu. Même l'apôtre Paul a reconnu qu'il était continuellement en lutte contre la chair, en s'exclamant : « Misérable que je suis ! Qui me délivrera de ce corps de mort ? » (Ro 7.24.) Il a reconnu qu'il ne pouvait ni gagner ni garder le salut au moyen de ses propres efforts pharisaïques (Ph 3.4-14).

Heureusement, le vrai salut n'est pas fondé sur nos œuvres en tant que croyants, mais plutôt sur l'œuvre de Christ. C'est sa justice qui couvre ceux qui ont confiance en lui (Ph 3.9 ; 2 Pi 1.1). Nous ne devons pas craindre de garder, ou de perdre, notre salut, car il ne dépend pas de nos œuvres. En fait, il dépend plutôt de la personne immuable de Jésus-Christ (Hé 13.8). Le plan (Ro 8.29,30), la promesse (Hé 10.23), la puissance (Ro 1.16) et le don (2 Co 5.21) de Dieu lui-même garantissent notre destinée éternelle.

La doctrine de la persévérance des saints (selon laquelle les vrais croyants persévèrent dans la foi en l'Évangile jusqu'à la fin parce que le Père leur a accordé une foi inébranlable) est reliée inséparablement aux autres doctrines du salut. Par exemple, elle est intimement liée à la doctrine de l'élection (v. 1 ; Ép 1.11 ; 1 Th 5.24 ; voir aussi 1 Pi 1.4,5) – Dieu veille à ce que ceux qu'il choisit en vue de la vie éternelle ne perdront jamais leur salut (Jn 10.28,29 ; 1 Co 1.8,9 ; Ph 1.6). Elle est aussi liée éternellement à la doctrine de la justification (Ro 5.1,9 ; 8.30), par laquelle Jésus-Christ a purgé au complet la peine que les croyants se sont attirée par leurs péchés (1 Pi 2.24 ; voir aussi 2 Co 5.21), afin qu'il n'y ait aucune raison valable pour qu'ils soient condamnés (Ro 8.1,33-35). Et elle est liée inséparablement aux doctrines de la sanctification (2 Th 2.13) et de la glorification (Hé 2.10) ; le Saint-Esprit scelle les croyants et les sanctifie (2 Co 1.21,22 ; Ép 1.13,14), certifiant ainsi que tous seront conduits à la gloire (voir Hé 10.14,15). Si nous, qui par la foi avons accueilli favorablement l'Évangile, risquions de perdre notre salut, alors le fondement de chacune de ces autres doctrines serait gravement sapé.

Ici, maintenant qu'il termine son épître, Jude souligne l'œuvre divine de la préservation du salut au moyen d'une doxologie, une parole élogieuse à l'endroit de Dieu. Ce faisant, Jude se conforme à ce qui précède dans la Bible. Chacun des cinq livres des Psaumes, par exemple, se termine par une doxologie (41.14 ; 72.18,19 ; 89.53 ; 106.48 ; 150). Le Nouveau Testament contient également beaucoup d'autres doxologies (par ex. : Lu 2.13,14 ; 19.35-38 ; Ro 11.36 ; 16.27 ; Ép 1.3 ; 3.20,21 ; Ph 4.20 ; 1 Pi 5.11 ; 2 Pi 3.18 ; Ap 1.6), qui sont toutes axées sur la gloire et la grâce de Dieu. Ce sont toujours des exclamations élogieuses devant la grandeur du salut et les bénédictions de la vie éternelle qui nous sont promises au ciel. Par exemple, Paul a terminé son épître aux Romains par cette doxologie :

> À celui qui peut vous affermir selon mon Évangile et la prédication de Jésus-Christ, conformément à la révélation du mystère caché pendant des siècles, mais manifesté maintenant par les écrits des prophètes, d'après l'ordre du Dieu éternel, et porté à la connaissance de toutes les nations, afin qu'elles obéissent à la foi, à Dieu, seul sage, soit la gloire aux siècles des siècles, par Jésus-Christ ! Amen ! (Ro 16.25-27 ; voir aussi Ga 1.3-5 ; 1 Ti 1.17 ; 2 Ti 4.18.)

En contraste avec les mises en garde que Jude a exprimées contre l'apostasie, sa doxologie apporte consolation et encouragement, rappelant aux croyants la fidélité et la puissance de Dieu. Elle dissipe la peur (voir Ps 27.1 ; Pr 1.33 ; Jn 14.27), elle procure la joie (voir És 35.10 ; Mt 5.12*a* ; Ro 15.13) et elle donne espoir en l'avenir (voir Ro 12.12 ; Ép 4.4 ; Tit 1.2 ; 1 Pi 1.3). Tout cela en mettant l'accent sur deux choses primordiales que le Seigneur fera pour nous, ses saints : préserver notre salut et nous présenter irréprochables devant son trône glorieux.

LE SEIGNEUR PRÉSERVE SES SAINTS

Or, à celui qui peut vous préserver de toute chute (24*a*)

Étant donné que Dieu est parfaitement fidèle, suprêmement puissant et infiniment aimant, il ne permettra pas que la foi salvatrice échappe à ses enfants ou qu'ils se détournent de l'Évangile pour qu'ils soient perdus de nouveau dans leurs péchés. Non seulement il souhaite préserver les croyants (Ro 8.28 ; Ép 1.9-11 ; voir aussi Jn 17.20-23), mais encore il **peut** les préserver jusqu'à la fin.

Au cours de son ministère terrestre, Jésus a enseigné clairement que Dieu rend souverainement sûr le salut de tous ceux qui croient en lui :

> Tous ceux que le Père me donne viendront à moi, et je ne mettrai pas dehors celui qui vient à moi ; car je suis descendu du ciel pour faire, non ma volonté, mais la volonté de celui qui m'a envoyé. Or, la volonté de celui qui m'a envoyé, c'est que je ne perde aucun de tous ceux qu'il m'a donnés, mais que je les ressuscite au dernier jour. La volonté de mon Père, c'est que quiconque voit le Fils et croit en lui ait la vie éternelle ; et je le ressusciterai au dernier jour. [...] Nul ne peut venir à moi, si le Père qui m'a envoyé ne l'attire ; et je le ressusciterai au dernier jour (Jn 6.37-40,44 ; voir aussi 10.28,29 ; 1 Pi 1.3-5).

L'Écriture est remplie d'autres témoignages de la promesse que Dieu a faite et de la puissance qu'il a de préserver son peuple. Dans une autre doxologie du Nouveau Testament, Paul débordait de joie en disant aux croyants d'Éphèse : « Or, à celui qui peut faire, par la puissance qui agit en nous, infiniment au-delà de tout ce que nous demandons ou pensons, à lui soit la gloire dans l'Église et en Jésus-Christ, dans toutes les générations, aux siècles des siècles ! Amen ! » (Ép 3.20,21 ; voir aussi 2 Co 9.8.) Et l'auteur de l'épître aux Hébreux, en parlant de Jésus, a dit : « C'est aussi pour cela qu'il peut sauver parfaitement ceux qui s'approchent de Dieu par lui, étant toujours vivant pour intercéder en leur faveur » (Hé 7.25 ; voir aussi 5.7).

La garantie des saints 24a

Humainement parlant, le chemin qui conduit au ciel a toujours été périlleux (voir Ac 14.22 ; 2 Co 6.4-10 ; 11.23-30 ; Hé 11.32-40 ; Ap 12.10,11), parsemé des dangers provenant de Satan et de ses émissaires (Lu 22.31 ; Ép 6.11-17 ; 1 Th 2.18 ; 3.5 ; 1 Pi 5.8,9 ; voir aussi Job 1.12-19 ; 2.6,7 ; Mt 4.1-11). Cependant, de la perspective de Dieu, le chemin qui conduit au ciel est absolument sûr, non parce que les croyants sont capables de se préserver eux-mêmes, mais parce que Dieu est capable de les garder.

Le verbe **préserver** rend un mot du vocabulaire militaire (*phulassô*) qui signifie « garder » ou « veiller sur ». Dieu est à son poste, il monte la garde en faveur des croyants, afin de veiller à leur sécurité (Ps 12.8 ; Pr 3.26 ; 1 Co 1.8,9) durant toute attaque de l'ennemi (voir 1 Jn 5.18). C'est lui qui les préserve **de toute chute** dans l'apostasie. Cela, Jésus, le bon Berger, l'a dit à ceux qui l'écoutaient :

> Mes brebis entendent ma voix ; je les connais, et elles me suivent. Je leur donne la vie éternelle ; et elles ne périront jamais, et personne ne les ravira de ma main. Mon Père, qui me les a données, est plus grand que tous ; et personne ne peut les ravir de la main de mon Père (Jn 10.27-29).

Le Seigneur Jésus a de nouveau remis ses disciples entre les mains de son Père durant sa prière sacerdotale, citée dans Jean 17 (voir v. 9,11,15). Dans les versets 24 et 26, il a prié ainsi :

> Père, je veux que là où je suis ceux que tu m'as donnés soient aussi avec moi, afin qu'ils voient ma gloire, la gloire que tu m'as donnée, parce que tu m'as aimé avant la fondation du monde. [...] Je leur ai fait connaître ton nom, et je le leur ferai connaître, afin que l'amour dont tu m'as aimé soit en eux, et que je sois en eux.

L'amour infini du Fils pour le Père nous assure que le Fils gardera ceux que le Père lui a donnés. Inversement, l'amour infini du Père pour le Fils rend certain que le Père protégera ceux qu'il a donnés au

Fils. Ainsi donc, le croyant est en sécurité, tant grâce au Père qu'au Fils.

Le Saint-Esprit garantit également le salut. L'apôtre Paul a d'ailleurs souligné cette vérité en écrivant aux croyants d'Éphèse. Après avoir insisté sur la doctrine de l'élection, selon laquelle Dieu a choisi les siens sur la seule base de son bon plaisir (1.3-12), Paul a ajouté :

« En lui [Christ] vous aussi, après avoir entendu la parole de la vérité, l'Évangile de votre salut, en lui vous avez cru et vous avez été scellés du Saint-Esprit qui avait été promis, lequel est un gage de notre héritage, pour la rédemption de ceux que Dieu s'est acquis, pour célébrer sa gloire » (Ép 1.13,14).

De la même manière qu'on utilisait un sceau dans l'Antiquité tant comme un gage sûr qu'une marque de propriété, le Saint-Esprit est donné aux croyants comme preuve divine du salut. L'œuvre de l'Esprit dans la vie des enfants de Dieu confirme qu'ils ont été véritablement régénérés (Tit 3.3-8 ; voir aussi Ga 5.21,22). Cela, Paul l'a fait remarquer ailleurs : « L'Esprit lui-même rend témoignage à notre esprit que nous sommes enfants de Dieu » (Ro 8.16). Ayant été adoptés dans la famille de Dieu, les croyants ont l'assurance de la part du Saint-Esprit qu'ils ne seront jamais reniés.

Dans plusieurs passages de ses écrits, l'apôtre Paul a également souligné que le salut est un don qui nous est accordé sur la seule base de la grâce de Dieu par le moyen de la mort de Christ. Ce salut ne dépend aucunement des bonnes œuvres de l'homme, mais plutôt uniquement de l'œuvre de Dieu. Paul a d'ailleurs écrit :

Mais Dieu prouve son amour envers nous, en ce que, lorsque nous étions encore des pécheurs, Christ est mort pour nous. À plus forte raison donc, maintenant que nous sommes justifiés par son sang, serons-nous sauvés par lui de la colère. Car si, lorsque nous étions ennemis, nous avons été réconciliés avec Dieu par la mort de son fils, à plus forte raison, étant réconciliés, serons-nous sauvés par sa vie. Et non seulement cela, mais encore nous nous glorifions en Dieu par notre

La garantie des saints 24a

Seigneur Jésus-Christ, par qui maintenant nous avons obtenu la réconciliation (Ro 5.8-11).

Avant que Dieu ne les sauve, les croyants étaient ennemis de Dieu (voir Ép 2.1-3). Il n'y avait rien de bon en eux qui les rendait dignes de son amour (voir Ro 3.10-19). Ainsi donc, c'est par sa seule grâce infinie et selon son plan parfait (voir Ro 8.28-30) que le salut leur a même été offert. L'épître aux Éphésiens rappelle d'ailleurs cette réalité : « Car c'est par la grâce que vous êtes sauvés, par le moyen de la foi. Et cela ne vient pas de vous, c'est le don de Dieu. Ce n'est point par les œuvres, afin que personne ne se glorifie » (Ép 2.8,9). Le salut est véritablement un don de Dieu. Il est impossible de le mériter au moyen d'œuvres humaines ou de la droiture (voir Tit 3.1-8). De la même manière, on ne peut le préserver au moyen d'efforts humains. La sécurité éternelle du croyant repose sur le même sacrifice infini qui a apporté le salut en premier lieu, à savoir la mort de Jésus-Christ (voir Hé 7.27). Comme les vrais chrétiens n'ont rien fait pour mériter le salut, ils ne peuvent rien faire pour le perdre ; ils ont été sauvés par la puissance bienveillante de Dieu, et ils restent sauvés par cette même puissance. Avec cela présent à l'esprit, Paul s'est exclamé joyeusement :

> Car j'ai l'assurance que ni la mort ni la vie, ni les anges ni les dominations, ni les choses présentes ni les choses à venir, ni les puissances, ni la hauteur ni la profondeur, ni aucune autre créature ne pourra nous séparer de l'amour de Dieu manifesté en Jésus-Christ notre Seigneur (Ro 8.38,39).

Rien, pas même leurs actions impies, ne peut séparer les vrais croyants de leur Sauveur.

D'autres passages du Nouveau Testament attestent également la véracité de cette doctrine :

> *[De]* sorte qu'il ne vous manque aucun don, dans l'attente où vous êtes de la manifestation de notre Seigneur Jésus-Christ. Il vous affermira aussi jusqu'à la fin, pour que vous soyez irréprochables au jour de notre Seigneur Jésus-Christ. Dieu

est fidèle, lui qui vous a appelés à la communion de son Fils, Jésus-Christ notre Seigneur (1 Co 1.7-9).

N'attristez pas le Saint-Esprit de Dieu, par lequel vous avez été scellés pour le jour de la rédemption (Ép 4.30).

Je suis persuadé que celui qui a commencé en vous cette bonne œuvre la rendra parfaite pour le jour de Jésus-Christ (Ph 1.6).

Que le Dieu de paix vous sanctifie lui-même tout entiers, et que tout votre être, l'esprit, l'âme et le corps, soit conservé irréprochable, lors de l'avènement de notre Seigneur Jésus-Christ ! Celui qui vous a appelés est fidèle, et c'est lui qui le fera (1 Th 5.23,24).

À la lumière des preuves bibliques, un auteur a demandé ceci :

Est-il concevable qu'en dépit de tout cela, [les chrétiens] puissent déchoir de leur salut et se perdre ? Est-il possible que Dieu nous prédestine à la sainteté, sans pour autant que nous devenions saints ? Peut-il nous adopter comme ses enfants pour ensuite nous renier ? Peut-il nous garantir le salut pour ensuite rompre sa promesse ? La volonté humaine est-elle si forte qu'elle peut supplanter la puissance divine ? Certainement pas ! Qu'est-ce que Dieu doit dire de plus pour nous assurer qu'il nous préservera jusqu'à la fin ? (David Clotfelter, *Sinners in the Hands of a Good God* [Chicago : Moody, 2004], p. 176.)

Même l'apôtre Pierre, qui avait tendance à multiplier les échecs (comme son triple reniement de Christ), n'a jamais suggéré que le salut pouvait se perdre. En fait, dans sa première épître, Pierre a reconnu au contraire que la préservation du salut est attribuable à la puissance de Dieu :

La garantie des saints

Béni soit Dieu, le Père de notre Seigneur Jésus-Christ, qui, selon sa grande miséricorde, nous a régénérés, pour une espérance vivante, par la résurrection de Jésus-Christ d'entre les morts, pour un héritage qui ne peut ni se corrompre, ni se souiller, ni se flétrir ; il vous est réservé dans les cieux, à vous qui, par la puissance de Dieu, êtes gardés par la foi pour le salut prêt à être révélé dans les derniers temps ! (1 Pi 1.3-5.)

À la fin de la même épître, il est revenu sur le thème de la persévérance, en écrivant : « Le Dieu de toute grâce, qui vous a appelés en Jésus-Christ à sa gloire éternelle, après que vous aurez souffert un peu de temps, vous perfectionnera lui-même, vous affermira, vous fortifiera, vous rendra inébranlables » (1 Pi 5.10).

La portée de cette promesse est renversante. Dieu lui-même nous perfectionne, nous affermit, nous fortifie et nous rend inébranlables, nous, ses enfants. Bien que ses desseins pour l'avenir impliquent certaines souffrances dans le présent, reste qu'il nous donnera sa grâce pour les supporter et persévérer dans la foi. Même si l'ennemi nous assaille de ses attaques personnelles, Dieu nous perfectionne en même temps. C'est lui-même qui le fait. Il accomplira ses desseins en nous, en nous menant à la perfection, en nous plaçant sur le roc, en nous fortifiant et en nous établissant sur un fondement solide.

Chose certaine, la doctrine de la sécurité éternelle ne signifie pas que les gens puissent se camper impunément dans le péché tout en ayant l'assurance du ciel. La sécurité éternelle n'est pas une autorisation de pécher (voir Ro 6.1). Nous qui croyons véritablement ne verrions d'ailleurs jamais les choses ainsi, puisque nous avons reçu une nouvelle nature (voir 2 Pi 1.4) qui aime obéir à son Maître (voir Jn 14.15). Ceux qui font profession de foi, mais qui s'abandonnent ensuite à une vie dissolue, révèlent que leur profession n'a jamais été sincère (voir 1 Jn 2.19). Cependant, pour ceux d'entre nous dont la foi est réelle, l'assurance du salut est réellement une certitude qui procure de la joie.

Le Seigneur présente les saints

et vous faire paraître devant sa gloire irréprochables et dans l'allégresse, à Dieu seul, notre Sauveur, par Jésus-Christ notre Seigneur, soient gloire, majesté, force et puissance, dès avant tous les temps, et maintenant, et dans tous les siècles ! Amen ! (24b,25)

La vraie foi salvatrice se démarque notamment par le fait qu'elle persévère jusqu'à la fin (Mt 24.13). L'expression **vous faire paraître** rend le verbe grec *histêmi*, qui signifie plus précisément dans ce contexte-ci « établir », « présenter » ou « confirmer ». Dans le présent, les croyants se tiennent dans la grâce (Ro 5.1-4), mais dans l'avenir ils se tiendront également dans la gloire (Col 3.4 ; 1 Pi 5.10).

Le fait que des hommes déchus paraissent **devant** la **gloire** de Dieu devrait susciter une véritable terreur. Ésaïe a prononcé une malédiction contre lui-même (És 6.5). Ézéchiel est tombé sur sa face comme s'il était mort (Éz 1.28). Pierre, Jacques et Jean ont été saisis d'une grande frayeur sur la montagne de la Transfiguration (Mt 17.5-7 ; Lu 9.32-34). L'apôtre Jean a perdu connaissance comme s'il était mort en voyant Christ ressuscité et glorieux (Ap 1.17). S'étant trouvé face à face avec le Dieu de gloire, chacun de ces hommes a senti instantanément tout le poids de ses péchés (voir Lu 5.8). Tous sont tombés par terre, bouleversés par leur propre sentiment d'indignité.

Pour paraître dans la présence glorieuse de Dieu, les croyants doivent être **irréprochables**. Le livre de l'Apocalypse indique clairement que les pécheurs impénitents n'entreront pas dans la gloire céleste : « Il n'entrera chez elle rien de souillé, ni personne qui se livre à l'abomination et au mensonge ; il n'entrera [*dans la Jérusalem céleste*] que ceux qui sont écrits dans le livre de vie de l'Agneau » (Ap 21.27 ; voir aussi 22.14,15). Le mot grec *amômos* (**irréprochables**), qui signifie « sans défaut », est employé ici pour décrire l'état sans péché dont les croyants jouiront un jour. Le Nouveau Testament emploie également le terme pour faire allusion à la pureté des sacrifices (Hé 9.14, « sans tache » ; voir 1 Pi 1.19). Bien que les croyants, comme ceux d'entre nous à qui Dieu a imputé la justice de Christ, soient maintenant sans défaut aux yeux de Dieu (Ro 4.6-8 ;

La garantie des saints　　　　　　　　　　　　　　　　　24b,25

1 Co 1.30 ; 2 Co 5.21 ; Tit 3.7), nous sommes encore dans notre corps charnel de pécheur. Nous attendons encore la résurrection, moment où nous recevrons notre nouveau corps glorifié (voir Jn 5.25 ; 11.24,25 ; 1 Co 15.21-23,42-44 ; 2 Co 5.1 ; Ph 3.21). Dans le ciel, nous vivrons non seulement l'absence du péché, mais encore la présence de la sainteté parfaite (1 Th 3.13 ; voir aussi Ap 21.22 – 22.5). Toutes nos facultés seront délivrées du mal et entièrement vouées à l'adoration de Dieu selon sa justice pour les siècles des siècles (voir Ap 4.6-11 ; 5.11-14 ; 19.6).

En tant que saints dans la gloire, nous n'éprouverons aucune peur ni frayeur dont se caractérise le fait d'être en présence de Dieu sur la terre (voir les exemples mentionnés précédemment). Nous éprouverons plutôt de **l'allégresse,** qui caractérisera toutes les dimensions de notre vie dans le ciel (voir Ap 7.16,17). Cette allégresse fait allusion principalement à la joie divine (voir Lu 15.7,10 ; So 3.17) que notre communion fraternelle procure au Père et au Fils, une joie à laquelle les rachetés auront part pour toute l'éternité. Ainsi donc, tous les croyants habiteront avec Dieu aux siècles des siècles dans l'amour parfait et les délices de la sainteté.

Il n'y aura plus d'anathème. Le trône de Dieu et de l'Agneau sera dans la ville ; ses serviteurs le serviront et verront sa face, et son nom sera sur leur front. Il n'y aura plus de nuit ; et ils n'auront besoin ni de lampe ni de lumière, parce que le Seigneur Dieu les éclairera. Et ils régneront aux siècles des siècles (Ap 22.3-5).

Pour terminer son épître, Jude offre des louanges pour le salut présent et la glorification à venir des croyants : **à Dieu seul, notre Sauveur, par Jésus-Christ notre Seigneur, soient gloire, majesté, force et puissance, dès avant tous les temps, et maintenant, et dans tous les siècles !** En effet, **Dieu** est **seul** à pouvoir accomplir **par Jésus-Christ** l'œuvre d'un **Sauveur.** Par conséquent, Jude a réservé les plus grandes louanges à son Fils. Le mot **gloire** résume tous les attributs divins dans leur rayonnement puissant (voir Ex 33.22) ; le mot **majesté** désigne le règne absolu du Père (voir Hé 1.3 ; 8.1) et du Fils (voir 2 Pi 1.16) ; le mot **force** évoque l'étendue de sa puissance et de son règne actif sur toutes choses (voir Ps 66.7) ; et le mot **puissance** fait allusion au droit et privilège suprêmes qu'a Dieu d'agir à sa guise (voir Ac 2.33-35 ; Ph 2.9-11). Cette suprématie divine sur toutes choses dans l'univers s'étend à toute l'éternité (voir Ap 1.8) : **dès avant tous les temps** (de toute éternité passée), **et maintenant** (le siècle présent), **et dans tous les siècles** (de toute éternité future) !

Étant donné qu'il est tout-puissant, et parce que son nom glorieux est en jeu, la promesse que Dieu a faite de nous préserver, nous, ses saints, et de nous faire paraître un jour irréprochables devant son trône est entièrement fiable. Douter de la réalité de cette promesse revient à douter de Dieu lui-même. Par contre, l'accueillir favorablement nous procurera une joie incessante et une consolation inépuisable. Pour reprendre les paroles de Charles Spurgeon :

> Lorsque j'ai entendu dire que le Seigneur préserverait ses enfants jusqu'à la fin, que Christ avait dit : « Mes brebis entendent ma voix ; je les connais, et elles me suivent. Je leur donne la vie éternelle ; et elles ne périront jamais, et personne ne les ravira de ma main », je dois admettre que la doctrine de la préservation finale des saints s'est révélée être un appât auquel mon âme ne pouvait résister. J'ai pensé qu'il s'agissait d'un genre d'assurance-vie, une assurance pour mon caractère, une assurance pour mon âme, une assurance pour ma destinée éternelle. Je savais être incapable de me préserver moi-même, mais si Christ promettait de me préserver, alors je devais être en sécurité pour toujours ; et j'ai souhaité ardemment trouver Christ et j'ai prié pour le trouver, car je savais que, si je le trouvais, il ne me donnerait pas un salut temporaire et sans valeur, comme certains le prêchent, mais la vie éternelle qu'il est impossible de perdre, la semence vivante et incorruptible qui vit pour toujours, car rien ni personne « ne pourra nous séparer de l'amour de Dieu manifesté en Jésus-Christ notre Seigneur » (C. H. Spurgeon, tiré de « Danger, Safety, Gratitude », sermon n° 3074, prêché le 8 janvier 1874, *The Metropolitan Tabernacle Pulpit*, réimpr. [Pasadena, Texas : Pilgrim Publications, 1978], vol. 54, p. 24).

Bibliographie

ARNDT, W. F., F. W. GINGRICH, et F. W. DANKER, *A Greek-English Lexicon of the New Testament and Other Early Christian Literature*. Chicago : University of Chicago, 1957.
BARCLAY, William, *The Letters of James and Peter*, édition révisée. Philadelphie : Westminster, 1976.
BIGG, Charles, *A Critical and Exegetical Commentary on the Epistles of St. Peter and St. Jude*, The International Critical Commentary, réimpr. Édimbourg : T. & T. Clark, 1975.
BRUCE, F. F., *The Canon of Scripture*. Downers Grove, Illinois : InterVarsity, 1988.
CARSON, D. A, Douglas J. MOO, et Leon MORRIS. *An Introduction to the New Testament*. Grand Rapids : Zondervan, 1992.
GREEN, Michael E. M. B. « Second Epistle of Peter » dans J. D. Douglas, éd., *The New Bible Dictionary*. Grand Rapids : Eerdmans, 1979.
_____. *The Second Epistle of Peter and the Epistle of Jude*, The Tyndale New Testament Commentaries. Grand Rapids : Eerdmans, 2002.
_____. *2 Peter Reconsidered*. Londres : Tyndale, 1961.

2 Pierre et Jude

GUTHRIE, Donald. *New Testament Introduction*, édition révisée. Downers Glove, Illinois : InterVarsity, 1990.

HARRISON, Everett F. *Introduction to the New Testament*. Grand Rapids : Eerdmans, 1968.

HIEBERT, D. Edmond. *An Introduction to the Non-Pauline Epistles*. Chicago : Moody, 1962.

_____. *Second Peter and Jude : An Expositional Commentary*. Greenville, Caroline du Sud : Unusual Publications, 1989.

KELLY, J. N. D. *A Commentary on the Epistles of Peter and Jude*. Peabody, Massachusetts : Hendrickson, 1988.

KISTEMAKER, Simon. *New Testament Commentary : Exposition of James, Epistles of John, Peter, and Jude*. Grand Rapids : Baker, 1995.

KRUGER, Michael J. « The Authenticity of 2 Peter », *Journal of the Evangelical Theological Society*, n° 42/4, 1999, p. 645-671.

LENSKI, R. C. H. *The Interpretation of the Epistles of St. Peter, St. John, and St. Jude*, réimpr. Minneapolis : Augsburg, 1966.

MACARTHUR, John. *Twelve Ordinary Men*. Nashville : W Publishing, 2002.

PICIRILLI, Robert E. « Allusions to 2 Peter in the Apostolic Fathers », *Journal for the Study of the New Testament*. n° 33, 1988, p. 57-88.

SCHREINER, Thomas R. *1, 2 Peter, Jude*, The New American Commentary. Nashville : Broadman & Holman, 2003.

VINE, W. E. *An Expository Dictionary of New Testament Words*, 4 vol. Londres : Oliphants, 1940. Édition d'un seul volume en livre de poche. Chicago : Moody, 1985.

WALLACE, Daniel B. « Jude : Introduction, Argument, and Outline ». Biblical Studies Press, www.bible.org, 2000.

_____. « Second Peter : Introduction, Argument, and Outline ». Biblical Studies Press, www.bible.org, 2000.

WARFIELD, Benjamin B. « The canonicity of Second Peter » dans John E. Meeter, éd. *Selected Shorter Writings of Benjamin B. Warfield*, volume 2. Phillipsburg, New Jersey : Presbyterian and Reformed, 1973.

WHITE, William, fils. « Second Epistle of Peter » dans Merrill C. Tenney, éd. *The Zondervan Pictorial Encyclopedia of the Bible*, volume 4. Grand Rapids : Zondervan, 1977.

Index

Index des mots grecs

adikoumenoi, 139
agapaô, 209
agapê, 66
agchô, 214
agorazô, 105
akarpos, 67
alla, 96
alogos, 239
amômos, 288
anudros, 246
apodiorizô, 269
apôleia, 110
apôleias, 103
aretê, 63
argos, 67
arnoumenoi, 104
asebês, 222,258
aselgeia, 127, 223
aselgeiais, 111
athesmôn, 187
athesmos, 127
atheteô, 236
auchmêros, 93
autarkeia, 43
authadeis, 136
auxanô, 188

basanizô, 128
bebaios, 69
blasphêmeô, 136, 237
bradunô, 170

catharsis, 68
charis, 41, 137
chitôn, 275
chorêgoi, 62
choregôs, 62

dedôrêmenês, 45
deleazô, 141
despotês, 104, 223
diegeirô, 76
dikaios, 76
dôreomai, 50
doxa, 88, 137, 237
doulos, 33, 206
dusnoêtos, 186

egkrateia, 64
elegchô, 257
eirênê, 41, 181
ekpalai, 118
ekporneuô, 229
empaiktês, 200
emporeuomai, 113
epagônizomai, 2214
epichorêgeô, 62
epignôsis, 41, 47
epiluseôs, 95
epithumia, 51
epoptai, 87
epoptes, 87
erchomai, 157
eusebeia, 46, 65
exodos, 78

ginetai, 94
gnôrizô, 85
gnôsis, 47
graphas, 186
graphê, 187
graphô, 186
gumnazô, 141

haireseis, 103
hapax, 215

293

harpazô, 274
histêmi, 288
huparchonta, 67
hupomonê, 64,65

isotimon, 36

kainos, 180
kaleô, 207
kataklusmos, 124
katastrophê, 125
katharismos, 68
katoikeô, 180
kerygma, 47
klêtos, 207
koinônos, 50
kurios, 223, 236
kuriotês, 130, 236

lagchanô, 35
lanthanô, 165
lambanô, 68
lêthê, 68

makrothumeô, 170
maranatha, 154, 178
megaleiotês, 88
megistos, 50
mempsimoiros, 258
miainô, 236
miasma, 148
miasmou, 130
muthos, 85

ouai, 240

parakaleô, 214
paraphronia, 144
paredôken, 121
pareisduo, 103
pareispherô, 61
parousia, 86, 178
pareisduô, 219
patientia, 65
peirasmos, 129
phôsphoros, 94

phthora, 50
phulassô, 283
pistis, 37
plastos, 113
pleonazonta, 67
pleonexia, 113
plêthunô, 212
poiesthai, 245
poimainô, 113
poreuomai, 158
potapos, 210
progegrammenoi, 221
prosdechomai, 272
pseudodidaskaloi, 17

rhoizêdon, 174

sarkinos, 236
sarx, 235
skênôma, 76
sophizô, 85
spiloô, 275
spoudasate, 69
spoudê, 62, 69, 214
stêrigmos, 187
stêrizô, 75
stoicheia, 174
suneuôcheomai, 140

tachinos, 110
tephrôsas, 125
têreô, 211
tetêrêmenois, 211
timê, 88
timios, 50
tolmêtai, 136
touto, 37

Index des références bibliques

Genèse
1.1	165
1.1 – 2.1	166
1.6-9	166
1.7	167
1.10	166
1.26	137
1.30	138
3.1,2	116
3.1-6	218
3.13-15	117
3.15	256
4.1-15	241
5.4-24	256
5.5	166
5.21-24	255
5.24	256
6 – 8	250
6.1-4	122, 227
6.3	172
6.5-7	123, 166
6.8-13	123
6.9	183
6.11-13	166, 227
6.17	240
7.10-24	124
7.11	167
7.11 – 8.4	167
7.12	167
7.19,20	124
8.2	167
9.11	167
9.15	167
12.3	238
12.7	238
13.5-13	127
13.8-10	125
13.12	125
14.8	125
15.6	127
16.1-6	127
16.13	126
18.16-19.29	111, 228
18.19	143
18.20,21	126
18.23-33	126
18.25	251
19.1-8	127
19.1-11	228
19.1-28	125
19.4-11	126
19.6-8	127
19.14	127
19.15-22	127
19.17	127
19.24	240
19.24,25	125
19.30-35	127
25.8-10	159
26.3,4	238
28.14	238
32.28,29	159
49.33	159

Exode
4.10-17	243
5.2	41, 105
7.14 – 17.7	225
12	225
13.3-10	72
15.11	49, 251
16.7-9	258

20	74	**Deutéronome**	
20.20	251	4.2	116
23.32	144	4.27	225
24.12	149	5.1-21	238
33.22	289	5.1-22	74
34.6	43,170	6.1	149
34.12-16	144	6.12	72
		6.25	149
Lévitique		6.4-4	72
11.7	151	7.1-4	144
16.8-10	35	7.9,10	165
18.22	122, 229	7.18	72
20.13	122, 229	8.2	72
		8.18-20	72
Nombres		9.7	72
1.50,51	243	10.8	243
3.6-8	243	11.18	64
11.1 – 14.38	225	12.32	116
14.24	183	13.1-5	98,235
14.26-38	226	14.18	151
15.31	165	17.19,20	271
16.3b	243	18.20-22	98
16.32-35	243	23.4,5	143
16.41-50	243	25.16	171
18.3	243	27.26	54,251
22	143	28.15-68	250
22.1-6	143	28.58	49
22.7-21	143	28.64	225
22.22-35	144	29.19	60
22 – 24	143,242	29.23	125
23.19	116	32.5,6	105
24.17	94	33.2	237
25	144	33.29	88
25.1-3	144	34.5	33
31	242	34.5,6	239
31.8	144		
31.9-20	144	**Josué**	
31.16	144	5.24	189
		7.14	35
		11.20	172

Index des références bibliques

22.5	149	**2 Chroniques**	
23.11-13	144	31.10	43
24.29	33	32.25	136
28.58	189		
		Esdras	
Juges		7.10	183
2.10	41	9.12	144
11.14-21	225		
		Néhémie	
1 Samuel		8.3	116
2.2	251	8.8	7
2.12	41	9.5	189
14.38-43	35	9.17	105
		9.21	225
2 Samuel			
3.18	33	**Esther**	
7.12	238	3.5	136
12.23	143		
22.31	170	**Job**	
		1.1	183
1 Rois		1.12 – 19	283
14.11	151	1.12	117
14.22	171	1.6,7	227
21.19	151	2.6	117
21.23,24	151	2.6,7	283
22.1-28	100	6.7	77
		8.13,14	60
2 Rois		8.19	143
2.11,12	256	9.25,26	77
17.37	149	14.1,2	77
17.38	72	19.25	54
19.4	137	20.12,13	165
19.22	137, 237	21.30	167
22.17	240	23.10	57
		23.12	64
1 Chroniques		30.1	151
15.2	243	36.12	165
16.12	72	36.17	165
25.8-31	35		
29.10-14	43		

Psaumes		31.23	58
1	244	32.3,4	58
2.2-5	258	32.8	50
3.8	274	33	244
3.9	58,60,107	34.15	181
5.4-6	171	34.17	165
5.10	259	36.2-5	165
5.12	67	37.6	212
8	244	37.17	212
8.2	49	37.18	183
8.6	137	37.24	212
9.8	167	37.39	212
9.18	229	39.5	77
10.3	242	41.14	281
12.3,4	259	42	244
12.7	116	42.9	43
12.8	283	43.3	93
13.1	67	45.8	171
15.1-5	183	46	244
16.11	67,69	47.9	251
17.4	93	57.6	49
18	244	57.11	116
18.31	143	58.4	54
18.33	50	59	244
19.2	49	61.6	116
19.7	90	66.7	290
19.8	116,149,271	68	244
19.8*b*	83	71.14,15	58
19.12	271	72	244
22.17	151	72.18,19	281
23	244	73.13-16	273
24.3,4	183	74.18	137
24.3-5	127	74.22	237
25.5	215	75.5-12	165
25.9	143	77.1-4	58
25.10	116,215	77.7	58
27.1	129,281	77.8-10	273
29	244	78	225
29.11	213	78.7	72
31.6	191	78.10	251

Index des références bibliques

78.11	72	105	225		
78.42	72	105.1-5	189		
78.49,50	165	105.26	33		
78.70	33	105.43	67		
84.6-12	212	106	225		
84.12	41, 43	106.7	72		
85.8	41, 213	106.13	72		
86.15	116	106.24,25	258		
89.4,5	238	106.48	281		
89.15	116	107	244		
89.28	223	107.8	43		
89.48*a*	77	108.5	116		
89.53	281	110.1	178		
90	244	111.5	170		
90.2	165	111.7	83		
90.4	169	111.7,8	170		
90.5,6	77	113.1-6	189		
90.10	77	114	244		
90.14	67	117.2	116		
91	244	119.1	183		
92.13-15	212	119.7	127		
93.1	49	119.11	271		
93.1-2	189	119.14	143		
93.5	83	119.16	72		
95	225	119.33	143		
95.1-6	189	119.43	116		
96.13	167	119.67-69	127		
97	244	119.77	127		
97.10	127	119.89	84		
98	244	119.96	149		
102.12	169	119.97	64		
102.24-27	169	119.101	127		
102.25-27	165	119.105	64, 93, 134, 271		
102.26,27	180	119.106	127		
103.1-5	58	119.121	127		
103.2	72	119.123	127		
103.11	43	119.130	71, 93, 116		
104	244	119.142	215		
104.1	49	119.151	116		
104.32	189	119.153	72		

119.160	91,116,191,215	14.9	165
119.165	213	15.9	171
119.166	59	15.24	229
121	43	16.30	165
124	244	16.33	35
130	59	18.18	35
132.16	50	19.3	105
135	244	19.5	117
138.2	191	19.9	117
138.5	49,189	20.9	54
145.5	49	23.23	191,215,262
147 – 148	244	24.30,31	76
148	189	25.14	246
150	189,281	26.11	151,165
		26.28	259
Proverbes		29.5	259
1.7	68		
1.33	129,281	**Écclésiaste**	
2.3	262	7.20	251
2.5	41		
2.5,6	64,68	**Ésaïe**	
2.6-8	50	1	250
3.26	283	1.18	55
5.5	229	1.9,10	229
6.16,17	117	2.10-21	173
6.16-19	117,171	2.12	58,94
6.23	91, 93,149,271	3	250
8.13	127	3.9	240
8.20	143	3.11	240
8.22	143	5	250
8.27-29	166	5.8-23	240
9.10	64, 68	5.18,19	157
9.17,18	229	6.3	49,251
11.3	183	6.5	288
11.5	183	8.12	129
11.18	143	8.19-21	118
12.22	117	8.20-22	221
13.4	76	9.1	24
13.5	144	9.3	213
13.19	165	9.6,7	154

Index des références bibliques

9.13-17	117	43.11	40
9.15	99	43.25	55
12.2	60	44.22	55
13.6	94	45.8	165
13.6-22	173	45.12	165
13.10-13	163	45.15	40
13 – 23	250	45.21	40
14.12	227	45.21,22	171
14.12-15	227	45.22	47,208
15.13a	72	47.12-15	221
17.10a	72	48.11	49,189
24.19-23	163	48.13	165
24.21-23	117,120	51.6	163
24.23	164	51.13-15	72
25.1	170	52.11	54
26.3	213	53.5	55, 108
26.12	41	53.5,6	209
28.7	267	53.8	55
28.14-17	117	53.11	55
28.15	118	55.1	171
29.15	240	55.6	208
30.1	240	55.10,11	84
30.9	251	56.11	151
30.10	145	57.15	169,251
30.33	230	57.20,21	247
31.1	240	59.10	68
32.17	54	59.19	49
33.6	68	60.16	40
33.14	229,274	61.10	40,55
34.1-4	163	63.9	212
35.8	54	65.7	237
35.26	281	65.16a	116
40.8	73, 84	65.17	180
40.28	165	65.76	191
40.31	50	66.15,16	163,168
41.10	50	66.22	180
41.13,14	50		
42.8	49,189	**Jérémie**	
42.12	49	1.4	96
43.3	40	2 – 9	250

301

5.13,14	221	33.14	170
5.30,31	100	44.4	33
5.31	144	46–51	250
6.13	113		
6.13-15	100	**Lamentations**	
6.14	85,145	2.14	145
6.16	145	3.22,23	43
8.1,2	139		
8.10	113	**Ézéchiel**	
8.12,13	221	1.28	288
9.6-9	118	3.16-21	214
9.13	251	11.23	189
9.13,16	54	12.21-24	157
10.10	258	13.1-7	100
13.17	171	13.2	95,145
13.27	240	13.3	95,240
14.14	85, 95	13.4	267
14.14,15	117,118	13.5-19	100
14.15	139	13.8,9	117
17.9	106,251	13.9	145
17.15	157	13.10	145
23.1	240	13.16	145
23.13-15	117	16.23	240
23.14	85,267	18.32	171
23.14-16	100	20.27	237
23.16	85,145	20.33-44	250
23.16-25	95	25–32	250
23.17	145	28.12-17	227
23.21	85,100	28.12-19	120
23.25-27	100	28.17	136
23.25-32	235	30.2-19	173
23.26	85,140,145	30.3	163
23.32	95	33.11	208
28.1-17	100	34.2	240
28.15-17	99	36.27	58
29.21,32	99		
29.32	139	**Daniel**	
30.16	240	4.30	136
31.20	212	5.20	136
33.6	213	5.22,23	136

Index des références bibliques

7.9,10	168	**Jonas**	
7.13	257	1.7	35
7.18	272	2.9	47
7.22	257	2.10	107, 274
10.13	137,237		
10.13-21	238	**Michée**	
10.20	237	1.3,4	163
10.21	91	1.4	168
12.1	238	3.5-7	99
		3.11	60, 85,242,267
Osée		6.8	183
2.22	41		
5.4	41	**Nahum**	
7.13	240	1.6	258
8.7-14	72		
9.7-9	221	**Habakuk**	
9.17	225	1.13	171
10.12,13	139		
		Sophonie	
Joël		1.4-6	105, 221
1 – 2	173	1.7-18	173
1.15	173	1.14	94
2.13	170	1.14-18	163,173
2.28-32	234	3.1-8	118, 221
2.30,31	173	3.4	267
2.30-32	173	3.17	289
2.31	163		
3.12-16	250	**Zacharie**	
3.14	173	3.2	238,274
		3.3-5	238
Amos		7.11	258
3.7	33	7.14	225
4.11	229	10.12	145
4.11*b*	274	11.17	240
5	173	12.2	250
5.18-20	173	12.9	250
		14	173
Abdias		14.1	173
15	173	14.2	250
		14.5	257

303

Malachie		5.29,30	121
2.17	157	5.30	253
3.2-6	250	5.43,44	66,264
3.16-18	168	5.43-48	210
3.16 – 4.3	129	5.48	177
4	173	6.9,10	58
4.1	167,173	6.31-33	212
4.1-3	163	6.33	58
4.4	33	7.6	151
4.5	163,173	7.13	103, 107, 110
		7.13,14	110,264
Matthieu		7.14	112
1.20	234	7.15	10,85,140,192,220,233,268
1.21	108	7.15-20	99,100,204
1.21	40	7.15-23	222
2.2	94	7.16	198
2.4	100	7.16-20	29
2.4-6	223	7.17-20	247
2.12,13	234	7.19	253,257
2.19	234	7.20	198
2.22	234	7.21	110
3.10	247	7.21-23	148
3.10-12	168	7.21-29	47
3.12	229	7.22,23	60,240
3.17	88	8.12	107,121,146,229,257
4.1-11	117,283	8.29	121
4.4	93,271	9.13	170
4.12-16	91	10.1	35
4.17	69,170	10.2-4	10
4.19	12	10.4	11
4.25	24	10.14,15	126,149
5.5	74	10.16	275
5.12*a*	281	10.23	156
5.13	265	10.26	251
5.16	113	10.28	107,121,165,229,251,257
5.18	73,84	11.16-19	265
5.21	121	11.20-24	226
5.22	121,253,257	11.21-24	254
5.28	141	11.22-24	130,149
5.29	229	11.23	229

Index des références bibliques

11.23,24	126	16.11,12	254,269
11.25,26	85	16.12	275
11.27	209	16.16	248
11.28	47,171,208	16.17	11
12.1-37	275	16.27	164,189,251
12.14	208	16.28	88
12.19-20	91	17.1	13
12.31,32	237	17.1-3	89
12.36	67,250	17.5	88
12.43	246	17.5-7	288
13.3-7	150	17.24,45	11
13.3-23	244	18.9	121
13.6	247	18.15-18	266
13.11	85	18.23-27	170
13.16,17	85	19.19	66
13.20-22	104,183	19.26	44
13.22	67	20.3,6	67
13.24-30	220,244	20.28	49
13.31-33	244	21.1-5	91
13.36	130	22.2	44
13.36-42	104	22.4	44
13.36-43	129,244	22.13	107
13.38	264	22.14	208
13.39-41	257	22.29	93,116
13.40-42	167,240,252,257	22.35-40	66
13.41,42	165	23.13	146
13.42	146,229,274	23.13-16	240
13.44-50	244	23.13-36	101
13.47-50	104	23.15	121
13.49,50	165,257	23.23	240
13.50	229	23.25	183,222,240
13.54-58	226	23.27	183,240
13.55	11,33,195,206	23.27,28	237
15.1-14	275	23.28	111
15.3	149	23.29	240
15.7,8	183	23.33	121,254
15.13	247	23.37	171,208
15.18	259	24.3	86
16.1-4	263	24.4-5	101
16.6	254,269,275	24.10-12	110

		Marc	
24.10-24	204	1.21	11
24.11	93,101,124,192,220,268	1.29	11
24.13	46,288	1.32,33	11
24.24	101,124	3.1-6	226
24.27	86	3.13	35
24.29,30	250	3.16-19	10
24.29-31	156,173,257	3.20-30	226
24.30	86, 88,93	3.29	244
24.31	257	3.31-35	206
24.32-34	244	3.32-35	195
24.35	84	4.19	67
24.35a	173	4.22	251
24.36	250	5.19	212
24.37	86	5.20	24
24.42	156	5.30	45
24.45-51	120	6.1-6	226
24.46	206	6.2	265
24.46-51	264	6.3	206
24.50,51	252	6.11	149
25.14	120	6.12	170
25.21	154	7.5-8	254,269
25.23	154	7.31	24
25.30	120	8.11	129
25.31	86,93,156,164,189,257	8.27	88
25.31-33	251	8.27-29	223
25.31-46	154,250	8.38	156,257
25.32	167	9.7	88
25.34	223	9.43	107, 121
25.41	126,146,168,229,240,257	9.43-48	253
25.46	107,229,257	9.45	121
26.6	11,33	9.47	121
26.24	149	9.49	107
26.36-46	76	10.17-22	147
26.64	164	10.21	66
27.19	234	10.45	209
27.32	11,33	12.17	187
28.7	12	12.24	266
28.18,19	48	12.29,30	72
28.19,20	35	12.32,33	72

Index des références bibliques

12.38-40	101	7.36-50	11
13.3-27	164	7.40-50	272
13.9	219	8.15	64
13.32-37	259	8.31	117,121
13.35-37	76	9.23-25	280
14.37	12	9.27	88
16.20	35	9.27-36	49
		9.31-32	90
Luc		9.32	88
1.6	158	9.32-34	288
1.35	251	9.35	88
1.50	212	9.43	88
1.70	96	10.18	120,227
1.77	68	10.20	63
2.11,12	86	11.24-26	246
2.13,14	281	11.28	271
2.14	213	11.29-32	165
2.15	86	11.37,38	272
2.25-35	223	11.37-57	275
2.29	105,206	11.39-52	101
2.52	49	11.44	254
3.17	168	12.1	101
4.12	129	12.5	121
4.14	45	12.40	86,164,257
4.16-19	208	12.46-48	254
4.16-27	91	12.47,48	149
4.28-30	208	12.48	120,250
4.38	11	14.1	272
5.3	11	14.3-6	272
5.4-8	12	14.16-24	208
5.8	248,288	15.3-7	244
5.10	11	15.7	171,289
5.17	45	15.10	170,171,289
6.13	35	15.11-32	184
6.13-16	10	15.15,16	151
6.16	195,206	15.17-24	44
6.26	98	16.1-8	120
6.35	66	16.15	269
6.46	47	16.21	151
7.36	272	16.22-26	253

17.26-32	165	3.1-21	273
17.28-32	126	3.3	51
18.9	269	3.3-8	48,209
18.11	269	3.5	270
18.13,14	256	3.6-8	274
19.12-27	120	3.8	96
19.35-38	281	3.15,16	46
21.34-36	259	3.16	171,209,248
22.20	225	3.17,18	107
22.27	49	3.20	165
22.31	12,117,283	3.27	47
22.31-34	75	3.33	116
22.42	32	3.36	258
22.54-62	75	4.10-26	274
22.66	100	4.23,24	183
23.4,5	269	4.24	65,215
24.27	92	4.25,26	223
24.33-44	87	5.17-20	89
24.44,45	92	5.21	208
		5.22	251
Jean		5.23	88,189,223
1.9	116	5.24	46,272
1.12	50	5.25	289
1.12-13	48,107,248,274	5.27	251
1.13	172	5.29	168,252,253
1.14	49,88,116,189,191	5.39	64,92,271
1.16	41,43,44	6.26-59	274
1.17	116,191	6.35-40	46,211
1.29	55	6.37	48,55,172,209
1.3-5	49	6.37-40	208
1.40-42	11	6.37-44	211,282
1.42	11, 33	6.41	258
1.44	11	6.44	172,208,209,282
1.47-49	248	6.44,45	48,55
1.49-51	223	6.47	46
1.51	85	6.48-51	50
2.4	195	6.58	22
2.6	44	6.60-66	150
2.9	44	6.60-71	226
2.11	87	6.64,65	48,55

Index des références bibliques

6.65	208	14.6a	116
6.71	11,206	14.7-10	49
7.5	195,206	14.9	75
7.11	258	14.14-17	271
7.22	22	14.15	287
7.28	116	14.17	27,116,191
7.37	208	14.21,23	66
7.37,38	146	14.22	206
8.12-59	275	14.23	183
8.24	107	14.26	21, 35, 50, 58
8.31	46	14.27	41,127,213,281
8.31,32	148	15.1-11	188
8.31-59	226	15.6	244
8.32	41,191,215	15.9-11	272
8.34	147,183	15.11	67
8.36	148	15.12	66
8.41	60	15.12,13	66
8.44	98, 116,191,218	15.13	210
10.10	43,50,60,69,212	15.14-16	110
10.11	108	15.15	86
10.13,14	134	15.16	55,210
10.16	171	15.20	72
10.27,28	108	15.26	27,96,116
10.27-29	211,283	16.13	27, 35, 50,58,116
10.27-30	208,211	16.27	213
10.28,29	46,280,282	16.33	41,182,213
10.30	44	17.3	116,272
10.35b	84	17.6-8	87
11.24,25	289	17.9	283
11.25	50	17.11	211,283
12.13	223	17.12	103,110
12.31	137	17.15	211,283
12.45	44	17.17	41,91,116,191
12.48	110,130	17.19	75
12.50	149	17.20	36
13.1	209,210	17.20-23	282
13.34	66	17.22	88
14.1-3	50	17.22-26	210
14.1-4	209	17.23	213
14.6	41,112,191,248	17.24	189,283

17.26	86,283	3.12-24	12
18.37	223	3.16	37
19.8	251	3.19	69,252
19.25-30	87	3.20,21	156
19.35	27	4.1-3	219
20.27,28	248	4.1-4	274
20.30,31	42, 49	4.8-20	12
21.3	12	4.12	40
21.15-17	12,135	4.13-18	208,219
21.15-19	73	4.24	105
21.18	13, 15, 22	4.27	251
21.18,19	78	4.29	206
21.24	42	4.33	41
		5.1-11	13
Actes		5.17	104
1.2-9	35	5.17,18	208,219
1.9-11	87,257	5.26-28	208
1.10,11	86,156,159	5.26-40	219
1.13	10,33,195,206	5.31	40
1.14	195	5.33-40	208
1.15-26	12	5.37	206
1.16-20	206	7.17	100
1.16-26	35	7.53	237
1.17	14	7.54	219
1.22	35	7.54-58	208
1.25	206	7.55,56	223
2.14-40	12	7.57-59	219
2.16,17	234	8.1-3	219
2.17	157, 234, 269	8.3	121
2.20	14	8.9	33
2.21-36	40	8.9-24	11,192
2.22	49	8.18.24	147
2.25-28	66	8.20	13
2.28	86	8.26-38	274
2.33	50	9.2	112
2.33-35	178	9.11	206
2.37-41	274	9.31	158
2.38	69	9.43	11,33
2.42	215, 245	10.1 – 11.18	13
3.12	14	10.36	223

Index des références bibliques

10.42	251	18.28	93,116
11.4-17	38	19.9	112
11.15-17	35, 36	19.13-16	137
11.21	36	19.23	112
12.1-4	219	20.19	129
12.2	195	20.24	78
12.4	121	20.28-31	140,220
12.21-23	136	20.28-32	114,134
13.6-12	99	20.29	10,192,220
13.10	143	20.29,30	102,218
13.17	100	20.29-31	204
13.32	22	20.31	214
13.38,39	40	20.32	116,212,270
13.39	36,54	20.35	72
13.46-48	274	21.26-36	219
13.47,48	171	22.4	112
13.48	209	23.12 – 24.9	219
13.52	67	24.5	104
14.16	158	24.14	96,104
14.19	219	24.14,22	112
15.5	104	24.16	183
15.5-11	39	24.25	251
15.6-21	185	26.5	104
15.7-12	13	26.17	100
15.11	188	26.23	100
15.13	206	27.15	96
15.22-33	206	27.17	96
15.24	102	28.22	104
15.40	185		
16.13,14	274	**Romains**	
16.14	36,48	1.1	33,207
16.17	112	1.1-4	89
16.19-24	219	1.2	116
17.5-9	219	1.3	86
17.11	64,188,245,265	1.4	44
17.24	165	1.6,7	48,208
17.28	196,256	1.7	181,213
17.30	69,171	1.16	280
17.31	130,250	1.16,17	248
18.25,26	112	1.18	126,158,165,258

311

1.20	165	5.2,5	60
1.21,22	106	5.3,4	64
1.21-32	165,251	5.5	271
1.22	239	5.5b	213
1.26,27	122,229	5.8	209,210
2.1-3	251	5.8-11	55,285
2.3-6	130	5.9	252,280
2.4	47,170	5.11	63
2.5	126,167,258	5.15	43,50
2.5-8	250	5.17	272
2.7	64,272	5.20	50
2.8	126	5.20,21	43
2.11	251	6.1	287
2.12	251	6.1,2	223
2.16	250	6.13	54
2.28,29	72	6.16	147,183
3.4	116	6.19	54
3.7	27	6.20,21	236
3.10-18	251	6.22	62
3.10-19	285	6.23	223
3.10-20	56	7.5	251
3.10-23	106	7.12	149
3.13	259	7.14-25	56
3.19	251	7.14	236
3.20	41	7.15	72
3.23	251	7.15-23	280
3.23-28	252	7.18,19	72
3.24	41,43	7.24	280
3.25	55,188	8.1	209,280
3.25,26	209	8.2	148
4.3	127	8.3-6	223
4.3-5	252	8.5,6	56
4.4-8	40	8.7	251
4.6-8	288	8.7,8	236
4.20-24	127	8.9	50,162,199
4.25	55	8.9-13	50
5.1	58,181,213,223,280	8.11	162
5.1,2	41	8.11-15	51
5.1-4	288	8.13-16	162
5.1-5	56,188	8.14-17	57

Index des références bibliques

8.15,16	60	10.14-17	49
8.16	284	10.17	42
8.16,17	43	10.20	209
8.23	56,154	11.7	172
8.25	59,64	11.28	22
8.26,27	271	11.29	69
8.26-30	107	11.34	96
8.27	96,251	11.36	189,281
8.28	229,282	12.1 – 13.10	76
8.28-30	208,209,285	12.3	36
8.29	69,94	12.5-8	44
8.29,30	46	12.9	66,127
8.30	48,208,280	12.9-13	69
8.31-39	55,211	12.10	245
8.32	32,43	12.12	64,281
8.33-35	280	12.19	181,213
8.34	55	13.8	245
8.35	32	13.8-10	66
8.35-39	57,211	13.11	76,155
8.38-39	32,58,208,211,229,285	14.10-12	250
8.39	213,271	14.12	159
9.4	238	14.17	63,182
9.5	22,40	14.19	270
9.11-13	209	15	92
9.14-22	107	15.3	91
9.15	212	15.4	116,165,271
9.16-18	172	15.4-5	64
9.20-21	44	15.8	22
9.22	103,170	15.13	62,67,176,182,213,281
9.22,23	86	15.14	64
9.23	212	15.15	73
9.23,24	208	16.17,18	102,276
9.29	229	16.18	140,192,259
10.2	41	16.25-27	92,281
10.2-4	72	16.26	86,116,149,215
10.9	223	16.27	281
10.9,10	252		
10.12	223	**1 Corinthiens**	
10.12,13	36	1.1,2	208
10.14	42	1.2	257

1.3		41	5.6,7		275
1.7		272	5.7		225
1.7-9		286	6.2		257
1.8		94	6.9		122,229
1.8,9		280,283	6.9,10		165
1.9		48,208	6.11		162,209
1.11		280	6.14		44
1.12		11,13,33,185	7.22		33
1.18-31		239	8.1		66,271
1.20,21		166	9.1		35
1.24		208	9.5		11,13,33,195
1.26		48	9.16b		214
1.26-29		209	10.1-13		165
1.30		107,289	10.1-18		225
2.5		36	10.4		196
2.9		43,182	10.10^1		258
2.10-13		96	10.11		93
2.11-16		239	10.13		46
2.12		162	10.31		65,189
2.12,13		58,149	11.17-22		245
2.13		21	11.18		280
2.14		106	11.19		104
2.16		64	11.23-29		183
3.5-23		76	12.8-10		44
3.6-8		44	12.13		46
3.9-15		117	12.28		22
3.11-14		70	13.6		27
3.12-15		159,250	14.12		271
3.13		94	14.14		67
3.16		162	14.26		271
3.18		239	14.33		213
3.21-23		43	14.37		21
3.22		11,33,185	15.1-4		215
4.2		120	15.3		187
4.5		94,156,159,164,181	15.3-4		48,248
4.5b		177	15.5		11,33
4.7		47	15.7		195
4.14		181,213	15.16,17		44
5.1		280	15.17		55
5.5		250	15.21-23		50,289

Index des références bibliques

15.22-28	164	5.18-20	183
15.23	86	5.21	39,89,280,289
15.24-28	176	6.4-10	283
15.25,26	130	7.1	50,223,251
15.28	178	7.14	27
15.33	196,256,275	8.1	86
15.40,41	137	8.7	62,68
15.42-44	289	8.8	66
15.47	49	8.9	49,86
15.50-57	78	9.8	41,43,282
15.52-57	56	9.8-10	212
15.58	181,213	9.27	64
16.13	140,187,262	10.1	74
16.14	66	10.3-5	84,137,274
16.21	27	10.5	64,239
16.22	178	10.12	239
		11.1-4	262
2 Corinthiens		11.3	273
1.2	41	11.10	75
1.6	64	11.12-15	220,268
1.12	60	11.13	140,192
1.20	170,189	11.13-15	98
1.21,22	60,280	11.14	98,116,220,232
2.9,10	57	11.20-22	140
2.10	85	11.23-30	283
2.10-14	91	11.28	99,214
2.14	68	12.1	91
2.15,16	208	12.2-4	91,186
3.18	42	12.5-10	91
4.2	27,116,265	12.9	41
4.4	106,116,166	12.12	64
4.6	64,68	13.3	21
4.17	280	13.4	44
5.1	46,186,289	13.8	27,215
5.1,2	77	13.11	181
5.9	63		
5.9,10	59,177,181	**Galates**	
5.10	70,159,250	1.3	41,89
5.17	51,56	1.3-5	281
5.18,19	40	1.6-9	102,220,273

1.9	99	5.22-25	69
1.9*b*	215	5.24	223
1.10	206	6.1	74
1.18	11,33	6.3	239
1.19	195,206	6.7	139,250
2.6	251	6.8	165,223
2.8,9	185	6.9	62
2.9	11,33	6.11	27
2.11	11,33	6.16	212
2.11-21	13,185		
2.14	11,33	**Éphésiens**	
2.20	42,50,51	1.2	41
3.1-3	220	1.11	69,280
3.1-5	273	1.12	189
3.8-11	40	1.12-14	162
3.10	142,251	1.13	35,50,191
3.13	142	1.13,14	60,209,280,284
3.14	35	1.15	66
3.16	238	1.17	41,42
3.19	237	1.17,18	50
3.21	54	1.18	69
3.26	36	1.19	44
3.28	36	1.20-22	223
4.3	166	1.21	130
4.4	170,269	1.3	107,213,281
4.6	57	1.3-8	43
5.1	148	1.3-12	284
5.1-6	76	1.3-14	58
5.5	163	1.4	69,183,209
5.7-9	275	1.4,5	209
5.13	223,245	1.6	107
5.13,14	66		
5.14	66	1.7	41,50,55,61,149,188,252
5.16,17	223	1.9	86
5.16-21	57	1.9-11	282
5.19-21	183,251	2.1	48,106
5.19	223,236	2.1-3	142,251,285
5.21,22	284	2.1-10	210
5.22	50,74,213	2.2	137
5.22,23	57,62	2.3	51

Index des références bibliques

2.4	212,213	4.32	74
2.4-7	43,68	5.1	181,213
2.5	48,188,208	5.11	67
2.7	69	5.15	69
2.8	188,274	5.17	56
2.8,9	36,57,107,285	5.21	245
2.8-10	149	5.22	64
2.10	48,62,113	5.25,26	108
2.11-18	39	5.26	68,116
2.14	181	5.27	209
2.14,15	41	5.5	183
2.20	22	5.6	126
3.10	86	5.7-9	62
3.17-19	43	5.8	68,113
3.17-21	61	5.9	27,62
3.19	212	6.6	33
3.20,21	44,189,281,282	6.10,11	61
3.3	86	6.10-17	262
3.5	86	6.10-18	218,276
3.7	44	6.11	93
4.1	177	6.11-17	283
4.2	245	6.12	120,137
4.4	281	6.13	59
4.5	39	6.14	75
4.11-12	22,271	6.14-17	99
4.11-16	77	6.16,17	59
4.13	42,188	6.17	93
4.14	141,187,265,273		
4.14-16	188	6.23	36
4.15	27,223		
4.15,16	188	**Philippiens**	
4.16	271	1.1	33,207
4.17	239	1.6	46,55,280,286
4.17-19	165	1.9	42,66,262
4.21	191	1.29	35,37
4.22	51	2.1-4	269
4.24	75	2.2	66
4.25	245	2.6,7	86
4.25	27	2.7	49
4.30	60,94,154,286	2.9-11	290

2.10,11	178	1.28,29	61
2.11	223	1.29	214
2.12	213	2.2	42,54,60
2.12,13	61,149	2.2,3	68
2.12-14	188	2.6,7	271
2.15	113,183,184	2.8	114,166,220
3.1	73	2.8-10	43
3.2	99,187	2.9	40,248
3.3	65,223	2.10	61,223
3.4-14	280	2.12	44
3.7-11	44	2.13	48,252
3.8,9	39,40	2.16-19	268
3.9	127,280	2.18	146
3.10	42,188	2.18,19	220,235
3.12-16	62	2.20	166
3.14	63	2.20-23	114
3.20	156,176,272	3.1-4	189
3.20,21	50,51,159	3.2	177
3.21	178,289	3.3	50
4.1	159	3.4	93,288
4.6	183	3.9	27,245
4.6,7	182	3.10	42,64,68,188
4.7	41,213	3.12	181
4.8	183	3.12-17	69
4.19	43,212	3.15	182,213
4.20	281	3.16	7
		3.20,21	94
Colossiens		3.24,25	250
1.4	66	4.6	184
1.5	191	4.7,9	86
1.5*b*,6	75	4.12	33
1.7	206	4.18	27
1.9	64		
1.9,10	42,188	**1 Thessaloniciens**	
1.10	64	1.3	66,89
1.16	130	1.4	63
1.18	223	1.4,5	48,54,55
1.20	41	1.7-9	107
1.23	176	1.9	116
1.27	50,86	1.10	63,156,272

Index des références bibliques

2.7	74	1.10	164
2.9	89	1.11,12	149
2.12	113	2.1-4	186
2.13	21,75,91,186,265	2.1-5	157
2.16	126,258	2.1-12	154
2.18	283	2.2	14,173
3.5	283	2.3	103,110
3.6	66	2.3-12	204,268
3.13	86,94,164,257,289	2.5-17	218
4.5	236	2.7	111
4.9	66,245	2.7-10	110
4.13-17	252	2.8	86
4.13-18	129,145,157	2.8-10	165
4.15	86	2.10	140
4.15-17	186	2.11	86
4.17	157	2.13	181,209,280
5.1-5	129	2.13,14	55
5.1-11	186	2.13-15	62
5.2	14,173	2.14	69
5.4	51	2.16	213
5.6	76	2.19	116
5.7	140	3.6	215
5.8	59	3.16	41
5.9,10	51	3.17	26
5.11	271		
5.20-22	99,263	**1 Timothée**	
5.21	187	1.1-3	102
5.23	86,156,213	1.1-4	244
5.23,24	286	1.2	212
5.24	280	1.4	85
		1.5,6	147
2 Thessaloniciens		1.9	69
1.2	26	1.9,10	229
1.3-10	130,186	1.12-16	44,210
1.4	64	1.17	88,189,281
1.6-8	168,251	1.18	214
1.7	94,257	1.18-20	99
1.7,8	164	1.19	10
1.7-10	173,257	1.20	137,192
1.8	126	2.2	65

319

2.3,4	171	2.8	72
2.4	42,215	2.12	154
2.7	27	2.14	64
3.3	242	2.14-18	114,147
3.6	136	2.14-19	187
3.9	183	2.15	7,64,116,188,215,218,265
3.15	27,191	2.16-18	10
3.16	65,248	2.16-19	64
4.1	99,192,201	2.17	192
4.1,2	150,235	2.17-19	268
4.1-3	204,268	2.19*a*	84
4.1-7	187	2.21	105
4.2	245	2.22	181
4.7	85	2.24	33,206
4.8	50,66	2.25	42,74,170
5.13	67	3.1	157,269
6.1,2	104	3.1-6	147
6.3	113	3.1-9	99,102,204,236,268
6.3-5	64,99,113,147	3.2	239
6.5	113,192,222	3.2-5	165
6.6	65	3.4	239
6.9-11	113	3.5	222
6.10	113,242	3.6	273
6.11	64,74	3.6-8	141
6.12	208,214,272	3.7	42
6.14	155,163	3.8	196
6.15	223	3.10	64
6.17	69,166	3.13	140
6.19,20	215	3.1-5	201
6.20,21	187,218,268	3.15-17	42,116
		3.16	90,94, 215,255
2 Timothée		3.16,17	51,134,215,271
1.2	212	4.1	94,156,164
1.7	129,162	4.1-3	102
1.8,9	208	4.1-4	268
1.9	48,55,69,88,209	4.2-4	102
1.10	272	4.3	201
1.13,14	215,218	4.3,4	145,147,259
1.14	162	4.4	85
2.5	73	4.5	155,184

Index des références bibliques

4.7	214	1.2	44,49,157,269,289,
4.7,8	154	1.8	40
4.8	70, 164, 178, 272	2.1,2	237
4.14	192	2.9	88
4.18	281	2.10	280
		2.14-17	148
Tite		2.17	49
1.1	33,42,64,65	3.6	46
1.2	50,69,116,281	3.7 – 4.13	273
1.7	113,242	3.7-12	226
1.9	135,218	3.13	245
1.9*b*	102	3.14	46
1.10-16	187	4.9	70
1.11	113	4.9,10	78
1.12	67,196,256	4.12	116
1.14	85	4.15	49
1.16	222,224,270	4.16	41,212
2.2	64	5.5,6	91
2.5	113	5.7	282
2.7	113	5.12-14	266
2.9	104	5.14	262
2.11,12	199	6.1	176
2.11-14	154	6.1-12	273
2.12,13	272	6.4-6	150
2.13	40,86,93, 156,164,178	6.4-8	230
2.14	61,113	6.10	66
3.1-8	285	6.10-12	56,62
3.3-8	284	6.11	54,60,69
3.5	44,48, 209,212	6.11,19	60
3.5,6	68	6.12	76
3.7	41,46, 209, 289	6.17,18	60
3.9	147	6.18*b*	116
3.10	187	6.19	59
3.14	67	6.19,20	62
		7.25	282
Philémon		7.26	49,89,251
6	64	7.27	285
		8.1	289
Hébreux		8.4-6	148
1.1	22	9.14	288

321

9.17	69	1.16	213
9.27	167	1.18	51,68,116
9.27,28	164	1.19	213
9.28	156	1.21-23	183
10.13	178	1.22-25	110
10.14,15	281	1.25	72,148,271
10.22	54,58,60	2.5	181,209,213
10.23	280	2.8	66
10.24	66	2.10	54,251
10.24,25	245	2.20	67
10.25	183	3.1	117, 230
10.25-31	110	3.13	74
10.26,27	126,258	3.17	50
10.26-29	148	3.18	181
10.26-31	150,226,244,255	4.1-3	280
10.27	167,240,251	4.4*b*	265
10.28	54	4.13-17	77
10.29-31	230	5.1-6	204
11	165,276	5.3	157,269
11.4	242	5.7,8	86
11.5	256	5.19,20	274
11.7	166,251		
11.10,11	176	**1 Pierre**	
11.16	176	1.1	13,28,35,176,185
11.24	104	1.1-3	107
11.32-40	283	1.1-5	69
12.2	65	1.1-12	186
12.3-11	272	1.2	24,212
12.5	72	1.3	281
12.28	70	1.3,4	209
13.8	280	1.3-5	282,287
		1.4,5	280
Jacques		1.5	211,269
1.1	33,195,206	1.6,7	57
1.2-4	56	1.7,13	87
1.5	50	1.10-12	24
1.6	141	1.13	86
1.6-8	273	1.13-15	177
1.12	50,64	1.13-16	162
1.14,15	280	1.14	9,142

Index des références bibliques

1.15	9,24	4.17	24
1.18	24	5.1-3	113
1.19	288	5.1-4	135,156
1.20	157,269	5.2	134,218,242
1.22	24	5.2,3	74
1.22-25	162	5.3	218
1.23	24,51,68	5.4	70,87,134,156
1.23-25	73	5.7	43
2	92	5,8	99,120,218,227
2.1-3	141	5.8,9	283
2.2	135,183,188,271	5.10	46,287,288
2.6,7	91	5.11	281
2.9	24,61,69	5.12	23,185,196
2.9-12	113	5.14	182
2.10	212		
2.11-12	24	**2 Pierre**	
2.12	24,94	1.1	13,14,37,189,207,280
2.16	223	1.1*b*	171
2.18	105	1.1-3	205
2.20	64	1.1-4	73
2.21-23	49	1.1-11	78
2.22	91	1.2	24,212
2.24	39,209,280	1.3	14, 22,61,64,65,68,107,215
3.1-2	24	1.4	24,61,287
3.9	208	1.4*a*	171
3.15	24	1.4,5	60
3.16	24	1.5	24,69
3.18	211	1.5,6	41
3.18-20	122	1.5-7	24
3.20	170	1.5-11	73
3.21	24	1.6,7	14
4.2-5	24	1.7	24
4.3	24	1.8	24,41,69
4.5	24	1.10	24,48
4.7	24,272	1.10,11	60
4.9,10	245	1.11	24,40
4.11	21	1.12	75,225
4.12	213	1.12,13	268
4.12-14	154	1.12-15	162
4.13	24,87	1.14	13,15,22,24

323

1.16	24,28,45,289	2.18-20	128
1.16-18	13,49	2.19	28, 223
1.16-21	83	2.20	24, 40,41
1.18	91	2.20,21	255
1.19	91	2.20-22	221
1.19-21	24,100,116,162,186,255	2.22	111
1.20,21		3.1	28,72, 171,185
2	61,74,75,84,100,220	3.1,2	151
2.1	25,28,85,118, 130, 187, 207, 219,268	3.1-3	205
		3.1-10	155, 189, 257
2.1,2	120,200,255	3.2	15,22, 40, 171
2.1-3	19,135,171	3.3	19, 200, 258,268,269
2.1-3*a*	117	3.4	15,18,22,24,28,86, 269
2.1 – 3.7	204	3.5-6	22
2.2	24,28,130	3.5-7	28
2 – 3	192	3.7	24,103, 124,126,139, 171,174,187,255,258
2.3	28, 205,242		
2.3-6	222	3.7-10	176
2.3-10	224	3.8	17, 171, 251
2.3*b*-10*a*	118,224	3.9	18
2.3-12	187	3.10	14,126
2.4	118,128,248	3.10-13	94
2.4*b*	228	3.11	14,24, 65
2.5	100	3.11-13	272
2.5,6	258	3.11-18	189
2.6	100,124, 229	3.12	139
2.7	24,100,111	3.13	50, 218
2.7,8	126	3.14	62
2.9	248	3.15	13, 170
2.9*b*	250	3.15,16	15, 20, 25,28,75,93, 156
2.9,10	128	3.16	21,25
2.10	25,28,111,158, 236,237,258	3.18	24, 40,41,42,64, 281
2.10-22	24		
2.13	182	**1 Jean**	
2.13,14	28,111,158	1.1	35
2.14	28, 113, 192	1.1,2	49
2.15	100	1.1-3	85
2.17	221, 248	1.4	58
2.18	24,28, 158, 236,258	1.6	183
2.18,19	111	1.6,7	56

Index des références bibliques

1.7	55,68,252	4.1-3	99,124,192,204,263		
1.8	183	4.1-6	64,220		
1.8-10	280	4.7-10	213		
1.10	183	4.7-12	66		
2.1	238	4.7,21	66		
2.2	55	4.10	55,209		
2.3	60	4.13	270		
2.3-6	110,183	4.13,14	57		
2.5	66,272	4.16	271		
2.6	56	4.18	178		
2.7	149,213	4.19	209,210		
2.9-11	183,220	4.20,21	66		
2.13	141	5.1-5	110		
2.14	271	5.4,5	149		
2.14,27	75	5.6	116,191		
2.15-17	166,176,265	5.11	50		
2.16	51	5.11-13	42		
2.18	157	5.13	46,60,62,272		
2.18-22	220	5.14,15	271		
2.18,19	204,267,268,269	5.18	283		
2.19	287	5.20	45,49,116,272		
2.19-23	236				
2.25	46,50,156,178	**2 Jean**			
2.27	75	2	41,75		
2.28	86	3	212		
3.1	209	7	100,124,192,268		
3.1,2	94	7-10	204		
3.1-3	183	7-11	99,220,267		
3.2	56,181,213	8	187		
3.2,3	50,159	9-11	215		
3.2*b*,3	59				
3.3	49,155,176	**3 Jean**			
3.4	111	9	192		
3.10-12	183	9,10	145		
3.14	60	9-11	99		
3.18,19	60				
3.21	60,213	**Jude**			
3.23	66	1	33,46,182,194,195,280		
3.24	60,270	3	35,73,193,198,233,262,270		
4.1	99,268				

4	19,102,103,105,111,124,198,	1.8	290
	199,200,207,233,236,255,258,269	1.9	64
4*b*	224	1.17	288
5	227	2.2	259
5-7	267	2.2,3	64,267
6	121,122,130,199,247,255	2.5	170
6*b*	250	2.6	204,220
7	111,121,122,125,130,199,258	2.7	149
8	104,130,137,199,258	2.10	46,70
9	199,256	2.10*b*,11	50
10	138,187,198,258	2.11	139,149
10-12	200	2.14	242
11	113,143,199	2.14,15	192
11-13	267	2.14-16	204
12	67,258	2.15	220
12*b*	145	2.15,16	267
12,13	102,146,199	2.17	149
13	187,255,258	2.19	64
13*b*	146	2.20-23	204
14	121,124	2.20-24	192
14,15	221	2.26	149
14-16	255	2.26,27	257
14*b*,15	237	2.28	94
15	124,198,222	3.1*b*	276
15,16	269	3.1-3	204
16	113,200,258	3.4	276
16-19	64,140	3.5	149,252
17	72,195,197,200,206	3.7	116,251
18	124,157,198,200,258	3.9	267
18,19	157	3.10	64,129,252
19	199,236	3.12	149
20-23	61	3.14	116
24	46,55,183,198	3.14-18	204
25	46,55,189,198	3.17	68
		3.21	149,257
Apocalypse		4.6-11	289
1.5	212	4.8	251
1.5,6	189	4.9	88
1.6	281	4.11	88
1.7	86,93,164	5.9-13	89

Index des références bibliques

5.10	154	19.11-16	86,94,164
5.11-14	289	19.11-21	252
5.12	223	19.14	257
5.12,13	88	19.16	223
6 – 20	250	19.19,20	267
6.1– 8.5	252	19.20	229,255
6.10	105,116	20.1-3	120
6.16,17	250	20.1-60	252
6.17	126,169,173	20.1 – 21.1	169
8.6 – 11.19	252	20.6	51,154
8.7-11	179	20.7-10	173
7.16,17	289	20.7-15	251,252
10.9,10	178	20.9-15	139
11.15	166	20.10	120,121,218,230
12.3-9	120	20.10-15	117,174,244
12.4	227	20.11	94
12.7-9	238	20.11-15	130,257
12.7-10	227	20.12	252
12.9	227	21.1	94,173
12.10,11	283	21.1-4	51,181
13	267	21.8	117,118,165
13.10	65	21.11	49
14.12	65	21.22-27	181
14.12-21	120	21.22 – 22.5	289
15.3	116	21.23	49
15.5 – 16.21	252	21.24-27	252
16.5	165	21.27	118,165,288
16.10,11	137	22.1-5	51
16.14	173	22.3-5	289
16.15	156,164	22.5	174
16.17-21	179	22.7	250
17.14	208	22.12	70,250
18.2-20	166	22.14,15	288
18.8-10	180	22.15	117,151
18 – 22	276	22.16	94
19.5	206	22.17	171,208
19.6	289	22.18,19	97,187,216
19.6-9	44	22.19	93,116
19.10	91	22.20	178,250
19.11	116	22.22	178

Index des ouvrages apocryphes et des ouvrages pseudépigraphique

Actes de Pierre et des Douze Apôtres	20
Apocalypse de Pierre	17, 20
Apocryphe de Jean	18
1 Clément	18, 26
9.2	18
23.3	18
23.5	18
35.5	18
47.1	26
Épître de Barnabé	17
15.4	17
Épître de Pierre à Philippe	20
Épître aux Éphésiens	26
12.2	26
Épîtres aux Philippiens	26
3.1	26
Enseignement de Pierre	20
Évangile de Pierre	20
Évangile de vérité	18
Lettre de Pierre à Jacques	20
Le Pasteur d'Hermas	17
Prédication de Pierre	20

Index des sujets

A

Aaron, 225
Abel, 101, 241, 242
Abîme de ténèbres, 115-121
Abiram, 243
Abraham, 126, 127, 253
Adam et Ève, 166, 218, 241, 249
Adultère, 140-142
Agapés, 245
Agnosticisme philosophique, 82
Alexandre, 92
Allégresse, 288, 289
Amitié fraternelle, 63-66
Amorcer, 141
Amour, 66
Ananias, 206
Anchor, Robert, 82
André, 11
Ange
    apostats, 226-228
    archanges, 137, 138, 199, 232, 233, 237-240
    déchus, 119-122, 199, 226-230, 233
    de Dieu, 120, 137-139, 164, 226, 237
Anges glorieux, 137-141, 237-238
Anticipation de la seconde venue, 175-201
Antisurnaturalisme, 82
Apostasie, 203-205, 215, 216, 220
Apostats et temps de l'apostasie
    anges apostats, 226-228
    jugements à venir contre les, 249-259
    illustrations d', 231-248
    stratégies de survie des, 261-277
    mises en garde contre les, 217-230
Apôtre Jean, 58, 90, 93, 149, 155, 162, 178-180
Apôtres, 34, 35, 72, 75-79, 98, 141, 201, 268-270, 271
Appel efficace, 47, 48
Appel ou élection, 69, 207-209

Arbres d'automne sans fruits, 246-247
Archange, 137, 138, 199, 232, 233, 237-240
Arminianisme, 54, 109
Arnold, Benedict, 192
Arracher du feu, 274
Arrogance, 133-151, 258, 259
Assurance, 53-70, 172-174
Astres errants, 247-248
Athanases, 20
Athénagore, 193
Attributs de Dieu. Voir Dieu, attributs de
Augustin, 20
Autorité, 35, 150, 151, 237-240

B

Balaam, 133, 134, 142-144, 242
Balak, 143, 242
Baptême, 38
Barclay, William, 33, 62, 63, 141, 142
Barnabas, 206
Baur, F. C., 83
Bénédiction, 212, 213
Beor, 133
Berger, souverain, 134
Bienveillance, 74, 75
Bigg, Charles, 21
Blasphèmes, 21, 130, 157, 158, 161
Bon Berger, 74, 134, 283
Bonté, 74-75
Brièveté, 77-79
Bruce, F. F., 27
Brutes, 138-139
Bultmann, Rudolf, 83
Busenitz, Nathan, 155
Bush, L. Russ, 83

C

Caïn, 231, 240-242
Caleb, 225, 226
Calvaire, 32

Index des sujets

Calvinisme, 109
Canon muratorien, 27, 193
Captivité à Babylone, 238
Caractère secret, 103
Carthage, Concile de, 20. Voir Conciles
Catharsis, 68
Cendres, 125
Céphas, 33. Voir Pierre, enseignements et écrits de
Certitude de la foi des croyants, 53-70
Chair, 235, 236
Chiliasme, 22
Christ. Voir Jésus-Christ
Cicéron, 65
Clément d'Alexandrie, 16, 194
Clément de Rome, 18
Clotfelter, David, 109-286
Codex Alexandrinus, 16, 194
Codex Sinaïticus, 16
Codex Vaticanus, 16
Commandements de Jésus-Christ. Voir Jésus-Christ, commandements de
Comparaisons avec des phénomènes naturels, 244-248
Conciles
  de Carthage, 20
  de Hippone, 20
  de Jérusalem, 13, 39, 185
  de Laodicée, 20, 194
Condamnation, 125-128, 221
Confession de foi baptiste (1689), 59
Confession de foi de Westminster, 59-60
Connaissance, 46-49, 53-70
Consécration, 275
Contrefaçons pieuses, 9, 10, 24-27
Convoitises, 50-51, 158
Corneille, 38
Corruption, 50, 51, 129, 130
Crainte, 275, 276
Création, 165-168
Créatures nées pour être tuées, concept des, 133-151
Cynisme, 156
Cyrille de Jérusalem, 20, 194

D

Darwin, Charles, 160
David, 33, 195
Débauche, 223-229
Déluge de Noé, 122-124, 160, 166-168, 221, 224
Démons, 120-122, 136-139, 227
Dénonciation, 136
Départ, 77-78
Dérèglements, 111, 222
Derniers jours, 156-157
Destruction, 118-139
Didyme, 65, 194
Dieu, attributs de, 170-172
Dieu le Père, 24, 25, 31-56, 66-70, 84-96, 115-131, 146-154, 165-174, 178-181, 207-223, 238, 250-253, 282-285
Dieu, loi de. Voir Loi de Dieu
Dieu, Parole de. Voir Parole de Dieu
Diligence, 61-63, 69, 70, 78, 79
Diotrèphe, 192
Discernement, 63-66, 261-277
Doctrines, fausses, 97, 98
Domitien, 195
Don divin, 45, 46
Dons, 37, 48, 60-62
Douceur, 74
Douze apôtres, 12, 20, 75-77
Douze tribus d'Israël, 33
Dualisme cosmologique, 198

E

Échyle, 62
Éden, 217, 218
Edwards, Jonathan, 83
Élection ou appel. Voir Appel ou élection
Élus, 37
Enchaînés éternellement, 226, 227
Enfants de malédiction, 140-142
Enfer,   118-121, 249-259
Enlèvement de l'Église, 186, 252
Enseignants, faux. Voir Faux enseignants

Index des sujets

Épiphane, 194
Ésaïe, 23, 40, 72, 83, 116, 162, 163
Étoile du matin, 94
Eusèbe de Césarée, 15, 16, 27, 78, 194, 196
Évangélisme, 55
Évangiles synoptiques, 74
Ève et Adam, 166, 218, 240, 241, 249
Exhortations adressées aux faux enseignants, 9-16, 51, 145-167, 219-244, 256-268
Existentialisme, 82
Exorcistes, faux, 137
Expiation, 32, 104-110
Exploitation, 113

F

Fausses doctrines, 97-99
Fausse religion, 100-114
Faux enseignants
    Exhortations concernant les, 9-18, 51, 85, 145-166, 219-243
    Jugements divins contre les, 115-131
    Portraits des, 97-114
Faux prophètes et fausses prophéties, 17, 95-114, 145
Félix, 96
Fermeté, 187
Feu, 274
Feu éternel, 228, 229
Fidélité, 75-77
Fils prodigue, parabole du, 184
Foi des croyants
    certitude de la, 53-70
    importance de la, 35-37
    source, substance et pleine capacité de la, 31-51
Force destructrice, 103-104
Fornication, 141

G

Gabriel, 137
Garantie des saints, 279, 290
Geisler, Norman L., 82
Gens qui murmurent, 258

Gloires, 49, 137-139, 237-239
Glorification, 43-46
Gnostiques et gnosticisme, 15, 18-21, 51, 197, 198, 219-222
Gomorrhe et Sodome, 115-128, 219-233
Grâce, 37, 39-41, 223
Gratifications, 142-143
Green, E. M. B. (Michael), 91, 158
Grégoire de Nazianze, 194
Gundry, Stanley N., 196

H

Harmaguédon, 252
Hâter, 178
Hédonisme, 158, 167
Hegel, Georg W. F., 82
Heidegger, Martin, 83
Hénoc, 120-124, 196, 221, 255, 256
Hérésies, 10, 28, 29, 103, 117, 159, 199
Hiebert, D. Edmond, 23
Hippone, Concile d', 20
Hobbes, Thomas, 82
Hodge, Charles, 83
Horne, Charles M., 47-48
Hume, David, 82
Hyménée, 192
Hypocrisie, 97, 236, 254

I

Illustrations d'apostats, 231-248
Immoralité, 158, 228-230, 235-236
Impiété, 124
Imposteur, 100
Imposture, 140-142
Incapacité absolue, 106
Insubordination, 235-237
Interprétation, 95, 96
Irréprochables, 288-290
Irrévérence, 237-239

J

Jacques, 33, 34, 88-91, 194-206

Index des sujets

Jardin d'Éden, 218
Jardin de Gethsémané, 12, 76
Jérémie, 95-96
Jérôme, 237-239
Jérusalem, Concile de, 13, 39, 185
Jean-Baptiste, 38
Jésus-Christ
    œuvre expiatoire de, 31-32, 107-109
    Église de, 9
    venue de, 84-89
    commandements de, 163
    nature divine de, 49-51
    puissance divine de, 44-45
    comme Fidèle et Véritable, 164
    pardon de, 41
    comme Dieu, 40, 44-45, 49-50
    comme Bon Berger, 74, 134, 283
    connaissance de, 67-68
    comme Seigneur et Maître, 41-42, 104-110, 219-226
    ministère de, 282-290
    paraboles de, 244
    prières de, 58, 209-210, 282-283
    comme celui qui présente les saints, 288-290
    relation avec Pierre, 10-29
    résurrection de, 42, 55, 77-79
    justice de, 39-40
    comme Sauveur, 33-51, 54-55, 57, 279-289
    seconde venue de, 24, 86-90, 153-189
    sermon sur la montagne, 253-255
    comme Fils de Dieu, 49, 54-55, 81, 88-90
    souffrances de, 42
    enseignements de, 28-29, 93-96, 100-114, 211-213, 253-255, 261-277
    vraie connaissance de, 46-49, 50-51, 53-70
Joie, 289-290
Josué, 33, 238
Jour de la Pentecôte, 40, 234
Jour du jugement, 168
Jour du Seigneur ou jour de Dieu, 14, 167-184
Judas de Damas, 206

Judas Iscariot, 11-12, 150, 195, 206
Jude appelé Barsabas, 206
Jude, enseignements et écrits de
    sur les apostats et les temps d'apostasie, 217-277
    sur les jugements à venir, 249-259
    sur le combat, 203-216
    introduction à l'épître de, 191-201
    sur la garantie des saints, 279-290
    sur les stratégies de survie, 261-277
    sur les mises en garde, 217-230
Jugement du grand trône blanc, 129-131, 250-254
Jugements
    et l'ancien monde, 122-124
    sur les apostats, 249-259
    assurance des, 172-174
    certitude des, 256-259
    à venir, 249-259
    jour des, 168-169
    jour du jugement, 161
    jour du Seigneur ou jour de Dieu, 14, 169-186
    sur les faux enseignants, 115-131
    mode de jugement, 128-131
    précédent du jugement, 119
    promesse du jugement, 118
Justice, 39-40, 122-123, 127-128, 149
Justice divine, 54, 116
Justification, 43, 279-290
Justin le martyr, 17

K

Kant, Immanuel, 82
Kierkegaard, Soren, 83
Koré, 179, 240, 242-244
Kruger, Michael J., 19-20, 23

L

Laodicée, Concile de, Voir Conciles
Lazare, 253
Lenski, R. C. H., 112
Libéralisme théologique, 82

Index des sujets

Libre arbitre, 55
Loi de Dieu, 54-56, 66, 95-96, 251-252, 257-258
Lot, 115, 124-128, 207, 228-229
Louanges continuelles, 189
Lucifer, 120
Lyell, Charles, 160

M

MacArthur, John, 37, 66, 69, 89, 96, 150, 155-157, 166-167, 208, 213, 227, 266-267
Machen, J. Gresham, 83
Maître de chapelle, concept du, 62
Maîtrise de soi, 64
Malachie, 128, 163
Malédiction, enfants de, 142
Malin, 99, 117
Matérialisme, 82
Mayor, Joseph, 23
Meeter, John E., 19
Messie. Voir Jésus Christ
Métaphore de l'arbre d'automne sans fruits, 246, 247
Métaphore des astres errants, 247-248
Métaphore des écueils, 245
Métaphore des nuées sans eau, 246
Métaphore des vagues furieuses de la mer, 247
Michel (ange), 137-138, 199, 231-233, 237-239
Millénium, 173
Miséricorde, 272-274, 287
Mises en garde contre les apostats. Voir Apostats et temps d'apostasie
Mode de jugement, 128-131
Moïse, 33, 39, 90, 138, 144, 150, 225-226, 231, 233-239, 243
Monde antérieur au déluge, 166
Montanisme, 22
Moqueries et railleries, 156-158
Morris, Henry M., 124
Mort, 159
Murray, John, 31, 48
Mythes, 85

N

Naturalisme, 82
Nature divine, 49-51
Néron, 13, 27
Nettles, Tom J., 83
Nicodème, 272
Nietzsche, Friedrich W., 83
Nix, William, 82
Noé, 100, 115-130, 160, 168, 207, 221-224
Nuées sans eau, 246

O

Œuvres pseudépigraphiques, 1-2, 25-27
Obscurité des ténèbres, 146, 247
Origène, 15-16, 19-20, 194
Owen, John, 108, 134

P

Packer, J. I., 108, 135
Paix, 40-42, 181-182
Paix intérieure, 181-185
Panthéisme rationaliste, 82
Papyrus Bodmer, 16
Pâque, 72, 225
Paraboles, 74, 244
Pardon, 41, 54
Parole de Dieu, 10, 59, 83-84, 90-93, 116-117, 141-167, 186, 234, 250
Patience, 170-172, 183-184
Paul, enseignements et écrits de, 13, 25, 28, 93, 186
Péché, 32, 53-56, 118-120, 124-126, 133-151, 171-172, 183, 209-213, 227, 287-289
Pentecôte, 40, 234
Père du mensonge, 191-193, 217-219
Persévérance, 64, 279-290
Personnes impies, 222
Personnes infiltrées dans l'Église, 219-220
Perversion, 148-151
Pharisiens, 99-112, 263, 269, 272-274
Philosophie helléniste, 23
Picirilli, Robert E., 19

Index des sujets

Pierre, enseignements et écrits de
    introduction à 2, 9-29
    sur l'anticipation, 175,201
    sur la foi des croyants, 31-70
    sur les créatures nées pour être tuées, 133-151
    sur les jugements divins, 115-131
    sur les faux enseignants et les faux enseignements, 97-131
    sur la seconde venue, 153-170, 175-201
    sur la Parole certaine, 81-96
Piété, 45, 46, 63-65, 176, 177
Plénitude divine, 46
Polycarpe, 25
Portraits de faux enseignants, 97-114
Postmodernisme, 249-250
Pratique, 69
Prière, 55, 210-212, 271-276, 283
Prémillénarisme, 22
Processus dialectique, 82
Progrès spirituels, 187-188
Promesses divines, 44, 49-51
Prophètes, 161-163
Prophètes, faux. Voir Faux prophètes et fausses prophéties
Prophéties, 19, 90-96, 185-187, 234-235
Prophéties, fausses, 95
Pseudo-chrétiens, 104, 147
Puissance divine, 44, 45
Pureté pratique, 182-183
Purification, 66-68
Puritanisme, 134-136

Q

Questions reliées à la paternité
    des écrits de Jude, 191-201
    des écrits de Pierre, 9-29

R

Railleries et moqueries, 156-158, 170, 174
Rébellion de Satan, 136
Rédemption, 32, 279-290
Réformateurs, 83, 84

Régénération, 279-290
Rejet, 236, 240
Relativisme postmoderne, 83
Religion, fausse. Voir Fausse religion
Religions à mystère, 87
Résurrection, 55, 77
Révolte de Koré, 240-243
Ritschl, Albrecht, 82
Royaume de Dieu, 44, 70, 131, 157, 181-182, 218
Rufin, 20
Ruine soudaine, 110

S

Sacrilège, 99, 104-105
Sadducéens, 263
Salomon, 191
Salut, 32-50, 60-65, 214-216, 279-290
Sans foi ni loi, 46-47, 125-128
Santayana, George, 240
Saint-Esprit, 12-27, 36-42, 56-59, 90-96, 114, 135-162, 191, 206-218, 271-284
Sainteté, 54, 144-145, 154, 183
Saints, garantie des, 279-290
Satan, 10, 97-114, 134-142, 150, 191-192, 218-227, 238-239, 252, 264, 277, 283
Scepticisme, 82
Schleiermacher, Friedrich, 82
Schreiner, Thomas R., 26, 193, 199
Seconde venue. Voir Jésus-Christ, seconde venue de ; jugements de la,
Seigneur, prière du, 58
Seigneur, table du, 140, 183
Sentimentalisme, 213
Se plaindre de son sort, 258, 259
Sermon sur la montagne, 253
Serpent, 118
Serviteurs, 33-40, 203-205
Siècle des lumières, philosophies du, 81-84
Silas, 23, 206

Index des sujets

Simon
    de Cyrène, 11
    père de Judas Iscariot, 11
    demi frère de Jésus, 11
    le lépreux, 11
    le magicien, 11
    le pharisien, 11
    Pierre. Voir Pierre, enseignements et écrits de
    le corroyeur, 11
    le Cananite, 11
Sodome et Gomorrhe, 115-128, 217-229
Songes, 234
Sophocle, 62
Souillure, 148-151
Souiller la chair, 235-236
Source, substance et capacité de suffir de la foi des croyants, 31-51
Spinoza, Baruch, 82
Spurgeon, Charles, 108, 290
Stigmatisation, 112-113

T

Témoin oculaire, 84-90
Ténèbres, abîme de. Voir Abîme de ténèbres
Tente (corps), 76
Terrorisme, 232
Tertullien, 27
Théologie réformée, 31
Théophile, 193
Thomas, Robert L., 196
Tite, 23, 177
Timothée, 23, 102, 192, 208, 218, 265
Transfiguration, 13, 88-90
Tribulation, 32, 169, 173, 179, 234, 252
Trône de Dieu, 130-131, 212-213, 251-253
Tunique, 275
Turretin, François, 83

U

Uniformitarisme, 159-160
Urgence, 73-74

V

Vanité, 146-148
Vagues furieuses de la mer, 247
Vérité, 116-117, 191-193
Vertus, 49, 63-66
Vie éternelle, 272
Vine, W. E., 86, 103
Von Harnack, Adolf, 82
Vraie adoration, 65
Vraie connaissance, 50-51, 270
Vraie religion, 65

W

Warfield, Benjamin B., 19, 83
Wellhausen, Julius, 83
Whitcomb, John C., fils, 124
White, Hayden V., 82

Z

Zacharie, 101, 238

« La série de commentaires sur le Nouveau Testament de John MacArthur convient tout à fait aux pasteurs, aux enseignants, aux leaders, aux étudiants, ainsi qu'à quiconque souhaite approfondir sa connaissance de la Parole de Dieu. Chaque volume sert de merveilleux outil de référence destiné à favoriser la compréhension de ce que dit l'Écriture et peut également servir de bon livre à lire dans le cadre d'un culte personnel. Cette série est idéale pour l'étude individuelle, l'étude en petits groupes et l'adoration collective. »

« Claire, fondée, compréhensible, empreinte de ferveur toutes ces choses, et plus encore, peuvent être honnêtement dites au sujet de cette série de commentaires pastoraux qui nous vient du plus grand auteur du genre de notre génération. La série de commentaires sur le Nouveau Testament de John MacArthur constitue un outil utile aux chrétiens et aux prédicateurs. Forgés dans l'étude et éprouvés en chaire, ces commentaires portant sur tout le Nouveau Testament sont le don que fait une personne qui aime Christ à la fiancée de Christ, l'Église. »

MARK DEVER
PASTEUR DE LA CAPITOL HILL BAPTIST CHURCH, WASHINGTON, D. C.

« L'amour de John MacArthur pour l'Écriture et ses nombreuses années d'étude appliquée ont donné naissance à une ressource extraordinaire pour le Corps de Christ. Cet outil m'est d'une grande utilité lorsque j'étudie la Parole et que je l'enseigne aux femmes. Je consulte souvent cette série de commentaires pour améliorer ma compréhension du texte biblique afin de jeter un éclairage sur certains passages et certaines questions difficiles. »

NANCY LEIGH DEMOSS
AUTEURE, ENSEIGNANTE À L'ÉMISSION RADIOPHONIQUE REVIVE OUR HEARTS

« John MacArthur donne un exemple stimulant de ministère pastoral fondé sur la Parole de Dieu. Le fruit de ce ministère nous est maintenant offert à tous : une grande attention au texte scripturaire et un exposé théologique fidèle, tout cela au service de l'Église de Jésus Christ. Pendant les années à venir, pasteurs et ouvriers laïques bénéficieront tant les uns que les autres de cette série de commentaires unique. »

C. J. MAHANEY
PRÉSIDENT DE SOVEREIGN GRACE MINISTRIES

« La série de commentaires sur le Nouveau Testament de John MacArthur n'est rien de moins qu'une bibliothèque d'exégèses et d'exposés fidèles. Ce projet est inégalé de nos jours, et John MacArthur a produit une série de commentaires remarquables qui exige qu'on y prête attention et qui mérite une place dans la bibliothèque de tout prédicateur. »

R. ALBERT MOHLER, FILS
PH.D., PRÉSIDENT DU SÉMINAIRE THE SOUTHERN BAPTIST THEOLOGICAL SEMINARY, LOUISVILLE, KENTUCKY

« **Publications Chrétiennes inc.** » est une maison d'édition québécoise fondée en 1958. Sa mission est d'éditer ou de diffuser la Bible ainsi que des livres et brochures qui en exposent l'enseignement, qui en démontrent l'actualité et la pertinence, et qui encouragent la croissance spirituelle en Jésus-Christ.

Pour notre catalogue complet :
www.publicationschretiennes.com

Publications Chrétiennes inc.
230, rue Lupien, Trois-Rivières, Québec, CANADA – G8T 6W4
Tél. (sans frais) : 1-866-378-4023, Téléc. : 819-378-4061
commandes@pubchret.org

www.ingramcontent.com/pod-product-compliance
Lightning Source LLC
Chambersburg PA
CBHW071236160426
43196CB00009B/1085